これからの子ども家庭ソーシャルワーカー

スペシャリスト養成の実践

藤岡孝志 監修
日本社会事業大学児童ソーシャルワーク課程 編

ミネルヴァ書房

はしがき

　少子・高齢社会を迎え，自立支援・子育て家庭支援など新たな施策が加わり，一方，児童虐待，ひきこもり，不登校児の増加への対応が求められ，児童福祉分野においても，より専門性に優れた人材が必要となってきています。また，平成20年度からのスクールソーシャルワークの本格的な導入に見られるように，子ども家庭関係のソーシャルワークに対する期待はますます大きなものとなっています。

　このような背景を踏まえ，平成10年度，日本社会事業大学では児童・家族の問題や地域社会における子育て支援について対応できる幅広い知識と援助技術を兼ね備え，児童福祉関係機関等で活躍できる指導的児童ソーシャルワーカーを養成することを目的に新たな課程を設置しました。その後，毎年約50名の課程学生のために，専門的な授業科目を開講してきました。

　また，本学にはこの課程以外にも保育士課程などがあり，その学生を含めると，毎年100名を超える学生がこの児童ソーシャルワーク課程のカリキュラムを受講しています。

　この課程は，厚生労働省の実験的事業の性格を持っており，厚生労働省より学生の養成委託を受けています。その間，時代はめまぐるしく展開し，特に子ども・家庭に関わる専門性の高いソーシャルワーカーの養成は，課程発足当初から比べてもますます大きな役割を求められてきているといえます。

　児童ソーシャルワーク課程ができてから10年を迎えたことをひとつの節目として，厚生労働省からの委託を受けたモデル・コースとしての責務を果たすべく，ここに，本書を上梓し，社会的な使命に応えるべく，本書を企画しました。執筆陣は，すべて，児童ソーシャルワーク課程に関わってきた人達であり，本学の教授・准教授・講師（非常勤含む）で占められています。まさに，本学の児童系の総力を挙げての企画となっています。

　　　　　　　　　　　　　　　日本社会事業大学児童ソーシャルワーク課程主任
　　　　　　　　　　　　　　　　　　　　藤　岡　孝　志

これからの子ども家庭ソーシャルワーカー
目　次

はしがき

序章　地域における子育て支援システムの構築と
　　　　ソーシャルワーク……………………………………大橋謙策　*1*
　1　児童ソーシャルワーク課程創設10周年……………………………… *1*
　2　市町村における子育て支援システム構築の必要性………………… *2*
　　　（1）地域・家庭の子育て能力の変化　*2*
　　　（2）ファミリーソーシャルワークの発想　*4*
　　　（3）市町村における児童福祉審議会　*5*
　　　（4）東京都「子ども・家庭支援センター」の例　*5*

第Ⅰ部　子ども家庭領域における人材育成と課題

第1章　子ども家庭領域における人材育成――日本社会事業大学
　　　　児童ソーシャルワーク課程の発足………………高橋利一　*9*
　1　児童福祉領域におけるニーズの変化と背景………………………… *9*
　　　（1）歴史的変遷と現状の課題　*9*
　　　（2）新たなニーズと児童福祉施設の類型　*12*
　　　（3）児童福祉施設の類型別機能　*13*
　2　日本社会事業大学における児童ソーシャルワーク課程の検討…… *15*
　　　（1）「児童福祉分野の専門教育の充実に関する検討委員会」の設置　*15*
　　　（2）「4年制保育従事者養成」に関するアンケートの実施　*16*
　　　（3）児童福祉分野で求められる新たな人材　*16*
　　　（4）児童ソーシャルワーク課程プログラムについて　*17*

第2章　子ども家庭領域における人材育成カリキュラム
　　　　……………………………………………………藤岡孝志　*21*
　1　児童領域におけるソーシャルワーク専門職の検討………………… *21*
　2　今後のあり方と児童ソーシャルワーク課程………………………… *22*

3　日本社会事業大学の児童ソーシャルワーク課程設立 …………………… 25
　　4　先駆的実習としての検討課題——実習先の拡がり ………………… 26
　　5　今後の児童ソーシャルワーク課程の展望 …………………………… 27
　　　（1）実習施設の開拓，確保，そして信頼関係の持続　27
　　　（2）カリキュラムの吟味　27
　　　（3）子ども家庭領域の人材育成におけるポートフォリオの活用　28

第3章　子ども家庭福祉をめぐる今日的課題——児童ソーシャル
　　　　　　　ワーク課程の役割と法律事務所実習の意義 ……………… 若穂井透　29
　　1　少年非行への対応をめぐる課題 ……………………………………… 29
　　　（1）保護処分優先主義と児童福祉優先主義　29
　　　（2）犯罪少年——厳罰化と更生保護　30
　　　（3）触法少年——警察への対応と家庭裁判所との連携　31
　　2　児童虐待への対応をめぐる課題 ……………………………………… 32
　　　（1）家庭裁判所との連携と介入的ソーシャルワーク　32
　　　（2）介入的ソーシャルワークと伝統的ソーシャルワーク　33
　　3　児童ソーシャルワーク課程の役割 …………………………………… 34
　　　（1）非行少年への対応と児童ソーシャルワーク課程の役割　34
　　　（2）児童虐待への対応と児童ソーシャルワーク課程　35
　　　（3）児童ソーシャルワーク課程における法律事務所実習の意義と役割　35

第4章　障害児の支援における課題と対処 ……………………… 中島健一　39
　　1　人材育成における課題 ………………………………………………… 39
　　　（1）カリキュラム上の課題　39
　　　（2）実習における課題　40
　　2　基本視座の育成 ………………………………………………………… 41
　　　（1）生活全体を捉える視点　41
　　　（2）心身の発達支援の視点　43
　　　（3）人生の主人公として支援する視点　45

  3 具体的課題への対応力の育成 …………………………………………… *46*
   （1）本人のニーズへの対応 *46*
   （2）家族のニーズへの対応 *47*
   （3）地域連携への対応 *47*

第5章 スクールソーシャルワーカーに求められる専門性
                         山下英三郎 *49*
  1 スクールソーシャルワークの導入 …………………………………………… *49*
   （1）日本社会事業大学とスクールソーシャルワーク *49*
   （2）スクールソーシャルワーカーの専門性とは *50*
   （3）スクールソーシャルワーク固有の専門性 *52*
  2 人材養成プログラム ……………………………………………………………… *53*
   （1）人材養成プログラムの概要 *53*
   （2）人材養成プログラムにおける課題 *54*
  3 スクールソーシャルワークの今日的課題 …………………………………… *56*

第6章 子ども家庭に関わる専門職の今後 ……………… 金子恵美 *59*
  1 子育て支援の動向 ……………………………………………………………… *59*
  2 専門職の構成要素 ……………………………………………………………… *61*
   （1）サービスをコーディネイトする子育て支援者の育成へ *62*
   （2）先行する研究から *62*
  3 子ども家庭を支援する専門職としての社会福祉士 ………………………… *63*
   （1）英国の動向 *64*
   （2）日本への影響 *65*
  4 子ども家庭を支援する専門職としての保育士 ……………………………… *65*
   （1）施設等職員の資質向上に関する研究 *65*
   （2）4年制保育士資格の創設 *67*
  5 日本社会事業大学における取り組み ………………………………………… *69*
   （1）子ども領域の専門職の養成へ *69*

（2）教育の効果　70
　　　（3）総合的実習への課題　71
　6　子どもと家庭への総合的な援助 …………………………………………… 71
　　　（1）子ども家庭に関わる専門職の現状　71
　　　（2）地域で求められる協働　73

第Ⅱ部　子ども家庭領域における個別的課題と包括的視点

第7章　里親支援における子ども家庭ソーシャルワーク … 宮島　清　79
　1　里親委託の目的とは何か …………………………………………………… 79
　2　里親を支える重要性 ………………………………………………………… 80
　3　養親を支える重要性 ………………………………………………………… 80
　4　子ども家庭福祉サービスとしての里親委託の実施者とは ……………… 81
　5　子どもにとっての里親委託 ………………………………………………… 82
　6　実親にとっての里親委託 …………………………………………………… 84
　7　子どもを迎える里親家庭の変化 …………………………………………… 86
　8　児童相談所にとっての里親委託 …………………………………………… 88
　9　里親が抱えるニーズ ………………………………………………………… 89
　10　里親支援の現状と展望 …………………………………………………… 90
　　　（1）これまでの動向　90
　　　（2）里親支援を有効にする手立て　91
　11　子ども家庭ソーシャルワークの面白さ ………………………………… 93

第8章　子ども家族政策の展開過程 ……………………… 北場　勉　95
　1　戦前までの子ども家族政策 ………………………………………………… 95
　　　（1）明治期～大正中期　95
　　　（2）大正中期以降　96
　2　戦後の子ども家族政策 ……………………………………………………… 97
　　　（1）戦後の人口構造　97

（2）昭和20年代の児童福祉関連法　　97
　　（3）昭和30年代以降の児童福祉関連法　　98
　3　児童をめぐる課題 ………………………………………………………… 99
　　（1）特別保育ニーズの発生　　99
　　（2）女性の就労と出産　　99
　　（3）非行・登校拒否問題　　100
　　（4）いじめ問題　　100
　　（5）児童虐待　　101
　　（6）引きこもり　　102
　4　少子化対策の登場 ……………………………………………………… 102
　　（1）1.57ショック　　102
　　（2）エンゼルプランと児童福祉法改正　　102
　　（3）新エンゼルプランと待機児ゼロ作戦　　103
　　（4）経済的支援策　　104
　5　子育て支援への政策転換 ……………………………………………… 104
　　（1）少子化対策プラスワン　　104
　　（2）次世代育成支援対策推進法　　105
　　（3）少子化社会対策大綱　　106
　　（4）子ども・子育て応援プラン　　106
　6　日本の子ども家族政策の考察 ………………………………………… 106
　　（1）日本の子ども家族政策　　106
　　（2）現代の家族への支援　　107

第9章　児童福祉施設における子ども家庭ソーシャルワーク
　　　　　　　　　　　　　　　　　　　　　　　　加賀美尤祥　109
　1　児童福祉施設の発展過程 ……………………………………………… 109
　2　戦争孤児保護に始まる児童福祉施設 ………………………………… 111
　　（1）収容保護パラダイム　　111
　　（2）「親のない子」から「親のいる子」へ　　111

3　高度経済成長期の子ども家庭ソーシャルワークと児童福祉施設 …… *111*
　　（1）社会問題を背負わされた子どもたち　*111*
　　（2）深刻化する子ども家庭問題　*113*
  4　福祉基礎構造改革の流れと児童福祉 ……………………………………… *113*
　　（1）少子高齢化をめぐる課題　*113*
　　（2）子ども虐待の顕在化と児童養護施設　*114*
　　（3）全養協「児童養護施設近未来像Ⅱ」の働きと児童福祉施設　*116*
  5　児童福祉施設における子ども家庭ソーシャルワーク実践 ………… *119*
　　（1）子どもの健全な成長発達を保障するには　*119*
　　（2）障害を持つ子どもの家庭引取り援助事例　*120*
　　（3）両親が虐待家庭で育った家族への援助事例　*121*
  6　求められる新たな社会的養護の機能とパラダイム転換 …………… *122*
　　（1）新たな子ども家庭ソーシャルワークシステムの構築　*122*
　　（2）子ども家庭福祉基本法制定の必要性　*124*

第10章　問題を抱える子どもへの支援 (1) ── 虐待・トラウマ
………………………………………………………… 藤岡孝志　*125*

  1　「問題を抱える子ども」の「問題」のもつ意味 ……………………… *125*
　　（1）関わりの接点とは　*125*
　　（2）養育者との関係のはじまり　*126*
  2　援助の要点 ── 語りの場の保障 ………………………………………… *128*
  3　信頼関係構築のための帰結の重視 ……………………………………… *129*
　　（1）帰　結　*129*
　　（2）選　択　*130*
  4　子ども虐待対応への「愛着とトラウマ」の位置づけ …………… *132*
　　（1）トラウマとPTSD　*132*
　　（2）愛　着　*133*
　　（3）解　離　*134*
　　（4）情動・認知　*135*

（5）リジリエンス（心的弾力性）　*135*
            （6）虐待を取り巻く援助者，養育者の課題　*136*
　　5　援助者支援と子ども領域——共感のもつ意味………………………………　*136*

第11章　問題を抱える子どもへの支援 (2)——障害児
　　　　　　　　　　………………………………………倉田　新　*139*
　　1　インクルージョン保育・教育の実践……………………………………………　*139*
            （1）サラマンカ声明とインクルージョンの理念　*139*
            （2）サラマンカ声明の優先度の高い分野　*140*
            （3）サラマンカ声明に立ち返ること　*141*
            （4）インクルージョン保育とは　*142*
            （5）インテグレーションからインクルージョンへ　*143*
　　2　ノーマライゼーションとインクルージョン……………………………………　*143*
            （1）ノーマライゼーションについて　*143*
            （2）心のバリアフリー　*144*
            （3）ユニバーサルデザインとインクルージョン　*145*
            （4）インクルージョンの考え方から見えてくるもの　*146*
　　3　インクルージョン保育と保育士の役割…………………………………………　*147*
            （1）日本におけるインクルージョン保育の現状　*147*
            （2）人間の教育としての保育士養成　*147*
            （3）保育士がもつ5つの不安と葛藤の理由　*148*
            （4）保育士の不安を緩和するための実践　*151*
　　4　インクルージョン保育の事例……………………………………………………　*152*
            （1）Nの入園と相互交渉　*152*
            （2）ビルビン酸脱水素酵素欠損症のK　*153*
            （3）先天性中枢性低換気症候群のT　*154*
            （4）喘息をもったS　*155*
　　5　特別な障害をもった普通の子ども………………………………………………　*156*

第12章　問題を抱える子どもへの支援 (3) ── 不登校・非行等
　　………………………………………………………… 中西三春　*159*

1　問題を抱える子どもの支援における他領域の視点 ……………… *159*
2　実践における視点 ……………………………………………………… *160*
3　不登校・非行の動向 …………………………………………………… *161*
　（1）不登校の動向　*162*
　（2）不登校に関連する精神科的問題(1) ── 精神障害　*163*
　（3）不登校に関連する精神科的問題(2) ── 発達障害　*164*
　（4）非行の動向　*165*
　（5）非行に関連する精神科的問題　*166*
4　成長発達と思春期心性 ………………………………………………… *168*
5　学校保健のシステム …………………………………………………… *169*
　（1）学校保健のシステムに関わる職種　*169*
　（2）学校コミュニティの緊急支援　*171*
　（3）チームとネットワーク　*171*
　（4）学校と地域の活動　*173*
6　保護者支援 ……………………………………………………………… *174*

第13章　家族ケースワーク・家族療法 …………… 長沼葉月　*177*

1　家族を見つめるまなざしの豊かさ …………………………………… *177*
　（1）ジェノグラムを通してみる家族　*178*
　（2）システムとしてみる家族　*180*
　（3）家族の複雑さと豊かさ　*182*
2　家族と協働できる関係を築く ………………………………………… *182*
　（1）ジョイニング　*182*
　（2）リソース発掘　*183*
　（3）ノーマライズ　*184*
3　援助の目標を構築する ………………………………………………… *185*
　（1）無知のアプローチ　*185*

（2）みんなの目標を1つにする　　*185*
　4　目標の達成を支える……………………………………………*186*
　　（1）リソースの再編　　*186*
　　（2）肯定的な変化をみつける　　*186*
　　（3）ユーモアのセンス　　*187*
　5　家庭と協働できる家族ケースワークに向けて…………………*187*

第14章　家庭裁判所における少年事件の取扱い………春田嘉彦　*191*
　1　家庭裁判所の特色………………………………………………*191*
　　（1）手続や機能の特色　　*191*
　　（2）構造上の特色　　*192*
　2　家庭裁判所の少年審判手続……………………………………*193*
　　（1）少年法の基本理念　　*193*
　　（2）少年審判手続の流れ　　*193*
　3　非行少年の類型と背景要因……………………………………*195*
　　（1）調査官による調査　　*195*
　　（2）非行少年の類型と背景要因　　*196*
　4　非行少年に対する家庭裁判所の教育的措置……………………*198*
　　（1）教育的措置の新たな工夫　　*198*
　　（2）公園等の清掃美化活動　　*200*
　　（3）万引き被害を考える教室　　*201*
　　（4）交通被害を考える教室　　*202*
　5　非行と児童虐待の関連…………………………………………*202*
　　（1）家庭裁判所と児童虐待　　*202*
　　（2）非行と児童虐待の関係　　*203*

第15章　子どもと家庭へのケースマネージメントの展開
　　　　　　　　　　　　　　　　　　　　　　　　……………兼井京子　*207*
　1　虐待事件からみる要保護児童対策の状況………………………*207*

2　東京都の子育て支援対策の状況 …………………………………………… *209*
　　　　（1）子ども家庭支援センターの設置へ　*209*
　　　　（2）子ども家庭を支える課題　*210*
　　3　要保護児童の受け皿の現状 ………………………………………………… *211*
　　4　今後法定化される子育て支援事業 ………………………………………… *213*
　　5　「子ども」の声を聴く ……………………………………………………… *214*

第16章　ファミリーソーシャルワークの実際 ………… 菅原哲男 *217*
　　1　専門職は誰のためのものか ………………………………………………… *217*
　　2　ファミリーソーシャルワークに関する専門職養成 ……………………… *218*
　　3　ファミリーソーシャルワークの実際 ……………………………………… *220*
　　　　（1）「光の子どもの家」での取り組み　*220*
　　　　（2）入所時に家族に伝えておくべきこと　*223*
　　　　（3）毎月1回以上の家族面会等を促す　*224*
　　　　（4）帰省の促進　*225*
　　　　（5）家庭訪問　*226*
　　　　（6）家族と関わる前後の洞察と観察を基礎にした関わり　*227*
　　　　（7）家庭引き取り・里親委託　*228*
　　　　（8）真実告知　*229*
　　4　プラス面の言葉のストローク ……………………………………………… *231*
　　5　すべてを乗り越える力を促す ……………………………………………… *232*

　　　　　　第Ⅲ部　実践力を高めるための相談援助実習・演習

第17章　子ども家庭領域における相談援助技術 …………… *237*
　　1　相談援助演習 ……………………………………………… 山下英三郎 *237*
　　　　（1）演習の概要——コミュニケーション技法　*237*
　　　　（2）演習の実例　*238*

（3）多様なコミュニケーション法
　　　　　——ノンバーバルなコミュニケーション　*243*
　2　演習の「場」における「学生」の成長過程……………………我謝美左子　*244*
　　　（1）演習の概略　*244*
　　　（2）実践例「エコマップ彫像」　*246*
　　　（3）体験し感じる演習　*247*
　　　（4）「場」における相互成長　*248*
　　　（5）「教員」と「学生」の関係　*249*
　3　相談援助演習の概観と具体的内容………………………………藤岡孝志　*251*
　　　（1）相談援助演習の概観　*251*
　　　（2）具体的な演習内容　*253*

第18章　子ども家庭ソーシャルワーク実習の
　　　　　意義と実際………………………………………………………藤岡孝志　*263*

　1　実習の意義……………………………………………………………………　*263*
　2　実習の進め方…………………………………………………………………　*264*
　3　先駆的実習としての検討課題——実習による共感疲労の検討…………　*265*
　4　実習カリキュラムの自己評価と課題検討…………………………………　*268*
　5　さらなる独自の実習カリキュラム開拓に向けて…………………………　*269*

第19章　実習先の指導者と現場で働く卒業生の視点

　1　実習施設から見た実習教育の課題……………………………加藤佳津雄　*271*
　　　（1）相談学級の特色　*271*
　　　（2）実習のねらいと活動内容　*272*
　　　（3）実習教育の課題　*273*
　　　（4）今後の「学校と福祉の連携」について　*274*
　2　実習体験を振り返って——卒業生の視点から……………………………　*275*
　　　（1）フリースペースで実習後，教育相談室に勤務……………戸澤衣通子　*275*
　　　（2）スクールソーシャルワークから見えてくるもの…………栗原拓也　*279*

（3）実習を通して考える里親養育の可能性と課題 ……………… 浅井万梨子　283

第20章　実習生たちの報告書 …………………………………………… 289
　（1）実習報告書の意義と内容 ……………………………………… 藤岡孝志　289
　（2）子ども家庭支援センター　292
　　　　問題を抱える家庭への在宅支援について／子ども家庭支援センターの役割／子どもとその家族が家庭で安心して生活するために
　（3）学校，スクールソーシャルワーク領域　307
　　　　子どもを支えるためのつながり
　（4）子ども虐待領域　312
　　　　情緒障害児短期治療施設でのCSW実習を終えて
　（5）人権擁護領域（弁護士事務所）　316
　　　　総合的な支援を求めて／社会福祉と司法の連携
　（6）障害児領域　324
　　　　発達障害児通園施設における療育とは何か／障害の見えにくさ
　（7）更生保護領域　331
　　　　関わりの大切さを学んで
　（8）フリースペース，適応指導教室領域　334
　　　　人との関係性に関する考察／教育現場にける不登校支援
　（9）子ども専門病院関係　344
　　　　可能性を信じるということ

あとがき　349
資　料　355
索　引　363

序　章
地域における子育て支援システムの構築と
ソーシャルワーク

1　児童ソーシャルワーク課程創設10周年

　日本社会事業大学は，1998年に本学独自の児童ソーシャルワーク課程を発足させた。本学では，毎年50名を対象に，社会福祉士の国家試験の受験資格取得を基底として，児童・家族の問題や地域社会における子育て支援について，より特化した知識と援助能力を付与したソーシャルワーカーを養成すべく児童ソーシャルワーク課程を開設した。それは，1990年代に入り，急速に子育て問題が深刻化し，児童虐待や要保護児童数等が増大するとともに，問題が複雑化してきたことを踏まえ，厚生労働省から委託を受け，全国のモデル的社会福祉教育を開発・普及させることを役割として求められている日本社会事業大学として児童ソーシャルワークに関するモデル教育課程を実施したいとのことから開設された。

　本書が企画された2008年には，児童ソーシャルワーク課程が開設されて10周年を迎えることになった。この間，子どもが育つ環境はますます悪化したとしかいいようがないほど，児童虐待は増大し，一方子育てをする経済的環境は格差が拡大し，"子どもの貧困"状況が進んでいる。市町村を基盤に，子育てに悩んでいる家庭を支援し，子どもに最善の生活環境を提供するための児童ソーシャルワーク機能の重要性と必要性はますます増大している。と同時に，それらを展開できる市町村の子育て支援システムをどうつくるかが大きな課題にもなってきている。

　本書は，日本社会事業大学で児童ソーシャルワーク分野に関わる専任教員と本学で教鞭を執ってくださっている非常勤の先生方とが10年間の実績も踏まえ執筆したものである。そして，今日の子どもが置かれている状況とそれを踏

まえた相談援助のあり方とが集約的にまとめられている。それは，ある意味でモデル教育課程として始まった日本社会事業大学の児童ソーシャルワーク課程のテキストであり，児童ソーシャルワーク課程の内容の全貌をしめしているものともいえる。

　ところで，本書は児童ソーシャルワークに関わる対人援助機能，考え方，技術，あるいはその問題領域に関しての内容，さらには児童ソーシャルワーカーの養成の方法については触れられているが，児童福祉行政を住民の生活に最も近い市町村において展開するシステムやその必要性についてほとんど触れられていない。そこで，本章ではそれらの内容を補足する意味合いにおいて戦後の児童福祉行政の考え方と今日における市町村レベルでの子育て支援システム構築の必要性について述べておきたい。

2　市町村における子育て支援システム構築の必要性

　戦後の児童福祉法は，他の社会福祉法制に比べ，かつ他法に先駆けて普遍性の強い児童福祉の理念を掲げ展開されてきた。その法制には，児童健全育成という普遍性の強い部分と要保護児童への専門機関による判定・診断・治療という対応策とが併存しているという問題点を指摘するとしても，他の社会福祉法制に比べれば，すべての子どもを対象とした普遍性の強い社会福祉法制であった。

　しかしながら，高齢化社会の進展やノーマライゼーション思想及び世界保健機関（WHO）が提示した国際生活機能分類（ICF）による障害者施策の新たな展開に比べると，今日では児童福祉分野の社会福祉行政の"立ち後れ"としか言いようがない状況はどこに原因があるのであろうか。

（1）地域・家庭の子育て能力の変化

　第一には，戦後の児童福祉行政は，当然のことながら一般的には家庭や地域に子育て能力が豊かにあり，かつ日常生活において，知らず知らずのうちに乳幼児が"人間としての営み"が出来るように「形成」されていることを前提にした上で，その家庭が何らかの事由により金銭的に貧困に陥り子育て出来ない状況への対応や子ども自身が障害を有しているがために，より専門的養育，治

療を必要としている状況を想定して展開されてきた。しかも，それらの家庭における養育能力が脆弱になった場合には，日常生活圏域という地域における親類縁者や近隣住民によるインフォーマルケアにより養育機能が代替されるというソーシャルサポートネットワークが豊かにあることを前提としていた。確かに，1950年の社会保障審議会の勧告における「福祉国家」体制における制度設計の思想・哲学も，基本的には男性が働き，家計を維持し，女性は家庭内にあって育児，家事を分担するという家庭モデルを前提にしていたので，児童福祉行政が同じように考えられたことはやむを得ないかもしれない。

　ところで，高齢者分野における社会福祉行政は，急速に高齢化が進み，家族介護の深刻さと限界が明らかになり，「介護の社会化」が求められ，施設福祉サービスの整備と同時に在宅福祉サービスの整備が求められるようになった。そのような要介護高齢者への対人援助は全国での統一したモデル，基準を踏まえた展開もさることながら，基本的には市町村において，市町村の責任で展開すべきであると大きな制度変容を遂げている。同じように，障害者分野の社会福祉行政も変容してきている。そこでは，社会福祉行政の地方分権化と在宅福祉サービスとが急速に推進されている。

　しかしながら，児童福祉分野では，すべての児童を社会が共同して育てると理念的には言うものの，相変わらず"第一義的には親が育てるという考え方に囚われ，かつ家庭の養育力をあることを前提として"児童福祉行政を展開しているとしか思えず，児童福祉行政における地方分権化と子育て支援に関する在宅福祉サービスの整備が進んでいるとは言い難い。それは，要保護児童への専門的対応は市町村レベルでは無理であるという認識からくるのと，他方では相変わらず労働経済学的子育て支援に囚われ，親の就労や経済的収入を増大させれば問題が解決するという発想に囚われているからではないのだろうか。

　アドルフ・ポルトマン（『人間はどこまで動物か』参照）がいうように，人間は早く産まれすぎ，人間は人間となるよう育てられてはじめて人間になる動物である。それは，学校教育のような組織的，目的的な意図的営みによって行われるというより，日常生活における無意図的な働きかけ，社会関係，人間関係の中で，ある意味で自然と身につけるものであり，それは「形成」（宮原誠一）の機能であって，意図的教育とは区別されるものである。家庭における養育能力の重要な部分は，この日常生活における「形成」の機能である。それが核家

族化，都市化に伴う地域のつながりの希薄化，家事形態の変容等の影響を受けて，家庭の「形成」の機能が脆弱になった。そこでは，親が歴史的，伝統的に日常的に身に付け，有していた生活技術能力，家政管理能力，社会関係・人間関係能力が脆弱になり，生活に必要な能力や文化，行動様式が子どもに伝承，「形成」されなくなってしまった。したがって，日常生活で培われ，「形成」されてきた部分を学校教育形態とは異なる方法で「社会化」させ，意図的に営めるシステムを創り出さなければ子どもは人間として育たない。今日の児童福祉行政には，その視点とシステムの必要性が位置づけられていない。

東京都生涯学習審議会は，ここ数次の審議会答申において，子育ての社会化，地域化を提案し，地域教育プラットホーム構想，あるいは学校教育行政と成人に限定されがちな社会教育行政という教育行政の二分法を改め，児童福祉分野も視野にいれた新たな「地域教育行政」とも言える"第3の教育行政"の必要性を提案し，子育ての新たなシステムづくりの必要性を提起している。このような，動きが文部科学行政において論議されていることを考えれば，児童福祉行政の分野においても市町村における子育て支援システムの構築のあり方をもっと柔軟に論議されていいのではないだろうか。

（2）ファミリーソーシャルワークの発想

第二には，上記のことと関連するが，戦後児童福祉行政は，他の社会福祉行政分野と同じように，生活保護制度や母子自立支援施設での対応を除けば，要保護を必要としている人を特定し，診断し，それらのサービスを必要と判断された人・単身者にサービスを提供するという方法であり，福祉サービスを必要としている人と同居している，あるいは養育している家族をも視野に入れて家族全体への支援，ファミリーソーシャルワークという発想は充分ではなかった。もちろん，障害児の養育・療育をめぐって母子通園という方法で母子を支援する実践があったことは承知しているが，それにしても家族全体への支援という発想は弱かったと言わざるを得ない。それは，行政が有している制度化された福祉サービスに要件が該当するかを判断する措置行政においてソーシャルワーク機能を発揮する余地がなかったからであろうか。しかしながら，児童福祉分野においては，ジョン・ボウルビィ（『乳幼児の精神衛生』）のホスピタリズムが大きな論議の的であったことを考えれば，他の社会福祉行政分野とは異なり，

母子関係も含めた家族全体への支援，ファミリーソーシャルワークアプローチやそのための子育て支援システムがもっとあってしかるべきだったのに，それがなぜ意識されてこなかったのか反省が求められる。

(3) 市町村における児童福祉審議会

　第三には，児童福祉法の先見性ともいえる市町村行政に関わる規定を児童福祉関係者は有効活用してこなかった点である。児童福祉法は，"市町村に児童福祉審議会を置くことができる"規定（児童福祉法第8条3項）を有していた。他の社会福祉法制が中央集権的な措置行政でほとんどが行われていた状況の中で，児童福祉分野は地方分権的な側面を法で規定していた。したがって，市町村レベルで，条例などでその地域に即した児童育成のシステムを作れたはずである。高齢者分野が在宅福祉サービスなどの整備において多様なサービスを開発し，展開してきたことを考えれば，児童福祉法でそれができる規定を有していた児童福祉分野はよりそのような展開ができたはずである。

　しかしながら，市町村の児童福祉行政は，従来の労働経済学的発想の域を出ず，保育行政に偏り，待機児童対策，長時間保育に追われている。その対策も重要ではあるが，より子育て支援の全体を考えてのシステムを構築しようとの認識に欠けていると思われてならない。今求められているのは保育政策もさることながら，子育て支援の多様な在宅福祉サービスを整備することであり，それらも含めた「次世代育成支援計画」を市町村で策定し，具現化させることではないのだろうか。

(4) 東京都「子ども家庭支援センター」の構想

　東京都の児童福祉審議会が東京都独自のシステムとして，かつ「介護の社会化」を進めた介護保険制度により規定された地域包括支援センターよりも先に，その理念を先取りしてシステム化させたのが「子ども家庭支援センター」であり，地方自治体の発想でシステム化させた最も典型的な事例である。児童福祉法に基づく児童相談所はあまりにも広域単位で設置されており（児童相談所をより多く，圏域を狭くして設置すれば問題は解決するという意見があることは承知しているが，その説には賛同しない），かつ児童相談所の機能は実際問題として要保護児童対策であり，日常生活圏域での，子育て支援に関わる相談・援助は

行う事が出来ないと判断されて構想された。「子ども家庭支援センター」は，子ども家庭問題に関する福祉アクセシビリティを総合的に保障する"駆け込み寺"であり，子ども家庭分野のワンストップサービスを提供するところである。また，「子ども家庭支援センター」は社会福祉士，保育士，保健師を配属して，子ども・家庭支援に必要なチームアセスメントに基づくケースマネジメントを行うと同時に，同じような悩みや課題を抱えている人・家族を組織化するピア・カウンセリング機能を行うし，さらには子育て支援に関するソーシャルサポートネットワークを構築するための地域組織化活動も行うところと考えた。この東京都の「子ども家庭支援センター」構想は，1990年の東京都東大和市の地域福祉計画策定の中で構想され，位置づけられたものをより発展させて東京都児童福祉審議会で具現化された。このように，国の法律で規定されてなくても市町村等の地方自治体が条例などによりその地域に必要なサービスシステムを作れるにもかかわらず，そのような研究や実践が充分にないのはなぜなのであろうか。それは，児童福祉分野の研究方法が戦後の制度設計の思想に囚われていて，思考の箍をはめられているからではないのだろうか。

　市町村における「次世代育成支援計画」が，「介護の社会化」と同じように，「家事の社会化」，「子育ての社会化」の視点をより深めて，市町村の児童福祉行政のあり方を金銭給付型サービス，保育所型サービスから大きく転換させることが少子化の解決と児童の最善の環境整備につながる。　　（大橋謙策）

参考文献
アドルフ・ポルトマン，高木正孝訳『人間はどこまで動物か』岩波書店，1961年。
ジョン・ボウルビィ，黒田実郎訳『乳幼児の精神衛生』岩崎学術出版社，1967年。
宮原誠一『教育と社会』〈宮原誠一教育論集 第1巻〉国土社，1976年。

第Ⅰ部
子ども家庭領域における人材育成と課題

第1章
子ども家庭領域における人材育成
―― 日本社会事業大学児童ソーシャルワーク課程の発足 ――

　子ども家庭領域における人材育成は，保育士養成については，主に幼児保育を中心としたカリキュラムが確立され，1990年代初めから，その養成校の充実と授業内容に関して，4年制大学における養成についての研究協議が日本社会事業大学の田辺敦子教授を中心に進められていた。1993（平成5）年に私は日本社会事業大学の教授として就任したが，すでに故人となられた田辺教授のお誘いを受け，私もそのメンバーとして参画する機会を得た。しかし，その後田辺先生は病気により故人となられ，そのあとを引き継ぐこととなった。

　4年制大学における児童ソーシャルワーク課程（CSW課程）として，従来の保育士養成課程を応用し，時代のニーズに応じた幅広い視点を加えていく内容を概念とし，養成科目等について詳細な検討を重ね，日本社会事業大学における先行事例としてCSW課程の発足に至った。その経過などについて触れていきたい。

1　児童福祉領域におけるニーズの変化と背景

（1）歴史的変遷と現状の課題
1）児童福祉対策の変遷

　わが国の児童福祉は遡れば，救貧対策を基に発足した。戦後の日本社会においては，戦争により家族を失った戦災孤児が社会的問題となり，それら要保護児童への対策として児童養護施設に入所させ安定した生活の場を確保する取り組みが行われていた。1947（昭和22）年の児童福祉法の成立は，これら従来の保護を必要とする児童のための保護・救済的福祉という観点から，すべての児童の健全な育成へと福祉観が変化し，この理念に基づき児童福祉施策が進めら

れ児童福祉施設の基本的な枠組みも構築されてきた。しかし，児童福祉法成立から50年以上経過し，子どもを取り巻く社会環境は大きく変化を遂げた。

　日本社会が経済的な豊かさを獲得するに伴い，従来のような貧困による児童の保護は減少したが，一方で少子化，いじめの問題，不登校児の増加，児童虐待問題の深刻化というような新たな児童を取り巻く問題が発生した。さらにこれらは，多様で複雑な支援ニーズを有しており，現行の制度や施策では対応しきれない現状が強く認識されるようになった。こうした社会的背景の変化に伴い，新たなニーズに対応した支援システムのあり方が必要であるとの意識が高まった。制度・政策，施設環境面での処遇などの社会環境面での整備の必要性，対人援助の技法としての専門性の向上，地域社会資源としての児童福祉施設の新たな役割の構築等が強く求められるようになった。

　具体的な内容として，社会環境面においては，子どもの抱えるニーズの複雑化・多様化から，個別性に配慮した対応が求められるようになり，大規模な施設に収容する集団育成の弊害が指摘され，処遇単位の小規模化へと施設基盤の整備が必要とされた。また，従来の児童福祉法においては，乳児院は満2歳未満（平成16年度法改正により満6歳未満まで継続可），児童養護施設は満2歳以上というように年齢が区分されるなど，法律によって年齢が制限されており，施設で生活する居住環境の変更が行われることは児童のニーズに適さない場合も多く，望ましくないことも指摘されるようになった。個別のケースに応じて新生児から乳児・幼児・学童と同一の環境を提供する，また，児童養護施設などで生活した児童の退所時の処遇に関しても，必要に応じ児童が自立するまで，20歳を超えて措置延長が認められる等，柔軟な対応と児童の処遇の一貫性を保つことが必要とされた。

　2）多様化する児童福祉課題

　一方，新たな支援方法に関しては，ソーシャルワーク機能の充実が強調された。健康問題や経済的な問題など個々のケースが複雑な背景を含み，また場合に応じて児童虐待やDV等による危機的状況への介入が必要とされる例が増加した。その介入アプローチには，法的問題や精神的サポート等多岐にわたる知識と方法が求められ，また，その対象とする児童は，知的障害・身体障害・発達障害などの情緒的問題を有するなど，対象児童が有する問題の拡大が見ら

例えば児童養護施設においては，子どもの早期家庭復帰を目指し，身体的・精神的健康と安定を図るための問題解決や調整に当たる。しかし，子どもを取り巻く問題は，対象とする子どものみへの支援では完結しがたく，その子どもの家庭への支援も重視される。社会的または精神的に不安定な家族の問題は，家族療法的な関わりを必要とし，ある程度の知識やスキルを有しながら専門的に支援・援助することも求められる。こうした援助には，さまざまな関係機関との連携がより一層必要不可欠であるとともに，危機介入・援助のネットワーク，社会システムづくりはもちろんのこと，緊急対応のできる職員の養成と確保も大きな課題であり，専門性の強化や労働力の確保のために諸条件の整備が必要とされると考えられる。

　地域社会資源としての児童福祉施設の新たな役割としては，従来，児童福祉施設は養護問題発生後の処遇機関として機能してきた。これら養護問題発生要因の背景には，地域や家庭の養育機能低下，これに伴う子育ての負担感や不安感の増大が挙げられ，地域の新たなサポートシステムの構築という視点で，養護問題の重大な問題化を未然に防ぐような，家庭支援事業の重要性に関する認識も社会的に非常に高まってきた。その中で児童福祉施設は時代の変化に伴って多様化する児童の問題に直面し，一つひとつの問題に対応しながら，専門的知識・技術の蓄積を行ってきた。こうした専門性とその経験を活かし，地域の子育てを支援する拠点・空間・人材の提供が可能であると考えられるようになり，従来，主に施設の中で構築された専門的方法を地域社会にも広く開放し，地域社会の資源を共有する中で地域の子育て支援をより充実させることが期待されている。既にショートステイ，トワイライトステイ，緊急一時保護，子育て相談，親の育児体験学習など，先行的に取り組む施設が見られたが，これらを広く実施するにはマンパワーの問題など実施基盤が十分とは言い難く，より一層サービスを充実することが必要である。

　これらの背景に鑑み，児童福祉法制定50周年を区切りとして国は，児童家庭福祉体系の見直しと関連し児童福祉法改正の方針を明らかにした。それは，少子・高齢社会における現状を見据え，児童とその家庭がその取り巻く社会環境に対応できるよう法を見直すということであり，これらの背景から，児童福祉分野の新たな時代の要請として，専門性を持ち現場実践できる人材を養成す

るCSW課程の検討が行われるに至った。

(2) 新たなニーズと児童福祉施設の類型
　児童福祉法における具体的なメニューとして，家庭の代替的な機能及び一時的に家庭の保育を補完する機能，積極的に家庭養育を支援する機能，社会啓発・相談などが具体的に位置づけられている。これを類型化すると，以下のようになる。

　1)　2つの軸と4つの型
　新たなニーズを踏まえて児童福祉施設が果たすべき重要な役割は，ケアの総合性，計画性と専門性の再構築，そして地域ケアシステムとしての機能を含んだものとなる。これを現実の姿として児童福祉施設再編に結びつけるならば，以下の2つの軸と，4つの型を基本形として施設の機能を整理して考えることができる（図1-1）。

　①2つの軸
a．生活拠点の軸：横軸（実家庭とその地域⇔施設とその地域）
　　中間点に位置するほど，実家庭とともに施設との関わりを持ったケアやサービスが配慮される。
b．専門性の軸：縦軸（生活総合型⇔特定目的性）
　　中間点に位置するほど，生活総合性とともに特定目的性を併用した専門的ケアやサービスが配慮される。
　②4つの型
a．生活拠点型（生活拠点＝入所施設，専門性＝生活総合性）
　　家庭から離れて生活する子どもに対し，そのQOLを確保し，生活全般にわたる総合的，計画的ケアを最重視する型である。
b．トリートメントⅠ型（生活拠点＝入所施設，専門性＝特定目的性）
　　家庭から離れて生活する子どもに対し，生活治療および特定専門性に基づくトリートメントを最重視する型である。
c．トリートメントⅡ型（生活拠点＝在宅，専門性＝特定目的性）
　　実家庭を基盤に生活する子ども及び保護者などに対し，通所，外来により

第1章 子ども家庭領域における人材育成

図1-1 児童福祉施設の類型

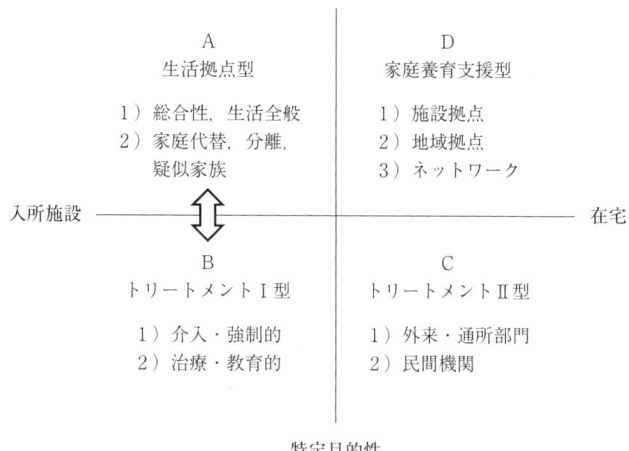

特定専門性に基づくトリートメントを最重視する型である。
d．家庭養育支援型（生活拠点＝在宅，専門性＝生活総合性）
　実家庭を基盤に生活する子どもおよび保護者などに対し，ケア，あるいは子育てを支援し，地域子育て力を高める機能を最重視する型である。

(3) 児童福祉施設の類型別機能
①A類型
（生活拠点型）
ⅰ）機　能
　生活総合性の専門性に基づき，ケアの単位の小規模化を配慮した疑似家族，あるいは新しい家族の形成，生活教育，生活治療を加味しながら，生活指導をもっとも重視したケアおよびサービスを行う。
ⅱ）属する施設
　乳児院，児童養護施設（グループホームも含む）だが，今後，里親とのブリッジケアを含む施設の総合的，統合的，ブリッジ的な機能を持つことが必要である。
②B類型（トリートメントⅠ型）

ⅰ）機　能

　特定目的性の専門性に基づき，家庭的ケアを配慮した入所施設の機能を持つ生活教育を基本にして，特定目的性に応じて，心理治療的，教育指導的，医療・保健的，機能訓練的等々の専門性を発揮したケアおよびサービスを行う。

　ⅱ）属する施設

　乳児院，母子生活支援施設，養護施設を除く入所施設的機能を持つ施設だが，今後は施設体系の再編を考慮することが必要である。またこの型は，生活指導を基本にして家庭的ケアを配慮し，心理治療的専門性を発揮する施設（B－1型），生活指導を基本にして家庭的ケアを配慮し，医療・保健的専門性ないし機能訓練的専門性を発揮する施設（B－2型），生活指導を基本にして家庭的ケアを配慮し，教育指導的専門性を発揮する施設（B－3型）の3つに類型化できる。

③C類型（トリートメントⅡ型）

　ⅰ）機　能

　特定の専門性に基づき，通所および外来によるケアおよびサービスを配慮した通所施設機能を持つ特定目的性に応じ，心理治療的，教育治療的，医療・保健的，機能訓練的等々の専門性を発揮したケアおよびサービスを行う。

　ⅱ）属する施設

　保育所，児童館を除く通園・通所施設的機能を持つ施設だが，今後はニーズの内容に即応した専門性を基盤にして施設体系の再編を考慮することが必要である。また，C類型は，心理治療的専門性を発揮する通所施設・機関（C－1型），医療・保健的専門性ないし機能訓練的専門性を発揮する通所施設・期間（C－2型），教育指導的専門性を発揮する通所施設・機関（C－3型）の3つに類型化できる。

④D類型（家庭養育支援型）

　ⅰ）機　能

　生活総合の専門性に基づき，ケアし，あるいは子育てを支援し，地域子育て力を高める機能を持ち，必要に応じて，特定目的性の専門性を付加する場合もある。

　家庭養育支援には，①施設を拠点とする支援（家族入所ケア（ひとり親家庭，親子指導家庭）などを行うケアサービス，病児デイサービス，親子参加子育て支援サービス，デイサービス，母性・父性育成スクール，両親の集い，子育て宿泊体験，

緊急ショートステイ等）と，②地域を拠点とする支援（子育て相談，家族・親子関係Q＆Aなどを行う地域支援相談，グループワーク，アウトリーチサービスなどを行う家庭訪問支援活動，地域子育て支援委員会などの地域グループ活動ファシリテート，電話相談，虐待防止ネットワークなどの地域子ども人権擁護活動，養育・保育・保健専門家等の子育て支援人材バンクネットワークによる支援）がある。

ⅱ）属する施設

現行の制度でいう母子寮，保育所，児童館にあたる直接支援型（D−1型）と，現行の制度でいう措置入所・通園・通所や，利用に関わりなく，地域の住民を対象にあるいはネットワークを組んですすめる支援のため，すべての児童福祉施設がその可能性を持っている間接支援型（D−2型）の2種類がある。

2 日本社会事業大学における児童ソーシャルワーク課程の検討

(1)「児童福祉分野の専門教育の充実に関する検討委員会」の設置

4年制のCSW養成課程のモデル校として，日本社会事業大学が先駆的な役割を果たしていくために，児童福祉分野での教育プログラムのあり方を検討することを目的とし，「児童福祉分野の専門教育の充実に関する検討委員会」を設置した。

検討委員会は，学部長，保育資格課程委員会の委員，教務委員長，児童福祉学科長で構成され，1995（平成7）年12月頃から法人・厚生省（当時）との折衝を開始，翌年度の概算要求に組み込み，1997（平成9）年から実施が可能なスケジュールを目指すこととした。この養成課程に関しては，新たな保育士養成カリキュラム，または社会福祉士養成カリキュラムにおける児童福祉分野の充実，双方いずれの方向からアプローチを行っても，学科や大学全体に大きな影響を及ぼす問題（例えば，コース制の問題や専門教育のあり方，学生の学科変更の自由など）が懸念され，これらの点に関しては学科会議等へ十分フィードバックしながら検討を行うことが条件であった。

上記の点を配慮しながら，この検討委員会は，保育課程教育の実務的運営について協議する「保育課程委員会」，国レベルの政策的課題を研究する「保育行政研究会」を中心に進められた。

(2) 「4年制保育従事者養成」に関するアンケートの実施

日本社会事業大学（以下，日社大）卒業生（1989〔平成元〕年以降）のうち，児童福祉分野に就職した者を対象に，4年制保育従事者の現場での実態と日社大の教育に対する意見や評価を把握し，4年制大学における保育従事者養成のあり方，CSW課程の設立の検討を目的としてアンケート調査を実施した。

調査の結果から，4年制大学である日社大において保育士資格の取得が必要だと回答した人は大半を占め，現場の4年制大学の保育士とその他の保育従事者との相違を尋ねると，卒業後現場に出る中で4年制大学卒業の保育士であるということについて，職場内で実際にさまざまな反応を受けていることが分かった。また，実際に現場で働き，4年制大学卒業者とそうでない者の違いやギャップに驚きを感じた者と，違いを感じなかった者の双方が存在していたが，違いがあると答えた中には，短大卒等の人に比べ「折り紙」や「手遊び」など即実践に結びつくような経験の不足や，現場での戸惑いを指摘する声が聞かれた。

一方，「保育」を幅広い社会福祉の中で位置づけて捉える視点は4年制大学で学んだ保育士の強みであると感じている声も聞かれ，また，多様化する社会の問題や家族問題が複雑化する中で，幅広い視点は今後ますます必要になるだろうという声も多く聞かれた。多様なニーズを抱える子どもの問題に対応するために，児童福祉の現場の状況から広く社会福祉の視点を持った保育士，児童福祉行政を考えられる保育士が必要であるという認識が高いことが分かり，従来の日社大における保育士養成プログラムに加え，現場で直面するさまざまなニーズに対して理論を踏まえ，幅広い視点から柔軟に対応できる人材を育成するカリキュラムが求められていることが結果からも明らかとなった。

(3) 児童福祉分野で求められる新たな人材

これら子どもと家庭の福祉におけるニーズの変化は，故田辺敦子教授を中心とした4年制大学における保育士養成の研究を基とし，時代の中で求められている児童福祉施設のあるべき姿，果たすべき役割に基づき，新たな子どものニーズに対応できる人材育成のモデルとして，「児童ソーシャルワーク課程」を養成プログラムとして提案した。

改めて整理すると，日社大が児童福祉領域で活躍する人材を目的とした学生

の養成をすすめていく上で，わが国の児童福祉の状況は，施設かそれとも家庭における養育かという二者択一的なことではなく，児童自身への援助と家庭に対する援助を目的としたサービスであり，子どもの福祉コミュニティづくりをコーディネートする能力が望まれている姿であるといえた。児童福祉ニーズの多様化，高度化に伴い，保育所でも障害児保育，情緒障害児対策，多問題家族への対応が求められ，子育て支援サービスセンター化する保育所においては，地域社会の拠点として幅広く活動するソーシャルワーカーとしての役割が徐々に必要とされてきた。また，児童養護施設や母子生活支援施設に代表される生活型児童福祉施設においても求められるのは，多問題家族や被虐待児・放任等の児童に対しても幅広い視野で対応できる新たな専門性であり，従来の家庭の母親を代替する保育士の機能のみではなく，障害児保育など特殊な保育機能と地域社会のコーディネーターなどのソーシャルワーク機能を持ち，リーダーとなれる職員であり，社会からも福祉専門職として認知される人材である。

　また，さらに加えると，ケースワークを中心とするソーシャルワーカーは保育や介護のケアワークも併せ持ち，児童福祉分野のソーシャルワーカーは養護を機能として持ち合わせ，スーパーバイズする能力を有することが望ましいと考えられた。児童福祉法における約20種類の施設が存在する児童福祉分野において必要な知識と専門性を有する人材を児童ソーシャルワーカーとし，以上を踏まえて，CSW課程の具体的なプログラムの検討を行った。発足当初検討した内容の大まかな概要は以下の通りである。

（4）児童ソーシャルワーク課程プログラムについて

　CSW課程のプログラムを組み立てるにあたり，以下のような点をポイントとして検討した（図1-2）。

①現行の児童家庭福祉コースのカリキュラムの充実の一環として位置づける。
②現行の社会福祉士指定科目および福祉援助学科専門教育科目を前提に積み上げる形で科目群の整備を図る。
③科目群としては，3つの領域に分けて考える。
　　ⅰ）1群は現行の保育家庭の科目群。社会福祉士資格を持ち，保育所で勤務する保育士をイメージ。

第Ⅰ部　子ども家庭領域における人材育成と課題

図1-2　日社大における児童ソーシャルワーカー養成カリキュラム概要

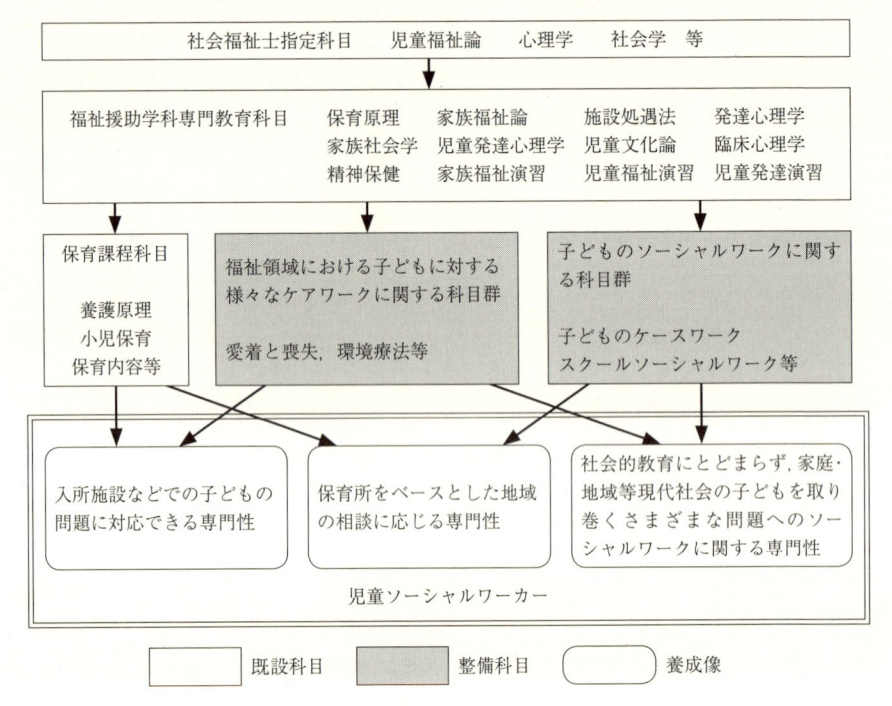

```
┌─────────────────────────────────────────────────────────┐
│　社会福祉士指定科目　　児童福祉論　　心理学　　社会学　等　│
└─────────────────────────────────────────────────────────┘
                            ↓
┌─────────────────────────────────────────────────────────┐
│福祉援助学科専門教育科目　保育原理　家族福祉論　施設処遇法　発達心理学│
│　　　　　　　　　　　　　家族社会学　児童発達心理学　児童文化論　臨床心理学│
│　　　　　　　　　　　　　精神保健　家族福祉演習　児童福祉演習　児童発達演習│
└─────────────────────────────────────────────────────────┘

┌──────────┐  ┌──────────────┐  ┌──────────────┐
│保育課程科目│  │福祉領域における子どもに対する│  │子どものソーシャルワークに関す│
│          │  │様々なケアワークに関する科目群│  │る科目群              │
│養護原理　　│  │                        │  │                    │
│小児保育　　│  │愛着と喪失，環境療法等　　　　│  │子どものケースワーク     │
│保育内容等　│  │                        │  │スクールソーシャルワーク等 │
└──────────┘  └──────────────┘  └──────────────┘

┌──────────┐ ┌──────────┐ ┌──────────────┐
│入所施設などでの│ │保育所をベースと│ │社会的教育にとどまらず，家庭・│
│子どもの問題に対│ │した地域の相談に│ │地域等現代社会の子どもを取り│
│応できる専門性　│ │応じる専門性　　│ │巻くさまざまな問題へのソー│
│              │ │              │ │シャルワークに関する専門性│
└──────────┘ └──────────┘ └──────────────┘
                　児童ソーシャルワーカー

　□ 既設科目　　■ 整備科目　　□ 養成像
```

　ⅱ）2群は福祉領域におけるさまざまな子どもの問題に対応するための専門性を培うことを目的とした科目群。特に子ども関係の種々の施設で勤務するケアワーカーをイメージ。

③3群は子どものソーシャルワークに関する科目群。施設養育，社会的養護の範囲を超えた，さまざまな子どもの問題に対応できるソーシャルワーカーをイメージ。

　日社大における児童ソーシャルワーカーの養成プログラム検討においては，児童の発達援助を中核に，児童を取り巻く家族の向上・地域の育児力の養成など環境の調査を通して児童の健全育成を図る専門職として養成することとした。児童ソーシャルワーカーの養成は福祉援助学科において行い，その際，保育士資格は児童福祉施設に従事するためのいわばパスポートのような存在であり，その職務の専門性に鑑み，保育士資格を取得することとした。

日社大福祉援助学科におけるカリキュラムは，教養課程科目（心理学・社会学・法学などの一般教育科目，外国語科目，保健体育科目）と，専門教育科目（社会福祉原論，社会保障論，社会福祉援助技術論，老人福祉論など）による構成であった。これらに加え，児童ソーシャルワーカーとして実践に必要な要素としてカリキュラムの検討が重ねられたが，その編成には，現行カリキュラムとの編成上の困難性や，社会福祉士受験資格取得を兼ねる学生の負担増などの困難性が挙げられ非常に懸念された。

しかし，児童福祉分野における現場の将来性を考え，当面は現行のプログラムである保育士養成科目に基づきカリキュラムを構成するとし，保育士課程の科目を応用し，より幅広い児童福祉領域の実践に活かせるよう，社会的養育の実際について学ぶ「社会的養育論」，子どもの対人関係および言語の発達に関する知識を習得する「対人関係・言語発達」，施設で養育されている子どもの抱えている問題への援助を学ぶ「施設養育論」，子どもの生活環境の援助的活用に関して学ぶ「環境療法」，また，子どもの抱える心理・情緒的問題への芸術療法の摘要として「アートセラピー」など，従来設置していた保育過程の科目を，より幅広く発展させ応用する形で見直しを行った。さらに，新たに必要であると考えられる新規開発科目としては，「乳児精神医学」「愛着理論」「子どものトラウマ」「家族療法」「子どものケースワーク」「子どものコミュニティワーク」「子どもの福祉臨床実習」等，社会背景と子どもの養育問題，新たなニーズに即した内容の科目が検討された。

今回，日社大で先駆的な取り組みを試みたCSW課程においては，これらの時代のニーズに求められる専門的知識を有し，単に保育士資格を持つだけではなく，また，幼児のみならず児童に強い人材を養成することを目的とし，実習による時間制限と履修時間の制限を配慮した，最低限必要な科目を設定し検討を行った。この検討については，監督官庁への再三の協議と申請を繰り返したので，数年の時間を要したのである。

（高橋利一）

参考文献

「児童福祉分野の専門教育の充実に関する検討委員会」委員長高橋利一・日本社会事業大学『児童ソーシャルワーク課程検討報告書』1998年。

第2章
子ども家庭領域における人材育成カリキュラム

　1998（平成10）年4月，全国に先駆けて日本社会事業大学（以下，日社大）に児童ソーシャルワーク（以下，CSW）課程ができた。2007（平成19）年度は記念すべき10周年を迎え，2010年3月には，実習までのすべての課程を終えた10期生が卒業する。CSW課程は，子ども虐待，不登校，非行，発達障害などの領域についての高い専門性を有し，障害や心理的な悩み（不適応感，不全感など）を抱えている子ども及びその家族に対する援助能力が高いソーシャルワーカーの養成を目的として設置され，運営されてきた。このCSW課程は，厚生労働省の実験的先駆的事業の性格を有しており，厚生労働省より，学生の養成委託を受けている。実習やカリキュラムについても，児童福祉分野におけるモデル的な役割を担っており，今後も持続した内容・実習先などの開発・開拓が求められている。

　この章では，子ども家庭領域の人材育成の課題を踏まえ，日社大で行ってきたCSW課程について詳述し，今後の人材育成のあり方を検討する。

1　児童領域におけるソーシャルワーク専門職の検討

　以下は，日本学術会議の社会学委員会社会福祉学分科会の提言「近未来の社会福祉教育のあり方について——ソーシャルワーク専門職資格の再編成に向けて」（平成20年7月14日）[1]によるものである。

>　「ソーシャルワーク専門職の再編成を図り，社会福祉士をジェネリックな基礎資格と位置付け，スペシフィックな領域に対応する認定ソーシャルワーカーを養成するとともに，時代の要請に応えた機能別の認定制度を創設していく。

具体的には，第1に，社会福祉士をベースにして，精神保健福祉士に加えて，認定医療ソーシャルワーカー，認定高齢者ソーシャルワーカー，認定障害者ソーシャルワーカー，認定児童家庭ソーシャルワーカー，認定スクールソーシャルワーカー，認定司法ソーシャルワーカー等の様々な領域でのスペシフィックな認定ソーシャルワーク専門職を創設することである。

第2には，ソーシャルワークの機能の内で重要と考えられる機能に特化して設定される認定資格制度を創設していくことであり，現状では権利擁護対応ソーシャルワーカー，退院・退所対応ソーシャルワーカー，虐待対応ソーシャルワーカー，就労支援ソーシャルカーカーなどを資格認定していくことの検討が必要である」。

ここでの近未来とは，5年から10年とされており，本学の果たす役割を考えるに，この10年で蓄積されてきたCSW課程における人材養成をめぐる実際を，明確にする作業が必要であろう。また，領域別，機能別のソーシャルワーカーは，社会福祉士とは異なり，既に国家資格として成立している精神保健福祉士を除いては，国家資格として設定するものではなく，社会的承認を受けていくために，現状では既存の職能団体ないし認定を行うことを目的に設定された認定機構等による認定ならびに登録を要件とするものとして構想されることが望ましいといえる，と考えられている（既出，日本学術会議社会学委員会社会福祉学分科会 2008）。今後の国家資格を目指すとしても，まずは，その資格そのものの質を保証し，かつ社会的承認を受けていく努力が求められているといえる。

2　今後のあり方と児童ソーシャルワーク課程

これらの領域別，機能別のソーシャルワーカー養成の準備状況として，日社大の児童ソーシャルワーク課程を位置づけると，以下のように整理することができる。

認定児童家庭ソーシャルワーカーは，CSW課程そのもののあり方を反映したものであろう。カリキュラムとして，以下に挙げるのは，日社大のCSW課程の必修科目であるが，今後，さらに改革していかなければならないだろう。この課程の大きな特徴である子ども家庭ソーシャルワーク実習は，以下のよう

第2章 子ども家庭領域における人材育成カリキュラム

表2-1 児童ソーシャルワーク課程開講科目一覧

本学開講科目	授業形態	開講年次	開講期	必修単位数	選択単位数	限定	備考
児童の健全育成	講義	2	前	2			
発達心理学Ⅰ	講義	2	後	2			
子どもの臨床教育心理学	講義	2	後	2			
乳幼児精神保健	講義	3	前	2			
社会福祉と権利擁護	講義	3		2			
養護原理	講義	2	前	2			
問題を抱える子どもへの支援Ⅰ（児童虐待・トラウマ）	講義	2	後	2			
問題を抱える子どもへの支援Ⅱ（障害児）	演習	2	前	1			
問題を抱える子どもへの支援Ⅲ（非行・不登校）	講義	2	前	2			
相談援助演習Ⅰ	演習	2	前	2			
問題を抱える家族への支援	講義	4	後	2			
問題を抱える子どもと家族への支援事例	演習	2	後	1			
家族ケースワーク・家族療法	講義	3	後	2			
子どものケースマネジメント	講義	3	前	2			
スクールソーシャルワーク	講義	2	後	2			
子ども家庭ソーシャルワーク実習	実習	4	前後	4		※	以下のどれか一つを選択　子育て支援系　虐待対応施設・機関系　スクールソーシャルワーク・教育臨床系　発達障害系　自立支援・地域支援系　司法福祉系　他
子ども家庭ソーシャルワーク実習指導	演習	4	前後	2		※	
計				34	0		

な6領域に分かれている。詳しくは，第18章での実習に関するところで詳しく説明するが，子育て支援系，虐待対応施設・機関系，スクールソーシャルワーク系，発達障害系，自立支援・地域支援系，司法福祉系，子ども医療系に分かれている。ただ，先駆的な実習開拓ということで，このような範疇に入らない領域も積極的に開拓することが求められている。例えば，在日外国人の子ども達への支援なども，国際的な観点に立ったCSWである。

また，認定スクールソーシャルワーカーについては，現在，カリキュラムについて模索されているが，2009（平成21）年度からの課程認定を受け，養成が

動き出している。日社大では，CSW課程を基礎とした場合，すでに，スクールソーシャルワーク系の実習を行っており，上記のCSW課程のカリキュラム，および社会福祉士養成カリキュラムを踏まえた上で，教育系科目（「教育原理ⅠまたはⅡ」，「生徒指導論」）および精神保健系科目（「精神保健」）を履修し，スクールソーシャルワーク課程で開講されるスクールソーシャルワーク演習およびスクールソーシャルワーク実習指導を履修することで，課程認定を受けることができた。

また，認定司法ソーシャルワーカーに向けては，CSW課程で開講されている必修科目「社会福祉と権利擁護」および選択科目としての「子ども法制論」などを受けた上で，司法福祉系の実習先での実習をすることになる。既に，CSW課程では弁護士事務所での実習を行っており，実績を積んできた。また，更生保護施設での実習を行っており，社会福祉士養成のカリキュラムで必修となった「更生保護」および，実習先として新たに登録可能となった更生保護施設での実習を，CSW課程では，すでに平成14年から行ってきている。これは，権利擁護対応ソーシャルワーカーについての養成においても示唆に富むものであるといえる。

さらに，継続的な講義ではないが，定期的に「家庭裁判所におけるソーシャルワーク機能（家庭裁判所調査官の仕事）」というテーマでの授業を開講し，家庭裁判所で活躍してもらうための意識づくりを心がけている。

また，虐待対応ソーシャルワーカーについては，「問題を抱える子どもへの支援Ⅰ（児童虐待・トラウマ）」「子どものケースマネジメント」「問題を抱える家族への支援」「問題を抱える子どもと家族への支援事例」，「家族ケースワーク・家族療法」，「児童の健全育成」などの専門科目を通して掘り下げることができるようになっている。その上で，虐待対応施設・機関系の実習が設定される。虐待防止関係のセンターや情緒障害児短期治療施設，虐待対応を目指した子ども家庭支援センター，母子生活支援施設などがある。母子生活支援施設など，社会福祉士養成のための実習と重なるところもあるが，社会福祉士実習を踏まえた上で，さらに，家族支援や子ども支援などをより特化した形で実習していくことが目指されている。

3 日本社会事業大学の児童ソーシャルワーク課程設立

すでに述べたことであるが，1998（平成10）年4月，全国に先駆けて日社大にCSW課程ができてから，すでに10年が経った。2007（平成19）年度は，記念すべき10周年を迎え，2010年3月には，実習までのすべての課程を終えた10期生が卒業する。CSW課程は，子ども虐待，不登校，非行，発達障害などの領域についての高い専門性を有し，障害や心理的に悩み（不適応感，不全感など）を抱えている子ども及びその家族に対する援助能力が高いソーシャルワーカーの養成を目的として設置され，運営されてきた。このCSW課程は，厚生労働省の実験的先駆的事業の性格を有しており，厚生労働省より，学生の養成委託を受けている。実習やカリキュラムについても，児童福祉分野におけるモデル的な役割を担っており，今後も持続した内容・実習先などの開発・開拓が求められている。

現在，実習先の分野として，以下の通り実習を依頼している。

①入所型児童福祉系：児童養護施設，情緒障害児短期治療施設，更生保護施設等。
②利用型児童福祉系：児童相談所，子ども家庭支援センター，障害児・者センター，児童館，障害児通園施設等。
③その他関連施設：病院，教育相談室，適応指導教室，フリースクール・フリースペース，地域支援機関，弁護士事務所，公立小学校特別支援教室等。

これらは，子育て支援系，虐待対応施設・機関系，スクールソーシャルワーク系，発達障害系，自立支援・地域支援系，司法福祉系，子ども医療系実習として分類される。施設・機関の業務および利用者のプライバシーの保護等に支障のない範囲において，学生の心理支援能力，発達支援能力およびソーシャルワーク能力の向上に資する体験，学習する場の提供をお願いしている。具体的には，以下のようなことを事前に伝えている。

①子どもおよび（あるいは）家族の生活上の困難を把握すること。
②子どもとじっくりつき合い，子どもの障害の特徴や心理面を実感すること。
③子どもおよび家族に対するソーシャルワークの方法・技術を身につけるこ

と。
④心理学に基づく援助技術を身につける等，心理支援・発達支援能力を高めること。
⑤ソーシャルワーカーと心理職等他職種の役割分担等を学習すること。
⑥子どもの権利擁護を様々な観点から検討すること。

これまでは，CSW 課程学生（定員 50 名）を送り出せるだけの学内基盤の確立と 50 名分（2007〔平成 19〕年度は 51 名分，2008〔平成 20〕年度はボランティア休学などによる休学者の復学を踏まえ 51 名，2009〔平成 21〕年度 41 名，2010〔平成 22〕年度 41 名）の実習先確保などを目指してきた。

4　先駆的実習としての検討課題――実習先の拡がり

CSW 課程実習を先駆的な実習として位置づけ，これまで多くの児童領域の実習先を開拓してきた。実習施設・機関開拓の歴史は，CSW 課程の歴史といっても過言ではないほど，日社大が誇れるきわめて先駆的な実習先を開拓し，維持・存続させてきた。毎年出版している CSW 実習報告書に合わせて，実習施設・機関の具体名は載せないこととする。特に，昨今のスクールソーシャルワーク実習の位置づけとして，多くの学校を開拓してきた。2008（平成 20）年度からは，先駆型不登校対応中学校や都内の教育委員会でのスクールソーシャルワーク実習も可能となっている。里親支援や弁護士事務所での実習も大きな特徴である。

従来から依頼している施設・機関に加えて，毎年新規実習先を開拓し，児童ソーシャルワークのあるべき姿をさまざまな領域・現場で検討してきた。これまで，更生保護施設，放課後児童クラブ，母子生活支援施設，地域密着型の子育て支援センター，地域小規模児童養護施設，学校内での軽度発達障害児支援，児童虐待対応のために特別に設置された子ども家庭支援センター，少年事件対応の法律事務所，被虐待児のためのシェルター，里親支援団体，総合的な地域密着型の児童センターなどを新たに CSW 実習先として加えてきた。

今後も，希望学生の増加に伴って，CSW 課程の実習先開拓を続けていくとともに，実習を依頼している機関，施設との日頃からの連携を強化しなければ

ならない。実習先との関係を維持するということは，児童ソーシャルワーク研究の先駆的推進とその質の維持，および大学と施設・機関間の連携・協働の促進を意味している。この点に関しても，学内外の先生方に心から感謝しなければならない。

5 今後の児童ソーシャルワーク課程の展望

(1) 実習施設の開拓，確保，そして信頼関係の持続

これまでみてきたように，ソーシャルワーク全体からみても，子ども領域における専門性の向上は必須と言える。この10年，CSW課程にかかわってきて感じるのは，特に実習において，現場での指導者の方々の考え方や実践を学生がていねいに学び，その後の職業選択や実際の現場での職能発達に大いに役立っている点である。子ども領域であるからどこでも良いというのではなく，実習としての体験が実りあるものになるには，ひとえに現場そのもののソーシャルワーク機能のありようであり，そこで働いている方々の思いである。その意味で，CSW課程は非常に恵まれていると言える。実習先リストは，そこで活躍されている1人ひとりの思いを含めて，何物にも変えがたい財産（宝）である。その実習施設との信頼関係は，実践学問を支える現場との信頼関係と置き換えてもよいだろう。

(2) カリキュラムの吟味

特に，カリキュラム再編に伴って人的資源を学内外に求めていくことで，さらに，子ども家庭ソーシャルワーカーの養成カリキュラム・実習を充実させていくことを考えなければならない。今後は，児童・家庭領域の専門講座（例えば，「児童福祉の国際比較」「児童福祉の法的整備の現状と課題」「地域における子育て支援」「里親支援」「愛着上の課題と修復的愛着療法」「家庭裁判所におけるソーシャルワーク機能（調査官の仕事）」など）を，2年生から4年生までのCSW課程の学生に縦断的に聴講できる形にして新規設けるなどして，さらに弾力的なカリキュラムづくりを考えていくことが必要と考えている。また，それに伴って，実習のあり方や支援のあり方も検討しなければならない。実習先で依頼している実習担当の先生方（実習中の指導を現場でいただく方）に，子ども家庭

ソーシャルワーカー養成に向けての実習のあり方についての意見を聴取していくことも，これまで以上に意識的に企画していかなければならないことと考えている。

（3）子ども家庭領域の人材育成におけるポートフォリオの活用

現在，日社大では，1年次からポートフォリオを活用することで，学習の自己企画，計画的な職業選択に向けての努力，学生生活の充実，担当教員とのコミュニケーションなどを目指している。2年次から登録されたCSW課程の学生に関しては，独自に「CSW課程学習計画表」を作成し，特にボランティア，福祉領域等でのアルバイトの中で得られたことの振り返りなどを目指していく予定である。また，実習先選択に向けての動機づけを高めるための工夫とも言える。既に，CSW課程では，4年次に，これまでの実習を振り返ると言う，「実習履歴報告書」を作成してもらって，4年次の実習がこれまでの実習の集大成になるように学習支援を行っている。今後は，このような学生と一体化した子ども領域における人材育成を，さらに検討しなければならないと考えている。

（藤岡孝志）

注
1) 日本学術会議社会学委員会社会福祉学分科会提言「近未来の社会福祉教育のあり方について──ソーシャルワーク専門職資格の再編成に向けて」平成20年7月14日。

第3章
子ども家庭福祉をめぐる今日的課題
―― 児童ソーシャルワーク課程の役割と法律事務所実習の意義 ――

〈児童福祉〉が、いつごろから〈子ども家庭福祉〉と呼び換えられるようになったのか必ずしも明確ではないが、子どもの権利条約(政府訳では児童の権利に関する条約)が1989(平成元)年に国連で採択されたことが、その背景にあることは確かである。

子どもの権利条約を契機に、子どもの自律が強調され家庭の子育て支援が重視されるようになったが、子どもの自律と家庭の子育てをめぐる状況は混沌とし、それに対応するための法改正が繰り返されている。

以下では、「加害する子ども」としての「少年非行」、「加害される子ども」としての「児童虐待」を例に、「子ども家庭福祉」をめぐる今日的な課題と「児童ソーシャルワーク(以下CSW)課程」の役割について、法律事務所実習の意義とも関連させて検討する。

1 少年非行への対応をめぐる課題

(1) 保護処分優先主義と児童福祉優先主義

非行少年は、大きく犯罪少年と触法少年に大別される。

犯罪少年は罪を犯した14歳以上の少年であり、14歳未満であれば罪を犯しても触法少年と呼ばれ、犯罪少年とは違う取り扱いを受ける。犯罪少年と触法少年の違いは、14歳という刑事責任年齢に達しているか否かであり、刑事責任年齢に達している犯罪少年に対しては刑事責任が追及されるが、刑事責任年齢に達していない触法少年は児童福祉が優先される。

犯罪少年に対する刑事責任の追及は、刑事法とは別に少年法と呼ばれる法体系が成立することによって緩和され、刑事裁判に基づく処罰は例外として扱わ

れ，原則として家庭裁判所の保護処分に委ねられるようになった。このようにして，触法少年は児童福祉機関先議の原則，児童福祉優先主義の基本理念のもとで，児童相談所が児童福祉法に基づき対応し，犯罪少年は全件送致主義，保護処分優先主義の基本理念のもとで，家庭裁判所が少年法にもとづき対応する非行法制が確立されるに至った。

　しかし，このような非行法制の基本的な枠組みは，2000（平成12）年と2007（平成19）年の少年法改正によって大きく見直されることになった。

（2）犯罪少年──厳罰化と更生保護

　まず，犯罪少年をめぐる2000（平成12）年改正によって，刑事裁判で処罰できる犯罪少年の年齢が16歳から14歳に引き下げられ，殺人などの重大事件は16歳以上であれば，原則として家庭裁判所から検察官に逆送され，検察官が起訴して刑事裁判を受けさせることになった。いわゆる厳罰化であり，保護処分優先主義の後退である。ただし，刑事裁判に逆送するか否かは，原則逆送事件であっても家庭裁判所の判断に委ねられ，実質的には家庭裁判所調査官の社会調査が大きな比重を占める。その意味で社会福祉系の家庭裁判所調査官を確保することは，家庭裁判所の保護処分優先主義を担保する上できわめて重要であるが，最近は心理系の家庭裁判所調査官が主流になっている。

　また，重大事件を犯した犯罪少年が逆送されて刑事裁判で処罰されることになれば，その多くは少年刑務所に収容されるようになるが，死刑とかでないかぎり，いずれは仮釈放などによって社会に復帰する。また逆送されずに家庭裁判所で保護処分を受ける場合，重大事件の犯罪少年であれば少年院に収容される比率が高くなるが，いずれ仮退院などによって社会に復帰する。

　そのいずれの場合にも社会復帰を目指す子どもとその家族を支援するためには，子ども家庭福祉ソーシャルワークが必要不可欠になる。そしてこの子ども家庭福祉ソーシャルワークには，2009（平成21）年度から社会福祉士国家試験科目に追加される「更生保護」が含まれる。

　これまで「加害する子ども」としての非行少年は「社会の被害者」と見なされ，その保護と社会復帰を優先させることに異議が差し挟まれることはなかったが，2000（平成12）年改正以降は，本当の被害者は犯罪少年によって命を奪われた犯罪被害者とその遺族であって，重大事件の犯罪少年に対しては「加害

者」としてその責任を厳しく追及すべきだという論調が台頭している。

　このような状況の中で，一方で家庭裁判所に保護処分優先主義を堅持させ，他方で保護観察所を中心とした更生保護を成功させることができるか，それが犯罪少年をめぐる子ども家庭福祉（子ども家庭福祉ソーシャルワーク）の今日的な課題である。

（3）触法少年——警察への対応と家庭裁判所との連携

　触法少年をめぐる2007（平成19）年改正は，①触法少年に対する調査権限と児童相談所への送致権限を警察に付与し，②重大事件の触法少年を家庭裁判所に原則送致することを児童相談所に義務づけ，③概ね12歳以上の触法少年を少年院に送致する保護処分の権限を例外的に家庭裁判所に付与したことがその骨子である。

　これまではいかに重大な触法事件であっても，調査の主役は児童相談所であり，警察が児童相談所の一時保護所で触法少年の事情聴取（調査）を行うというような事態は通常はあり得ず，家庭裁判所に送致するか否かは児童相談所の裁量に委ねられ，家庭裁判所は児童相談所からの送致がないかぎり，いかに重大な触法事件であっても関与することはできなかった。また児童相談所から送致を受けた場合でも，家庭裁判所は少年院送致の保護処分を行うことはできず，児童相談所の措置を前提とした児童自立支援施設送致の保護処分を行う以外に選択肢はなかった。

　2007（平成19）年改正によって，これまでの児童福祉優先主義が大きく後退することが危惧されるが，法改正によっても家庭裁判所に原則送致するか否かの最終的な判断は児童相談所に残された。

　また改正されたのはあくまで少年法であって，児童福祉法は改正されていない。つまり家庭裁判所への原則送致を義務づけているのは改正少年法であって（少年法6条の7），児童福祉法はこれまでどおり家庭裁判所への送致を児童相談所の裁量に委ねている（児童福祉法27条1項4号）。したがって児童相談所が児童福祉法に基づき主体的に対応すれば，少年法に基づく家庭裁判所への原則送致義務に縛られることはない。なお2007（平成19）年改正によって，家庭裁判所に例外的な触法少年への対応として少年院に送致する保護処分の権限が付与されたのは，開放処遇の児童自立支援施設における脆弱な児童精神医療態

勢の問題があったからである。国立の児童自立支援施設には精神科医師が常駐するようになっているとはいえ，病院に指定されている医療少年院と比較すれば見劣りすると言わざるを得ない。

　この少年院送致に関する改正を厳罰化と批判することもできるが，長崎・佐世保のような事件が繰り返された場合，強制的措置を付して児童自立支援施設に送致するか，医療少年院に送致するかの選択肢を家庭裁判所に与えたと評価することもできる。また警察に調査権限が付与されたといっても，それはあくまで物的証拠に関する権限であって，触法少年の身柄を拘束して事情聴取するような権限は付与されていない。触法少年の身柄確保の権限は依然として児童相談所にしか認められていないので，警察が触法少年の身柄を確保して事情聴取するためには，児童相談所の協力が必要不可欠である。その意味で一時保護所において警察の調査権限が濫用されないようにチェックし，触法少年の権利擁護を担う上で児童相談所に期待される役割は大きい。

　また2007（平成19）年改正によって，警察の調査に関して触法少年又はその保護者に弁護士を付添人として選任することが認められた（6条の3）。重大な触法事件であれば，弁護士が警察の調査に関して付添人に選任され，児童相談所に一時保護された触法少年に面会し，児童相談所の調査を担う児童福祉司との協議などを求めるようになると思われる。児童相談所が警察と弁護士付添人の調査にどのように対応し，どのような基準で家庭裁判所への送致（少年院収容も視野に）を判断するか，それが触法少年をめぐる子ども家庭福祉（子ども家庭福祉ソーシャルワーク）の今日的な課題である。

2　児童虐待への対応をめぐる課題

（1）家庭裁判所との連携と介入的ソーシャルワーク

　児童虐待が社会的な問題としてクローズアップされたのは1990（平成2）年ころからであり，児童相談所の相談件数はうなぎ昇りに急増し続けている。これに対応するために，2000（平成12）年に児童虐待防止法が成立し，その後，児童福祉法，児童虐待防止法の改正が相次いだ。

　その結果，児童虐待への対応は市町村と児童相談所（都道府県）へ二元化され，重大な児童虐待に対応する児童相談所は，強制的な解錠・臨検・捜索の許

可状の請求，強制的な親子分離の承認の請求，強制的な親子分離を継続する更新の請求など，家庭裁判所との連携が必要不可欠になっている。これまでの伝統的なソーシャルワークは，支援を求める相手の同意と相互の信頼関係を前提に行われてきたが，児童虐待に関してはこのような伝統的ソーシャルワークの手法では十分に対応できない。

　児童虐待は隠蔽され外部からは不透明である上，重大な児童虐待が判明しても親はそれを否認し介入を拒否することが少なくない。虐待を受けた子どもも親を庇って虐待を否認することも珍しくない上，岸和田事件では中学生の年頃でも虐待する親から逃げることができない現実を垣間見させた。このような児童虐待のメカニズムの下で，虐待されている子どもを救出・救命するためには，強制的な介入と親子分離が必要不可欠になる。法改正によって強制的な介入と分離の権限が児童相談所に付与されたのは，以上のような理由に基づくが，これを介入的ソーシャルワークと呼ぶことがある。

（2）介入的ソーシャルワークと伝統的ソーシャルワーク

　ところで児童相談所の役割は介入と分離だけでなく，分離後の親子の再統合に向けた取り組みも求められる。しかし，例えば親子再統合に向けた支援プログラムを親に強制的に受講させるような権限は，現時点ではまだ児童相談所に付与されていない。強制的に親子分離した場合，親の反発と不信は激しいが，現状ではそのような親に対して児童相談所は介入的ソーシャルワークから一転して伝統的ソーシャルワークのスタンスに戻って，親子再統合に向けた支援をしなければならない。それが並大抵ではないことは言うまでもない。

　これまでのように家庭裁判所の承認に基づく強制的な親子分離に期限がなく，子どもが18歳になるまで分離を継続することができれば，その矛盾はそれほど顕在化しないが，法改正によって承認の効果は2年に制限され，児童相談所が引き続き強制的な親子分離を継続するためには，家庭裁判所に更新を請求しなければならなくなった。

　児童相談所としては，2年後の更新請求において分離の継続を家庭裁判所に認めてもらうためには，親子再統合に向けた支援を行っているにもかかわらず，親がそれを受け入れず，家庭復帰させた場合には再虐待の危険が存在することを示す必要がある。

これを親の側からすると，たとえ強制的な親子分離に不満が残るにしても，児童相談所の支援プログラムにもとづき子育てのあり方を見直さなければ，2年後も更新されて親子の再統合を実現できないことを意味する。

児童相談所がそのような更新制度のメリットを親に納得してもらうことができれば，伝統的ソーシャルワークの隘路を埋めることも期待できないわけではないが，親子再統合に向けた子ども家庭福祉ソーシャルワークの方法論が確立されているわけではない。例えばカウンセリングの強制的な受講命令など司法的な関与の強化を求める意見も強いが，カウンセリングは児童虐待の背景に伏在する心理的な問題には有効であっても，経済的，社会的な問題を解決することはできない。

いずれにせよ児童相談所が児童虐待への第1次的な対応を委ねられた市町村をバックアップしつつ，児童虐待に対応する専門機関として，介入的ソーシャルワークと伝統的ソーシャルワークを駆使し，いかにして重大な児童虐待からの子どもの救出・救命，親子の分離と子どもの保護，親子の再統合に向けた支援を行うことができるか，それが児童虐待をめぐる子ども家庭福祉（子ども家庭福祉ソーシャルワーク）の今日的な課題である。

3　児童ソーシャルワーク課程の役割

（1）非行少年への対応と児童ソーシャルワーク課程の役割

家庭裁判所調査官はかってソーシャルワーカーと認識され，日本社会事業大学（以下，日社大）も多数の家庭裁判所調査官をこれまで輩出してきたが，最近は心理系が家庭裁判所調査官の主流となり，日社大から家庭裁判所調査官試験に合格する学生も絶えて久しかった。

2007（平成19）年度は，私の専門ゼミから男女2人の学生が家庭裁判所調査官試験に合格したが（1名は大学院修士課程を経て），前述したように家庭裁判所の保護処分優先主義を担保するためには，社会福祉系のソーシャルワーカーが数多く家庭裁判所調査官を担うことが必要不可欠である。2007（平成19）年度の複数合格は，CSW課程に新しい展望を拓いたということができるが，この成果を学生の個人的な努力にだけ任せるべきではない。家庭裁判所調査官という専門職への途をCSW課程がバックアップできるように，試験対策も含め

てカリキュラムを見直す必要がある。

　また複数の合格者が家庭裁判所調査官を目指す現役の学生に対し，有効にサポートできる態勢の確立も求められる。もっと大きくいえば，専門職大学院との連携も視野に入れなければならない。学部を専門基礎教育，専門職大学院を専門教育と位置づけた上で，CSW課程を「子ども家庭福祉」領域における専門職（家庭裁判所調査官，保護観察官，法務教官など）を養成する大学及び専門職大学院一貫の「専門職課程」へと転換させることが求められているように思われる。

（2）児童虐待への対応と児童ソーシャルワーク課程

　CSW課程は深刻化する児童虐待への対応を視野に，児童福祉司という専門職を目指す学生の養成に先駆的に取り組んできた。私の専門ゼミからも毎年複数の学生が神奈川県，埼玉県，横浜市，川崎市などの福祉職に採用され，児童福祉司として児童相談所の第一線で児童虐待に取り組んでいる。

　いずれもCSW課程に所属し，児童相談所，児童自立支援施設などでの社会福祉士実習を選択した学生であるが，前述したような介入的ソーシャルワークと伝統的ソーシャルワークを駆使できる児童福祉司を養成するためには，CSW課程のカリキュラム改革が必要不可欠であろう。また，それは前述したように，専門職大学院との連携も視野に入れなければならない。

（3）児童ソーシャルワーク課程における法律事務所実習の意義と役割

　法律事務所において子ども家庭福祉ソーシャルワーク実習を行っているのは，日本の社会福祉系大学では日社大だけである。

　前述したように少年非行および児童虐待をめぐる子ども家庭福祉の今日的な課題に対応するためには，家庭裁判所との連携が必要不可欠である。それは「福祉と司法の連携」（リーガルソーシャルワーク）と呼ぶこともできる。

　少年非行に関して言えば，子ども家庭福祉ソーシャルワークの中心的な担い手は，家庭裁判所調査官，児童福祉司，弁護士付添人などであるが，そのような専門職がどのように連携または対立しながら子ども家庭福祉ソーシャルワークを実践しているのか，児童福祉司以外の専門職に関しては社会福祉士実習で十分に学ぶことができない。

また児童虐待に関して言えば，介入的ソーシャルワークを実践するためには，児童相談所の権限の法的な根拠，要件，限界，裏づけ証拠の意味，証拠収集の方法，児童相談所を代理する弁護士の役割，児童相談所と争う親を代理する弁護士への対応，家庭裁判所の特徴，権限，役割，家庭裁判所調査官との折衝，裁判官との面接などに関して十分な理解が求められるが，それを社会福祉士実習に期待することはできない。要するに「福祉と司法の連携」について実践的に理解するためには，法律事務所実習が必要不可欠なのである。

　弁護士と行動を共にして，警察，少年鑑別所，家庭裁判所，少年院，少年刑務所，保護観察所，更生保護施設，児童相談所，一時保護所，児童自立支援施設，自立援助ホーム，児童養護施設，乳児院などを訪ね，記録を読み，書類を作成し，交渉に立ち会うことができれば，その効果は抜群であろう。また，法律事務所には知られざる子どもの人権侵害事例が数多く持ち込まれている。その中には社会福祉が見落としたか，十分に支援できなかった課題も含まれている。法律事務所実習のなかで子ども家庭福祉ソーシャルワークの専門職をめざす学生が，そのことに啓発されることの意義は決して小さくない。またそのような人権侵害を受けた子どもと家族が社会に向けて法廷で訴え正義を求めることをエンパワメントし，さまざまな支援者とともに法廷外でソーシャルアクションすることを体験することは，子ども家庭福祉ソーシャルワークの専門職をめざす学生にとって貴重な機会になる。

　まだ法律事務所実習のプログラムは生成の途上にあるが，例年6名を受け入れて熱心に通年実習を指導される児玉勇二弁護士（東京弁護士会）の協力を得て，今後さらに充実させることが期待されるし，複数の法律事務所での実習も視野に入っている。

　CSW課程における法律事務所実習は，〈福祉と司法の連携〉の先駆的な取り組みと言うべきである。本学としては学部のCSW課程における専門職養成の機能を拡充しつつ，いかにして専門職大学院と一体化した専門職課程を構築するか，それが大きな課題であり役割であると思われる。　　　　　　　（若穂井透）

参考文献
若穂井透「少年法の改正と児童福祉の課題」『月刊福祉』2008年1月号。
若穂井透『少年法改正の争点』現代人文社，2006年。

津崎哲郎「児童虐待防止法改正の課題」『月刊少年育成』2007年4月号。
朝日新聞大阪本社編集局『ルポ児童虐待』朝日新書，2008年。

第4章
障害児の支援における課題と対処

　本章では，子ども家庭ソーシャルワーカーの就業分野のひとつである障害児支援領域に関する課題と人材養成のポイントを紹介する。

　第1節では，人材養成における課題について述べる。資格制度の整合性のなさは，養成カリキュラムや養成教育の実施に好ましくない影響を及ぼしている。また，実習は養成教育の要であるが，時間数的にも内容的にも養成教育の中心とはなりえていない現状がある。

　第2節では，養成教育における基本視座の育成として，生活全体を捉える視点，心身の発達支援の視点，人生の主人公として支援する視点の3つを紹介する。いずれも，子ども家庭ソーシャルワーカーには重要な視点である。

　第3節では，具体的課題への対応力の育成について紹介する。本人のニーズへの対応と家族のニーズへの対応はどちらが上とはいえない重要さがある。最後に，地域連携への対応について，資源開発能力の育成を含めて述べる。

1　人材育成における課題

(1) カリキュラム上の課題

　現在，わが国には，障害児を含む児童福祉に関わる資格として社会福祉主事，社会福祉士，保育士，介護福祉士等がある。本来，これらの資格は整合性をもって整備されるべきであるが，資格の成立年代，成立の経緯，担当部局の違い等によって，必ずしも資格間の関係に整合性があるとはいえない現状がある。

　社会福祉士については，簡便な資格である社会福祉主事を発展吸収した上で社会福祉職の基礎資格となるべき資格であるが，分野別資格といえる精神保健福祉士が別途横並びにできたためにその位置づけが不明確になっている。結果

として，スペシャリストとして社会福祉士の上乗せ資格として成立すべき子ども家庭ソーシャルワーカーも，横に置くのか上に乗せるのかが不明確なまま資格化できずにいる。したがって，その養成においても，位置づけが不明確なまま大学4年間の中で社会福祉士資格取得のための学習と並行して学習させている現状があり，科目の学習年次等に課題を抱えている。

　保育士については，現在，子ども専門の資格としてはこの資格しかないために，保育所はもちろん児童養護施設等の多くの子ども関連の事業所では保育士資格を持つことを採用の条件としている。したがって，社会福祉士，子ども家庭ソーシャルワーカーの学習に加えて保育士資格の取得に向けた学習も並行して行わなければならない。

　介護福祉士については，障害児・者に関わる現場での就業には持っていた方がよい知識・技術を含む資格であるが，大学4年間で上記の学習内容に追加することは時間的に不可能である。

　このように，子ども家庭ソーシャルワーカーの人材養成は，スペシャリストとして必要であるにもかかわらず資格としての未整備を原因として，決してシステマチックとはいえない形のカリキュラムで行われており，特に障害児への支援を目指す学生には必ずしも十分な学習内容が盛り込まれているとはいえないことが指摘される。

　子ども家庭ソーシャルワーカーを社会福祉士と横に並べるのであれば，精神保健福祉士同様に共通科目と独自科目を明確にした上で資格化すべきであろうし，上に乗せるならば専門職大学院でのスペシャリスト養成という形を採ることでカリキュラムに時間的な余裕が生まれるが，これも資格として明確な位置づけがなされなければ，学生の進学意欲が生じない。

（2）実習における課題

　実習は，特別支援学校，特別支援教室，小児病院，障害児通所・入所施設，学童保育，障害児(者)支援NPO法人等で実施している。

　障害児への支援については，可能な限り，障害の実際と生活の実際を体験的に知る必要がある。たとえ将来の職業として純粋な相談職に就くとしても，直接援助（ケアワーク）を通しての障害児の理解が不可欠である。この点を学生に理解させて実習に臨ませることが重要であり，精神保健福祉士などの他の資

格実習でも同様であるが，障害児へのケアに対する意欲が低かったり対応のまずさが目立ち，地域連携や親への対応等のソーシャルワークばかりを学習したがると実習現場でのトラブルが生じる。

　また，一口に障害といっても，心疾患等の内部障害，自閉症，アスペルガー症候群・ADHD・学習障害等の発達障害，脳性麻痺等の肢体不自由，知的障害，視聴覚障害，言語障害等，多様な障害がある。当然，各障害ごとに異なる発達課題や家庭・生活環境の課題があり，支援内容も異なる。障害の診断，就学，卒後の生活，親の老化等の時系列的な本人および親・家族の課題もあり，子ども家庭ソーシャルワーカーであるから児童期の課題だけを知っていればよいというわけにはいかない。

　子ども家庭ソーシャルワーカーの人材養成においては，そのカリキュラム上の時間的制約から，上記の学習が十分に行えているとはいえない。特に実習においては，1～2カ所の実習ではきわめて限定的な障害種別の，しかも生活のごく一部を垣間見るだけにすぎず，不十分といわざるをえない現状がある。

2　基本視座の育成

(1) 生活全体を捉える視点

　このように座学・演習・実習共に十分な時間をとることができない子ども家庭ソーシャルワーカー養成教育においては，柔軟に応用することが可能な基本視座を育成することが課題となる。

　その一つが，生活全体を捉える視点である。病気という人間の一部分を捉えて治療することを目的とする医療とは異なり，人間および人間生活の全体を捉えて生活支援することを目的とする社会福祉の業務においては，生活全体をアセスメントし，他者による働きかけ・支援のみならず本人が自分で行うことをも含めた支援計画の立案が支援の要となる。

　生活については，生活環境，生活内容，生活体験の3つの要素に分けることができる。

①生活環境

　生活環境については，①障害児・その家族が置かれている社会的位置・社会

的認知，関係する法律，サービス提供などの支援システム，権利擁護の体制等の社会的環境，②住環境，地域を含めた生活環境（社会資源までの交通手段及び経路の安全性等）の物理的環境，③親・家族や一緒に生活する人，親戚，友人，介護者，地域住民等の人的環境，④家庭の収入や貯蓄等の経済的環境，といった4つの環境が考えられる。

②生活内容

生活内容とは，食事，入浴，散歩，娯楽，家族・友人との談話などの生活を構成する具体的な内容を指す。

③生活体験

生活体験とは，本人が生活においてどのような体験をしているかである。例えば，同じ場所に旅行に出かけたとしても，ある児童は景色がきれいだった，旅館のお風呂が大きかった等に感動するかもしれないし，ある児童は親と一緒の時間をたくさん過ごせたことにうれしさを感じるかもしれない。このように，同じ生活内容であっても子どもによって受け止め方・感じ方，すなわち体験（経験の認知）は異なる。同じ生活環境，同じ生活内容であっても生活体験は個々人によって異なるという視点が大切であり，支援対象児童の生活体験を可能な限り把握する努力と技術および継続的なモニタリングによる確認が必要となる。

④生活支援の質

また，障害がある・なしにかかわらず，人間は生活の中でさまざまな感情を湧き上がらせている。感情には短い感情，長く続く感情があるが，例えば，正の感情としては，所有感，成功感・達成感，満足感，有能感，効能感，自己存在感，他者信頼感，自尊心，優越感，集団所属感・帰属感，好奇心，愛着感，安心感，リラックス感，満腹感などがある。児童は，親に対しても自分の親という所有感や一緒にいる安心感等を感じられることが大切である。また，優越感や成功感を感じる機会が少ない障害児にとっては，それらを感じることのできる機会が提供されることが必要となる。

一方，負の感情は，正の感情の裏返しであり，失敗感，劣等感，不安等がある。強すぎる負の感情は人間を萎縮させるが，適切なレベルの負の感情があることで，正の感情が発生する。

生活支援においては，その質が大切であり，単に表面的な生活環境や生活内

容を考えるだけではなく,「生（生命の維持）」と同じ位置づけとして「活（気持ちを活性化して暮らす）」を考えた支援計画を立案できるようになることが学生の課題となる。

（2）心身の発達支援の視点

　子どもの能力を超えた過剰な期待や学習・訓練の強要は，子どもを萎縮させ不安定にさせる。逆に過度なあきらめや放置は能力の開花を妨げることになり，多くの親が無意識のうちに行いがちな過保護も心身の発達によい影響を与えない。自閉症児に関しては，その障害を原因とする人間関係のとり方の不器用さがみられるが，自閉症ではない障害児であっても人間関係のとり方が上手ではない児童が少なくない。また，引っ込み思案等，能動性の発揮が課題となる障害児も多い。

　障害児の心身の発達支援においては，生涯発達の視点を持ち，その子どもなりの発達を支援しなければならない。旅行，外食，買い物等，健常児であれば当然のように経験することに関しては，障害児であっても可能な限り経験させ，さまざまな経験の積み重ねによって発達を促進していくという視点が大切である。重度重複の知的障害者は，ある程度のことを我慢することや他者と協調すること等の人間関係の基礎となる発達的側面が不足している場合も多く，児童期における適切な経験の不足がうかがえる。

1）共通する心理的メカニズム

　また，嬉しいことには喜び，腹が立つことには怒り，つらいことには悲しむ等の基本的な心理的メカニズムと心理的活動は障害のある・なしにかかわらずすべての人間に共通であり，何に喜び，何に怒り，何に悲しむかに個人差があるだけである。ストレスを感じる事象やストレスの程度には個人差があるが，ストレスを感じれば心身の機能が不活性化する等も障害のある・なしにかかわらず人間に共通している。したがって，心身の発達支援においては，すべての行動や精神状態の背景として人間に共通の心理的メカニズムと心理的活動を考えることが必要であり，器質的・医学的原因や障害そのものと安易に直結させることは適当ではない。問題とされる行動や精神状態を障害児だから仕方がないと捉えるか，背景としての心理状態に着目するかによって，支援態度や支援

図4-1　自閉症児の問題とされる行動等の主たる発生ルート

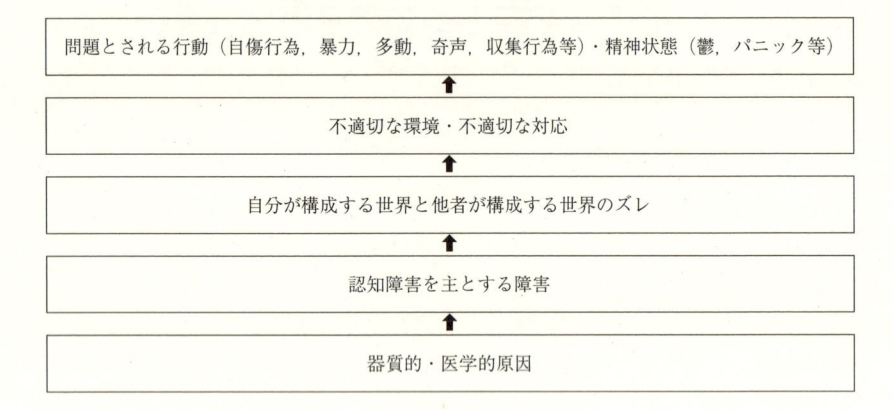

```
┌─────────────────────────────────────────────────────┐
│ 問題とされる行動（自傷行為，暴力，多動，奇声，収集行為等）・精神状態（鬱，パニック等） │
└─────────────────────────────────────────────────────┘
                          ↑
┌─────────────────────────────────────────────────────┐
│              不適切な環境・不適切な対応               │
└─────────────────────────────────────────────────────┘
                          ↑
┌─────────────────────────────────────────────────────┐
│        自分が構成する世界と他者が構成する世界のズレ        │
└─────────────────────────────────────────────────────┘
                          ↑
┌─────────────────────────────────────────────────────┐
│              認知障害を主とする障害                  │
└─────────────────────────────────────────────────────┘
                          ↑
┌─────────────────────────────────────────────────────┐
│                器質的・医学的原因                    │
└─────────────────────────────────────────────────────┘
```

内容は大きく変わってくる。

2）　問題行動発生のメカニズム

　図4-1は自閉症児の問題とされる行動や精神状態の主たる発生ルートを図式化したものである。特に自閉症の児童の行動の中には，健常者からみれば異常と感じられる行動がある。しかし，それらは障害の器質的・医学的状態の変化とは，無関係に変化したり消失することがある。すなわち，ベースとしての器質的・医学的原因や障害はあるものの，多くの問題とされる行動や精神状態との間には，まさに人間としての心理的営みがあると考えることができる。自閉症児は認知障害があるために，本人が構成している主観的世界と他者が構成しているそれとの間に大きなズレが生じている。我々にもズレはあり，なぜ分かってもらえないのか，なぜあの人はあのような行動をとるのか等のストレスを感じることがある。しかし，認知的共通性が高いために，おおむねは了解しあえる関係を保つことができる。自閉症児の場合は，そのズレが非常に大きくこだわりも強いために了解しあうことが難しく，また，常に「～しなさい」「～してはだめ」という言語的あるいは物理的な強制・制限にさらされていることが多く，ストレスも大きいことが推察される。

（3）人生の主人公として支援する視点
1） ドラマの主人公としての視点

　障害がある・なしにかかわらず，個々人は個々人なりの主観的な認知世界を構成し，それを現実世界と捉えて生きている。そのように考えるならば，人間は一人ひとりが人生というドラマの主人公として生きていると考えることができる。

　映画でも小説でもそうであるが，ドラマの主人公であれば通常は，主人公を成立させる以下の5つの要素がある。

①変化の楽しみや未来への期待を持って物語が進行
　読み進めても何の変化もない小説は途中で読むのをやめてしまう。次はどうなるのだろう？　というドラマが進行していくことへの期待を感じることができないドラマはおもしろくない。

②前向きな好奇心を持って自己決定権の元に主体的・能動的に行動する
　ドラマの主人公は，好奇心を持って前向きに物事に対処していく。最初は消極的な主人公であっても最後には積極性を発揮するというのがおおむねのストーリーである。自己決定権のない主人公であったとしたら，つまらない主人公ある。

③ときどきはスポットライトを浴びて他者から肯定的な評価を受ける
　これは，結果として，主人公が自分の有能感・効能感，自信，自己存在感などを感じることである。主人公だからといっていつもスポットライトを浴びている必要はないが，ときどきはスポットライトを浴びて注目を集めてこその主人公である。他者からまったく肯定的評価を受けない主人公はありえない。

④信頼できる脇役がそばにいる
　ほとんどのドラマにおいて，主人公には信頼できる脇役がそばにいる。誰も信頼せず，誰からも信頼されない主人公ではドラマは成立しない。たとえたった一人であっても信頼できる人間がそばにいるということが，人間が生きていく上では大切である。

⑤所属感・帰属感がある集団に属している
　これも，おおむねほとんどのドラマでいえることである。孤独なハードボイルドを除けば，主人公はなんらかの集団に属しており，その集団に対しては所

属感・帰属感を感じて行動している。

2) アセスメントの視点

支援者が障害児をアセスメントする際には，対象児の生活全体をアセスメントし，上記のような主人公を主人公として成立させるための要素のうち，今現在のこの子どもの生活の中で欠けてしまっているものがないかという視点でアセスメントする。もし欠けてしまっているもの，不足しているものがあれば，それを再形成したり，補ったりするための支援計画を設計することになる。

3　具体的課題への対応力の育成

（1）本人のニーズへの対応

就業する職場によって子ども・家庭ソーシャルワーカーが行う業務内容はかなり異なるが，障害児本人のニーズの充足は不可欠な内容である。

ニーズに関しては，図4-2のように考えることができる。「本人が困っていること」「本人が支援を望んでいること」「専門職として支援が必要と判断されること」の3点は必ずしも同じではなく，支援に際しては，どのような支援を提供するかについての本人との話し合い・意思確認や専門職間の検討が必要である。また，本人のニーズと家族のニーズは必ずしも同じではない。

例えば，長期入院・入所後の在宅復帰に際しては，それがよいことであるという価値観だけにとらわれて性急に進めるのではなく，本人の不安や家族の不安および具体的な家庭生活環境の整備等に配慮しなければならない。また，教育・福祉・医療の連携は必ずしも十分とはいえない現状があることから，支援

図4-2　本人のニーズ

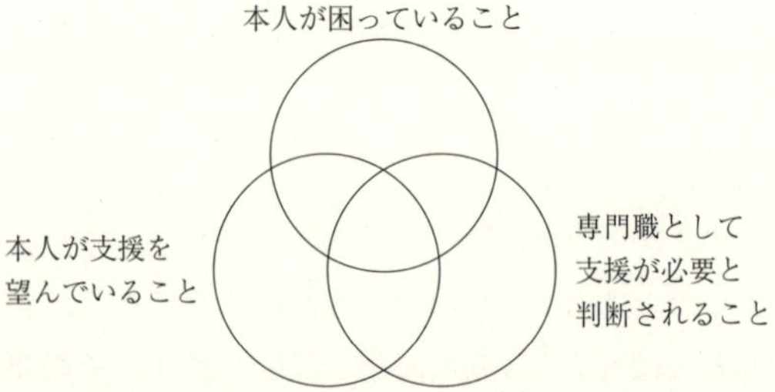

本人が困っていること

本人が支援を望んでいること　　専門職として支援が必要と判断されること

者には関係諸機関・組織が本人・家族を中心に置いてその機能を過不足なく発揮するような接着剤・導通剤としての機能が求められる。

意思確認が難しい児童に対しては，働きかけや環境整備等に関する継続的なモニタリングが不可欠であり，表情や態度・行動等の非言語的側面の観察を含めて本人の満足度・快不快等を推察しなければならない。

（2）家族のニーズへの対応

障害児の親（保護者）に対しては，生活支援サービス，レスパイトサービス等の公的支援サービスの紹介・提供のほか，ボランティア団体や親の会・ピアグループの紹介等，利用可能なものを総合的に紹介・手配する。

また，親自身が抱える課題や気持ちへの対応や配慮も必要である。たとえば，親の障害児への対応については必ずしも適切ではないことがあるが，その改善には時間をかけるべきであり，強い否定や性急な改善指導は支援者拒否を生み，関係を悪化させることが多い。また，障害児に関しては，子の親離れだけではなく親の子離れも難しいケースが少なくない。子どものことは自分が一番分かっているという自負を持つ・崩したくない親も多いことから，通所施設等で障害児に発達上の大きな変化を与えることができたとしても，自慢げに連絡帳に記入する等は避けるべきである。近年は，不満を苦情としていきなり直接市役所等に持ち込む親も増えているが，親との良好な関係の形成は，子どもとの関係形成と同等に配慮されなければならない。

なお，親が高齢化し体力が低下した際の子どもの世話や親亡き後の子どもの生活の問題もあることから，親が若いうちから老後を見据えた生活設計を提案・指導することも必要である。

親以外の家族，特に障害児のきょうだい（兄弟・姉妹等）に関しても支援の対象になる。そのニーズは，そのきょうだいの性格や家庭環境によってさまざまであるが，少なくとも過剰なプレッシャーからの解放，自由な遊び時間の確保等は確保されるべきである。

（3）地域連携への対応

子ども家庭ソーシャルワーカーの重要な本来業務である。

地域の公・民の社会資源の把握と良好な関係の維持はソーシャルワークに不

可欠である。社会資源の把握に関しては，単に存在と機関・団体の名称や業務・活動内容の把握といった表面的な把握だけではなく，業務・活動の（優秀さを含む）特色，利用可能な空き人数等の変化する情報等の詳細までも把握しておく必要がある。

また，市区町村が開催する連絡会議等に出席するだけの受け身の態度ではなく，諸機関・事業所・団体等との日頃の積極的な関係形成があってこそ，ソーシャルワーカーとしての手腕が発揮されるといえる。

なお，近年のサラリーマン化したソーシャルワーカーが失いつつあるソーシャルワーク機能として，資源の開発がある。多忙な業務に追われ，現実的には難しい。しかし，必要ならば無いものは作ってしまうという行動力は，養成カリキュラムにおいても，より盛り込まなくてはならないテーマかもしれない。

（中島健一）

参考文献

石井哲夫『自閉症・発達障害がある人たちへの療育――受容的交流理論による実践』福村出版，2009年。

中島健一・中村考一『ケアワーカーを育てる生活支援実践法――生活プランの考え方』中央法規出版，2005年。

第5章
スクールソーシャルワーカーに求められる専門性

　学齢期の子どもたちが直面しているさまざまな課題に対応するために，日本社会事業大学（以下，日社大）では，2007（平成19）年度から学部においてスクールソーシャルワークを開講した。それと呼応するかのように，2008（平成20）年度から文部科学省が全国的に「スクールソーシャルワーカー活用事業」を導入した。

　本章では，スクールソーシャルワーカーの専門性について論じるとともに，児童ソーシャルワークの専門家たるスクールソーシャルワーカーの養成について言及し，養成プログラムの内容を社会福祉士養成校協会案をもとに述べている。さらに，ソーシャルワーク分野以外の人材がワーカーとして活動している現状に触れ，専門性を備えた人材確保の難しさを指摘し，価値や倫理が共有されないまま活動がなされる危惧を論じている。そうした限界がありながらも，子どもたちが直面している問題の複雑さや，人および組織の孤立状況を念頭に置くならば，スクールソーシャルワークは有効な手段であると考えられている。

1　スクールソーシャルワークの導入

（1）日本社会事業大学とスクールソーシャルワーク

　文部科学省が2008（平成20）年度から15億円の予算を付けて，全国141カ所でスクールソーシャルワーカー活用事業を導入することになった。そのことは，福祉関係者のみならず教育関係者も予期していなかった。なぜなら，スクールソーシャルワークは教育分野においても福祉分野においても，まだ十分な認知を得たとは言い難い，いわばマージナルな領域であったからである。

　わが国でスクールソーシャルワークを標榜した活動が開始されたのは1980

年代の半ばであったが，それは長い間，局所的な取り組みに留まり続け，多少なりとも広がりを示しはじめたのは2000年代に入ってからのことであった。それでも，どこで誰が活動をしているかを容易に把握できるほどのレベルに過ぎなかった。十分な基盤が形成されたとは言いがたいにもかかわらず，スクールソーシャルワーカーの活用が決定されたのは，教育現場としての学校が直面している課題に対して，従来の対応策では限界があるとの認識が広がり，新たなアプローチに対するニーズが高まってきたという背景がある。

　日社大においては，学校におけるソーシャルワークサービスの必要性にかねてから着目し，児童ソーシャルワーク（以下，CSW）課程において教育現場での実習を実施してきただけではなく，2007（平成19）年度からスクールソーシャルワークという科目を設置してきた。

　本章では，CSW課程におけるスクールソーシャルワークへの取り組みを踏まえて，以下にスクールソーシャルワーカーを養成する上での専門性と養成モデル・コース，さらにはスクールソーシャルワークの今日的課題について述べることとする。

（2）スクールソーシャルワーカーの専門性とは

　文部科学省によるスクールソーシャルワーカー事業の実施は，スクールソーシャルワーカーに対する人材養成のニーズを急激に高めることとなった。2007年までは，遅々とした展開であったため，人材養成は中・長期的な観点に立った課題であったが，2008年度からは，現実的で急迫したテーマとなった。社会的な要請が高まったスクールソーシャルワーカーには，当然専門性が求められるが，ソーシャルワーカー全般に求められる専門性と異なる固有の専門性があるといえる。以下では，その専門性について論じることとする。

　スクールソーシャルワーカーがソーシャルワーカーを標榜している限り，ソーシャルワークの価値および倫理，さらに知識や方法を基盤にした活動を展開すべきことはいうまでもない。したがって，ソーシャルワーカーとしての専門性についての力量を高めることによって，専門性はより確かなものとなる。ここでは，専門性について詳細に論じることは紙数の関係でできないが，教育現場において，「児童生徒」という年少者を対象として活動であるという点を考慮し，いくつかの点に焦点を絞り述べることとする。

学校は，さまざまな環境的要素が日常的に交差する場である。ミクロレベルである子ども個々人から，家族などのメゾレベル，さらにはマクロレベルとしての地域社会あるいは自治体などが，不断かつダイナミックに交流し続けている。その過程では，当然のことながらそれぞれのレベル内，およびレベル間で齟齬やストレス，コンフリクトといった，いわゆる問題が生じる。生起する問題がミクロレベルに限定されている場合は，カウンセリングなどの個別対応で対処が可能とされていた。

　しかし，現実には子どもたちが抱えている問題は，彼らが生きている生活環境の中で遭遇するさまざまな事物と交流する過程で生じるものであり，個人だけに焦点を絞ってこと足りるというわけにはいかない。子どもたちが関係を有する人や組織，制度などミクロからマクロレベルまでに眼を向け，それらとの関連の中で有効な対応策を模索することが不可欠である。ことに，現代社会におけるテクノロジーの発展と多様化は，問題の複雑化を招いている側面があるため，問題を多面的にとらえることが求められるようになっている。

　エコロジカルな視点は，今日ソーシャルワークにおける必須のモデルととなっているが，このモデルの提唱者の一人であるジャーメイン（1988）が，学校は日常的に学校と家庭と地域が交流する場であるがゆえに，エコロジカルなモデルがもっとも適合しやすい場だと述べているように，人と環境の交互交流に関する理解は前提ともいえる。ゆえに，スクールソーシャルワーカーには当然のことながら，子どもたちが生きている生活環境に対する理解と，それが子どもたちに及ぼす影響についての洞察力が求められる。ゆえに，そうした洞察力をいかに身に付けるかがスクールソーシャルワーカーの専門性を決定することになる。

　次に強調されるべきは，ソーシャルワークにおける人間尊重という価値である。子どもたちは従来未熟な存在であるとしてとらえられ，大人たちが教え育てなくてはならないという観点から，さまざまな方法論や施策が組み立てられてきた。教育や指導・懲戒などといった行為は，不完全な存在としての子どもたちを，大人たちが完全な存在として育成する方法としてとられてきた。

　だが，ソーシャルワークにおける人間尊重という価値に立脚するならば，子どもという年少者は大人との関係においては劣位に位置づけられるのではなく，対等な存在としてとらえられる。したがって，スクールソーシャルワーカーと

子どもたちとの関係には上下はなく水平関係にある。そこでは，指導や教育，まして懲戒などといった行為は介在する余地はなく，彼らとの協働関係（＝パートナーシップ）によって課題解決が図られることになる。

　スクールソーシャルワーカーは，子どもたちの問題解決の代行者ではなく，彼らが有する可能性に着目し，自らの力で問題解決を手助けする存在であるという，自らのスタンスを明確に保持することも，専門性について言及する場合に必要なことである。

（3）スクールソーシャルワーク固有の専門性

　ソーシャルワークが教育現場において展開されるという点において，スクールソーシャルワークの固有性が生じてくる。社会福祉をベースにしたソーシャルワークが教育の場である学校で実践活動を行う場合には，当然のことながら教育現場における価値や制度に対する理解が求められることはいうまでもない。

　ただ，ここで問題となるのは福祉という文化と教育という文化が，常に適合するとは限らないという点である。学校教育においては，前述したように指導という概念が前提にあり，子どもたちを教員がいかに育て上げるかが教員の力量とされているため，彼らを1人の人間として尊重し対等な立場からサポートしようとするスクールソーシャルワーカーとは，子どもたちの対応を巡って葛藤が生じる怖れがある。

　そうした場合にスクールソーシャルワーカーに求められるのは，教育文化との関係調整能力である。ソーシャルワークの価値を基盤とした文化を強く前面に押し出し，相手を屈服させようとするような方法では，決して学校現場で受け入れられることがないことは明らかである。しかし，だからといって教育的な価値観を全面的に受け入れた活動を展開した場合は，ソーシャルワーカーとしてのアイデンティティを放棄してしまうことになる。

　ソーシャルワーカーとしての主体性を保持しつつ，教育現場で存在意義を認知された実践活動を行うことは難題だといえるが，安直にソーシャルワーク文化に拘泥したり，教育文化にすり寄ってしまうという方法を選択するのではなく，子どもの最善の利益を実現する上で，どのような考え方や方法が最良であるかという観点に立って，個々のケースに向かい合うという姿勢が求められる。その際にもっとも重要になってくることは，対話である。差異性を包含しつつ，

一致点を模索することこそが，スクールソーシャルワーカーに求められることであり，対話を実行し継続する力がスクールソーシャルワーカーの専門性を構成するもう一つの要素だといえる。

2　人材養成プログラム

スクールソーシャルワーカー事業の唐突ともいえる導入は，人材養成に対するニーズを生み出した。将来の導入を見据えて，近年，日社大を含めいくつかの教育機関で取り組みが始められてきてはいたが，その内容は具体的に人材を養成するというレベルではなかった。しかしながら，体勢が整っていない状況で実際の活動が開始されているという現実があるため，養成に関しては早急に取り組まれる必要がある。

（1）人材養成プログラムの概要
2008（平成20）年度の事業導入に伴い，日本社会事業学校連盟と社会福祉士養成校協会，並びに日本社会福祉士会，日本精神保健福祉士協会は連名で，社会福祉士あるいは精神保健福祉士をスクールソーシャルワーカーとして採用するよう，全国都道府県の教育委員会へ要望書を送付した。しかしながら，両福祉士の有資格者の間におけるスクールソーシャルワークに関する認知度は決して高いものではなく，学校を活動の場として想定する者は決して多いとはいえない現実がある。日本社会福祉士会の栗原（2008）によると，社会福祉士会の会員の中でそもそも児童分野の会員は，全体の2％程度に過ぎないということであり，既存の人材ではスクールソーシャルワーカーのニーズに応えることができないことが明らかである。

日本社会福祉士養成校協会では，人材養成に関する具体的なニーズに対応する形でスクールソーシャルワーカーの人材養成のための課程設置のための準備にとりかかり，2008（平成20）年9月末に養成プログラムの詳細を発表した。

それによると，社会福祉士あるいは精神保健福祉士を基礎資格として，その上にスクールソーシャルワーカーに求められると思われるいくつかの科目を設定し，さらに演習と実習および実習指導を付けた内容となっている。社会福祉士養成校協会の案では，このプログラムは資格付与のためのプログラムではな

第Ⅰ部　子ども家庭領域における人材育成と課題

図5-1　社養協スクールソーシャルワーカー養成プログラム図

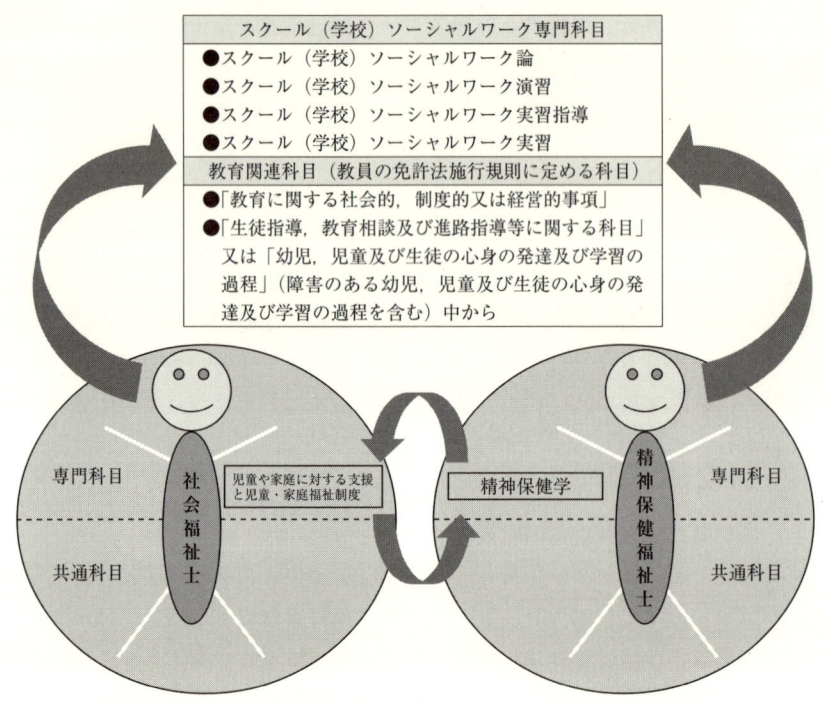

```
┌─────────────────────────────────┐
│　　スクール（学校）ソーシャルワーク専門科目　　│
│●スクール（学校）ソーシャルワーク論　　　　　│
│●スクール（学校）ソーシャルワーク演習　　　　│
│●スクール（学校）ソーシャルワーク実習指導　　│
│●スクール（学校）ソーシャルワーク実習　　　　│
├─────────────────────────────────┤
│教育関連科目（教員の免許法施行規則に定める科目）│
│●「教育に関する社会的、制度的又は経営的事項」│
│●「生徒指導、教育相談及び進路指導等に関する科目」│
│　又は「幼児、児童及び生徒の心身の発達及び学習の│
│　過程」（障害のある幼児、児童及び生徒の心身の発│
│　達及び学習の過程を含む）中から　　　　　　　│
└─────────────────────────────────┘
```

（社会福祉士）児童や家庭に対する支援と児童・家庭福祉制度　　精神保健学　　（精神保健福祉士）

専門科目／共通科目　　　　　　　　　　専門科目／共通科目

出所：「日本社会福祉士養成校協会報告書」。

いが，将来的な認定資格を見据えたものとされている。

　具体的には，スクールソーシャルワーク論に加え，教育関係の科目を2科目履修し，社会福祉士課程ではメンタルな問題を抱えた子どもたちと関わるケースも多いことを考慮して精神保健に関する科目が加えられ，他方，精神保健福祉士課程で学ぶ者には児童福祉論が加えられている。演習と実習，および実習指導については，両福祉士課程でそれらは履修するが，学校というある意味で特殊な場における実践であるため，別に科目として設置されている（図5-1参照）。

（2）人材養成プログラムにおける課題

　人材養成プログラムについてはいくつかの課題がある。その一つが，スクールソーシャルワークを教えることができる教員が不足しているということであ

る。段階的な発展に添って全国的な導入がなされたわけではないので，研究者レベルでも，実践レベルでもスクールソーシャルワークの経験者が寡少であるという現実がある。したがって，誰がどのようにスクールソーシャルワーク論を教え，演習や実習を行うのかという差し迫った問題がある。また，実習を行うにしても実習生を受け入れてくれる学校現場がどれほどあるか不明であり，スクールソーシャルワークの歴史がない学校現場で，誰が「スクールソーシャルワーク」の現場指導者となるのかという問題がある。

　幸いにして，日社大ではスクールソーシャルワークを長年にわたって提唱してきた教員がいるし，CSW課程では学校現場での実習を取り入れてきたという実績があるために，養成プログラムに関する課題をかなりの部分をクリアすることができるが，それはきわめて稀有なケースだといえる。スクールソーシャルワーカーを養成する教育機関において，養成プログラムの内容をいかに実体のあるものにしていくかが重要な課題である。そのことがなくしては，スクールソーシャルワーカーの質を担保することはできないであろう。

　人材養成については，さらに大きな問題が立ちはだかっている。福祉の観点からスクールソーシャルワーカーの人材について論じる場合は，ソーシャルワークを基盤とすべきことは自明のことであり，何ら疑問の余地がないことである。だが，その他の領域からすると，異なった見方がなされる。現に，文部科学省でも人材は福祉領域に限定しないことを示唆しているし，実践場面でも退職校長など教育のスペシャリストがスクールソーシャルワーカーとして活動している例が少なくないし，カウンセラーがスクールソーシャルワーカーを兼任しているケースさえある。

　そのことは，ソーシャルワーカーが専門職として社会的認知を得ていないことを示しているといえるが，今後ソーシャルワーク専門職以外の「スクールソーシャルワーカー」をどのようにソーシャルワークの専門家として位置づけていくかという大きな課題がある。どのようなバックグランドを有するにしろ，ソーシャルワーカーを標榜する以上は，ソーシャルワークに関する知見と技量が必須であることは疑いがないことである。ゆえに，それらを身に付ける研修システムと方法論の構築が求められるであろう。

　将来的にはソーシャルワーカーとしての訓練を受けた者が，スクールソーシャルワーカーとして活動することが前提とされるべきであろうが，興隆期で

あり条件整備が十分になされていない現状にあっては，ソーシャルワークの背景を持たないワーカーたちにどのような形で，技量を身に付けさせるかという妥協を受け入れざるを得ない面がある。そういった意味では，当座はワーカーの人材養成に関してはダブルスタンダードになることが避けられないという現実がある。

3 スクールソーシャルワークの今日的課題

　これまで繰り返し述べたように，国によるスクールソーシャルワーカー活用事業は周到な準備段階を経て導入されたわけではない。したがって，課題はいくつも挙げることができる。その中でも，やはりスクールソーシャルワーカーの質の問題は，もっとも重要な課題だといえる。
　ソーシャルワークには，国際定義があり倫理綱領がある。ソーシャルワーカーとして活動している者たちが，どれほど国際定義や倫理綱領に則って日常の実践を行っているかはさておいて，ソーシャルワーカーがどのような価値や倫理基準を基に活動を行っているかまったく知らない者たちが，スクールソーシャルワーカーとして子どもたちや家族，学校関係者などと関わり合いを持つことには危うさを感じないではいられない。
　子どもたちが抱える問題を，彼らの側に原因を求め個人の変容ばかりを求めるような関与の仕方や，個人の尊厳を否定するような抑圧的な介入，さらには連携と称して子どもたちの監視ネットワークを強化するような関わり方をする"スクールソーシャルワーカー"たちが存在することは，子どもたちの権利擁護者としてのスクールソーシャルワークの可能性を著しく阻害することにつながるし，ソーシャルワークのレベルそのものを低下させてしまうことにつながる。
　スクールソーシャルワークの導入は，ソーシャルワーカーの活動領域を拡大する可能性を大きく広げたという面はあるが，他方では価値や方法をていねいに積み重ねてきたソーシャルワーク分野を荒廃させかねないという側面もある。
　少子化現象が進行しているにもかかわらず，学校における問題は複雑多様化し，多発しているという現状がある。それに加え，人と人，人と組織，さらに組織と組織間の関係が断絶され孤立化している現実がある。こうした事実を直

視するならば，包括的な視点を有し，人や組織をつなぐ機能をもったソーシャルワークの現代社会における可能性は決して少なくない。スクールソーシャルワークは，教育現場に焦点を当て子どもたちが直面している問題を軸にして，地域社会を再生する使命を担った活動である。

さまざまな課題があるにしろ，投じられた予算と人材を有効に活かすために，日社大をはじめとして大学など養成機関における養成プログラムの充実化は焦眉の課題だといえる。

(山下英三郎)

参考文献

日本社会福祉士養成校協会「スクール（学校）ソーシャルワーカー育成・研修等事業に関する調査研究報告書」日本社会福祉士養成校協会，1988年。

文部科学省「スクールソーシャルワーカー活用事業について」通知リーフレット，2008年。

山下英三郎「スクールソーシャルワーク——学校における新たな子ども支援システム」日本スクールソーシャルワーク協会編，学苑社，2003年。

Germain, C. B. (1988) "School as a Living Environment Within the Community", Social Work in Education, Vol. 10, No. 4, pp. 260-276, National Associaltion of Social Workers.

第6章
子ども家庭に関わる専門職の今後

　子どもと家庭をとりまく環境の変化に伴って，地域の子育て支援ニーズは多様化し量的にも拡大している。具体的には，保育所待機児童の増加に加えて，地域の子育て家庭への支援，ひとり親家庭・児童虐待・発達障害等の個別的な支援を必要とする子どもと家庭への援助，幼稚園・小学校等の教育との連携，地域の関係機関や社会資源との協働等，一層の多様性と質が求められている。
　本章では，このような子どもと家庭を総合的に支援するための新たな専門職のあり方を展望する。

1　子育て支援の動向

　現在，新たな社会的要請に対応するために種々の検討が進行中である（表6-1参照）。このうち，2009（平成20）年2月にだされた社会保障審議会少子化対策特別部会第1次報告書は，今後の新たな制度体系の詳細設計に向け，保育サービス・放課後児童クラブ・子育て支援サービスを中心に議論の中間的なとりまとめを行ったものである。今後の子ども家庭福祉全体の方向性を示すものであり，その内容をもう少し詳しく見ていくこととする。
　新たな保育の仕組みとして，利用者と保育所が公的保育契約を結ぶこと，所得に応じた保育料から一定の公定価格を設定することとしている。ただし市町村には実施責務があり，保育の必要性・量，優先的利用確保（母子家庭，虐待等）の要否を認定し，認定を受けた子どもには例外ない保育保障を行うことや，質の確保された提供体制確保責務，利用支援責務，保育費用の支払義務等が明示された。
　さらに小規模サービス類型の創設，多機能型の支援を行うこととしている。

表6-1　新たな制度設計に向けての動き

主たる対象	年月	改正・検討	備考
保育所	2008.3	改定保育所保育指針	大臣告示として，最低基準の性格
	2009.2	社会保障審議会少子化対策特別部会第一次報告書	必要な費用を社会全体で支えるための新しい枠組みを創るための制度設計
地域子育て支援拠点	2007.4	地域子育て支援拠点事業要綱	つどいのひろば事業・保育所付設子育て支援センター・児童館の幼児活動を地域子育て支援拠点事業として再編（ひろば型・センター型・児童館型）
	2008.12	児童福祉法等の一部を改正する法律案	・家庭的保育事業・子育て支援事業の児童福祉法への位置づけ ・虐待を受けた子ども等に対する家庭的環境における養護の充実 ・地域における次世代育成支援対策の推進
乳児院・児童養護施設	2007.11	社会保障審議会児童部会社会的養護専門委員会「社会的養護体制の拡充のための具体的施策」	里親の拡充，小規模グループ養育制度の創設，乳児院・児童養護施設・情緒障害児短期治療施設・児童自立支援施設・母子生活支援施設の見直し
障害児施設	2008.7	「障害児支援の見直しに関する検討会報告書」	
認定こども園	2006.8	認定こども園に関する国の指針	就学前の子どもに関する教育，保育等の総合的な提供の推進に関する法律第3条第1項第4号及び同条第2項第3号の規定に基づき，文部科学大臣と厚生労働大臣とが協議して定める施設の設備及び運営に関する基準

出所：金子作成。

　また，すべての子育て家庭に対する支援の強化が必要として，各種子育て支援事業の保障強化が示されている。とくに一時保育については，保育との公費投入の公平性の観点からも，一定の利用保障が求められると示唆している。その他，放課後児童クラブの質を確保しつつ量的拡充を図ること，情報公表・評価の仕組みや財源・費用負担について記し，「包括性・体系性」「普遍性」「連続性」を備えた新たな制度体系の具体化に向け，税制改革の動向も踏まえながら，検討を続けていくこととしている。

このような検討に基づいて，現在，制度改革が急速に進められている。2008（平成20）年には児童福祉法が改正され，①子育て支援事業等を法律上位置づけることによる質の確保された事業の普及促進，②虐待を受けた子ども等に対する家庭的環境における養護の充実，③一般事業主行動計画の策定の促進など地域や職場における次世代育成支援対策を推進するために必要な改正，などが行われた。今回，新たに法に位置づけられた子育て支援事業は，「乳児家庭全戸訪問事業」「養育支援訪問事業」「地域子育て支援拠点事業」「一時預かり事業」の4つであり，また「家庭福祉員」も新たな保育サービスの一つとして位置づけられた。

これら家庭に身近なサービスを拡充することによって，安心して子育てを行うことができるようにし，子どもを産みたいという希望を実現し，子どもたちが健やかに育っていくための社会的なサポート体制を整備しようとするものである。同時に，それはセーフティネットから漏れ落ちる子どもと家庭をなくすための仕組みづくりの一環であり，これまでの申請主義から一歩進めて，家庭に出向くアウトリーチ・サービス等を含んでいる。次世代育成支援後期行動計画策定と連動して，このような多様な子育て支援サービスが地域に整備されつつある。

2 専門職の構成要素

前節において，包括性・体系性，普遍性，連続性を備えた新たな制度体系の具体化が進んでいること，それに伴い今後は地域において多様な子育て支援サービスが整備されていくことを記した。しかし，よく言われることだが，支援が必要な家庭ほど支援から遠いという実態があり，サービスを整備するだけでは，必要としている子どもと家庭に届かない。潜在的ニーズを抱えた家庭にアクセスし，子どもと家庭のニーズを把握して的確なアセスメントを行う必要がある。それに基づいて，家庭に応じたサービスについて情報提供を行い，必要なサービスを利用できるよう支援する。さらに，継続的に見守りを行い，リスクが高いと判断した際には専門機関につなげるために必要な介入を行うことが求められる。

（1）サービスをコーディネイトする子育て支援者の育成へ

このため2003（平成15）年改正児童福祉法に地域子育て支援事業が位置づけられた際に，調整機能が必要であることがあわせて明記された[1]。さらに2008（平成20）年改正によって，新たな子育て支援事業が児童福祉法に規定されたことにともない，2009（平成21）年度から国の新規事業として，地域のさまざまな次世代育成支援の取り組みを把握し，親の子育てを支援するコーディネーター的役割を果たす者の養成を図ることとしている。その研修内容は，①子育て中の親のニーズの多様化と支援の意義，②子育て支援に関わる各施設との連携のあり方，③リスクマネジメント（虐待対応〔つなぎ〕など）などを中心として，コーディネーターとして必要な理解や知識などを得るものである。

虐待等の子どもをめぐる問題は，子どもに与えるダメージや生涯にわたる影響の深刻さを考えると，とくに予防活動が重要であり，地域に潜在化したニーズに対して，早期から支援を行うことは，地域における子育て支援の重要な課題である。しかし，今日，家庭が抱える問題は，貧困の連鎖や，親自身の子ども時代の体験などの要因が複雑に絡んで生じていることが多い。このような家庭のニーズをキャッチし支援につなげるためには子育て支援サービスをコーディネートする者の専門性が重要である。気軽に利用できる子育て支援サービスの充実と豊富なメニューは前提条件であり，そこにアクセスしてきた親子についてアセスメントを行い，必要な援助につなげることができる専門性が必要となる。それらはよく「気づき」と言われるところだが，キャッチする敏感性に加えて，適切な判断ができるための専門性や，つなげるための知識と技術が不可欠である。すなわち，子どもと家庭に身近な子育て支援を提供する場で，ニーズへのアクセス，ニーズキャッチ，アセスメント，プランニング，ネットワーキング，モニタリング，さらには必要な介入までの一連の支援の流れをマネジメントできる人材が必要となる。

このようなピアサポートや住民の相互支援等と異なる専門性を明確にして，専門職として確立していくことが求められている。

（2）先行する研究から

専門職の要件については，既に多くの研究が行われてきた。

柏女霊峰（2007：1-18）は，専門職の専門性とは，①専門的知識と技術部体

系化されているということ，②その業務に専門的技術的裁量性があること，③当該専門性に対する社会的意義の自覚，すなわちミッション性があること，④利用者の声を代弁する機能，すなわち代弁性を有すること，という4点から構成されるとしている。

また，大嶋恭二（2009）は，専門職の要件として，①体系的な理論と技術，②体系的な養成課程と現任訓練，③専門職としての組織化，④倫理綱領，⑤テストか学歴による社会的承認，という5点を挙げている。

子どもと家庭を支援する専門職の現状に目を転じると，児童福祉施設最低基準には多様な職名が記されており，また各種学会や関係団体等が任意に種々の認定を行っている[2]。しかし，上記に示したような専門職としての要件を満たす資格としては，現状では「社会福祉士」と，「保育士」とに絞られてこよう。前者はソーシャルワーク，後者はケアワークの資格であるが，いずれも法律に基づく国家資格であり，登録者のみにその名称を名乗ることが許され，国によって養成課程が定められている。また専門職団体による倫理綱領と，体系化された現任研修が行われている。

そこで，次節ではこの2つの資格に焦点をあて，今後の子どもと家庭を支援する専門職像について検討していくこととする。

3　子ども家庭を支援する専門職としての社会福祉士

相談援助や関係者間を調整する専門職として，国家資格である社会福祉士がある。社会福祉士とは，身体上若しくは精神上の障害があること又は環境上の理由により日常生活を営むのに支障がある者の福祉に関する相談に応じ，助言，指導，福祉サービスを提供する者又は医師その他の保健医療サービスを提供する者その他の関係者（福祉サービス関係者等）との連絡及び調整その他の援助（相談援助）を行うものである[3]。その業務を行うに当たっては，福祉サービス等が総合的かつ適切に提供されるよう，地域に即した創意と工夫を行いつつ，福祉サービス関係者等との連携を保たなければならないこととなっている[4]。

社会福祉士は，いずれの領域にも対応できる汎用性がある資格であるが，急速に高齢化に向かう中で創設されたという経緯もあって，実際には子ども領域よりも高齢者や障害者領域に傾斜した資格となっている。2007（平成19）年に

養成課程が改定された際には,領域別の科目構成を廃し,ジェネリックな側面を強化したが,それでもケアとの関連性は"介護"の一般知識・技術と規定されており[5],現状では子どもの"養育"との関連性がない。

(1) 英国の動向

一方,英国のソーシャルワーカー養成の動向をみると,これまでジェネリック・ソーシャルワーカーの養成が強調されてきたが,新たにその上に,子どもに関わる専門性を積み重ねたアドバンスコースが創設された。この背景には児童虐待の深刻化や貧困の世代間連鎖があり,これに対応するためには,子どものケアの経験や子どもの生活全般にわたる素養を持つ,子ども領域のスペシャリストが必要という社会認識が強まったことによる。さらにもう一つの背景として,2007年に子ども・学校・家庭省(Department for Children, Schools and Families)が新設されたことで,福祉・教育・保健医療のそれぞれの分野から児童が独立し,高齢者や障害者等のおとな(Adult)を対象とした保健福祉と,子ども(Children)を中心とした多領域にわたる総合政策とに区分されたことも挙げられよう。

このような英国の現状について,ジャッキー・パウエル(2009)[6]は,「ウェルビーングの向上のために,マネジメントやホリスティックな援助が求められている。ソーシャルワークが教育や医療等の他職種と異なる点は,ライフコース全体を見通した広義の価値を持っていることである。子ども領域のソーシャルワーカーには,そのようなソーシャルワーカーとしてのアイデンティティを基盤として,さらに子どもの生活全般に関わることができるスペシフィックな力量を形成することが必要とされている」と述べている。

すなわち,子ども領域のソーシャルワーカーであっても,まずは教育モデルや医療モデルに吸収されることなく,ソーシャルワーク・モデルを確立することが重要である。そのようなジェネリック・ソーシャルワークを基盤とした上で,子どもに関わるホリスティックな視点,つまり第1に子どもの生活全般に精通し,子どもと家庭と地域の全体を横断的にマネジメントすること,第2に子どものライフ・コースを見通す時間的視座を持つこと,が求められている。今日,英国では,福祉・教育・保健医療の領域を横断して,すべての子どもにかかわるおとなが連携するための改革が進められているが[7],このような多職種

連携による地域ネットワークをマネジメントできる高度な専門職として，子どもと家庭を支援するソーシャルワーカーが求められている。

（2）日本への影響

このような英国の状況は日本にも影響を及ぼし，社会福祉士をジェネリック・ソーシャルワークと位置づけ，この上にアドバンス・コースを設置する動きがみられる。日本学術会議の社会学委員会社会福祉学分科会（2008）[8]は，ソーシャルワークの機能の内で重要と考えられる機能に特化して設定される認定資格制度を創設し，虐待対応ソーシャルワーカーなどを資格認定していくことを提案している。この提案に沿って，社団法人日本社会福祉士養成校協会では，2009（平成21）年度より社会福祉士等ソーシャルワークに関する国家資格有資格者を基盤としたスクール（学校）ソーシャルワーク教育課程認定事業等を実施している。

これらジェネリック・ソーシャルワークを基盤としてスペシフィック・ソーシャルワークを確立していく動きは，本論が目ざす方向でもある。ただしこれまでの論議は，学校や虐待という場や機能に特化した養成がイメージされている。本論では，子どもと家庭を支援するスペシフィック・ソーシャルワークとして，子どもの生活（ケア）とライフコース全般を視野に入れ，子ども・家庭・地域をホリスティックに支援することをマネジメントする専門職像を提案したい。

4　子ども家庭を支援する専門職としての保育士

（1）施設等職員の資質向上に関する研究

児童福祉施設最低基準をみると，多様な職種が記されているが，保育士資格を有する者は助産施設と児童家庭支援センターを除いたいずれの児童福祉施設においても配置されている[9]。すなわち，保育士は，児童福祉全般に汎用性を持つ専門職となっている。このような保育士の専門性については，これまで種々の研究がなされてきている。

「児童福祉施設等職員の資質向上に関する研究」（2007）は，保育士は乳幼児の保育のみならず，思春期までの児童全般を対象とし，そこには障害・虐待・

非行など専門的な援助を必要とする児童も含んだ総合的な基礎資格であることや，子どもの発達支援・自立支援という専門性を高めるためには保育・教育・子育て支援の専門性を連動させて高めていくことが重要であり，また幅広い他職種と連携することができる素養や柔軟性が求められるとしている。さらに，社会福祉士と保育士の関係についても言及し，福祉系大学では保育士と社会福祉士の資格を取得できるとあっても，一人の学生がこの両資格を同時に取得できるかどうかをみると，その数は少ないことを指摘している。その理由として，保育士と社会福祉士の間には，保育士と幼稚園教諭の間にみられるような養成教育課程の整合性が図られていないことを挙げている。この両者が地域において近似の職種，業務を担っていることを考えれば，両者の教育課程を見直し，連動性をもたせるべきであり，具体的には次のようなことを検討課題としている。

①社会福祉士養成における子ども家庭福祉分野の強化（例えば，介護福祉概論を養護原理・保育原理等との選択科目とする，保育所付設の子育て支援センターを社会福祉士実習先に指定する等）

②保育士資格の見直し（例えば4年制保育士資格課程の創設）

2006-2008年度厚生労働科学研究「保育サービスの質向上」は，保育士が働くことが想定される職場を7カ所とり上げ，それぞれの職場に必要とされる専門性を抽出し，その共通要素を「保育士の専門性のコア」として，次のように提示している。

①保護者支援に関すること（保護者のニーズを把握する力，個別援助できる力，家庭と連携していく力など）

②地域の子育て支援に関すること（例えば，地域のニーズを把握する力，育児グループ，サークル，ボランティア活動をサポートする力，親同士の関係形成をサポートする力など）

③保育士の倫理に関すること（保育士として規範となる原理を身につける力，いのちに向き合う力，子どもの最善の利益を考えられる力，守秘義務，個人情報の保護を実践できる力，子どもの人権に配慮できる力など）

④保育（実践）に関すること（環境や子どもの変化に気づける力，子どものニーズを把握する力，感動を言葉や体で表現できる力，子どもが自発的，意欲的にかかわることができる環境を構成する力など）

⑤自己評価・研修・スーパービジョンに関すること（個別ケース検討を行える力，総合的にコーディネート・ケースマネージメントできる力，保育実践を振り返ることができる力など）

⑥学校との連携に関すること（関係機関との連携を強めることができる力，地域に出向いて家庭を支援する力，総合的にコーディネート・ケースマネージメントできる力など）

⑦協働（チームケア・保育士同士，他職種，地域との交流や連携，ネットワーク）に関すること（関係機関との連携を強めることができる力，虐待に対応できる力，物事を多面的に捉える力など）

ただしこれらは共通要素であり，このような保育士としての専門性のコアを2年制養成課程に位置づけて基礎（基礎資格）とした上で，より高い専門性を獲得するための課程として，4年制養成課程の創設を提案している。

このような保育士に関する近年の研究をみると，保育士は子どものケアを行う資格だが，子どもの最善の利益を図るためには子どもを核としながら，家庭・地域の全般にわたる総合的な知識と技術が必要とされていることがわかる。このような考えから，2001（平成13）年改正児童福祉法によって保育士が国家資格となった際に，児童の保育と保護者支援の2つがその業務とされた。さらに発達障害，ひとり親家庭や児童虐待など，個別の支援が必要な子どもと家庭は増加しており，子どもと家庭に身近な地域でこれらに対応できる専門職として，保育士は位置づけられている。つまり今日の保育士には，ソーシャルワークと重複する専門性を持つ高い専門職として期待されているといえよう。

（2）4年制保育士資格の創設

ところが，現行の保育士資格は，2年間養成の単一資格であり，養成課程で学ぶことができる知識・技術は限られている。そこでこれを基礎資格としながら，保育に関してより深く，専門領域別に特化した専門性をもち，社会が求める多様なニーズに応えられる高度な専門性を獲得するために，4年制養成課程を求める声が高まっている。保育士としての高度な専門性を確立し，これに対する社会的信頼と認識を高めるためにも，4年制保育士資格の創設が必要とされているといえよう。

「保育サービスの質向上」では，4年制養成課程について，2つの案を提示し

第Ⅰ部　子ども家庭領域における人材育成と課題

図6-1　保育士資格及び保育士養成課程の構造

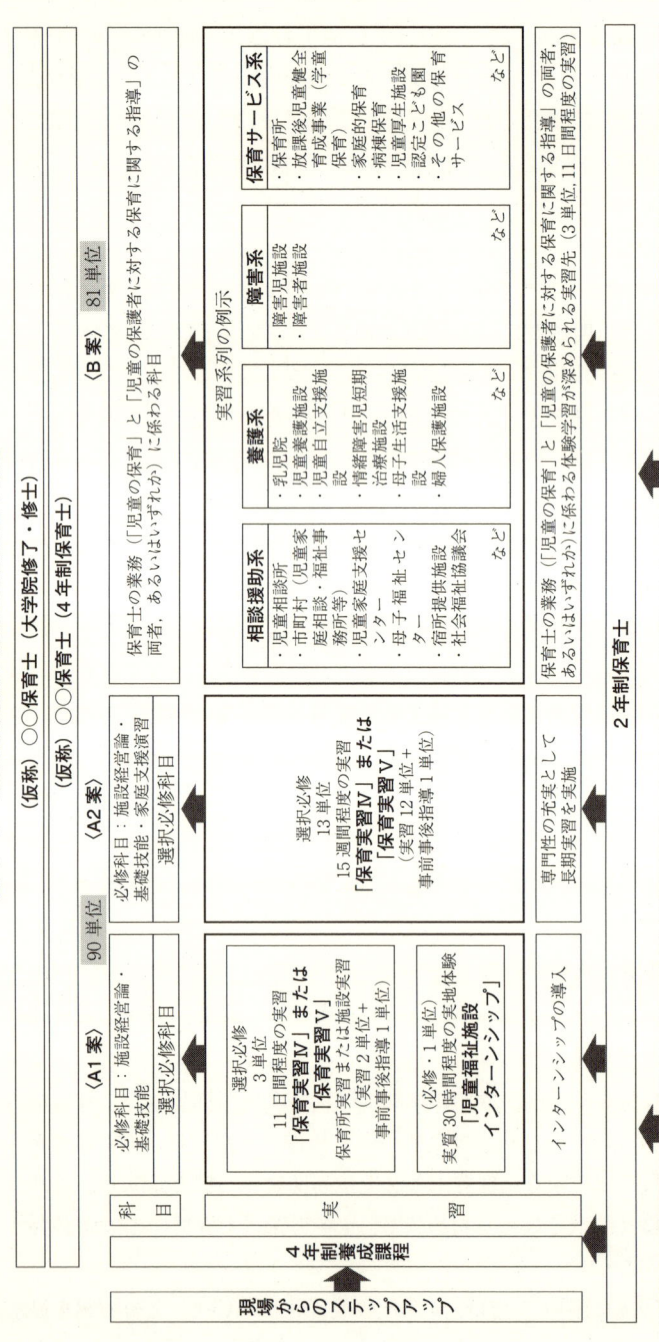

〈(仮称) ○○保育士 (大学院修了・修士)〉
〈(仮称) ○○保育士 (4年制保育士)〉 〈B案〉 81単位

〈A2案〉
必修科目：施設経営論・家庭支援演習
基礎技能
選択必修科目

〈A1案〉 90単位
必修科目：施設経営論
基礎技能
選択必修科目

科目	4年制養成課程
実習	選択必修 3単位 11日程度の実習 「保育実習Ⅳ」または「保育実習Ⅴ」 保育所実習または施設実習（実習2単位＋事前事後指導1単位） （必修・1単位） 実質30時間程度の実地体験 「児童福祉施設インターンシップ」
	選択必修 13単位 15週間程度の実習 「保育実習Ⅳ」または「保育実習Ⅴ」 （実習12単位＋事前事後指導1単位）

実習系列の例示

相談援助系	養護系	障害系	保育サービス系
・児童相談所 ・市町村（児童家庭相談・福祉事務所） ・家庭支援センター ・母子福祉センター ・宿所提供施設 ・社会福祉協議会 など	・乳児院 ・児童養護施設 ・児童自立支援施設 ・情緒障害児短期治療施設 ・母子生活支援施設 ・婦人保護施設 など	・障害児施設 ・障害者施設 など	・保育所 ・放課後児童健全育成事業（学童保育） ・家庭的保育 ・病棟保育 ・児童厚生施設 ・認定こども園 ・その他の保育サービス など

保育士の業務（「児童の保育」と「児童の保護者に対する保育に関する指導」の両者、あるいはいずれか）に係わる科目

保育士の業務（「児童の保育」と「児童の保護者に対する保育に関する指導」の両者、あるいはいずれか）に係わる体験学習が深められる実習先（3単位、11日間程度の実習）

国家試験

2年制保育士養成課程（保育士としての専門性の基礎・共通基盤） 68単位

2年制保育士

2年制保育士としてのコア（保育士としての専門性の基礎的・総合的な資格）

専門性の充実として長期実習を実施

インターンシップの導入

現場体験（実習・ボランティア）・実務経験

現場体験（実習・ボランティア）・実務経験

保育士試験

現場からのステップアップ

保育士としての専門性の向上、保育サービスの質の向上。

出所：2006-2008年度厚生労働科学研究「保育サービス研究」

ている（図6-1）。A案は，4年制養成課程は2年制課程に新たに2年間の養成を付加するのではなく，従来の課程を4年制に広げて充実させるという考え方を基本としている。これに対してB案は，保育士が働くそれぞれの領域に共通するが高い専門性を必要とするものと，保育士が働く領域それぞれに固有の専門性を深める内容の2つの内容を含んでいる。4年制保育士の保育実習の場について，B案では，保育士の業務（児童福祉法第18条の4「児童の保護者に対する保育に関する指導」）を根拠に，子どもと保護者支援の両方，あるいはいずれかに係わり，体験的に学習を深めることができる場を範囲とし，実習の場を相談援助系（児童相談所，児童家庭支援センター等），養護系（乳児院，児童養護施設等），障害系（各種障害児・者施設），保育サービス系（保育所・認定こども園等）の4系列に分けて，それぞれの系列（専門領域に応じた場）での実習体験が，保育士の専門性に関する学びを深化させることをめざしている。

ただし，4年制養成課程修了者の保育士資格は，いずれの案でも，領域別に分けず，すべての領域に共通する単一の資格とすることとしている。

今後，地域子育て支援を担うスペシフィックな4年制保育士の養成を考えていく際には，社会福祉士との協働場面が多いことや，重複する専門性を持つことを考えると，社会福祉士のアドバンス・コースと4年制保育士とを関連づけて整理していくことが必要となろう。

5　日本社会事業大学における取り組み

本節では，日本社会事業大学（以下，日社大）における社会福祉士と保育士とを併せた養成課程について，その実践を検証していくこととする。

（1）子ども領域の専門職の養成へ

日社大では1968（昭和43）年以来，保育士養成に取り組み，子ども領域の専門職を養成してきた。1987（昭和62）年に社会福祉士が国家資格として創設されて以降は，その養成を教育の根幹として，その上に保育士の養成教育を兼ね合わせ，ソーシャルワークとケアワークの素養を併せ持つ人材を養成してきた。以降，毎年約50人の学生が保育士資格と社会福祉士国家試験受験資格の両者を取得して卒業している。

ただし,この2つの資格を同時に取得することができるだけではなく,現行の保育士養成に不足していると考えられる家族への支援や虐待・不登校・非行等に関する内容を児童ソーシャルワーク（以下,CSW）課程として整備し,これによって,幅広い児童の問題に対応ができる子どもと家庭を支援する専門職養成を志向している。そのために,日社大独自のCSW課程を設置することによって,専門性の高い人材養成を行ってきた。

（2）教育の効果

このような教育の効果については,2005（平成17）年度から実習教育センター内に実習担当教員によるプロジェクトチームを編成し,多資格を取得することができるカリキュラムを持つ日社大の実習教育モデルのあり方を検討する中で,検証してきた。2005（平成17）年度は各課程の実習手引きの分析,2006（平成18）年度は実習ノートの分析を行い,これら実習の共通基盤,連動する内容,各課程ごとの独自性と課題,課程間の重複や葛藤を明らかにした。プロジェクトにおけるノート分析の結果からは,社会福祉士と保育士の教育効果が自ずと補完・補強し合い,学習効果を高めていることが分かった。ここではこの研究成果の中から,保育士と社会福祉士の2つの課程を併せて学ぶ学生の実習効果と課題を3点示すこととする。[11]

第1に,社会福祉士援助技術現場実習においても,母子生活支援施設・児童養護施設等の子どもの居住型施設では,子どもへの自立支援について学ぶことが主となっている。これによって,親子関係や地域が子どもに与える影響,子どもの内面の読み取り,さらには課題がある子どもとの直接的な対応方法に関して学ぶことができる。つまり,社会福祉援助技術現場実習を通してケアワーカーとしての素養も深めていることがわかる。

第2に,現状の社会福祉士実習では,保護者へのエンパワメントや介入の具体的な場面,地域関係機関との連携等のソーシャルワーク活動については,学ぶ機会が少ない。一方で保育所実習は地域に密着した実習であり,上記の点について学ぶ機会が多い。つまり地域での日常的・継続的支援を行う保育所での実習が加わることによって,子どもと家庭全体を網羅する視野と,親子の健全な育ちを支援することやグレイゾーンの子どもと家庭への予防的支援,地域に潜在化したニーズのキャッチの方法を学んでいる。

第3に，保育所実習でこのような視野と学びを得ることができるのは，それ以前の社会福祉援助技術現場実習において，このような視点と知識について学ぶことが前提となっていることも分かった。つまり社会福祉援助技術現場実習と保育所実習をダブルで行うことによって，学生はケアワーカーとしての素養と同時にソーシャルワーカーとしての素養を習得している。

（3）総合的実習への課題

このような社会福祉士援助技術現場実習と保育実習の相乗効果を高めて，施設と地域の両者にわたる総合的な実習方法をいかに開発していくことができるか，それが今後の実習教育に求められる課題である。具体的な課題としては，第1に技術・演習・実習のリンクが必要であること，第2に保育士と社会福祉士との共通の視点に関して，繰り返しの中で発展させていくべき内容を明らかにすること，第3に逆に重複を避けて整理して設置すべきものを明らかにすること，である。

このような日社大の保育士養成課程を，上記「保育士養成の構造」と比較すると，4年制保育士のA案については基礎技能を除き，B案についてはすべての教育内容を満たしている。学生の実習成果をみると，親子関係や地域が子どもに与える影響，子どもの内面の読み取り，さらには課題がある子どもとの直接的な対応方法に関して学び，保育士としての高い素養を得ている。同時に，保護者へのエンパワメントや介入の具体的な場面，地域関係機関との連携等のソーシャルワーク活動についても学んでおり，子ども，家庭，地域を網羅する視野と専門性が育っているといえよう。

6　子どもと家庭への総合的な援助

（1）子ども家庭に関わる専門職の現状

第1節では，今日，子どもと家庭に身近な地域で子育て支援サービスを拡充することによって，安心して子育てを行うことができるようにし，子どもを産みたいという希望がかなえられ，子ども達が健やかに育っていくための社会的なサポート体制を整備しようという動きについて整理した。それは同時にセーフティネットから漏れ落ちる子どもと家庭をなくすための仕組みづくりの一環

であり、これまでの申請主義から一歩進めて、家庭に出向くアウトリーチ・サービス等を含んでいる。次世代育成支援後期行動計画策定と連動して、このような多様な子育て支援サービスが地域に整備されつつある。

第2節では、支援が必要な家庭ほど支援から遠いという実態があり、サービスを整備するだけでは、必要としている子どもと家庭に届かない実態を記した。潜在的ニーズを抱えた家庭にアクセスし、子どもと家庭のニーズを把握、的確なアセスメントを行い援助につなげるためには、高度な専門性が必要となる。このような子どもと家庭に身近な場でのソーシャルワークが求められており、子どものケアの体験と子どもの発達と生活全般から、家庭・地域にわたるまでの幅広い専門性を併せ持つ新たな人材が求められていることをみてきた。

第3節では、そのような専門職について、社会福祉士養成の観点から整理し、今日の深刻化する子どもと家庭の問題を支援するためには、ジェネリック・ソーシャルワークを基盤としてアドバンス・コースが必要という意見が強まっていることを紹介した。英国の例ではすでに子ども領域のスペシャリストを養成していること、日本でも社団法人日本社会福祉士養成校協会が2009（平成21）年度より社会福祉士等ソーシャルワークに関する国家資格有資格者を基盤としたスクール（学校）ソーシャルワーク教育課程認定事業等を実施している。本章では、今後、子どもと家庭を支援するスペシフィック・ソーシャルワークとして、子どもの生活（ケア）とライフコース全般を視野に入れ、子ども・家庭・地域をホリスティックに支援することをマネジメントする専門職像を提案している。

第4節では、保育士養成課程見直しに際して、4年制保育士が提案されており、その内容にはソーシャルワークの専門性も含まれていることを紹介した。とくに、スペシフィックな4年制保育士養成を考えた場合、重複する専門性が増えることや、社会福祉士と保育士とが協働するためにも、とくに社会福祉士のアドバンス・コースと4年制保育士とを関連づけて整理していくことが必要と結論づけた。

第5節では、その実践として、日本社会事業大学における社会福祉士保育士とを兼ね併せた養成課程について紹介した。特に、その両者の実習効果に焦点をあて、学生の得ている学習効果を検証した。

（2）地域で求められる協働

今後の地域では，インフォーマルな社会資源から多様な専門職にいたるまで，子どもに関わるすべての大人が協働していくことが求められる。そのためには，地域ネットワークをマネジメントできるソーシャルワーカーが必要となる。ただし，それは子どもと家庭の身近なところで子どもの声を聴くことができる者でなければならない。何が幸せかを決定するのは子ども自身だからである。さらに子どものその選択と実現を支援していくためには，地域のすべての子どもの最善の利益を目的として，子どもにかかわるすべての大人が協働し，子どもの生活全般や生涯にわたるホリスティックな視野を持って支援をしていくことが不可欠である。そのためには，地域での子どもと家庭に関わる専門職は，ソーシャルワーカーとしての専門性に対するアイデンティティを持ちながら，子どもに対するケアの体験と理解を深めていくことが求められる。

（金子恵美）

注
1) 〔第21条の8〕市町村は，次条に規定する子育て支援事業に係る福祉サービスその他地域の実情に応じたきめ細かな福祉サービスが積極的に提供され，保護者が，その児童及び保護者の心身の状況，これらの者の置かれている環境その他の状況に応じて，当該児童を養育するために最も適切な支援が総合的に受けられるように，福祉サービスを提供する者又はこれに参画する者の活動の連携及び調整を図るようにすることその他の地域の実情に応じた体制の整備に努めなければならない。
2) 例えば医療保育専門士（1997年度に日本医療保育学会が医療保育の普及と研修を目的として保育士を中心に医療関係者によって創設），保育活動専門員（所定の研修等を受講した者を「保育活動専門員」として全国保育協議会・全国保育士会が認定（任意）することとし，もってその者の活動を通じて地域の保育活動や保育組織の活性化を図り，子ども家庭福祉の増進に寄与することを目的としている）など。
3) 社会福祉士及び介護福祉士法第2条の定義に基づく。
4) 社会福祉士及び介護福祉士法第47条。
5) 2007年に改定された社会福祉士養成課程においても，介護に関する科目が必修として定められ，子どもの養育に関する科目はない。
6) 金子恵美，2008年度文部科学省科学研究費助成，援助を求めない家庭に対する子ども家庭支援ネットワークの展開に関する研究，サザンプトン大学教授

Jackie Powell への 2009.03. のヒアリング結果より抜粋。
7) 2004年児童法（Children Act 2004）の成立以降，Every Child Matters ; Change for Children と呼ばれる改革が実施されている。子どものニーズを最優先に考えるために，親はもちろんのこと，関係機関・施設・社会資源・営利サービスまでを含めた子どもにかかわるすべてのおとなが連携・協働する仕組みづくりである。
8) 日本学術会議社会学委員会社会福祉学分科会提言「近未来の社会福祉教育のあり方について―ソーシャルワーク専門職資格の再編成に向けて」，2008年7月14日。
9) 母子生活支援施設の「母子指導員」，児童自立支援施設の「児童生活支援員」，児童館の「児童の遊びを指導する者」は，その要件の一つが保育士である。また乳児院の「看護師」は保育士又は児童指導員をもってこれに代えることができる。
10) 7カ所の職場の内訳と，専門性の抽出に依拠した法律等は以下の通りである。①保育所（改定保育所保育指針／2008.3），②子育て支援拠点（地域子育て支援拠点事業要項／2007.4），③乳児院（社会保障審議会児童部会社会的養護専門委員会「社会的養護体制の拡充のための具体的施策」／2007.7），④児童養護施設（社会保障審議会児童部会社会的養護専門委員会「社会的養護体制の拡充のための具体的施策」／2007.7），⑤障害児施設（障害児支援の見直しに関する検討会報告書／2008.7），⑥認定こども園（認定こども園に関する国の指針：就学前の子どもに関する教育，保育等の総合的な提供の推進に関する法律第3条第1項第4号及び同条第2項第3号の規定に基づき，文部科学大臣と厚生労働大臣とが協議して定める施設の設備及び運営に関する基準／2006.8），⑦児童館・放課後児童健全育成事業（放課後児童クラブガイドライン／2007.10）。
11) これについては，下記のとおり成果の研究発表を行っている。
　金子恵美，全国保育士養成協議会第46回研究発表大会「保育士と社会福祉士のダブル資格取得に関する研究――実習教育における効果と課題」2007年9月14日。金子恵美「保育士養成教育課程見直しの視点と本学の保育士課程」「日本社会事業大学実習教育センター年報 No.2」2008年。

参考文献
柏女霊峰「保育士資格の法定化と保育士の課題」『淑徳大学総合福祉学部研究紀要』41，2007年。
厚生労働科学研究費補助金政策科学推進研究事業「保育サービスの質に関する調査研究」『平成20年度総括研究報告書』主任研究者大嶋恭二，2009年。
主任研究者大嶋恭二「保育サービスの質向上」「2007－2009年度，2004－2005年度厚生労働科学研究総合報告書」2009年。

主任研究者金子恵美「児童福祉施設等職員の資質向上に関する研究――就学前の児童の保育・子育て支援の専門性と資質向上」「2004－2005年度厚生労働科学研究総合研究報告書」2006年。

第Ⅱ部
子ども家庭領域における個別的課題と包括的視点

第7章
里親支援における子ども家庭ソーシャルワーク

　里親委託とは，保護を要する子どもを，受け皿である里親に預けることに留まらない。実親から離れ，里親家庭を拠点とした生活を開始する子どもを里親とともに援助し，実親が自らの生活課題を解決するのを応援し，子どもを受け入れることによって一変する里親と里親家庭を支援することである。この3つを行い，この3つを統合することが，里親委託であり，里親支援ソーシャルワークである。このような視点にたって，里親支援ソーシャルワークの現状と課題をさぐる。折しも，児童福祉法改正の一つの目玉として，2009（平成21）年4月1日から里親制度の一部にも変更が加えられた。本章では，この内容についてもレビューしながら，現場実践における留意点についてまとめてみたい。

1　里親委託の目的とは何か

　里親委託の目的は，子どもとその家族の福祉を図ることである。しかし，この当然のことが見失われてきた。また，里親委託と養子縁組の2つが混同され両者の間に区別がつかないという声が，社会福祉を学ぶ多くの人々からさえも聞かれる状況が続いてきた。
　これらの結果，里親委託も，養子縁組も，本来の目的から，いつしかずれてしまって，「子どものいない人が子どもをもらう仕組みだ」と考えられがちであった。
　しかし，このような「受け止められ方」の現実があったとしても，本来的な意味での養子縁組は，子どもの利益のために法的な親を与える制度であり，同様に里親委託は，児童福祉サービスとして，法的な親ではない別の「養育者」を，子どもに与える仕組みなのである（里親：児童福祉法第6条の3，養子縁

組：民法第792条〜第817条，特別養子縁組：民法第817条の2〜第917条の11）。

2 里親を支える重要性

しかし，だからといって，子どもの利益だけを叫び，里親になろうという人に対して，「子どものために困難に耐えてください」と言っても，それだけで里親養育が良い方向に行くわけではない。後に詳述するが，現状においても里親を支える仕組みは十分とは言えず，その実情が，里親の意識の中に，「私たちの大変さを分かって欲しい。子どもの幸せのためだという理屈は分かるが，いつだって私たちの苦労は汲んでもらえない。そして大変さばかりを押しつけられる」という被害的感情をもたらしてしまう。

里親は，子どもの養育において，しばしば難しさを感じている。これを理解し，これについて訴える里親の言葉に，真摯に聞くことがなければ，結局のところ子どもの福祉を実現することはできない。子どもの福祉を第一にするからこそ，里親が感じる大変さや特別なニーズを十分に受け止めることが不可欠である。

3 養親を支える重要性

そして，里親のみでなく，養親にも支えが必要なことを忘れるべきではない。わが国の里親委託と養子縁組は，先にも述べたとおり，今日まで，子どものための制度ではなく，子どもがいない夫婦に子どもを与える制度として運用されがちだった。そして養子縁組では，この傾向が一層強かった。このため，ともすれば「希望どおりに，子どもを貰った人たちなのだから支援はいらない」と受けとめられがちでもあった（養親の側から「子どもは欲しいが関わりはいらない」と拒否した場合も多い）。

しかし，果たしてそうだろうか。確かに，子どもが欲しいという理由で，子どもを養子として受け入れた。しかし，その養子縁組が，子どもに安定した養育を提供し，その子どもにとって必要な法的な親を与えることになれば，養親を支えることは，そのまま子どもの福祉の向上につながることになる。これは公益を図ることであって，私的な利益を得た人に，さらに追加の利益を供与す

ることではない。しかも，彼らは実子を育てるのとは違った困難に出会っていることが多い。具体的にいえば，子どもたちは養親の下にたどり着くまでにさまざまなことを経験している。すべての子どもが実親との分離を経験しており，深刻な場合には，虐待を受けたという経験さえもしている。養親は，これらの経過のすべてを，子どもを引き受けると同時に自ら受け止めなければならない。そして，養親が入手できる子どもに関する情報は，生まれた時から，その子どもを育てている場合に比べてはるかに少ない。さらに，養親子の場合には，親子ともに時間の経過や子どもの成長の中で，血がつながらないことをめぐって複雑な思いを抱くことがあるかもしれない。これらの点を踏まえれば，養親が，自ら望んで子どもを得たのではあっても，彼らに手厚い支援が必要なのは明らかである。

児童福祉法の2008（平成20）年改正によって，養育里親と養子縁組里親の間に区別が設けられたこと自体については理解できる。しかし，養子縁組を前提とする里親への手当が廃止されたのは何故だろう。里親手当は，里親が，子どもの福祉向上のために使用すべき経費であり，養子縁組里親に対して一律に手当が支給されないのはおかしい。今回の制度改正の背景に，養子縁組に関する浅く平板な考え方があったのではないかとの疑念が生まれてもおかしくない。この疑念を晴らしてくれるような絶妙な運用を期待したい。

4 子ども家庭福祉サービスとしての里親委託の実施者とは

筆者は，読者に，里親制度と養子縁組を，ここまで述べてきたようなものとして理解することを求める。筆者は，本章において「里親支援における子ども家庭ソーシャルワーク」というテーマで論ずることを求められているが，里親委託，養子縁組が，ここで述べてきたようなものであるという前提を欠いてしまっては，これから後のすべての記述を費やしても，正しい理解は得られないものと思われるからである。

繰り返しになるが，①里親制度も養子縁組も，究極的には，子どもの利益を目指すものである。②このためにこそ，里親や養親を支えなければならない。③言いかえれば，里親制度や養子縁組が，子ども家庭福祉サービスとして機能するためには，里親や養親が，彼らを支えるさまざまな仕組みと一体となって，

子どもの養育に当たることが必要である。すなわち，④子ども家庭福祉サービスとしての里親制度や養子縁組の実施者とは，里親や養親だけを指すのではなく，彼らを支える児童相談所，福祉事務所，市町村，その他の公私の機関のすべてである。これらの機関が，それぞれの立場で，それぞれに関与して，初めて実施可能となることを知らなければならない。

5　子どもにとっての里親委託

さて，ここからは，内容を里親制度に関わるものに限定し，子どもたちが，里親の下へ託される過程を踏まえながら，里親支援に関して具体的に解説することとしたい。

まず，里親委託とは，子どもにとってどのようなものであるかを考えてみよう。

このためには，本来，子どもたちがどのような事由により，何歳ぐらいで，どのような里親の下に，どのような説明を受け，どのような納得の下で委託されているかを理解しなければならない。しかし，残念ながら筆者の知る範囲では，このことを全体的に理解できるような単一の資料や研究はない。ある一定の時点で，委託中の児童がどのような理由によって委託されているか。その時点で委託中の児童の年齢は，各々の区分ごとに何人いるのか。その時点で委託中の児童の委託期間はどのくらいなのかなどを明らかにした「養護施設入所児童等調査」（厚生労働省が，5年に1回実施。最新の調査は，平成20年2月1日付で実施された）があるのみである。

そこで，これはあくまでも推測の域を出るものではないが，この調査の結果，研修会や里親関係のイベントなどで語られる里親や委託児童（あるいは，過去に委託され，現在は成人している方）の言葉，里親支援に取り組んでいるソーシャルワーカーの声，筆者の実務経験などに照らして，里親へ委託される子どもにとって里親委託とは，概ね次のようなものなのではないかと解説しておくことにしたい。

　①実親との別れであると同時に，それまでの生活（住まい，地域，学校や幼稚園，友人等）から離れること（分離されること）。

　②何が何やら分からない中で，巻き込まれてゆくこと（特に，出生直後から

乳児院で生活して来た子どもにとって、父や母、祖父母などは、実体験を通して知りうる存在・関係性ではない)。今後の見通しが立たずに不安であること。

③とにかく、新しい生活（文化、歴史を含む）に適応すること。

里親委託が、「子どもを愛してくれる里親に出会い、里親家庭という安心・安全な場所での生活を始めること」でなければならないのは言うまでもないが、これを、子ども自身が自分の身の上で起こったことをどのように体験しているのかという視点で、捉え直すならば、子どもにとっての実際上の里親委託とは、むしろ、ここに述べたようなものとして体験されているのではないかと推察される。

そして、これらのことが里親委託を必要とする事由によって、または、その事由が発生してから実際に里親家庭での生活が開始されるまでの過程によって、さらには、個々の子どもの年齢や能力あるいは性格などによって、さまざまに影響しあい作用しあった上で、子ども自身に体験され、受け止められるのであろうと考えられる。そして、それは、実際には次に記したような具体的なエピソードの形で登場するのであろう。

例1：乳児院に入所している2歳の子どもが、初回の面会の時に、里親のことを「お母さん」ないし「ママ」と呼んだ。里親にとっては大きな喜びであり、感動的な体験であった。里親の喜びに水を差すのが良いわけではないが、これをもって、その子どもと里親との間に、親子関係が成立したと判断してはならない。

例2：委託間もない3歳の子どもは、里親でない誰の後でもついて行ってしまう。しかし、だからといって、子どもが里母のことを軽んじているわけでも、また逆に、里母が子どもに愛情を注いでいないわけでもない。

例3：家庭的養護のプラス面だけを強調して、小学校高学年や中高生に対して、「家族になる」ことを強要することは、その子どもにとっては迷惑なことかもしれない。その子どもにとっては、大切にしたいのは自分の家族であって、里親家庭のことは、あくまでも一定期間身を置く場所として位置づけたいのかもしれない。

6 実親にとっての里親委託

 さて，次に里親委託が，実親にとってどのようなものであるかを考えてみよう。そして，このことの端緒として，何故，わが国で，里親委託が増えなかったのかを探ってみよう。
 里親委託が増えない理由については，幾つもの原因が考えられるが，その有力なものの一つとして，「実親が，里親委託に同意しないからである」といった言い方がある。筆者もこれを否定しない。しかし，一方で，多くの実践者が，この説を口にすることで，その先に進もうという努力を放棄している現状には納得がいかない。言い換えれば，「実親が同意しないという課題にどう取り組むべきか」「実親が同意しないという課題をどうしたら乗り越えられるのか」については，まったく熱意がないように思えてならないのである。このような見方や解釈が拡がるだけならば，「実親は，自分で育てられないにもかかわらず，里親養育を拒否して施設に入れっぱなしにする」という非難が強まる（責任を実親に帰せる傾向，つまり実親を否定する傾向が強まる）だけである。そして，結局のところ里親委託は拡がらず，子どもの利益にはつながらない。
 筆者が抱く印象に過ぎないが，①行動力や実質が伴うか否かは別として，実親の多くは，子どもの利益を本気で望んでいる。そして，②ほとんどの実親は，子どもと自分との関係が切れてしまうことは望んでいない。さらに，③多くの実親は，自分に自信がもてず，責められることを強く恐れている（後ろめたさを感じている）。だから，④彼らは，子どもに自分以外の親ができることを脅威としてしか受け止められない，ように思われる。
 このような実親に，子どもを手元から離すその時に，あるいは，乳児院や児童養護施設にしばらくの期間預け続けることをそのまま認め続けて来た上で，しばらくぶりに連絡をとって1～2回の面接を行い，「年齢が長じたので，里親へ預けたらどうですか？」と言ったとしても，彼らが子どもを里親に委託することを選ばない（同意しない）のは当然である。しかも，その面接を行う支援者に，どれだけの真剣さや現実味があり，かつ，どれほど具体的な説明が添えられていたかが吟味されるべきであろう。
 これらを欠いたその場限りのやりとりだけで，実親が，里親委託ではなく児

表7-1　里親委託と児童福祉施設への入所との比較

	項　目	里親	乳児院・児童養護施設
子ども	ケア	家庭的で個別的なかかわりが期待できる。個々の里親間の開きが大きい	教育を受けた職員による専門的なかかわりが期待できる。集団生活を前提としている。管理者の存在があり，一定の水準が確保される
実親	親としての自尊心	傷つきやすい	比較的傷つきにくい
	経済的負担（利用料）	変わらない（施設と同額）	変わらない（里親と同額）
	面会等の交流	一般的には，しにくい	比較的しやすい
	情報提供・公開性	されにくい・低い	比較的されやすい・高い
	苦情・要望	言いにくい	比較的言いやすい
児童相談所	委託・入所の準備	マッチング，面接による説明，面会外泊等の全てにおいて丁寧なかかわりが不可欠となる	電話連絡と資料送付程度で決定されることが多い
	入所後初期の関わり	定期的な訪問指導等が必要	概ね施設に任せられる
	実親との家庭調整等	基本的には児童相談所のみで行う	協働ないし施設に任せられる
	自立への支援	個々の事例によって大きく異なる，長期委託の場合里親に任せられる	概ね施設に任せられる
	支援，指導，監督，事故発生時の対応等	里親自身の責任と共に，指導担当者である児童相談所の責任が問われる	施設及び法人の責任を問うことができる。多くの場合，指導・監査を行う部署は，都道府県の本庁に置かれている
	措置委託費	施設に比べ安価である	里親に比べ高額である
	施設整備費	補助制度はない	補助制度がある

出所：筆者作成。

童養護施設への入所，あるいは，現在入所している施設の入所措置を継続することを望んだとしても，それは至極当然なことだというべきである。

　筆者は過去に，児童福祉施設と里親委託を，「使いやすさ」という指標の下に比較検討したことがある。そして，それを表にまとめた。ここにそれを再掲する。（表7-1）これを見れば，子どもにとっていくら家庭的養護が望ましく，里親制度がその望ましい家庭的養護を体現する仕組みだとしても，実親にとって，また実親の選択を促す児童相談所にとって，児童養護施設の方が里親委託

よりはるかに「使いやすい」ことが明白である。だとすれば，そちらが選択されるのは自然の理である。

　本気で里親委託を増やそうとするなら，里親委託の「使いにくさ」をできるかぎり解消するとともに，実親との関わりにおいて，例えば以下のようなやりとりを「戦略的」に行う（組み立てる）ことが欠かせないだろう。

　もし，その子どもが，生後間もなく乳児院に入所しなければならない事情にあるなら，そして，その子どもの家庭引き取りに具体的な目処が立たないのなら，その子どもが生後1カ月頃から初めて，最低1～2カ月に1回は実親との継続的な面接を行うように努める。そして，その時々の実親の思いを受け止め，さまざまな情報をやり取りし，課題を投げかけ，それへの応答に耳を傾ける。そのような支援の積み重ねを経て，はじめて，実親は実質をともなった形で，「子どもの利益に叶った援助・社会的養護サービス」を選択できる。そして，もしこのような過程を提案しながらも，接触が途絶えたりまったく面接が実現しなくなったりするようなら，措置機関のイニシアティブの下で，その状況に応じた援助を選び取るのである。例えば，保護の開始時に，「連絡が取れなくなった場合は，長期の保護が必然のものとなりますから，子どもの利益を考慮して里親での養育に切り替えます。良いですね」と告知し，あらかじめ同意を得ておくこと等が，その一例である。

　繰り返しになるが，このような関わりを行うことなく，実親が「里親委託を承諾しない」としても，それは当たり前のことである。筆者は，それこそが「実親のほとんどは，子どもとの関係が切れることを望まない」という筆者の見方を裏づけてくれているものと主張したい。

7　子どもを迎える里親家庭の変化

　このことについては，研究者からも実践者からも，里親自身からも幾つかの報告がなされている。

　家庭ではない児童養護施設のような集団養護の場であっても，1人の子どもが新たに生活の場に加わるということは，迎える子どもたち（集団）の全体に影響を及ぼす。例えば，ある生活単位（居室）がありそこに既に5人のメンバーがいて，新たに1人の子どもが入所するとする。この時は当然のことなが

ら，メンバー全員の人間関係に変化が起こる。もし新たに加わった 1 人が，身体が大きく，かつ，暴力的で機嫌の悪い子どもであったなら，集団の全体がピリピリすることになる。反対に，入所するのが，甘えが強く日常生活においてかなり手がかかる年少児だということになれば，職員の関心は，どうしてもそちらに向かい，それまで，もっとも年下だった子どもはお兄さん・お姉さんらしくなるか，逆に「退行」する可能性が高いといえるだろう。

さて，里親家庭では，どのようなことが起こるだろうか。特に，子どもがいない里親家庭の場合はどうだろうか。多くの場合，「出産」に匹敵する変化が，里親夫婦の身の上に起こることになる。夫婦の会話の流れも，個々の関心の向く方向も変わる。日常生活における時間や空間の使い方も，食事の内容も買い物に行く先も，休日の使い方も変化する。多くの場合，この変化そのものが里親としての喜びでもあるのだが，肉体的にも，精神的にも大きな負担となることや，そのことをきっかけにして，夫婦関係や自分自身の内面の課題が見直され，最悪の場合には，夫婦関係が破綻するきっかけにさえもなることを知っておきたい。

里親に子どもを委託するとは，ごく短期間の一時保護的な委託の場合を除いて，このように受け入れる側の家族の全面的な変容をもたらすものであって，決して「里親家庭」という「安定的な受け皿」に子どもを迎え入れて，その「恩恵に浴させる」ものではないことを知っておかなければならない。そして，ここでいう里親家庭の変容には，そこに里親の実子がいる場合には，実子をも巻き込んで起こるものであり，里親の両親やその他の存在（ペットも含む）があれば，それらのメンバーをも巻き込んで起こることになる。

しばしば見られる「委託継続が難しい」という事態は，例えば，子どもの委託がもたらす実子への影響がとても大きく，「自分たちが良かれと思って始めたことだった。しかし，これでは，実子にとっても里子にとっても好ましくない」という事態の発生によって生じることが少なくないのである。

図 7-1 は，ここに解説した，里親委託とはどのようなものなのかを表したものである。

第Ⅱ部　子ども家庭領域における個別的課題と包括的視点

図7-1　里親家庭が子どもを受け入れることで及ぶ影響

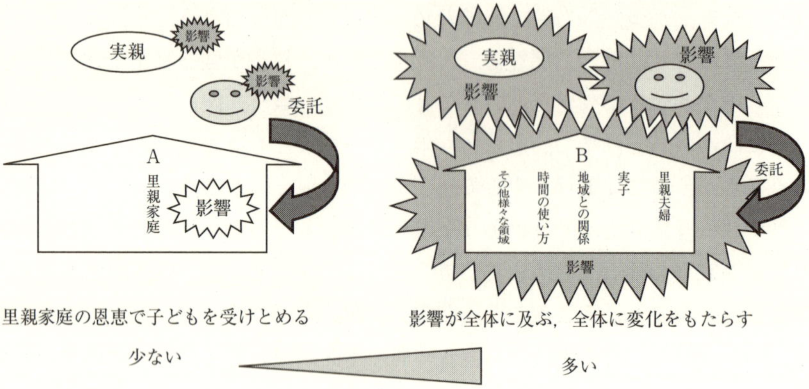

里親家庭の恩恵で子どもを受けとめる　　　　　影響が全体に及ぶ、全体に変化をもたらす
　　　　　　少ない　　　　　　　　　　　　　　　　　　多い

出所：筆者作成。

8　児童相談所にとっての里親委託

　第5～7節に述べたように、里親委託とは、単に「受け皿に子どもを預ける」だけで完結するものではない。里親に子どもを委託するとは、①実親と離れて、里親家庭を拠点とした生活に適応しようとする子どもを（里親とともに）支援することであり、②子どもと離れて暮らさなければならなくなった実親が自分の課題を乗り越えられるように応援することであり、③里親と里親家庭が、子どもと一緒に生活することによって生じる変化やそれにともなって遭遇する課題を、乗り越えることを援助することなのである。

　そして、この3つの支援が、それぞれに、当事者が抱えるニーズを把握し、そのニーズが生じている状況や構造を評価（アセスメント）し、それに対応する支援計画を作成し、彼らとの契約の下に支援を実施し、その結果をモニタリングし、改めて計画と実施を繰り返し、目標の達成を確認するといった過程である、すなわちケアマネジメント（≒ソーシャルワーク）の援助過程であることを踏まえるならば、「里親委託とは、（このような）3つのケアマネジメントを並行して行い、その3つのケアマネジメントを統合すること」だということができるだろう（図7-2）。

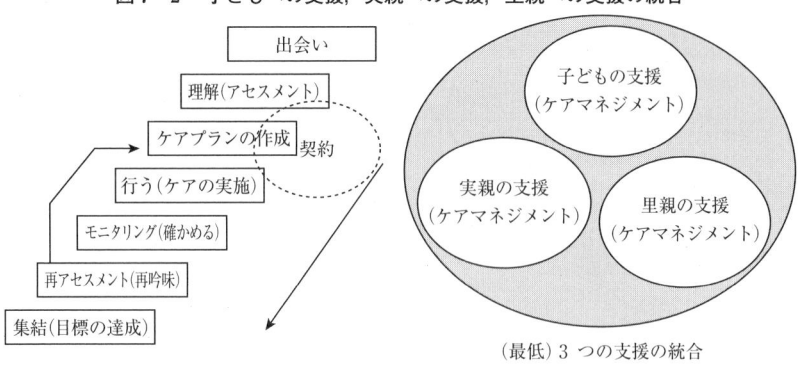

図7-2 子どもへの支援,実親への支援,里親への支援の統合

出会い
理解(アセスメント)
ケアプランの作成　契約
行う(ケアの実施)
モニタリング(確かめる)
再アセスメント(再吟味)
集結(目標の達成)

子どもの支援(ケアマネジメント)
実親の支援(ケアマネジメント)
里親の支援(ケアマネジメント)

(最低)3つの支援の統合

出所:筆者作成。

9 里親が抱えるニーズ

　本節では,里親がどのような支援を必要としているのかについて確認する。そして,この作業が,子どもへの支援と実親への支援について考えることにもつながることを願う。

　里親への支援は,里親が,子どもの委託のどのプロセスにあるか(いるか)で異なるものである。また,里親支援は,里親と里親家族のメンバーがあるいは生命体としての里親家族(システム)が,どのようなステージにいるか(ライフコースのどのような段階にいるか)によっても異なることになる。特に,後者は,里親が地域で生きる生活者であり,その生活の基盤である家庭そのものを,子どもの養育のために提供する(人生のある時期を委託児童と「共有」する)という特性を持っているゆえの必然である。

　このような里親および里親家庭が,さまざまなプロセス或いはステージにおいて抱えるニーズを,1枚のシートに書き出そうと試みたものが図7-3である。この図については,書き表されているニーズが未整理で,何の分類もされていないではないかと批判をされるかもしれない。しかし,ここでは,里親の抱えるニーズが非常に多様なものであること,また,その多様なニーズに応えることは,「相談」とか「心理的支援」という方法によってだけで充たされるものではないことを理解してもらうことを主眼としているので,あえて批判を

図7-3　里親が抱えるニーズ

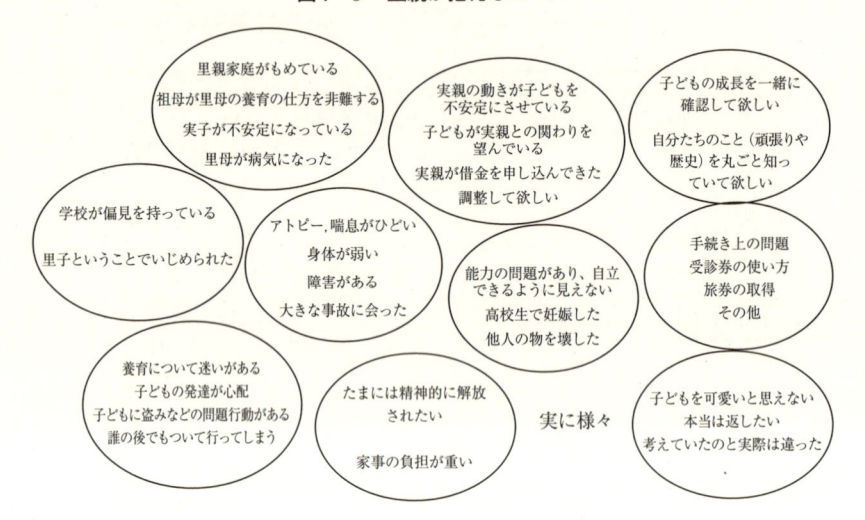

- 里親家庭がもめている
- 祖母が里母の養育の仕方を非難する
- 実子が不安定になっている
- 里母が病気になった

- 実親の動きが子どもを不安定にさせている
- 子どもが実親との関わりを望んでいる
- 実親が借金を申し込んできた
- 調整して欲しい

- 子どもの成長を一緒に確認して欲しい
- 自分たちのこと(頑張りや歴史)を丸ごと知っていて欲しい

- 学校が偏見を持っている
- 里子ということでいじめられた

- アトピー、喘息がひどい
- 身体が弱い
- 障害がある
- 大きな事故に会った

- 能力の問題があり、自立できるように見えない
- 高校生で妊娠した
- 他人の物を壊した

- 手続き上の問題
- 受診券の使い方
- 旅券の取得
- その他

- 養育について迷いがある
- 子どもの発達が心配
- 子どもに盗みなどの問題行動がある
- 誰の後でもついて行ってしまう

- たまには精神的に解放されたい
- 家事の負担が重い

実に様々

- 子どもを可愛いと思えない
- 本当は返したい
- 考えていたのと実際は違った

注：里親が抱える具体的なニーズを，何らかの基準に従って整理してみることは里親への支援を考える上で，きわめて重要である。
出所：筆者作成。

承知で見ていただくことにしたい。

10　里親支援の現状と展望

(1) これまでの動向

　里親への支援をめぐる今日までの動向を理解するためには，次のことを押さえておくべきである。1つ目は，①1948（昭和23）年に制定された「里親等家庭養育運営要綱」が1987（昭和62）年の「家庭養育運営要綱」の制定により廃止され，里親支援についての公の責任が著しく後退したが，2002（平成14）年から開始された里親制度改革によりかなり回復された。そして，②この回復の動きの延長線上に，2008（平成20）年11月に成立した改正児童福祉法があり，ここでは，里親養育を支援することが都道府県の役割として明記されたとともに，この役割を，都道府県が児童相談所等の機関によって直接その責務を果たす他，児童養護施設や民間法人等が設立する里親支援機関に，その業務を委託することができるものとされた。

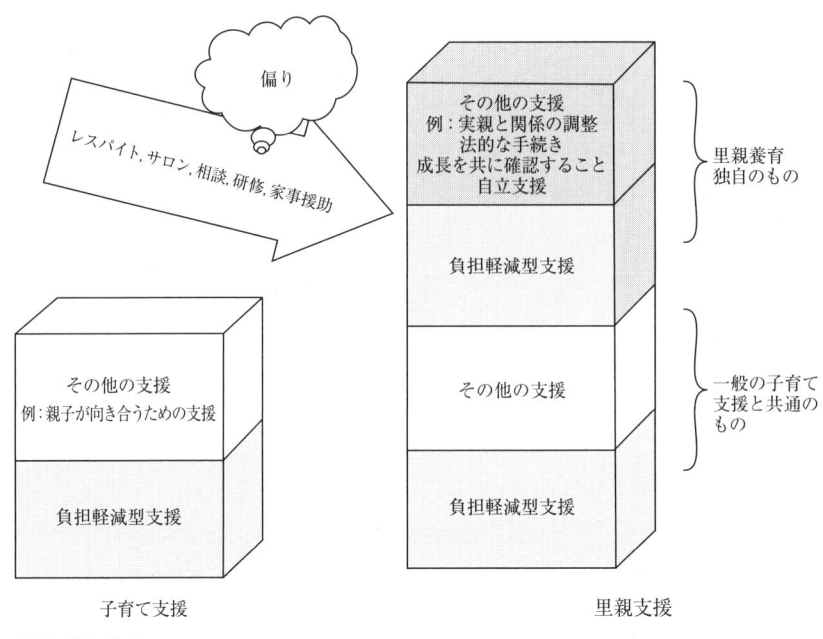

第7章　里親支援における子ども家庭ソーシャルワーク

図7-4　里親支援の捉え方への疑問（子育て支援と里親支援との関係）

（吹き出し：偏り／レスパイト,サロン,相談,研修,家事援助）

里親養育独自のもの
- その他の支援
  - 例：実親と関係の調整
  - 法的な手続き
  - 成長を共に確認すること
  - 自立支援
- 負担軽減型支援

一般の子育て支援と共通のもの
- その他の支援
- 負担軽減型支援

子育て支援
- その他の支援
  - 例：親子が向き合うための支援
- 負担軽減型支援

里親支援

出所：筆者作成。

（2）里親支援を有効にする手立て

　筆者は，このような動きを歓迎するが，ここに挙げられた内容が，真に有効な手立てとして確立するためには，いくつかの点でさらなる努力が必要だと考える。その項目の指摘とその内容を理解していただくための説明（2つの図を含む）を続けたい。

　第一に「養親への支援」の視点が抜け落ちている（本章3節で言及済み）。

　第二に里親が抱えるニーズについての理解が平板であり，行うべき支援についてのイメージにも拡がりがない（図7-4）。

1）実親との調整

　里親への支援のうち最も重要なものの一つが，実親との調整である。2008（平成20）年2月1日現在の児童養護施設入所児童等調査（厚生労働省が実施）の結果からすれば，里親委託児童の71.9％は実親との交流がまったくなく，

91

児童養護施設入所児童の状況（16.1%）と比べて著しい差違が認められる。これは，今まで，実親との交流のある子どもの里親委託がひどく限定的にしか行われてこなかったことや里親に委託されている子どもの実親との交流の権利がまったく顧みられなかったことの表れと思われる。しかし，今後は，子どもの「家庭的養護を受ける権利」及び「実親との人的接触を継続する権利」を保障することを前提として施策を進めることが考えられなければならない。その結果として，里親委託される子どもをめぐる実親との調整のニーズが高まることがあっても，低下することはありえないと思われる。

2) 里親への子育て支援

今までの里親支援は，里親サロン（子どもを養育している里親のために開設される「集いの広場」的なもの，「セルヘルプグループ」的なもの，「グループカウンセリング」的なもの，学習会的なもの，それらを混合したものなど）の開設と運営，レスパイトサービス（里親の休息を目的として，委託中の子どもを他の里親や児童養護施設に，年間7日間を限度として再委託することができる）の提供，あるいは里親の養育支援を目的とした専門相談などを中心に組み立てられている。

しかも，その提供主体は，あくまでも，都道府県が想定されていた。しかし，里親が地域で生活を営む者であることや，里親のニーズの一定割合は，実子を地域で養育する実親の子育て支援ニーズと共通である（里親自身の意識にかかわらず，支援者の側からすれば，そのように思われる）ことを考えれば，里親が，市町村単位で提供されている子育て支援サービスを気軽に利用できるようにすることや，市町村が里親と協働して地域の児童福祉ニーズとサービスを相互利用・提供できる仕組みを構築することこそ必要である。言いかえれば，市町村と市町村のソーシャルワーカーが里親制度に積極的に関与する仕組みをつくることが求められる。

3) 支援活動を実質化するために

第三に，里親支援機関を設立して，その業務を担う有力な候補として乳児院や児童養護施設が想定されている。しかし，残念ながら，一部の施設や子どものニーズに敏感な職員個人を除いて，これらの機関の里親制度と里親への理解は十分とは言えない。各施設に配置されているファミリーソーシャルワーカー

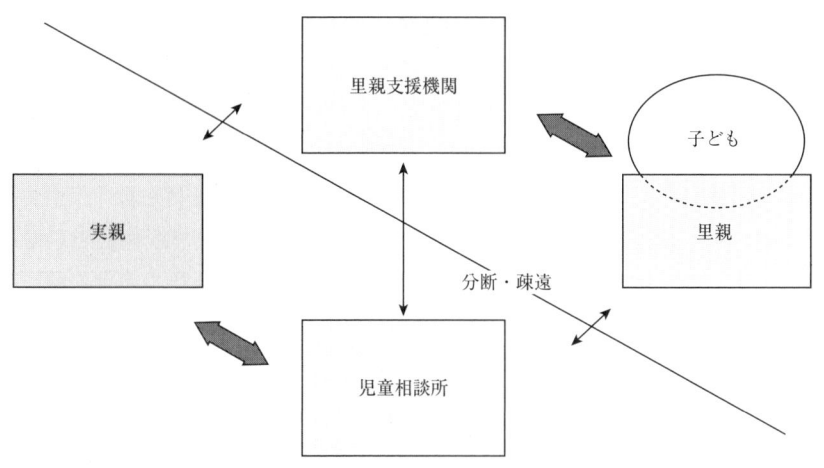

図7-5　里親支援をめぐる児童相談所と里親支援機関との関係（分断を回避するために）

（図：里親支援機関、実親、児童相談所、子ども、里親　分断・疎遠）

出所：筆者作成。

の業務に関する調査においても、もっとも「できていない」業務として、「里親に関すること」が挙げられている。

このことからすれば、設立される里親支援機関が形骸化せず、里親支援のノウハウを身に付け、その活動を実質化するためには、相当な支援策や誘導策を行うことが不可欠であろう。

4）　分断を回避するために

第四に、児童相談所が、設立される支援機関に里親委託と里親支援に関する仕事を丸投げすることになれば、児童相談所における里親関係業務のノウハウは失われ、児童相談所と里親の距離は著しく拡大されるおそれがある。そうなれば、里親委託が活性化するどころか、かえって里親委託の推進を阻害することになるものと思われる。図7-5は、かつて、里親支援機関を設立し、現在それを廃止した東京都のマイナスの側面を表したものである。

11　子ども家庭ソーシャルワークの面白さ

子ども家庭ソーシャルワークは、実はとても面白い。困難ばかりが語られる

ことが多い子ども家庭福祉であるが，実は，こんなに面白い仕事はない。

　真剣に生きる人の姿は美しく，実にダイナミックである。この仕事に就けば，子どもたちもその実親もそして里親も，それを支えようとする人々も，皆，真剣に生きていることが分かる。ここに実親が含まれていることに違和感を持つ人もいるかもしれないが，実は，実親を含めてそうなのである。学部の児童福祉論の講義を受け持っていると，若い純粋な学生らしく，しばしば「児童虐待は絶対に許せない」「自分の子どもを虐待するなんて理解できない」という反応に出くわす。しかし，実際に虐待をしてしまったとされる親たちと対峙し語り合う時，彼らが私たちとまったく同じ人間であり，生きることに関していえば私たち以上に真剣であることが少なくないことに気づかされる。私たちは，注意を払って，児童虐待を「とんでもない親が，かわいそうな子どもを辱める」という構図で受け取ることから自由でいる必要がある。そして，その上に立って，「児童虐待は，絶対に許せない」という強い意志を，再び自分たちのものとすることが必要である。

　さて，多くの里親の生き方には，心底感動させられる。そして，里親というのは，「働き」であると同時に「生き方」であることに気づかされる。ただし，この里親も，私たちと同じ弱さや脆さをもった人間であることを肝に銘じて記憶しておこう。いや，私たちと同じ弱さや欠けがある者同士だからこそ，お互いに助け合うのだ。

　多くの人々に，里親という「生き方」に参加してもらいたい。そのために，里親支援ソーシャルワークが欠かせない。　　　　　　　　　（宮島　清）

参考文献

庄司順一編『Q&A 里親養育を知るための基礎知識 第2版』明石書店，2009年。
湯沢雍彦編著『里親入門──制度・支援の正しい理解と発展のために』ミネルヴァ書房，2005年。
「里親と子ども」編集委員会『里親と子ども』Vol.1～4，明石書店，2006年～2009年。
ロジャーグッドマン，津崎哲雄単訳，『日本の児童養護：児童養護学への招待』明石書店，2006年。
山縣文治編『養護原理（新・プリマーズ）』ミネルヴァ書房，2010年予定。
山縣文治他「社会的養護の現状と近未来」明石書店，2007年。

第8章
子ども家族政策の展開過程

　ここでは，明治以降に誕生した子ども家族制度を概観した上で，現代の子ども家族をめぐる課題と1990（平成2）年以降の子ども家族政策との係わりを分析することとする。

　江戸時代後期の子どもは，生家の違い，男女の違いに応じて，「家の子」「共同体（町・村）の子」として育てられた。現代は，社会的な子育てが弱くなり，子育てはもっぱら家庭，特に母親が担っている。

　1.57ショックを契機として1990（平成2）年から始まった少子化対策は，人口政策的な視点が強く，出産・低年齢児保育にという人口増に繋がる施策（晩婚化対策）に焦点が当てられていた。やがて，夫婦の出生力の低下が明らかになると，少子化対策はより広い普遍的な子育て支援策に転換したように見受けられる。

1　戦前までの子ども家族政策

（1）明治期～大正中期

　歴史人口学の知見によると，日本の出生率は，1820年前後（文政期）から徐々に上昇し，それが明治期の人口成長に続いていった。戸籍法が施行された1872（明治5）年に3,481万人であった総人口は，第1回の国勢調査が行われた1920（大正9）年には5,596万人となった。生活力の向上と堕胎・間引きの減少が人口増加に寄与したという。こうした出生数の増加が疾病等による死亡数の増加を上回った結果，人口の自然増がもたらされた。「多産多死」型の人口構造である。戦前の日本は，子どもの数・割合の多い社会であった。

　明治維新直後の1871（明治4）年には，捨子を養育する者に養育米（年間7

斗）を支給する「棄児養育米給与方」が定められた。

　明治政府は，近代化の一環として，1872（明治5）年の「学制」で近代的学校制度を定め，まず，小学校の設置に力を注いだ。子どもの就学を進めるため，子どもが子守をしている弟妹や他家の乳幼児を預かり，乳幼児を保育する「子守学校」が設置された。幼稚園は，1876（明治9）年の東京女子師範学校付属幼稚園の実践や1879（明治12）年の「教育令」により登場する。幼稚園は，保育料があり，保育時間が限られていたため，主に，中産階級家庭以上の児童を対象とした。

　1900（明治33）年には，従来大人と同じ監獄に収監されていた未成年犯罪者や保護者のいない児童などを入所させ，保護し教育する「感化院」の設置を府県に義務づけた「感化法」と，捨て子や貧しい児童を引き取って養育する救育所の入所孤児の後見人を定める「救育所ニ在ル孤児ノ後見職務ニ関スル法律」が制定された。1911（明治44）年には，12歳未満の児童の就業を禁止し，15歳未満の児童の12時間以上の労働や深夜業を禁止する「工場法」が制定された。

（2）大正中期以降

　第一次世界大戦期に，日本の重工業化が進み，農村から都市に多くの人口が流入した。急速に都市化が進み，都市に定着して結婚し，子育てをする核家族が増加した。出生数は増加から横這いに転じたが，死亡数が低下した。「多産少死」型の人口構造である。大正末・昭和初期は戦前期において人口の自然増が最も大きい時代であった。

　都市の貧困家庭の子どもを預かり，その母親の就労を助け貧困を緩和する保育所（＝託児所）は，貧しい子どもの幼稚園として，次第に幼稚園とは別の道を歩み始めた。1918（大正7）年の米騒動を契機に，都市の低所得者層や母子世帯の母親の就労のために，各都市に公立託児所が設置された。1922（大正11）年には，「少年法」と「矯正院法」が制定され，法に触れた14歳から18歳未満の少年の審判を行う少年審判所とこれらの少年を収容する矯正院が設置され，感化院は14歳未満の児童を入所させることとなった。大正期に，日本の乳幼児や妊産婦の死亡率の高さが認識され，母子保健への取り組みが始まった。

明治末までに，小学校への就学率は著しく高まり，子どもは働かず教育を受ける存在だという社会認識が広がった。しかし，1929（昭和4）年に世界恐慌が始まり，不景気の影響で，親子心中・実子殺し・農山漁村の子女の身売り・欠食児童等が社会問題となった。1933（昭和8）年に，14歳未満の児童を酷使・虐待することを禁止する「児童虐待防止法」と，少年の不良化を防止し，非行児を早期発見・一時保護し，少年の資質を鑑別する機関の設置を定めた「少年教護法」が制定された。1937（昭和12）年には，13歳未満の子どものいる貧困母子世帯を救済するために「母子保護法」が制定された。また，1938（昭和13）年には，公営・民間の育児院・託児所等の児童保護事業，産院等の助産保護事業を助成・指導・監督するために，「社会事業法」が制定された。

　1937（昭和12）年に起きた日中戦争が長期化するに伴って，徴兵・徴用された男子労働力の不足補填や食糧増産のために，女性労働力の活用が進められ，保育施設は重要な社会施設となった。また，兵力・労働力のための人口増加を図るため，1941（昭和16）年に「人口政策確立要綱」が決定された。1夫婦平均5人の出生を目標とし，結婚を阻害する就労条件の緩和，多子家族の負担軽減と家族手当の確立，妊産婦乳幼児の保護策などがうたわれた。

2　戦後の子ども家族政策

（1）戦後の人口構造
　戦後直後の出生数の増加（第一次ベビーブーム）が終わると，出生数は激減するが，死産数は増加した。出生数は，1960年代に増加に転じるが（第二次ベビーブーム），1970年代には再び低下した。一方，死亡数は，1960年代〜1980年代半ばには横這いとなり，1980年代半ば以降は徐々に増加傾向にある。「少産少死」若しくは「少産多死」型の人口構造である。

（2）昭和20年代の児童福祉関連法
　戦後，失業問題とともに，戦災で両親を亡くしたり，両親とはぐれた孤児・浮浪児問題が大きな社会問題となった。飢えた孤児は，浮浪児となって街に集まり，物乞いをしたり，犯罪を犯すなど社会秩序を乱すこととなった。政府は，当初，浮浪児らを補導し養護施設に保護する政策をとった。しかし，より積極

的な児童保護対策が必要であるとして，1947（昭和22）年11月に児童福祉法が成立した。

児童福祉法は，①児童福祉の原理（心身ともに健やかな児童の育成のため，国民，国，地方公共団体，児童の保護者が協力し責任を負う）を宣明し，②児童保護の機関として，児童福祉委員会（国，都道府県），児童福祉司，児童相談所（都道府県），児童委員（市町村）を設置し，③妊産婦，乳幼児の保健指導，妊娠の届出，母子手帳制度を整備し，④乳児院・養護施設・障害児施設等の収容施設，一般児童に対する保育所，児童厚生施設等の「児童福祉施設」とその人的・物的な最低基準を定めた。また，家庭のない子を預かって養育する「里親制度」を創設した。

保育所は児童福祉法の児童福祉施設となり，幼稚園は，学校教育法（1947［昭和22］年）により学校として位置づけられた。就学前児童の保育は，家庭や地域における保育を中心としながら，働く親のための保育所と働かない親のための幼稚園とで二元的に行われることとなった。1953（昭和28）年には，母子世帯の母親の自立と児童の福祉のため，資金貸付や母子家庭相談員制度を定めた「母子福祉資金の貸付等に関する法律」が制定された（1964［昭和39］年には，同法を発展させた「母子福祉法」［現「母子及び寡婦福祉法」］が制定された）。

（3）昭和30年代以降の児童福祉関連法

1959（昭和34）年に国民年金法が制定され，無拠出の福祉年金として，死別の母子世帯を対象とする「母子福祉年金」，および，20歳以上の障害者を対象とする「障害福祉年金」が創設された。福祉年金対象者との均衡を計る観点から，1961（昭和36）年に，生別の母子世帯に手当を支給する「児童扶養手当法」が制定された。1964（昭和39）年には，20歳未満の同様の事情にある障害児の養育者に手当を支給する「重度精神薄弱児扶養手当法」（現在の「特別児童扶養手当等の支給に関する法律」）が制定された。

また，1965（昭和40）には乳幼児と母性の保健を一体化させた「母子保健法」が，1971（昭和46）年には児童を養育する者に手当を支給する「児童手当法」が制定された。

3　児童をめぐる課題

（1）特別保育ニーズの発生

　高度成長期には，核家族化や女性の専業主婦化が進み，幼稚園数は増加した。家族や職場での「性的役割分業」（夫は仕事，妻は家事）が社会通念となった。他方，高度経済成長期の労働力不足は，既婚女性の就労を促し，保育需要が高まった。1967（昭和42）年からの5年間の緊急整備計画で保育所は急増したが，1980年代以降，子ども数の減少などで保育所数は減少した。

　1970年代から女性の短大進学率が上昇し，1990年代からは女性の大学進学率が上昇した。女性の専門職化や多様な働き方が進んだが，就労する女性の子育てに企業側の配慮はなく，家族の協力も得にくかった。そのため，共働き家庭を中心に，認可保育所の「通常保育」にはない「延長保育・乳児保育・病後児保育」などの多様な保育ニーズが発生した。このニーズは，主に民間認可保育所や無認可保育所が提供した。無認可保育所には，企業が従業員の子どものために設置した事業所内保育所や，営利的経営を行うベビーホテルなどがあった。無認可保育所は，認可保育所にくらべ，設備や人的配置に格差があった。1980（昭和55）年から1981（昭和56）年にかけて，劣悪な「ベビーホテル」で子どもの死亡事故が相次ぎ，社会問題になった。認可保育所でも「特別保育事業」を行うようになった。

（2）女性の就労と出産

　2007（平成19）年の女性の労働力人口は2,763万人で，労働力率は48.5％となっている。高学歴化に伴い，女性の自営・家族従業者が減少し，職住が分離した雇用者が増加傾向にある。雇用者の比率は，8割を超えている。女性の年齢階級別労働力率の最高が25〜29歳層に移り，最低である30〜34歳層の労働力率も上昇をしている。

　年齢別出生率は，20代前半では急激に低下し，もっとも高い25歳から29歳までの出生率は，ほぼ一貫して低下し続け，30歳から34歳までの出生率も，最近，増加傾向から減少に転じた。現在は「共働き世帯」が多くなっているのに，女性の労働力率の描く曲線がM字型であることに変化がない。これは，学

校を卒業した後，仕事に就き，結婚や出産の時期にいったんやめて，育児が終わるとともに再び働くという人生のパターンに従う女性が多いことを窺わせる。M字型の窪みは，結婚や出産，育児にあたる20代後半から30代にかけて，多くの女性が就業していないことを示している。

　厚生労働省の「21世紀出生児縦断調査」により出産前後の女性の就業状況をみると，出産する1年前には仕事を持っていた人（有職者の約7割）が，出産半年後には働いていない。その後の就業状況の変化をみると，出産半年後の女性の有職率は25.1％であるが，5年後には51.4％と上昇している。しかし，その内訳はパート・アルバイトが25.8％，常勤が16.5％であった。

　女性は，妊娠・出産を機に仕事か子育てかの二者択一を迫られ，一度離職すると，常勤での再就職が難しい状況にある。

（3）非行・登校拒否問題

　少年非行は，昭和20年代半ば，昭和30年代末に続いて，1970年代後半には戦後3度目の増加を示した。校内暴力や非行の増加を受けて，教育・福祉の両面からの家庭や地域への対応が求められた。

　文部省が登校拒否の統計をとりはじめたのは，1969（昭和44）年頃である。1975（昭和50）年から再び登校拒否児が増加し始めたが，1980年代までは「何としても学校に来させる」対策がとられた。しかし，1992（平成4）年に，無用な登校刺激をさけ，自立を目指す方法へ政策転換が図られ，1995（平成7）年からは，スクールカウンセラーが学校に入った。その後，家庭での虐待・引きこもり・学力低下などを背景に，2003（平成15）年には，不登校の子どもの社会的な自立に向け，学校外のさまざまなバイパス（フリースクール，フリースペース等）を積極的に取り入れる流れに変わった。

（4）いじめ問題

　1985（昭和60）年の福島県でいじめによる中学生の自殺事件が発生し，いじめ問題が大きな社会問題となった。

　1994（平成6）年に愛知県の中学2年生がいじめを苦に自殺したことで，再び社会問題化した。1996（平成8）年には，いじめ問題解決のための「総合的取組」に関する報告書が公表された。

同報告書はいじめの背景を家庭・学校・地域社会・社会全体に分けて指摘している。①「家庭」では，親子の信頼関係が希薄化し，親がしつけに対して自信を喪失し，子どもと父親の触れ合う機会が減少したこと。②「学校」では，いじめは家庭教育に原因があり，学校・教師の指導など学校教育の問題として受けとめていないこと。③「地域社会」では，住民の連帯意識や地域全体で子育てをする意識が希薄化し，また，都市化で，自然との触合いや異年齢児との仲間づくりの経験がなく，人間関係を円滑に行う技術を習得できなくなっていること。④「社会全体」では，異質なものを排除する同質志向の意識の存在や，社会全体に人間関係が希薄化し，大人の自己中心的な行動が子どもに影響したこと，などである。

(5) 児童虐待

児童相談所が取り扱った児童虐待相談件数は，厚生省が統計を取り始めた1990（平成2）年度1,101件であった。1995（平成7）年度以降，増加傾向が強まり，1999（平成11）年度は1万件を超え，2007（平成19）年度には4万618件に達している。近年，児童虐待問題が社会的に認知されてきたこともあり，相談件数の増加が著しい。また，厚生労働省によると，児童虐待で死亡した事例の4割は0歳児で，うち7割が生後6カ月未満であるという。

2000（平成12）年に制定された「児童虐待防止法」は，児童虐待を，①身体的虐待，②性的虐待，③ネグレクト（育児放棄），④心理的虐待に区別し，児童虐待の早期発見，発見者の通告，通告を受けた児童相談所の一時保護・立入調査等を定めている。

児童虐待が発生する要因については，いろいろな立場の人々が論じている。①子どもの側の要因によるもの（その子の持つ育児の困難性），②母親・父親の側の要因によるもの（母親・父親が育児を負担に感じる。親自身が被虐待児であったことも含む），③親子関係に要因があるもの，④夫婦間を含む家族関係によるもの，⑤家族と近隣などの社会関係によるもの（家族が地域会で孤立しているなど）などである。親子関係・家族関係・地域との関係に第三者が介在することによって虐待に至らない可能性もある。

（6）引きこもり

引きこもりは、不登校などの挫折体験をきっかけにして起こり、普通なら社会参加を始める20代、30代の若者が、数年から十数年間、世間を避けて家の中で、自室に引きこもった生活をすることをいう。高度経済成長期からバブル期頃まで、多くの親は、学歴が幸せを保証すると考え、子どもに高い学歴をつけさせようとした。素直でまじめな子どもほど、懸命に親の期待に応えようとする。そして、挫折や人間関係のつまずきを契機に親の価値観に振り回されていた自分に気づき、自信喪失などで人前に出られなくなるのだという。

児童虐待や引きこもりの社会的背景には、周囲との関係が希薄な家族や親の期待を分かち合う兄弟がなく、子どもが親の意向に縛られやすい家族の存在があるといわれている。

4　少子化対策の登場

（1）1.57ショック

日本の出生数は、1970年代半ば（昭和50年代）以降、傾向的に減少の一途をたどっている。1人の女性が生涯に産む子どもの数（合計特殊出生率）は、1970（昭和50）年に、人口の置き換え水準である「2」を下回って以来、傾向的には引き続き低下傾向にある。

1990（平成2）年6月に公表された「人口動態調査」で、1989（平成元）年の合計特殊出生率が1.57となり、丙午の年（1966［昭和41］年）の合計特殊出生率1.58を下回った。これは、将来の「高齢化」「労働力不足」の問題として、政財界に大きな衝撃を与えた。

（2）エンゼルプランと児童福祉法改正

「1・57ショック」と呼ばれた1989（平成元）年の出生率低下は、政府に「少子化への対応」を迫った。1994（平成6）年12月16日、文部・厚生・労働・建設の4大臣合意により、「今後の子育て支援のための施策の基本的方向について（エンゼルプラン）」が策定された。そのねらいは、①子育て支援に対する企業・職場、地域社会の取り組みを推進し、②今後10年間の子育て支援施策の基本方向を定め、③地方公共団体の計画的な子育て支援策を推進するこ

とであった。

このエンゼルプランの一環として，1994（平成6）年12月18日，厚生，大蔵および自治の3大臣の合意により，1999（平成11）年度までの「緊急保育対策等5か年事業」が策定された。低年齢児（0～2歳児）保育，延長保育（保育所の開所時間の延長），一時保育（緊急時や短時間の保育の実施），地域子育て支援センターの整備，放課後児童健全育成事業の促進，乳幼児健康支援一時預かり事業などの特別保育事業を目標値を設置して実施することが盛り込まれた。そのため，施設設備の改善や保母（現，保育士）配置の充実が図られた。

1997（平成9）年には，児童福祉法の改正により，保育所への入所（＝措置）の仕組みが，保護者の申し込みにより保育に欠ける児童の保護を実施する「契約的な仕組み」になった。また，養護施設に虐待を受けた児童の入所が増えたことなどから，養護施設の目的に，児童の「自立支援」が加えられた。

（3）新エンゼルプランと待機児ゼロ作戦

エンゼルプランが実施されても，なお都市部では保育所に入所できない「待機児」が存在し，無認可保育所も増加した。

1998（平成10）年12月19日，「新エンゼルプラン」が策定された。「新エンゼルプラン」では，必要時に必要な保育サービスが利用できるという観点から，①低年齢児（0～2歳）の保育所受入枠の拡大，②延長保育の推進等多様な保育サービスの整備が図られた。また，最低基準を満たす認可保育所を作りやすくする等の観点から，③設置主体制限の撤廃，④定員要件の引き下げ，⑤施設自己所有規制の緩和が盛り込まれていた。

2000（平成12）年度から，低年齢児の保育需要の増加に対応するため，家庭的保育（いわゆる保育ママ）事業に補助が行われるようになった。2000（平成12）年3月には，規制改革の観点から，新たに営利法人や非営利法人も認可保育所を設置できるようになった。

2001（平成13）年9月には，「待機児ゼロ作戦」が打ち出された。その内容は，①保育所定員の15％（さらに25％）増しまでの受入許容，②自己所有が原則だった土地建物について貸与方式を許容，③保育所分園方式の導入，④保育所最低定員を30人から20人に引き下げ，⑤公設民営方式の促進，⑥家庭的保育事業の導入，⑦待機児童の多い地域において「園庭」を付近の広場や公園で

(4) 経済的支援策

1991（平成3）年には育児休業法が制定され、子どもが1歳に達するまでの間、育児休暇がとれるようになった。1994（平成6）年には、育児休業をとった場合、休業前の賃金の25％（2009年現在50％）相当額を支給する育児休業給付が創設された。

1994（平成6）年の健康保険法と厚生年金保険法の改正では、育児休業中の健康保険と厚生年金保険の被保険者負担分の保険料が免除されることとなった。

児童手当の支給対象は、2000（平成12）年に、「3歳未満まで」から「義務教育就学前まで」に広がった。2004（平成16）年には、「小学校3年まで」に拡大され、2006（平成18）年には「小学校6年まで」に拡大された。2007（平成19）年には、児童手当額が1人目・2人目の児童についても、3歳までは月額「1万円」とされた。

5　子育て支援への政策転換

(1) 少子化対策プラスワン

2002（平成14）年1月の「日本の将来推計人口」は、従来少子化の主要因であった「晩婚化」に加え、新たに「夫婦の出生力低下」を指摘し、少子化の一層の進展を予測した。2050年の合計特殊出生率は前回1997（平成9）年推計の1.61から1.39に低下し、一方、2050年の高齢化率は前回推計の29.2％から35.7％に増加する。総人口は2006（平成18）年を山としてその後減少し、2050年には1億59万人に減少する。

この予測は、2004（平成16）年に予定されていた公的年金制度の改正作業に衝撃を与えた。厚生労働省は2002（平成14）年9月、「少子化対策プラスワン」を発表した。これは、従前の「子育てと仕事の両立支援策」を強化する一方、新たに、①男性を含めた働き方の見直し、②地域における子育て支援、③社会保障における次世代支援、④子どもの社会性の向上や自立の促進、という4つの対策を追加するものであった。②の地域における子育て支援については、共働き世帯のほか、専業主婦世帯、自営業世帯などをその対象に位置づけ、柱

の一つに地域における子育て支援を掲げている。その担い手として，子育て中の母親の子育てサークルや中・高年齢者による子育て支援活動などに注目している。

厚生労働省は，年金制度の支え手である子どもを増やすため，育児休業取得率の数値目標（男性10％，女性80％）などの達成や，地域での子育てを支援する法案を国会に提出した。こうして，2003（平成15）年7月には，①「次世代育成支援対策推進法」（10年間の時限立法），②「児童福祉法改正法」，③「少子化社会対策基本法」が成立した。

（2）次世代育成支援対策推進法

次世代育成支援対策推進法は，地方自治体（市町村・都道府県）及び一般事業主（労働者数が300人を超えるもの）・特定事業主（国及び地方公共団体の機関）に，それぞれ，行動計画を策定させることを定めている。

2003（平成15）年3月に示された市町村行動計画のモデル案では，①市民による子育て支援，親子の交流の場や就学児童の居場所づくり，②子育てバリアフリー，子育てしやすい住宅の整備，③小中高生と乳幼児のふれあい，④母子保健サービスの充実と福祉・教育施策との連携，⑤保健・福祉部門と教育部門の相談窓口の統一，⑥地域における「男性を含めた働き方の見直し」に量的目標を設定するとしている。結婚・出産・低年齢児の保育に限定されがちな従来の少子化対策に較べ，市町村行動計画では，いじめ・虐待などへの対応を含み，かつての血縁・地縁による子育てのような，多数の人々が子育てにかかわる新しい「地域子育て支援機能」の重要性がうたわれている。

次世代育成支援促進法施行後の企業での取り組みは，報道されるところによると，①育児休業・短時間勤務などの取得促進，②有給休暇制度の拡充，③在宅勤務の促進，④再雇用（復職）制度の創設，⑤不妊治療目的の休業・融資・出産祝い金制度の創設，⑥託児所の設置，⑦休職者への社内情報の提供などを行っているという。しかし，中小企業の取組みは遅れていることや，男性社員の意識改革が必要なこと，経営者や労働組合には，なお「男女役割分担」意識（男性の育児休暇取得に厳しい）が強く，代替要員確保の経費増を嫌うことなど，課題も多い現状である。

（3）少子化社会対策大綱

政府は，2004（平成16）年6月3日，少子化社会対策基本法に基づいて「少子化対策大綱」をまとめた。

その4つの重点課題は，①若者の自立とたくましい子どもの育ち，②仕事と家庭の両立支援と働きの見直し（育児休業，男性の子育て参加），③生命の大切さ，家庭の役割等についての理解（乳幼児と触れあう機会，安心して子どもを産み育てられる社会の形成），④子育ての新たな支え合いと連帯（就学前児童の教育・保育の充実，地域の子育て拠点等の整備）と大変広範囲である。

（4）子ども・子育て応援プラン

2004（平成16）年度は，新エンゼルプランの最終年度であり，当初の計画目標は多くの事業でほぼ達成されたが，少子化の進展には歯止めがかからなかった。そこで，新エンゼルプランを見直し，少子化社会対策大綱の具体的な実施計画として，2004（平成16）年12月，「子ども・子育て応援プラン」が策定された。

「子ども・子育て応援プラン」は，少子化社会対策大綱の掲げる4つの重点課題，「若者の自立とたくましい子どもの育ち」「仕事と家庭の両立支援と働き方の見直し」「生命の大切さ，家庭の役割等についての理解」「子育ての新たな支え合いと連帯」に沿って，2005（平成17）年度から2009（平成21）年度までの5年間に講ずる具体的な施策内容と目標を掲げている。

6　日本の子ども家族政策の考察

（1）日本の子ども家族政策

明治期から大正中期までの公的な子ども家族制度は，捨子・孤児，公教育，未成年犯罪者，児童労働など「家族」の領域外に係わるものが主であった。それは，血縁・地縁による相互扶助制度が健在であったからだといえる。大正中期以降の子ども家族制度は，農村から都市へ移動し，都市に定着して結婚・育児をする貧困家庭への支援策（貧困家庭児童の保育，母子保健，虐待防止など）が登場する。戦時期には，女性労働力の活用，兵力・労働力確保の観点から人口・家族政策が企図された。

戦後の児童福祉法は，戦前の公的施策や民間の児童保護事業等を集約したものであった。高度経済成長期の急激な都市化に伴う子ども家族問題には，弱体化する血縁・地縁の相互扶助制度を社会保障・社会福祉等の公的施策の拡大が代替・補完したといえる。

1.57ショックを契機として1990（平成2）年から始まった少子化対策は，人口政策的な視点が強く，出産・低年齢児保育という人口増に繋がる施策（晩婚化対策）に焦点が当てられていた。やがて，夫婦の出生力の低下が明らかになると，少子化対策はより広い普遍的な子育て支援策に転換したように見受けられる。子育て支援策には，出産（若年出産，産後うつ，障害をもった子の誕生），育児（育児不安，児童虐待，発達障害），教育（いじめ，進学，登校拒否），企業・労働（母親の就労，父親の育児参加，子どもの引きこもり，ニート），家族（生活費の確保，家族の絆），社会通念（男は仕事・女は家庭という男女役割分担意識，3歳児神話），地域社会（地域の絆の弱体化）に係わるものが網羅される。

（2）現代の家族への支援

現代の家族に子育て支援が必要となる場面を，出産を起点にして，モデル化して描いてみよう。

働いている既婚女性が妊娠した場合，その企業に留まれるかが問題である。企業の理解があっても，現在の育児休業制度や保育所では，子どもの急な病気などの場合に家族等の支援がないと，就労と子育ての両立は難しい。就労が継続でき，育児休業・保育所等を活用できる女性の出生率は高いという。

企業の理解がなく退職せざるを得ないと，育児の経験・知識のない母親は，近親者の支援，モデルとなる子育て世帯，簡単に育児情報を得られる地域の人間関係がないと，育児不安・児童虐待を起こす可能性がある。近親者の支援がなく孤独な育児に陥っている母親に対する地域育児支援策を早急に整備することが望まれる。また，子育て関連機関が多岐にわたっていることから，小地域を管轄し，その地域の子育て家庭全てに開かれた「子育て支援拠点」を確保することも大切である。

子育てが落ち着いて再就職する場合，多くは，パート・派遣などの非正規雇用で再就職することになる。パート・派遣などで働く母親が，育児休暇の取得・保育所の利用・社会保険の適用で不利な取扱を受けないような環境・制度

を整備する必要がある。女性が雇用者として働く場合、父親や家族の家事・育児参加がないと、家族の絆が弱まる。家族の絆の弱体化は、地域の絆の弱体化と相まって、子どもが社会性を獲得することを阻害している。学校でのいじめ、不登校、親子の衝突、少年犯罪の背景には、家族・地域の絆の弱体化があるように思われる。

　個人・家族・学校・職場等に関わる人間関係の上で起こる問題は、社会的逸脱がない限り、他者が介入することは難しい。ましてや、行政処分という縦の関係でかかわる行政の得意とする分野ではない。問題を抱えた個人・家族、学校、職場等には、横の関係でかかわる子育てNPOなどの組織が必要だと思われる。

　18歳未満の子どものいる世帯数の変遷をみると、子育て世帯の割合は、1960年代には全世帯の6割〜7割であったが、第二次ベビーブーム終了後から減少し、現在は全世帯数の3割を割り込んでいる。子育て世帯は、完全に少数派に転落した。現代の日本は、子育て世帯の減少により、意図的に子育て世帯同士が出会う場を設けなければ、地域の中で子育て世帯が孤立してしまう。

　子育てNPO等の地域組織と子育て専門機関は互いに連携して子育て支援に当たる必要がある。
　　　　　　　　　　　　　　　　　　　　　　　　　　　　（北場　勉）

参考文献
北場　勉「時事評論」『週刊社会保障』No. 2248・2276・2294・2313・2331・2350・2359・2368・2377・2396・2406・2454　法研、2003〜2007年。
厚生問題研究会『厚生省50年史』中央法規出版、1988年。
厚生労働省『働く女性の実情　平成19年版』2008年。
小山静子『子どもたちの近代　学校教育と家庭教育』吉川弘文館、2002年。
内閣府『少子化対策白書』2004〜2008年。

第9章
児童福祉施設における子ども家庭ソーシャルワーク

　わが国の児童福祉施設の実践をソーシャルワークという視点から考察する時，継続的に発展がみられたのは，1990年代に入った頃からと思われる。もちろん，それより以前にそうした試みが皆無であったというわけではなく，例えば子ども家庭福祉の草創期ともいえる，あの石井十次や留岡幸助，石井亮一らの，制度が全く構築されていなかった時代の実践にソーシャルワークモデルとしてのそれがあったことはよく知られているところである。しかし，彼らの実践も，その後の近代化の流れの中，相次ぐ世界大戦の渦の中で縮小していった。その後，孤児院の歴史は細々とあるものの，決してソーシャルワークモデルといえる活動実践に発展し得なかった。

　本章では，法制定後のわが国の児童福祉の流れの中で，わが国の子ども家庭ソーシャルワークの動向と，児童福祉施設の役割機能の変遷及び実践を概観する。

1　児童福祉施設の発展過程

　戦後の児童福祉の状況といえば，GHQ占領下の戦災孤児浮浪児を保護収容するという形で戦後処理が進められ，1947（昭和22）年に歴史上最初の子どもに関する制度として「児童福祉法」が制定された。しかしながら当時ナショナルミニマムの理念の下に進められた措置制度は，その後も大きく変革することなく公的責任の名のもとに続けられてきた。すなわち，わが国の措置制度とは収容保護パラダイムそのものであり，その基本形を変えることなく「措置」という行政処分が児童相談所によって系列的に処理し続けられ，子ども，親，家庭，社会環境をソーシャルにとらえ対応するのは児童相談所の役割，多くの児

童福祉施設は行政処分された子どもたちの受け皿としての施設養護を主たるものとする,という図式が確立されていったのである。

しかし以来,児童相談所が子ども家庭ソーシャルワーク機能を果たし発展させてきたかというと多くの異論があるところであろう。多くの児童相談所は,先述したように戦後の混乱期には,相次ぐ戦争孤児を保護し措置(行政処分)するという債務を極めて不十分な人的配置基準の中で果たすことに追われ,その結果,児童福祉司(多くは福祉の専門家ではなく一般行政職)は,インテークした子どもの保護の受け入れ先を探し入所させるという系列処理の仕事に終始することになった。当然,処分後は担当ケースにほとんど関与する時間的余裕のないまま,次の対象児の受け皿探しというのが児童相談所のワーカーの仕事になっていったのは当然の結果ともいえよう。

もちろん児童相談所にしても児童福祉施設にしても,戦後の歴史の中で子ども家庭ソーシャルワークにまったく取り組んでこなかった,関心がなかったのかというと,決してそうではなかった。忙殺される戦争孤児保護に続いて,その後の高度経済成長期に急速に起こってきた社会構造上の問題を背景とする家庭(家族)問題,つまり親子分離せざるを得ない要保護児童への援助過程において,ソーシャルワークモデルへの接近を試みた多くの児童福祉司や施設長,職員がいたことは事実である。しかし,残念ながらこれは大海の中に埋没し,体系化され,システムとして構築されることなく歴史を重ねてきてしまったといえる。

わが国の子ども家庭福祉分野に,ソーシャルワークモデルが社会的気運として顕著になってきたのは,1.57ショックを皮切りとする少子化の進行と,急速に進む高齢化という人口構造上の問題が,わが国の構築してきたモノ・金社会の未来に暗い影を予期させた1990年代以降ではなかっただろうか。以後,少子高齢化問題は,わが国の継続的かつ喫緊の課題である。加えて,当時,欧米においてそれより20年ほど歴史を遡った頃より社会問題になってきていた家庭内子ども虐待問題が,わが国においても顕著にあるとの声が一部関係者からあがり,大阪,東京に相次いで虐待防止に関する民間団体が立ち上げられるや,経年毎に,マスメディアを通じて家庭内虐待の事象が取り上げられ,児童相談所への虐待通告相談が急増した。このように社会的養護の問題に関心が向けられ,いわゆる今日の家庭内虐待など社会的養護児童の問題が戦後の社会構

造上の問題であり，一部の特別な家庭ではなく，子どものいるどの家庭にも共通した問題であるという認識が拡がる中，新たな社会的子育て機能システムの必要性が議論されてきたのである。

2　戦争孤児保護に始まる児童福祉施設

（1）収容保護パラダイム

　1945（昭和20）年終戦を迎えた我が国においては，親を失った子どもたち（約12万3,504人ほどといわれた（1947〔昭和22〕年2月調査））の存在は，戦後の社会混乱の一つともいえる状況にあった。GHQの指導の下，国は彼らの収容保護に取り組んだのは，先述したとおりである。こうした戦争孤児の収容保護を背景として，新憲法のもと1947（昭和22）年12月児童福祉法が制定され，翌年4月施行された。しかし，戦後の混沌の中，次々と現出する養護に欠ける児童の受け皿としての施設の量的確保が緊急の課題であり，次々と大規模収容施設が設置されていった。当時の貧困な社会にあって，収容保護し，とりあえず衣・食・住を提供することが施設養護の役割機能とする状況は，一つの施設文化として定着し，その後，社会経済構造が大きく変動してゆく中にあって，抜本的改革のない子ども家庭法制度と相まって，その収容保護パラダイムは今日まで連綿と継続されているのが現状である。

（2）「親のない子」から「親のいる子」へ

　1950年代後期に入ると戦災孤児に代わって児童養護問題の変化が徐々に明白になっていった。すなわち，親・家庭のある児童の増加である。入所児童の主訴も，親の離婚・疾病，親の貧困や就労問題，家庭不和などであった。児童養護問題は，戦災孤児問題から家族問題へと大きく変化してゆく中，子ども家庭ソーシャルワークのニーズが増大に向かってゆくのである。

3　高度経済成長期の子ども家庭ソーシャルワークと児童福祉施設

（1）社会問題を背負わされた子どもたち

　戦争で親を失った子どもたちは，昭和30年代の半ば頃までには，概ね社会

的に自立をしていった。その一方で，児童養護施設は，新たな社会的課題を負った子どもたちの入所により，異なる対応を迫られることとなった。

　昭和30年代初め「もう戦後ではない」と国は，所得倍増を目途として大きく政策の転換をすすめることになった。昭和30年代半ばから40年代半ばのいわゆる高度経済成長期，わが国は，世界的にも類まれな経済発展を達成する。この10年間の社会経済の構造変化はすさまじいものであり，まさに激動の時代といわれた。当時，中学生が金の卵（その後高校生に代わる）と称され労働市場に集結され，そのため，人口構造の変化はきわめて顕著で，三大工業地帯（東京・名古屋，大阪）の都市圏の人口は，日本全体の約50％を占め，その過密は一方で農山村部の過疎化現象を生ずることになった。また，都市部を中心に，親子二世代家庭（いわゆる核家族）の占める割合も急速に進行していった。

　この変動の中，過密化した都市では，住宅問題を始めとしたさまざまな社会問題が発生した。とりわけ都市部に集中した若年層は中学・高校で親元を離れ，養育伝承をほとんど持たないままに新たな核家族を形成し，当然の結果として核家族化の進行は，子ども養育に破綻する家庭を続出させることになったのである。

　1950年代後半から1960年代にかけて，戦災孤児に代わって新たに施設養護されてきた子どもたちの入所要因は，母親の蒸発，育児ノイローゼ，それを原因とする折檻などが多く，加えてその背景には判を押したように経済的問題があった。こうして親のいない子から親がいるのに育てられない状況の子どもたちへと徐々に変わっていった。

　さらに，1970年代に向かう，高度経済成長期のピークには，当時の国鉄（JR）駅などに設置されたコインロッカーへの子捨て，子殺し事件が続発し，助け出された子どもは児童養護施設等へ入所することとなった。当時入所して来た幼い子どもの態様は，緘黙，自閉，チック症状，愛情飢餓状態を示す，誰彼かまわず抱っこをせがむ子どもなど，今日虐待を受けた子どもが示すそれと酷似したものであった。

　それから約10年を経過した1980年代，あの幼児たちが小学校後期から中学校期になる頃にはわが国の社会・経済の構造変化もさらに進行し，特に産業構造は第2次産業中心から第3次産業が多くを占めることになった。また高校全入，短大・大学への進学率が年々増加し，いわゆる高学歴社会へと向かって

いったのである。

（2）深刻化する子ども家庭問題

　こうした社会背景の中，子ども家庭問題はさらに深刻化の様相を呈していった。いわゆる非行の低年齢化が言われ，社会や学校における暴力事件や家庭内暴力，シンナー濫用，暴走行為，万引き，不純異性交遊など，中学生を中心とした不適応逸脱行動が新たな社会問題となった。すなわち，子どもの示すこうした行動は単に要保護児童の特化した問題ではなく，一般子育て家庭に拡大していったのである。当時を象徴するのが実話に基づいて小説化され，一斉風靡した「積木くずし」というテレビドラマであった。

　こうした社会現象の中で，児童養護施設にも同様な発達課題を抱えて入所する高齢児（中学生）が増加することとなった。当時施設養護の場では，彼らを"処遇困難児"と呼び，文字通り施設内における子ども養育の困難性はいよいよ深刻化していった。

　非行の低年齢児化時代の子どもたちは，現在，家庭を築き，既に祖父母世代から，子育て中の親として，わが国の世帯を構成していると思量できる。そうした中，家庭内での子ども虐待やDVなどが爆発的に増大しているのである。

4　福祉基礎構造改革の流れと児童福祉

（1）少子高齢化をめぐる課題

　わが国においては，1990年初頭に入ると急に高齢化問題と少子化問題という二律背反的な課題が顕著になる。この2つの福祉課題を将来に向けて対応してゆくべく国は，福祉構造の抜本的改革に向かう。

　1990年代の初頭，福祉八法の改正を皮切りに，ゴールドプランさらにニューゴールドプランなど高齢者対策（高齢者施設の緊急整備）がなされ，一方で少子化施策として保育対策を軸とするエンゼルプランからニューエンゼルプランを策定し実施してきた。しかし，高齢化率の進捗は著しく，その後も高齢者対策は，需要と供給のバランスが取れる状況には至っていない。一方で，少子化問題もその後の相次ぐ少子化対策「次世代育成基本計画」や「子ども子育て応援プラン」の実施もその結果に繋がっていない現状である。

一方，1990年代初頭，戦後急速に発展してきたわが国の経済が大きく後退局面に向かうこととなった。いわゆるバブルの崩壊である。これを機に国は，急速に行財政改革を進めることになった。1990年代中盤，社会福祉分野でも既に明らかになった少子高齢化問題含めて社会保障費の増大という課題解決に向け，介護保険制度の導入を皮切りに社会福祉基礎構造改革に着手する。

2000（平成12）年，その到達点としての社会福祉法を中核とする福祉関連法が一括改正され，施行される。当該法に基づき，我が国の新たな社会福祉法体系が大きく地域福祉を中核とするものに転換され，中でもこれまでの措置制度を中心とする我が国の社会福祉施設は，措置から利用契約へ，保護から自立支援へとそのパラダイムを大きく転換される中，そのあり方が求められることになった。

こうした中，児童福祉施設は，一部を除いて，従来の措置制度を継続するが，その経営理念に，保護から自立支援や子どもの権利擁護を据えるとともに地域福祉の担い手として，子ども家庭福祉の推進に寄与することが求められることとなったのである。

（2）子ども虐待の顕在化と児童養護施設

子ども家庭福祉分野については，こうした流れの一方で，欧米で既に顕在化し社会問題となっていた家庭内子ども虐待の情報とともに，わが国においてもその実態が徐々に明らかにされることになった。

1990年代後半になると，各地で家庭内子ども虐待事件の実態が連日のようにマスメディアを通じて報道され，各地に民間の虐待防止ネットワークも設置されはじめた。これに呼応して，虐待の防止や虐待を受けた子どもへの支援の為の法制度の確立の声も日に高まっていき，2000（平成12）年には，「児童の虐待防止等に関する法律」（以下，「児童虐待防止法」）が議員立法で成立することになったのは周知の通りである。

この児童虐待防止法は，3年後の見直しを条件とし，主に虐待の定義と通告を強調するものであった。このことは更なる子ども虐待の顕在化につながっていき，児童相談所においては都市部を中心に虐待通告が急速に増加し，通告への対応で麻痺状態，一時保護所の満床という事態に陥り，さらにそれは，都会から次第に地方へと全国的に児童福祉施設等の満床状態が拡がることとなった。

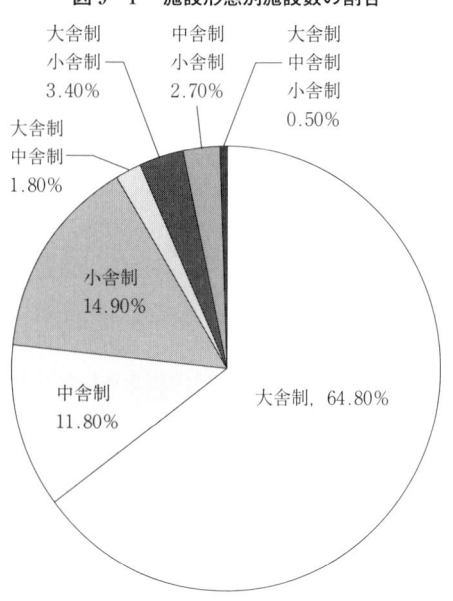

第9章 児童福祉施設における子ども家庭ソーシャルワーク

図9-1 施設形態別施設数の割合

- 大舎制・小舎制 3.40%
- 中舎制・小舎制 2.70%
- 大舎制・中舎制・小舎制 0.50%
- 大舎制・中舎制 1.80%
- 小舎制 14.90%
- 中舎制 11.80%
- 大舎制 64.80%

出所:「平成17年度全国児童養護施設協議会基礎調査」。

　こうした状況は，あらためて，わが国の子ども，家庭の現状と国要保護児童施策，制度の貧困性を浮き彫りにすることとなり，当然のことながら児童福祉施設運営上の大きな課題を呈することとなる。

　児童福祉施設を取り巻く，制度的枠組みは度々述べたように，戦後の戦災孤児対策としてスタートし，収容・保護というパラダイムは，未だそのままに据え置かれているのが現状である。全国560有余の施設の多く（70％余り）はいわゆる大舎制（40～100人を超える定員規模）の施設が占めている（図9-1参照）一方で，国が定める職員の配置基準は，1976（昭和51）年度に児童の直接処遇にあたる職員が，やっと6：1（児童6人に職員1人）と定められて以来，改善されていないのが実態である。

　従って，これを24時間制で考えると平均的に児童20人程を1人でケアするというのが実態となる。こうした職員の慢性的な質量不足状況の中，虐待的環境の中で，愛着障害や対人関係に重い課題を抱える子どもたちの入所の急増は，施設養護の場を混乱状態に落し入れることになる。そして，さらにはこうした現実の中で子どもたちの最後の砦であるはずの施設養護の場において，子ども

への権利侵害（施設内虐待）が発生するなど，その深刻さを象徴する事件も起こっている。

　児童福祉施設への被虐待児の入所傾向は，21世紀に入るとさらに進行し，2006（平成18）年1月現在で，全国の児童養護施設の入所児童の平均55.1％が何らかの虐待を受けたとされる子どもたちという調査結果が出ている。

（3）全養協「児童養護施設近未来像Ⅱ」の働きと児童福祉施設
1)「児童養護施設近未来像Ⅱ」
　全国児童養護施設協議会（以下，全養協）は，1997（平成9）年改正の児童福祉法への反映が十分とはいえなかった「児童養護施設近未来像」を再度提起するため，家庭内虐待の急増という新たな状況の中，虐待防止法の見直しと児童福祉法の抜本改正を目指して「児童養護施設近未来像Ⅱ」（以下，近未来像Ⅱ）の策定に着手した。その中軸は，子ども虐待の顕在化からみる，わが国の子ども家庭福祉施策への提言であった。

　議論の中核となったのは，わが国の子ども家庭の実態を象徴する「家庭内子ども虐待」の背景にある養育機能の低下に伴う子ども家庭問題であった。これらは，入所してくる子どもの抱える問題を"虐待問題"と捉える時，戦直後の収容・保護のパラダイムのままに据え置かれ続けたわが国の児童福祉施設施策を新たなパラダイムへの転換に向かわせる提言とする議論であったと集約できよう。

　この提言の主柱は，①70％以上を占める大舎制の児童養護施設からの脱却として，虐待を受けた子どものメンタルヘルスを含む自立支援を展開する上で個別化・小規模化・地域化と，加えて心理治療体制などのハード面の改革の必要性，②子ども虐待の顕在化により，今日の児童福祉施設入所児童の実態から見えてきたボーダレス化から今日の社会的養護施設の体系の見直しの必要性，③子ども虐待の顕在化を家庭における子ども養育実態の低下の拡大・普遍化と捉え，これまでの要保護児童家庭と一般子育て家庭の接近・重複化の実態からこれまでの社会的養護という視点の転換の必要性と伴う新たな社会的子育てのパラダイムの構築の必要性，と整理することができる。その他，これらを実現するためのさまざまな社会資本整備については児童相談所の役割やアセスメント，ケースマネージメント体制の整備充実，児童家庭支援センターの増設と市

町村化，子どもをめぐる司法介入のあり方等々の社会基盤整備の必要性も提言している。

2) 児童虐待防止に関する議論へ

これと時を同じくして，厚生労働省社会保障審議会児童部会の下に「児童虐待防止に関する専門部会」が立ち上げられ，その後の半年間，①児童虐待未然防止，②虐待の早期発見・早期対応，③虐待を受けた子やその親への保護支援，という3つの方向で議論が交わされ，2003（平成15）年その報告書が上程された。また，さらにこれを引き継ぐ形で，虐待を受けた子やその親への保護・支援のあり方が2003（平成15）年5月より「社会的養護のあり方に関する専門委員会」に引き継がれた。「社会的養護のあり方委員会」の議論は，社会的養護のあり方，家庭的養護，施設養護，家庭関係調整及び地域支援，自立支援，社会的養護の質の向上などの切り口で都合8回開催され，それらは前者と合わせて社会福祉審議会児童部会報告書としてその年の10月に発表されたが，本報告については，前記のそれぞれの区分毎に「取り組みの方向性」として当面の取り組み方向を示すとともに，中長期での課題を「今後の課題」として掲げているところに特徴があった。

本議論及び報告書の全般にわたって，全養協がまとめた「近未来像Ⅱ」における提起が随所に盛り込まれている。中でも従来の社会的養護が「要保護児童という特別な課題を抱えた子ども達に特化してきた点」については，「今後の社会的養護のあり方は，一般子育てと要保護群を区分することなく，広く連続した視点から取り組まれる必要がある」として社会的養護の「取り組みの方向性」の最後に，「同時にこれまでの社会的養護は，保護を要する児童を対象とするものとして，いわゆる子育て支援とは別個のものとして進められてきたが，今後は，両者を連続的なものとして捉え，一体的な施策の推進を図ることにより，より効果的な子どもの健全育成や児童虐待の防止等につなげていくことが必要である」とまとめられた。つまり「近未来像Ⅱ」が提起する「全ての子育て家庭を重層的に視野に入れた新たな社会的子育て支援システムの再構築の必要性」が盛り込まれたのである。これは改めて，「国及び地方公共団体は，児童の保護者とともに児童を心身ともに健やかに育成する責任を負う」（児童福祉法第2条）の解釈と，実行ある施策制度の構築が問われることになったと

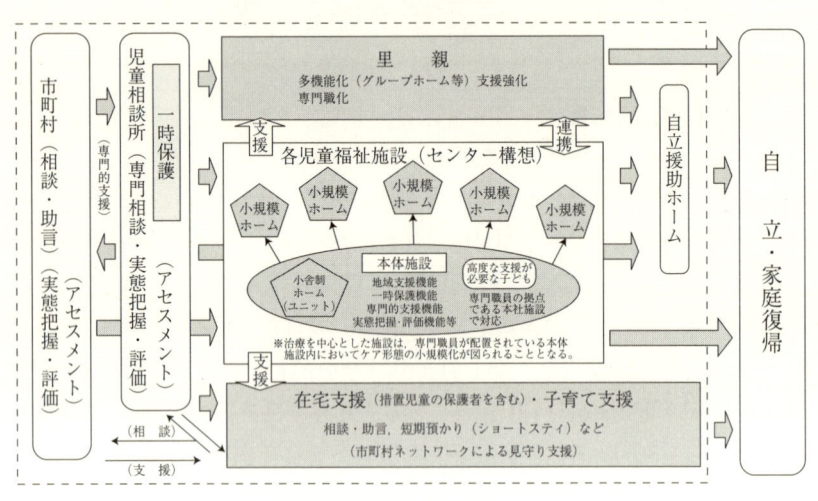

第Ⅱ部 子ども家庭領域における個別的課題と包括的視点

図9-2 今後の社会的養護のあり方（案）

［図省略］

注：□□□ は，保健・医療・教育機関などの支援・連携。
出所：「社会的養護あり方委員会報告書」（厚生労働省）平成15年。

いっても良いであろう。

3) 児童福祉施設の新たな役割

　繰り返しになるが，こうした報告書の，具体的制度変革に向けた取り組み課題である家庭養護・施設養護・地域養護の基本的枠組みに「近未来像Ⅱ」の施策提言が色濃く反映したことは，今後，わが国の社会的養護のあり方は，「近未来像Ⅱ」が提言する要保護問題を特別な家庭の特別な問題として据えるのではなく，広くすべての子ども家庭においても起こりうる問題としてとらえる新たな社会的子育てシステムのパラダイム転換に向けて大きく動意づいたといっても良いであろう。

　特にその中で施設養護の役割・機能としては，子どもの権利擁護と自立支援を基軸に，子どものケアの個別化や施設形態の小規模化・地域化，また，治療的ケアの仕組みの構築，さらには施設養護のノウハウを地域子育て支援に活かす取り組みなどが21世紀の児童福祉施設が果たすべき役割として大きいことが改めて確認されているところである。これは，社会的養護のあり方委員会報告書に新たな児童福祉施設の役割・機能として図9-2のように添えられてい

る。

　2006（平成16）年，社会的養護のあり方委員会報告書を受けた形で，関係者に有史以来の改革と言わせしめた制度改革が行われた。その結果，児童福祉施設に家庭支援専門相談員（FSW），個別対応職員，心理職員等の専門職，加えて施設の小規模化を企図する小規模グループケア制度等の財源が導入された。しかしこれも「近未来像Ⅱ」が目指す，新たな社会的養護のパラダイム転換の緒にすぎないことは言うまでもないものであった。

5　児童福祉施設における子ども家庭ソーシャルワーク実践

（1）子どもの健全な成長発達を保障するには

　こうした動きの中で，1999（平成11）年に乳児院に非常勤として，2004（平成16）年にはすべての児童福祉施設に「家庭支援専門相談員」なるファミリーソーシャルワーカーが，常勤で配置されることになる。しかしながら，そもそもは，質量ともに増大し続ける社会的養護の受け皿の慢性的不足を解消するために「早期の家庭復帰支援」を目的とするという，まさに児童相談所の系列処理の一翼を担うことが期待されたのが，配置の動機であったと言えるだろう。また社会的養護の現場としても，児童福祉施設におけるソーシャルワークモデルや実践理論が不明確なまま，多くはケア職員の増員ととらえて配置を歓迎するといった風潮があったことも否めない。だが，それでも児童相談所とともに子ども・親・家庭・社会環境をソーシャルにとらえ，子どもの健全な成長発達の保障や子ども・家族の自立のため，「早期の家庭復帰」というよりもむしろ「家庭機能の改善・回復」という目標に向かって，児童福祉施設自身が有機的に機能する契機となる専門職の配置であった。今後は，さらにその実践の体系化が期待されている。

　ここでは，その児童福祉施設におけるソーシャルワーク実践例で特に，「子どもの健全な成長発達を保障する」ために「家庭機能の改善・回復」を図ったケースを例示する。これらのケースは「子どもの健全な成長発達を保障する」ことを目的とする支援ではあるが，いずれも「子どもの健全な成長発達」の態様を家族と援助者が共有してはじめて，家族が自身の家庭機能不全を率直に認知し，それぞれの状況で限度はあれども，家庭機能の改善・回復に向け家族自

身が歩き出す，という共通点が見られる。施設における子ども家庭ソーシャルワークとは，家族との養育の協働をその基本にしていくべきと考える。

（2）障害を持つ子どもの家庭引取り援助事例

Aの父は早くに父親を亡くし，必死に生きる厳しい母親によって育てられた。筋の通らないことをすると母親に激しく怒鳴られ殴られるということを成長の中で繰り返し体験した父は，そのあまりの頑なさで対人関係がうまくいかず，職を転々とした後，個人営業で生計を立てるようになる。一方，元来内向的であったAの母は思春期から神経症を発症し，摂食障害や自傷行為を繰り返していた。

当初，父母は近所に住む顔見知り程度の仲だったが，母が恋人に振られた直後に10歳以上も年齢差のある父と結婚。子どもを欲しがらなかった母の精神状態がAの妊娠を機に悪化する。父は「病気ではない」と母の受診を拒否していたが，母は出産後に精神科入院しAは施設入所となる。母の症状が比較的早く安定したため，母の退院後，父は母にAの養育を求めるようになり家庭内のいさかいが絶えなくなった。Aの施設入所に納得できない父は児童相談所や関係機関とも激しく対立し，社会的に孤立していった。母の症状が悪化し長期入院に移行するころAに軽度の発達遅滞があることが判明。父はまたしても「施設入所がAに見捨てられ不安を与えた」ことによる発達遅滞であるとして知的障害児入所施設への措置変更を強く拒否した。

それでも，父は忙しい仕事の合間を縫って母やAの定期的な面会や外泊を継続。施設は「父の頑なさこそが母やAを見捨てず家族の凝集性を維持することにつながっている」と率直に評価し，Aの養育を協働実践する中で父の妻子の障害に対する受容を支援。また，関係機関に働きかけて父が関係機関と繋がりなおしていくプロセス支援した。だんだん柔和になっていく父の様子を見た母方親族が父に協力するようになり，さらに父も含めたカンファレンスを何度も実施し，父が児童相談所や公的サービスの窓口と上手に付き合っていくようになったことでAの家庭引取りが実現した。

現実には，Aの家庭引取りはAへの発達支援という観点ではリスクが高いと推察されたが，父が関係者の心配を「これだけ多くの人がAのことを一生懸命考えてくれている」と感謝して受けとめられるようになったことが，Aの家庭

引取り後の支援体制づくりを強化したと言えるだろう。

（3）両親が虐待家庭で育った家族への援助事例

　Bの父はアルコール依存症の家庭で虐待されて育ち，思春期になると仲間と一緒にシンナー・酒を大量に摂取。中卒後，職を転々とするが酒を原因とするトラブルで仕事が長続きせず，結婚し子どもをもうけるもまもなく破綻。Bの母は薬物依存症の母親から生まれ，胎内での薬物摂取を原因とするであろう脳の器質的問題により衝動性がコントロールできず反社会的行動が顕著で，乳児院・児童養護施設・児童自立支援施設・精神科病院入院という変遷をたどって成人した。父母はBの妊娠を期に結婚するが，父は深酒や飲酒運転，母は性的逸脱などが抑制できず，衝動的な父母がお互いに刺激しあって激しいDVに発展することが恒常化し，経済的にも社会的にも破綻し，Bの施設入所となった。

　入所当時のBは知的には問題ないものの，共感能力の欠如などの他者との関係性に大きな課題を抱えており，父母に対しては過剰にサービスするなどの被虐待児特有の行動や情緒特性がみられ，ケアワーカーとの健全な関係を形成していくことに相当な配慮を要した。

　当初，「そもそも施設や児童相談所は信用できない」と息巻いていた父母も，児童相談所の協力の下，一定の枠組みを有した面会交流を実施し，子どもと一緒に楽しんで遊ぶという体験のない父母を公園などに誘って，意図的に遊びを共有するよう働きかける支援を継続したところ，「Bと一緒にここに入所して，自分も子ども時代からやり直したい」と口にするようになり，大量のお菓子や玩具を買い与えたり，病院等でBが嫌がると医療行為を妨害したりすることなどは，自身が得られなかった子ども時代の欲求であり，B自身のニーズではないことを，客観的に整理できるようになっていった。また，自身の社会不適応の課題を認められるようになってくるのと同時に，刺激しあう父母の関係を振り返り，それぞれがそれぞれの社会適応を図っていくという意志で父母は離婚した。

　離婚後の父母は時によって助け合い，また当然衝突することもあった。父母ともそれぞれの衝動性の制御には苦労しながらも，Bとの交流の際にはBに対してよき親象を示すことができるよう，協力し合うという姿が見られるように

なった。

6 求められる新たな社会的養護の機能とパラダイム転換

　言うまでもなく，多様な家族（家庭）問題は，高度経済成長期を境として進行してきた核家族化に伴う養育機能の低下，加えて地域社会の子育て機能の衰退により発生してきた。それは世代を連鎖して重篤化し，今日の家庭内子ども虐待やDVに象徴される問題に拡大増加してきた。少子化の進行著しい中，社会的養護の子ども家庭問題は，その数においても，質においても深刻化の一途を辿っている（図9-3）。

　全養協は，緒に付いたばかりの社会的養護パラダイム転換，即ち「近未来像Ⅱ」の実現に向けて，2005（平成17）年度より2つの特別委員会を設置した。1つは子どもの発達権保障を基軸とする「子ども家庭基本法」の構築，もう1つは子ども養育論確立を目指す特別委員会である。2つの委員会はその後，約2年間の議論がなされた。

　一方，国はこの特別委員会報告を受ける形で社会的養護のインフラ整備と社会的養護のシステムや機能の改善を目指した社会的養護構想検討委員会を立ち上げ，これを基に2008（平成20）年に児童福祉法の一部を改正した。しかし，社会的養護の現状を大きくパラダイム転換するものではなく，社会的養護のインフラ不足を補充することを期待しての里親制度の改正を主とするものに止まっている。

　しかし図9-3で予測されるように，子ども人口の減少の一方で，社会的養護を必要とする児童の増加は，OECD諸国との比較をするまでもなく，われわれの予想をはるかに超えるものである。こうした社会的養護の受け皿の物理的数量を充実することは勿論のことではあるが，「近未来像Ⅱ」で提起している新たな社会的子育て支援システムの具現化が喫緊の課題となろう。

（1）新たな子ども家庭ソーシャルワークシステムの構築

　これまで議論されてきた厚生労働省社会的養護あり方専門委員会，全養協「近未来像Ⅱ」二つの制度特別委員会等の議論を踏まえ今後の社会的養護における「子ども家庭ソーシャルワーク」のあり方として次の様に整理した。

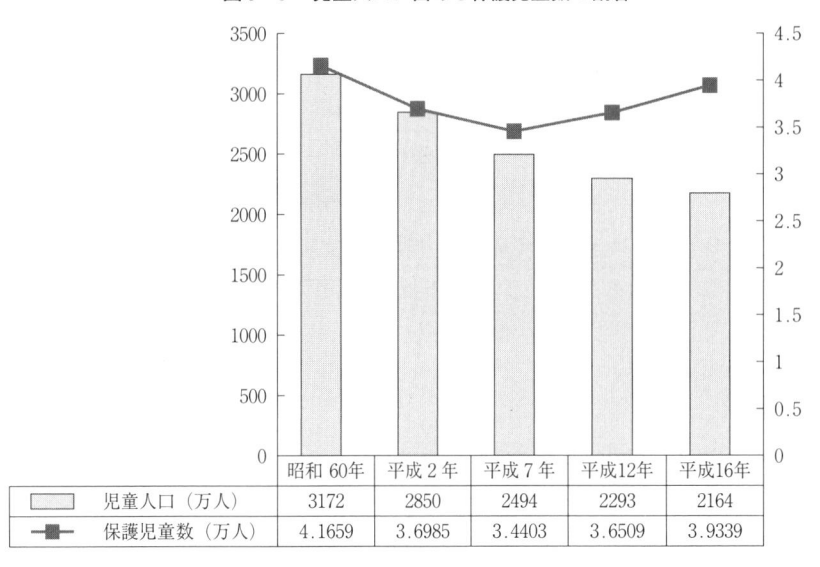

図9-3 児童人口に占める保護児童数の割合

	昭和60年	平成2年	平成7年	平成12年	平成16年
児童人口（万人）	3172	2850	2494	2293	2164
保護児童数（万人）	4.1659	3.6985	3.4403	3.6509	3.9339

出所：保護児童数（乳児院・児童養護施設・児童自立支援施設・情緒障害児短期治療施設・里親の総計）厚生労働省報告書より作成。

①児童相談所機能の見直しと役割分担

急増する要保護児童問題に追われ，機能麻痺状態にある児童相談所の（相談，アセスメント，措置）機能の民間団体（施設等）への一部委譲，協働，再編。また，多様な課題を抱える児童が混在する一時保護施設を民間施設，児童家庭支援センター等の機能を整理し役割分担する。さらに，里親制度の運営（バックアップ体制含め）の民間団体への委託などが検討される必要があると考える。

②社会的養護の機関～地域子ども家庭総合支援センターの構築

今日の社会的養護機関の役割は，子どもが抱える人間社会そのものの基本を破壊する「関係性不全」の修正，修復と「家族の再生」を中心とするものでなければならない。その為には，子どもの発達権保障を基軸とする多様な社会的養護体制への転換が迫られている。すなわち，虐待などによる要保護児童等への新たな総合ケアシステム（緊急保護，児童養育，家族維持・再生等）の確立のための特段の政策対応が喫緊の課題である。従ってこれからの社会的養護の施設・機関は，一人ひとりの子どもの個性，能力，発達課題を十分に斟酌しながら，個を大切にする社会的養護の提供，家族再統合，家庭的委託（里親，養子

縁組），その他地域の児童家庭問題に関連し必要なソーシャルワークを実施する「地域子ども家庭総合支援センター」として変貌してゆかねばならない。

③子ども家庭ソーシャルワークのマンパワーの確保

今日の社会的養護を充実し，子ども家庭ソーシャルワークを真に確立してゆくために，要保護児童のケアワークの人的資源の整備充実を基本に，ソーシャルワーカー，治療関連職員の配置と共に，その資格要件の明確化，研修，訓練，学習等，社会福祉関連職員養成施設，機関と連携・協働によりその質量的確保に取り組む必要がある。また，児童福祉施設職員専門職として位置づけ，それに対応した雇用，労働条件の整備に国・地方公共団体は積極的に取り組むことが必要であると考える。

(2) 子ども家庭福祉基本法制定の必要性

今日の子ども家庭や社会的養護の現状のみならず，教育，医療，地域社会における子ども問題の質量的課題の一方で，進行の一途にある少子化問題や高齢化の進行から，次世代育成の理念や哲学が少しずつ現実のものとなり，法制度や施策に表出してきてはいるが，その進度は遅々たるものである。しかし現実は思っている以上に深刻であり，可及的速やかな子ども家庭福祉施策のパラダイム転換が迫られている。

すなわち，わが国の子どもの発達権保障を国・社会の責任において実行し，子どもは「社会の子」であり，かつ「子どもは未来」であることを基本的理念に子どもの権利擁護を基盤とする「子ども家庭福祉基本法」を構築をする必要があると考える。　　　　　　　　　　　　　　　　　　　（加賀美尤祥）

参考文献
加賀美尤祥「総括　子どもたちの社会的自立を確立するまで――児童養護施設における養育論の緒を求めて」『子ども・家庭福祉の明日に向けて――第60回全国児童養護施設長研究協議会記念誌』，全国児童養護施設協議会，2006年。
加賀美尤祥「社会的養護の担い手の課題と展望――養育論形成の序に向けて」『社会福祉研究』103号，2008年。
全国児童養護施設協議会制度特別委員会小委員会「子どもを未来とするために――児童養護施設の近未来」（児童養護施設近未来像Ⅱ報告書）2003年。
全国養護施設協議会「制度特別委員会」中間報告，2008年。

第10章
問題を抱える子どもへの支援(1)
―― 虐待・トラウマ ――

問題を抱える子どもへの支援という場合の,「問題」とは誰にとっての問題であろうか。問題という言葉には,問題のある子,という言葉が示すようにすでに問題をネガティブに表現しているニュアンスが含まれてしまっている。問題解決という言葉があるように,問題は解決に向けて,解決可能な課題へと置き換えられなければならない。筆者は,問題を課題ととらえなおし,この課題こそ,子どもとの関わりの接点であると考えている。

虐待を受けた子どもたちと関わる中で,さまざまな問題を抱えたり,不適応感を持ったりしている子どもたちがいることに気づき,関わりの手立てを考えてきた。特に,攻撃的な側面をもつ子どもたち,怒りっぽい子どもたちへの対処は,虐待を受けた子どもたちにかかわる人々の共通した課題ではないだろうか。本章では,虐待を受けた子どもたちへの支援について考えていく。

1 「問題を抱える子ども」の「問題」のもつ意味

(1) 関わりの接点とは

問題を抱える子どもたちとはどのような子たちであろうか。以下,藤岡(2008)を参考に,このことについて考えてみる。具体的にはすぐに暴力を振るう子や嘘をついたり,ごまかしてしまったりする,その場を誠実に対応しようとしない子など次々と思い浮かんでくる。チックの子どもたちや吃音の子どもたちと同じように,そのような子どもたちが抱える「問題」や「不適応感」は『援助者と子どもたちとの関わりの接点』である。そこが関わり始める「入り口」になる。その意味で,問題点は,すぐになくしてほしいと思う点だけではなく,子どもの課題のもつ歴史性を考慮して,そここそがその子どもとの関

わりの接点になる。たとえば、嘘をついてしまう子どもには、その子どもなりの理由がある。「嘘をつく」という行為は、その子どもによって選ばれている。子どもたち一人ひとりは、自分でもなんとかよい方向に、周りを心配させない方向に変わろうとしている。しかし、変わろうと思えば思うほど、そこが逆になかなか変わらない。おそらく、その子どもが訴えたいところ、こだわっていることなのではないだろうか。筆者は、このことを、その子どもがその行為を「必要としている」と表現している。そのように考えると、愛着上の課題を通してさまざまな問題行動を呈する子どもたちは、むしろ、この関係性の構築（愛着形成）こそ、望んでいるものの、そこが最も関わりの中でのこだわりのある部分であり、そのことでかえって、その「愛着関係」そのものを崩壊させてしまっているのではないだろうか。

　筆者は、日ごろの臨床活動の中で、否定的なメッセージが子どもから出てきてもそれに反応し過ぎないで、その向こう側にある「してほしいこと」「わかってほしいこと」に気持ちを向けていくことが大事であると考えているが、それも関わりの要点であろう。否定的なメッセージを無視したり、触れたりしないことで、その行動の消去をめざす（あるいは、それ以上の強化をしない）のではなく、否定的なメッセージの奥にある、こちらとの**関係性構築のきっかけという「肯定的なメッセージ」**をしっかりと受け止めることで、子どもから送られてくる否定的なメッセージは、すでに否定的な意味を超えて、こちらに伝わることになる。すなわち、このようなありようを提示することで、「子どもとの関わりの場の文脈」が大きく「**共に生きる場**」へと変貌することになる。否定的なメッセージを必要としなくなるのである。

（2）養育者との関係のはじまり

　そのように感じてくれていることが子どもの方に伝わると、そのような「予測性」が高まり、たとえ稚拙であっても、精一杯のメッセージを援助者に向けて送ることを次第に熟達させていくものと考えられる。そのプロセスに援助者がいかに寄り添っていけるかが大事であろう。どうでもよい人のことは予測もしないのに、「親のように」大事な人のことは、少なくとも予想の対象とするのである。こちらのあり方によって、子どもの愛着行動を引き出すのである。予測の対象に選ばれつつも、こちらの感じていることや考えていることを侵入

的，高圧的にならない配慮をしながら，しっかりと伝えていく。そのことで，いたずらや問題行動でしか，人と関われなかった子どもが，そうではない行動（近接行動やアイコンタクト，微笑，遊びなどの相互行動など）で，養育者の養育行動を引き出すことができるということを体験的に獲得していく。

　子どもの方が何かいたずらをしたり，うそをついたとしても，こちらがとても心配したり，信じているがゆえの悲しい顔をしたりして，こちらの側の気持ちをしっかりと表現することで，子どもの方は，叱責されないために，いたずらをしなかったり，嘘をつかないようにしたりするのではなく，養育者との関係性を深めるために，あるいは，持続するために，自発的に，自律的にそのような行動をとるようになっていく。プロアクティブな志向性（子どもが振り向く時に，すでにどのような表情や言葉がこちらが用意しているか）が重要となってくる。

　施設での日常生活も，むしろ，このような**予測性**をいかに子どもたちに感じてもらうか，である。予測性が深まれば深まるほど，しかも，その予測が自分にとって心地よいものになる時に，その空間は，安全感に満ちたものになる。そして，育児活動は，ただ叱責をするなどという単純なものではなく，きわめてクリエイティブで，魅力に満ちたものへと変化していく。

　ボウルビィ（Bowlby, J.）は，愛着というのは本能であると述べたが，元々あるもの，それが親との養育の中で十分なものに変わってくるものである。ボウルビィの著書の中には，ニホンザルも登場している。おばちゃんザルが子育ての肩代わりをしている。サルの世界も，実親が子育てにおいて疲れきっていたり，あまり養育が上手でなかったりする場合には，他のサルが肩代わりをしてくれるのである。援助という視座に立つ場合，このような支援・援助システムの構築も愛着臨床ではあわせて考えていかなければならないだろう。養育者は母親や父親だけとは限らない。子ども虐待や不登校，非行，発達障害への支援など，現在の「子ども家庭福祉」のありようを考えていけば，自ずからそのあり方は，「社会的なネットワーク」そのものを欲しているとしかいえない状況である。

2　援助の要点——語りの場の保障

　子どもたちの「傷つき」という**外傷性記憶が物語性記憶へと変化していくプロセス**にじっくりと関わることが必要である。外傷があると，うまく記憶をたどることができない。断片的な記憶が，しかも情動によって占められてしまっている。19世紀から20世紀にかけて活躍したフランスの心理学者ピエール・ジャネ（Janet, P.）によれば，外傷的記憶が，告白を通して語られると，高度な緊張の作業や心理的な力が回復し，かつての状況を清算することになると述べている（藤岡　2008）。
　このことのもつ意味は，外傷性記憶は語られることで整理されていく，ということだけでなく，「外傷性記憶を語る」という行為そのものに，心的な緊張を正常な状態へと復活させ，さまざまな心的な傾向を包括的に統合していくという意味が込められていると考えられる。ヴァン・デア・コーク（van der Kolk, B. A.）ら（1995）が指摘するように，助けのない感じ，身体や情動が麻痺した感じが基底にある場合，体験はトラウマ的になる。「その人は，出来事の結果を変えうるような，どんな行動もとることができなかった。心理的・身体的に動けなくなることは，まさに体験の適切なカテゴリー化ができなくなっていることの主要徴候であるらしく，また，それを基礎にして記憶昂進と解離が発現してくるようだ」。
　人間は語ること，復唱するによって，自己の内面世界を主体的に構築する。これらの作業の中で，さまざまな矛盾や感情が「統合」されていく。ジャネは，意識下固定観念，あるいは外傷性記憶は，ある時点で清算解消しなければならないとした。そうでないと，痕跡が残り，病因的となり，心的エネルギー（すなわち心理的力）の目に見えぬ持続的損失の原因となるかもしれないとしている。生活史全体を眺めなおし，さまざまな終結行為がきわめて重要であるとも指摘している。
　子どもたちが「語り」モードになるには，そのように変容するプロセスをいかに援助者として設定するかが大きな課題となる。「**語りの場を保障する**」というのは，実際に，子どもたちが語りやすいということとはどういうことかを考えなければならない。せっかく子どもが話したそうにしているのに，「後で

ね」といって,そのタイミングをはずすと,子どもは,2度と話さないかもしれない。語りは,その瞬間瞬間のめぐり合わせの中で「語ろうと」思い立った時にこそ,外傷性の記憶が,少しでも物語として,自分の中の整合性や思いの整理を伴って語られていく。

一方で,子どもは,**鏡としての援助者のありよう**によって,語り方や語る内容を変えていく。援助者の要点として,傾聴や共感的理解の学習はほとんどの教育機関で行われているが,そのような援助者の態度が,子どもの「語りモード」に直結しているということのリアリティは,意外にも共有されていない人たちがいる。頭では,共感や傾聴が大事と分かっていても,簡単に「後で話し聴くからね」と言いながら,その後でその話を聞く機会が設定されなかったり,何か仕事をしながら話を聴いていて,なおざりな傾聴しかできていなかったりすると,子どもたちの語りモードは,萎えてしまう。信頼関係の構築のチャンスを,援助者は知らず知らずのうちにつみとってしまっているのである。援助者のありようが,子どもたちの「語り」を規定するという意識を強く持つことが必要となるであろう。ましてや,トラウマティックな体験を語る場合の語りモードは,お互いにとって,予期せぬ時に訪れる。子どももふっと話してみたくなるのである。子どもたちからの愛着行動や自己表現行動を引き出す「愛着の器」(藤岡, 2008)たりえる努力が必要であろう。

3　信頼関係構築のための帰結の重視

(1) 帰　結

帰結(Consequence)とは,物事のこと成り行きである。自分の行った行動がどのような結果を招くか,その必然的な結果を意味している。子どもの行動の結果として何が起きるかである。また,帰結には,自然な(natural)帰結と負荷された(imposed)帰結の2つがある。自然な帰結とは,例えば,高い山に行ってジャケットがないと,とても寒い思いをする。この時,寒い思いをするというのが自然な帰結である。

それに対して,負荷された帰結とは親が子どものために用意する帰結である。「もしあなたがお手伝いをしないなら,テレビを見ることができなくなる」という場合,お手伝いをしないことで,(ことのなりゆきとして)テレビを見るこ

とができない（結果を招く）というのが帰結である。もちろん，このようなことは事前に提示されていることである。この負荷された帰結には，よい帰結と悪い帰結がある。もし，お手伝いをしたら，子どもに親が「ありがとう」と言って感謝の言葉を述べることになったり，「アイスクリームを食べようか」などと言ってもらえたりとする。これはよい帰結である。お手伝いをしなかったら，アイスクリームももらえないし，ほめてももらえない，というのが悪い帰結（ことの成り行き）である。

　この帰結を後に述べるようなていねいな方法で伝えていく。正と負の強化など行動療法における条件づけと似ているが，ここでは，帰結にいたるプロセスと子ども自身による自己決定を重視している。このプロセスの中で，愛着形成が行われると考えられている。特に，どのようにこの帰結を内在化させていくのかというプロセスで，重要な愛着形成の要点がある。

（2）選　択

　修復的愛着療法（藤岡，2008）の中で多用される概念である。その選択によって，どのような帰結が待っているのかによって，よい選択と悪い選択があり，子どもたちは，常にその判断を自己決定することを求められることを学習する。すなわち，選択（Choice）はそれぞれの帰結を伴っている。子どもたちはすべての選択がそれぞれの帰結を伴っていること（同時に，自分の選択に対する責任性も）を学ぶ。ハンドルを右に切るのか，左に切るのか，その判断が自分を安全な場所へと誘導する，と考えるのである。

　子どもたちは，衝動性や短慮，攻撃性などを根底において1回スイッチが入ると，そのままになってしまうことがある（筆者は，これを自動化としてとらえ，攻撃性などのメカニズムを検討している）。どのようなスイッチが入るか，の見極めが周りの援助者は必要である。尊重されたり大事にされたりするような選択をしていくのが望ましいが，往々にして子どもたちは，そうではない方を選択してしまう。自己破壊的な傾向が強かったりすることも，これらの傾向を強めてしまう。この帰結の獲得過程を援助者と共有することで，愛着形成がさらに深化していく。物事の道筋は，情動的な保障の場があってこそ獲得されていくものと考えられる。最初は，なかなか帰結が伝わらず，同じ問題行動が起きてしまっても，繰り返し，帰結の獲得過程を共有することで，次第に，この人

第10章　問題を抱える子どもへの支援(1)——虐待・トラウマ

図10-1　愛着のサイクル

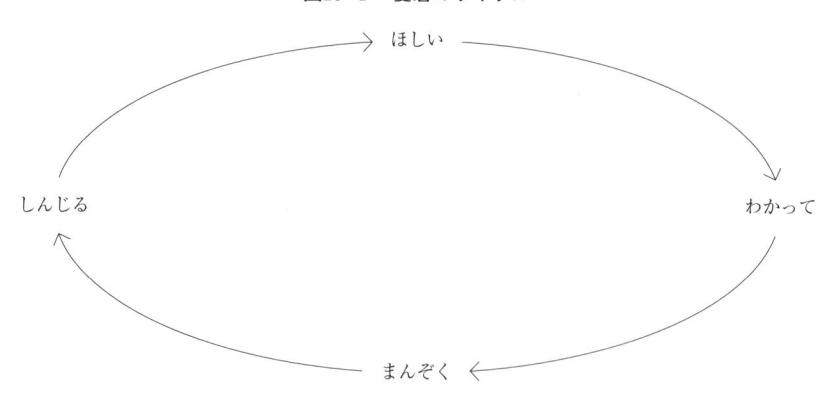

```
         ほしい
    ┌──────→──────┐
    │             ↓
 しんじる        わかって
    ↑             │
    └──────←──────┘
         まんぞく
```

出所：Levy, T. M. & Orlans, M. 1998；藤岡，2008 を修正。

と一緒に感じたり，考えたりすると自分の中に生きる力が身に付いていくということを実感できるようになっていく。その見通しや予測性が他者との間で共有される時に，「信じる」（信頼）という情動へと結実していく。このような帰結が成立していく場を，もう少し分かりやすく表現すると，図10-1のようになる。

　子どもたちは，生きていく中でさまざまな欲求やニーズを持っている。そして，それをさまざまな方法で表現する。ある子どもは，問題行動という形でしか表現できないかもしれない。アイコンタクト（目を合わせる）や泣くこと，言葉を使って表現，近づいてくる，などいろいろである。それに気づくことができるかどうかが，養育者や援助者の感受性（敏感性）である。自閉性障害の子どもたちも特有な表現をすることがあるにしても，基本的には，この「分かって」ということを敏感にとらえることが援助場面では求められている。そして，そのことを分かった上で，援助者や養育者の「かかわり」がある。分かってもらった上での，かかわりを通して，子どもたちは，満足感を得る。この満足感が，誰と一緒のときに感じられたのか，ということで，その人に対して，次第に「信じる」気持ちが育まれていく。そして，その「信じる」人に対して特に，自分の欲求やニーズを閉じ込めたり，凍結させたりすることなく感じ取り，表現するようになっていく。これが，愛着のサイクルである。

　子どもたちが感じる予測性などは，これらのプロセスを経て，次第に子ども

たちの中に芽生えていく。先にみた,「帰結」や「選択」などはこれらのプロセスを前提として,子どもたちと共有されて,はじめて伝える場面が生きてくる。そして,このような信頼関係の構築こそが,子どもたちがこれまで培ってきてしまっている「支配──被支配の関係性」から「信頼と敬意に満ちた関係性」へと移行するきっかけとなる。言葉もこの時にこそ,伝わるのである。自分のことを大事にしてくれる,信じることができる人々を裏切らないために,信じ続けていくために,悲しい思いをさせたくないために,「自分の力」を信じて,暴力を行わない,嘘を付かない,規則や決まりを守ろうとするようになっていく。誰によって提示されたルールなのか,これが思いのほか子どもたちには大事なのである。

4 子ども虐待対応への「愛着とトラウマ」の位置づけ

　虐待の理解のために,愛着の概念の重要性が指摘されて久しいが,愛着は今日でも虐待理解の多くの領域に関連している。その一端は,ここでも既に述べてきたが,以下,愛着も含めて,虐待を理解する上での手がかりになるさまざまな観点を,藤岡(2008)を参考にして,整理していく。

　虐待は,身体的虐待,性的虐待,心理的虐待,ネグレクト(養育放棄,無視)と大きく分類される。このようにさまざまなありようを呈する虐待という大きな山にどのように登っていくかという時にいくつかの道があり,しかも,それらは互いに関連しあっている。いきなり山の中に入っていくと,今どこを歩いているのか分からないので,山を見てそれから森の中に入っていくことが大事であろう。その森の中にはいくつもの険しい道があるが,それらの視点を整理すると,①トラウマ,PTSD　②愛着　③解離　④情動・認知　⑤リジリエンス(心的弾力性)⑥虐待を取り巻く援助者,養育者の課題となる。子ども虐待に限らず,不登校,いじめ,発達障害,非行,子育て支援などの子ども家庭領域を見渡していった場合にも,これらのさまざまな観点は参考になる。

(1) トラウマとPTSD

　トラウマという言葉は19世紀末に,フランスにおいて本格的に取り上げられた。フロイト(Freud, G.)およびフロイトとほぼ同時代を生きたピエール・

ジャネによって取り上げられ、それに伴うさまざまな不調についても詳しく記述されている。しかし、すぐに理解されたわけではなく、その後いくつかの変遷を経て、20世紀に入って1980年に、DSM-Ⅲにおいて、やっとPTSDという言葉が定着した。PTSDというのは、心的外傷後ストレス障害である。傷つきとそれに伴うさまざまな不調を指す。

トラウマというのは心的外傷であるが、何回もそのような傷つきを経ることで、傷つくことそのものに非常に過敏になってしまい、ヴァルネラビリティ「傷つきやすさ」(vulnerability) という特性を持ってしまうということがある。愛着という観点からとらえなおすと、愛着関係が構築された中で、トラウマティックな体験へと向き合うことができる。誰とでもトラウマワークができるわけではなく、その点の慎重な配慮が求められる。その意味では、急激なトラウマへのワークだけでなく、日常的な安全感の確保を前提として、愛着形成への視点がぜひとも必要となる。そのような意味でも、トラウマは、愛着という概念とともに語られることが多くなってきている。

(2) 愛 着

人との関係性において非常に安心したり、相手のことを肯定的に受けとめたりするということが、発達の中で形成されてくる。人と人とのつながりである。母親と子どもはもちろんであるが、父親と子ども、祖父母と子どもとの愛着もあるし、施設の職員と子どもとの愛着、実親(生みの親)だけでなく里親と子どもの愛着もある。ボウルビィも愛着対象は生みの母親と限定しているわけではなく、「母親」という言葉に対しては「子どもの世話をし、子どもが愛着を持つ人物のことである」とことわっているし、1人以上の人物が愛着対象の役割を果たす可能性があることを示唆している。PTSDをもつ子どもにおいて、攻撃性が高まる、情緒的に不安定になるというのはあり得ることである。一過性の攻撃性やイライラもある。トラウマへの対応という視点だけでは、関わること自体が心の傷を急激に意識化させてしまうこともある。その意味で虐待への対応はトラウマへの対応というだけでは不十分である。

「つらかったね、どんなふうにつらかったの?」と聴くこと自体が、つらさへと直面させてしまうこともある。人が話をきいてくれる、ということが癒しにつながるとは限らない時もあるからである。そっとしておくとか、あえて話

題にしないとか，一緒に時間を過ごすとか，キャッチボールやお絵かきをするとか，淡々と日常生活を送るということが，傾聴よりも有効な関わりであることがある。このような地道な関わりから，ふっと，子どもたちは心の奥底の深い思いを語ってくれる。これが「語りの場の保障」である。

　特に，小さい頃から虐待を体験している子どもたちが入所する施設の職員や，養子となる先の養子縁組里親や一時的な養育の先となる養育里親（養育家庭）などの親たちが傷つきの部分を何とかしようという知識をもつだけでは不十分である。そっとしておく，あるいはまずは健やかに育てていく，あるいは，この人とだったらつらい思いを語り合っていいと思ってもらえるような関係の形成に心を配ることが必要となる。いきなりトラウマティックなものに対応するという視点だけでは，気づかないうちに，よかれと思ってやっている援助が非常につらい思いをさせていて，援助者だけがそのことに気づかないということがある。すなわち，トラウマという概念を活用するためにも，愛着の概念は重要となる。これらの考えをさらに，エインスワース（Ainsworth, M. D.）やメイン（Main, M.）らが引き継いでいった。愛着の観点は，被虐待児への支援という文脈において重要な位置を占める。

（3）解　離

　次に，解離の視点がある。19世紀の後半，解離という言葉が本格的に使われるようになってきて，この考えをきちっと定義づけていったのが，ピエール・ジャネである。フロイトも同時代にいたので，その陰に隠れてあまりその後注目されなかったが，解離，多重人格，催眠療法，トラウマへの対応などの世界の歴史に残る業績を挙げた人である。

　トラウマということへの対応が大事ではないかということが再び注目され始めた流れの中で，「解離」が注目され，それと同時にジャネも再評価されるようになってきている。解離とは，トラウマティックな体験をした場合，心の中に障壁をつくり，その中にそのような感情，記憶，感覚を押し込めて自分自身を守ろうとするということである。愛着と解離の関係性はいまだ十分には解明されていないが，統合感の希薄化が解離を助長するならば，その統合感を保持するのが，特定の愛着対象との安定した愛着であろう。虐待による解離には，この統合感を低下させてしまう愛着の絆の希薄化が原因であることが想定され

る。

（4）情動・認知

　次に情動・認知という視点である。海馬という部位が脳にあるが，そこはエピソード記憶をつかさどると言われている。エピソード記憶というのは，こんなことあったなあという思い出などがそれに当たる。ほかにも意味論的な記憶もあるが，むしろ海馬はこのような記憶をつかさどっていく。PTSDの状態にある時に，この海馬が萎縮してしまうということが確かめられている。このことで記憶障害が起きてしまい，一時的にダメージを受けてしまう。そういう側面からも虐待を見直していくことが必要である。

　脳の形成期にどのような環境にあったかがその後の脳の成長に影響を与えてしまう。これは，情動記憶を司る扁桃体の成長などとともに，乳幼児期の記憶を規定する大事な役割をになっている。虐待やトラウマのことを考える上で，このような脳科学の知識がますます必要とされるようにあっている。

（5）リジリエンス（心的弾力性）

　さまざまなストレス状況から立ち直ることができる特性を，最近はリジリエンス（resilience，レジリエンスとも）と呼び，個人特性の一つとして考えるようになってきている。「復元力」「困難をはね返す力」「心的弾力性」「精神的回復力」「打たれ強さ」「逆境への耐性」などの訳があるが，ここでは，原語の意味をふまえ「心的弾力性」とする。虐待を受けるなど，子ども時代に不幸な環境と貧しい人間関係の中で育ったにもかかわらず，調和のとれたパーソナリティになる子どももいることから，リジリエンスに関する多くの研究が始まった。発達上のつまずきには，親の不和，施設入所，拒否的な養育，虐待，経済的問題，戦争などがあり，幼少期に経験した苦境に立ち向かいその影響を「跳ね返す力」のある人は，パートナーや子どもとの関係をはじめ，対人関係に適切，かつ有能に対処していた。何故このようなつらい体験をしているのに，これほどまでに子どもたちはたくましく育っていくのかということである。

　リジリエンスをもつ人の特徴は，次のようにまとめられている。社会的経済的に恵まれた環境にある，器質的な障害がない，穏やかな気質，トラウマ体験があってもほんの幼い頃であった，幼少期に大切な人を失ったり別れたりして

いない，1人以上の養育者と良好で温かい関係を保っている，成人になって社会的サポートを得ている，学校生活を楽しんでいる，宗教や信仰などの組織的な活動に参加している，知能指数が高い，適応能力に優れている，自律していて自分の価値を信じている，対人関係に敏感で共感できる，計画性がある，ユーモアのセンスがある，などである。これらすべてが要因として必要であるというよりも，どのような組み合わせであるかによって，リジリエンスの様相も異なってくる（藤岡, 2008）。

ここで，とくに注目すべきところは，1人以上の養育者と良好な人間関係を持っており，対人関係に敏感で共感的であるという点である。これらは，ストレス状況下にあっても，適切に社会的サポートを得ることができることにつながり，その後の適応状況を左右するものと考えられる。この領域はまだまだ未知な点が多く，今後の研究や臨床実践が待たれる。

（6）虐待を取り巻く援助者，養育者の課題

以上のような山に登る道のほかに，道には，家族（里親を含む）への対応，施設職員への支援，施設内虐待への対応，家庭内虐待への対応などがある。虐待を受けて育った子どもへの対応は立場によっても異なるが，「家族のバーンアウト」の問題への対応はあまりきちっとなされていない。介護疲れもそうであるし，里親が虐待を受けてさまざまな不適応行動を示す子どもと関わる場合に，育児に疲れてしまうという「里親のバーンアウト」「施設職員のバーンアウト」もそうである。そのようなことから，里親，施設職員，そして実親などの養育者に対して，ペレンティング（子育て）というのが大事になる。バーンアウトや共感疲労，共感満足などへの理解も，虐待対応という意味で大事であろう。

5　援助者支援と子ども領域——共感のもつ意味

援助者支援をすることで，職員や里親のメンタルヘルスを保持し，子ども領域における援助や支援の質を確保するということが大事である。対人援助職や親などの養育者は，職務を遂行したり，子育てをしたりする中で，さまざまなストレスを抱えている。特に，トラウマティックな体験をした利用者（あるい

は，子ども）と関わる際には，援助者（あるいは，養育者。実親，里親，施設・機関職員を含むすべての養育者）自身のトラウマが再燃する可能性がある（Figley, C. R. 2005 他）。しかも，共感（Compassion）と関係性の構築という援助者の専門性は，援助者をバーンアウトへと至る過程の中に置くことを意味している。このような面を踏まえながらの支援が必要である。筆者は，援助者，養育者，そして，職員同士の関係性，施設・機関，地域の支援体制を「愛着の器」としてとらえることが重要であると考えている。援助者は，援助者であることによる「共感疲労（Compassion Fatigue）」をもち，援助者であることによる喜びである「共感満足（Compassion Satisfaction）」とのバランスなどによって，バーンアウトへのリスクが変化していく。元々，Compassion という英語の中にある Passion には，「激しい感情，熱中，怒りなどの激情，激しい愛情」などの意味があり，Compassion は，それらを Com-「ともに（感じる）」ということを意味している。この言葉は思いのほか，援助，支援の要点を表現している。それだけ，子どもたちとのかかわりは大変なことなのである。Passion こそ，子どもの感情そのものであろう。そして，Passion には，他に「受難，殉教」という意味があり，子どもたちが引き受けているさまざまな受難，「つらさ・きつさ」をともに引き受ける覚悟を必要としていると考えられる。援助者・支援者の求められているのは，そのような使命感，天命，ミッション（Mission）というものかもしれない。2008年9月中旬に，韓国の児童養護施設（SOS子どもの村）を視察した際，筆者は，職員の語る，このミッション（Mission）という言葉の持つ意味を身に沁みて痛感した。わが国の児童福祉施設での活動を通して感じていたことを明確に意識化された。虐待を受けた子どもたちをはじめ，さまざまな問題や課題を抱える子どもたちと関わる支援・援助のプロセスで得られる満足は，子どもだけでなく，援助者・支援者にとってもとても重要である。共につらさ・きつさを引き受けてこそ，そこから得られる満足は，援助者・支援者ならでは，の喜びとなる。共感満足，共感疲労という概念は，今後，子ども家庭支援，援助者支援の文脈でさらに検討していかなければならないであろう。そして，「援助者支援の現場は，現場にこそある」。リフレッシュする，仕事と私生活を意識的に切り分ける，家族や友人との相互支援を大事にするなど従来から行われてきた援助者対策，バーンアウト対策とともに，「援助技術の向上」および職場での援助者支援体制の充実こそ，今後さらに検討されなけ

ればならいないことであろう。 (藤岡孝志)

参考文献

ヴァン・デア・コーク&ファン・デア・ハート，下河辺美知子監訳『トラウマへの探求』 作品社，2000年（van der Kolk, BA, & van der Hart, O. 1995 The Intrusive Past : The Flexibility of Memory and the Engraving of Trauma. In Cruth, C.（ed.）1995 Trauma : Explorations in Memory. The John Hopkins University Press.）

高橋重宏（編）『子ども虐待 新版──子どもへの最大の人権侵害』有斐閣，2008年。

テリー・M. リヴィー&マイケル・オーランズ，藤岡孝志・ATH研究会訳『愛着障害と修復的愛着療法──児童虐待への対応』ミネルヴァ書房，2005年（Levy, T. M. & M. Orlans 1998 Attachment, Trauma, and Healing-Understanding and Treating Attachment Disorder in Children and Families-. Child Welfare League of America, Inc. ; Washington）。

Figley, C. R.（Ed.）2005 Treating Compassion Fatigue. Brunner-Routledge : New York.

藤岡孝志『愛着臨床と子ども虐待』ミネルヴァ書房，2008年。

第11章
問題を抱える子どもへの支援(2)
── 障害児 ──

　現在の日本の障害児保育の進行状況は2004（平成16）年の調査では，全国2万2,321の認可保育施設のうち7,200カ所の保育所でしか障害児保育を実施していない。約32.7%である。

　1981年の国際障害者年からすでに27年が経過し，障害についての保育研究も進み，メインストリーミングの方向で，各地に障害児保育制度が作られ発展してきた。保育園における統合保育もそれなりの蓄積と発展を遂げているはずである。しかしながら，まだ全体の約3分の1しか障害児を受け入れておらず，国内の地域格差も一向に縮まらない。この国の障害児保育問題は極めて閉塞的な状況にあると考える。これからの日本の障害児保育の現実と理念がいかに止揚し統合し，現実の状況を打破することは重要な問題である。この章では日本の保育界にとってはまだ黎明期であるインクルージョンの理念を明らかにして，ノーマライゼーションの理念を持ち，未だ数少ないインクルーシヴな方向性をもつ保育園の理論と実践を通して，新しい時代の保育について学ぶ。

1　インクルージョン保育・教育の実践

（1）サラマンカ声明とインクルージョンの理念

　1994年6月7日から10日まで，スペインのサラマンカにおいてユネスコとスペイン政府によって開催された「特別なニーズ教育：アクセスと質に関する世界会議」（World Conference on Special Needs Education : Access and Quality）において，インクルーシヴ教育のアプローチを促進するために，世界から92カ国の政府および25の国際組織を代表する300名以上の教育行政担当者，行政家，政策立案者や専門家が出席して，世界中の特別な教育的ニーズをもつ子

どもたちが差別されることなく、より効果的に教育されるために必要な基本的政策の転換を検討した。そこで採択された声明が「特別なニーズ教育における原則、政策、実践に関するサラマンカ声明ならびに行動要綱」である。これをサラマンカ声明と言い、現代における特別なニーズ教育の重要な基本概念となっている。

　サラマンカ声明では、すべての人を含み、個人主義を尊重し、学習を支援し、個別のニーズに対応する活動の必要性の認識を表明している。サラマンカ声明の重要なキーワードはインクルージョン（inclusion）である。インクルージョンとは包括的とか包み込むという意味である。それは特別な教育的ニーズをもつ子どもたちだけのためではなく、すべての子どもたちのためでもある。

（2）サラマンカ声明の優先度の高い分野

　サラマンカ声明には特に優先度の高い分野としていくつかの行動要綱が定められている。特に幼児教育に関しては包括的な方法で開発されなくてはならないとされている。下記はサラマンカ声明の第52条の条文で幼児教育の重要性を謳っており、さらに第53条には幼児期の教育として述べている。

　「特別な教育的ニーズをもつ子ども・青年のインテグレーションは、以下の分野への教育開発プランに特別な配慮がなされるならば、ずっと効果的になり、成功を生むであろう。すなわち、すべての子どもたちの教育可能性を増大させる幼児教育、少女の教育および、教育の場から社会人生活への移行である」「インクルーシヴな学校の成功は、かなりの部分が特別な教育的ニーズをもつ幼児の早期発見、アセスメントおよび刺激提供に依存している。幼児のケアおよび6歳までの子どもたちのための教育計画が、身体的・知的・社会的発達と学校教育へのレディネスを促進するため、開発ならびに、もしくは再方向づけがなされる必要がある。これら計画は、障害状態が悪化するのを予防するという点で、個人、家族および社会にとって、重要な経済的価値をもっている。このレベルでの計画は、インクルージョンの原則を認識すべきであるし、就学前活動と幼児期の保健ケアを組み合わせることによって、包括的方法で開発されなければならない」。

　さらに第54条として「多くの国々は、幼稚園や託児所の発展を支援することで、あるいは、地域サービス（健康・母親・幼児ケア）と学校と地域の家族、

もしくは女性の組織と連携しての，家族に対する情報提供や意識の高揚を組織化することによって，幼児期の教育を促進する政策を取り入れてきている」と明文化されている。

サラマンカ声明の特に優先度の高い声明として，こうした幼児教育・保育の場において，特別な教育的ニーズをもつ子どもたちが差別されることなく，より効果的に教育ならびに保育がなされる必要性が求められ，保育所や幼稚園で行われている特別な教育的ニーズをもつ子どもたちの保育（統合保育）は，さらに一歩進んだインクルージョンという理念を持った保育が国際的にも求められているのであると言うことを知る必要がある。

（3）サラマンカ声明に立ち返ること

日本では，国内的な拘束力のないサラマンカ声明は無視され続けてきた。国内法になんら反映されていないし，幼児教育の現場では殆ど周知されていないのが実態である。この原因は政府にもあり現場にもある。特殊教育の現状維持，閉塞的状況を打破して発展させていくには必要な理念であり，特殊教育に関わる実践の側から声を上げていかなくてはならないと考える。特に乳幼児の現場からはじめるインクルージョンの理念は日本を精神的にも豊かなもの変える希望の光となるであろう。日本の障害児保育・教育も先駆的な他国の実践を見習いサラマンカ声明に基づいて理念的に再構築して，インクルージョン保育・教育が自然に実践されるように，制度的にも早急に法を整備して国際化していく必要がある。

国際的にサラマンカ声明は重要な役割を果たしている。日本の隣国台湾の特殊教育の現場を訪問した際キーワードとして出てきたのは，インクルージョンでありサラマンカ声明であり特殊教育法であった。日本の障害児教育に対して「日本では小さいうちから障害を持った子どもと一緒に生活しないようですが，その子どもたちは一体どんな大人になってしまうのですか？」と反対に質問されるほどインクルージョンの理念が定着していた。

台湾でインクルージョンが進んでいるのは，政府が国際社会の中での教育のあり方を考えて，サラマンカ声明に基づいてインクルージョンを実践していくという信念の基に法が整備されているからであった。台湾の特殊教育法は実際に目標値を法律の中で定めてある非常に具体的なものである。特殊教育法第

30条によると，特殊教育への予算は中央政府における毎年全体的の教育予算の3％以下になってはいけない，そして地方政府における予算は全体の5％以下になってはいけない。また地方政府は予算の分配の際，障害児教育の手続きを優先する事になっている。台北市では，幼稚園の各クラスに最低2名の障害児を入園させることが定められていた。1999年の台湾中央政府の予算の18.8％は教育予算である。5,372億元でこれは台湾のGNPの6.85％である。日本の2004年度のGDPに対する教育予算は3.4％でありOECP30カ国の平均は5％で，日本は最下位である。これに対して日本の財務省は「日本は少子化だから」との説明をしているが，台湾は出生率0.11％という世界で最も危機的な少子化の国である。日本政府の言い訳は立たない。

(4) インクルージョン保育とは

　すべてのものはそれぞれ違いがあること，その違いを認め，尊重しながら，生きていくことが重要である。それは平和への道標となる。それは人間同士でもある。あなたという存在は世界中どこを探してもたった1人しかいないということがその証である。1人として同じ人間は存在しないのだ。それなのに自分のみ正しいと考え，違いを排除したり差別したりするのでは社会は少しも良くなっていかないのである。

　詩人金子みすゞ『1903～1929』という詩集の中に「私と小鳥と鈴と」という詩があるが，その中に「みんなちがってみんないい」という言葉がある。人間はそれぞれ個性を持ち生まれて来るのであって，遺伝子に組み込まれた遺伝的特性はもちろん，養育環境にもよる性格や発達も異なる。子どもの中には運動が苦手な子どももいるし，先天的に足の不自由な子どももいる。弱視の子どももいるし，難聴の子どもたちもいる。算数が苦手でも国語が得意な子どももいるし，一人ひとり抱えているニーズはさまざまである。しかし，そうした子どもたちすべてを包み込んで (inclusion)，個々のニーズに応えていくことこそが現代の教育に求められている命題であると考える。

　そうしたインクルージョン教育での学校教育のあり方を学童期以前，つまり保育所や幼稚園でこそ必要な概念であると位置づけた新しい思想として，私は「インクルージョン保育」と名づけたい。サラマンカ声明では学校を万民のための学校にしなくてはならないと考えた。インクルージョン保育は同様に保育

所や幼稚園などの幼児教育の施設においても万民のための施設にしなくてはならないと考える。むしろ就学前教育においてこそ人間の個性や多様性，さまざまな文化に触れることが必要なことであると考える。

（5）インテグレーションからインクルージョンへ

特別な教育的ニーズをもつ子どもたちの保育は統合保育とも呼ばれ，多くの保育園・幼稚園で特別な保育・教育ニーズを必要とする子どもたちが生活し，教育を受けている。

統合保育の統合とはインテグレーション（Integration）と言われ，そもそもそれまで分離されていたAとBという2つの異なったものが一つに統合するということであり，健常児と特別な教育的ニーズをもつ子どもたちを保育の場において統合して保育していく，それがこれまでの特別な教育的ニーズをもつ子どもたちの保育の理論的な支柱であったと言って良い。

しかし，人間にはそもそも健常児という人間と，障害児という人間が存在しているのだろうか。すべて子どもは子どもとして等しく，人間として別なものではない。それぞれにおいて必要な個々のニーズがあるのは当然であり，それらに対してていねいに対応していくことこそが教育であり保育であるはずだ。つまり，最初から子どもをAとBとして分け隔てて考えること自体が不自然であり，障害児と言われている子どもたちは，障害児と呼ばれる前に子どもであるということ，言い換えれば「特別なニーズを持った普通の子ども」なのである。そのように考えるとインテグレーションではなくてインクルージョン，つまり子どもすべてを包括的にとらえ，差別することなく，すべて包み込んだ上で個々に必要なケアを行っていくということのほうが自然ではないだろうか。

それはノーマライゼーション（Normalization）の考え方に忠実であると言って良い。インクルージョン保育は保育をより正常化していくものなのである。

2 ノーマライゼーションとインクルージョン

（1）ノーマライゼーションについて

ノーマライゼーションという言葉は福祉援助の世界では重要な基本概念のひとつである。この概念は1950年代デンマークのニルス・エリク・バンク－ミケ

ルセン（Neils Erik Bank-Mikkelsen）により初めて提唱され、スウェーデンのベンクト・ニィリエ（Bengt Nirje）により世界中に広められた。簡単に言えば正常化するという意味である。では一体、何を正常化するのだろうか。これは教育分野においては、特別な教育的ニーズをもつ子どもたちを排除するのではなく、特別な教育的ニーズをもっていても健常者と均等に当たり前に生活できるような社会こそがノーマルな社会である。つまり正常化するのは社会なのである。障害を持っていると普通に生活できない社会は異常な社会であり、障害者がありのままの姿で受け入れられ共に生活していけることが正常な社会であると言うのである。こうしたノーマライゼーションの考え方が基本にあってこそインクルージョンの考え方が生きてくる。現状の保育・教育はノーマライゼーションの基本に立っていなくてはならない。それは教育の中で徹底的に学ばなくてはならないことである。保育養成課程、教職課程などの養成機関ではさらにていねいに学習し体得しなくてはならない。ノーマライゼーションの原則はすなわち人間としての叡智であるからである。

（2）心のバリアフリー

　バリアフリーとは、障害のある人が社会生活をしていく上で障壁（バリア）となるものを除去するという意味の用語として使用されてきた。現在は、障害のある人だけでなく、すべての人の社会参加を困難にしている物理的、社会的、制度的、心理的な障壁の除去という意味で用いられている。

　科学の進歩とともに福祉器具はどんどん進化して、今までできなかったこともできるようになってくる。しかし、バリアフリーとはただ単に段差をなくすとか、機械を設置して使いやすくするというような意味ではない。そこに段差があっても、誰かが手を差し伸べればバリアはフリーになるのである。障害を持った子どもにできないのだから「やらなくてもいいです」と言うのではなく、どうしたら良いのか共に考えていく姿勢が必要である。

　たとえバリアを無くしたすばらしい施設があったとしても、点字ブロックの上に平気で駐輪されている放置自転車があればバリアになってしまう。大切なのは人間の心の中にあるバリアなのである。障害を持っているということは、日々そうした心のバリアとの戦いでもあるのだ。バリアを乗り越えられるように援助していくのは保育者や教育者の役割である。自転車を放置することで誰

がどのように困るのかを考える想像力，そしてなぜ放置自転車があるのかを考える分析力，さらに，どうしたら放置自転車をなくすことができるのかを考える思考力，そして自転車を絶対に放置しないし自ら撤去する行動力が求められるのである。それは簡単に言えば人間として，人のために思いやり，考え，実践する能力である。それはハンディキャップのある人もない人も皆支障なく生活できる状況を目指して，人の心も，社会のあり方も変えていくソーシャルワーカーとしての役割とも言える。

（3）ユニバーサルデザインとインクルージョン

　人間には手の小さな人，手の大きな人。右利きの人，左利きの人。女性，男性，子ども，高齢者。力の強い人，弱い人。地球にはいろいろな人が暮らしている。こうしたさまざまな使い手を配慮し，より多くの人が，より安心して使えるような物づくりをすること。すべての人が暮らしやすく，活動しやすい社会をつくっていくことそれが，ユニバーサルデザインの考え方である。バリアフリーの発想は障害を見てつくることに重点があり，機能的，技術的，制度的中心（医学，医療福祉）になるが，ユニバーサルデザインの発想はコラボレーション（医学，医療，建築，デザイン等）することで，生活環境が進化していくものである。

　保育や教育の場での学習や生活空間の作り方もインクルージョンの思想を基にしたユニバーサルデザインでなくてはならない。ソフトだけでなくハードの研究は重要である。どんなに良いソフトでもハードが悪ければ上手く機能しないしソフトを壊してしまう。そうしたことを現場の人間だけでなく設計に携わる機関の責任者は周知する必要がある。こうしたハードの研究は保育・教育の現場でもっと活かされるべきであると考える。保育園や学校にスロープや車椅子でも利用できるトイレや物理的なバリアを無くす改革が行われなければいけないと考える。すべての人に優しい施設をつくる。「高齢者，障害者等の移動等の円滑化の促進化に関する法律」（バリアフリー新法）は，保育園・幼稚園にこそ適応して改革をしていかなくてはならないと考える。その改築のための予算立ても必要である。国は積極的に法を整備して国際社会に誇れるようなインクルーシヴな保育・教育のデザインを推進しなければならないと考える。

(4) インクルージョンの考え方から見えてくるもの

　子どもは子どもとして，そして人として等しく尊重されなくてはならないし，それぞれの個性や違いに応じて必要で適切な教育を受けることができる権利を有している。これまで述べたように一人ひとり個性があり違いがあっても，すべては子どもであるというところから始まり，その一人ひとりの個性に合わせた教育・保育が行われることが当然の時代にならなくてはいけない。

　学習してできないことをできるようにすることは，できないという不自由からできるという自由を獲得することでもある。でもそれはすべての人ができなくてはならないということではない。それぞれ人間には得手不得手がある。努力して身に付くものもあるし，なんらかの障害により身に付きにくいものもある。ある成人施設では壮年になってもトイレットトレーニングに1日の大半を費やしている。人生の大切な時間を，ひたすら訓練に終始することが幸福と言えるのだろうか。それよりも外に出て風を感じたり花を愛でたり，人と出会ったりすることのほうが重要なのではないか。

　障害児保育をしていますという園でも実態は専門的知識や技術の低さによりダンピングされている場合がある。それでは子どもは育たない。障害にもそれぞれ種類や程度がある。それは個性とも言えるものである。特別な障害をもった普通の子だから，その個性を伸ばしたい。みんなと一緒にできることはやってみたい。喜びを共感したい。仲間を作りたい。成長していきたいという思いを持っている。その子どもが何を感じ，何を思い，何を欲しているのかを敏感に察知して，共感し共に生きようと決意し最大限の援助をして思いを実現させることが保育者の役割なのである。

　インクルージョンは集団の力に依存してはいけない。インクルージョンは個々をていねいに見ていくことが大切である。またインクルージョンの名において欧米においての脱施設化のように施設養護を完全否定することはできない。欧米においては障害者が路上に放置され，多くの貧困と路上生活者を生み出しているという問題がある。日本においてのインクルージョンはそうなってはならない。それではインクルージョンの名の下に正反対のエクスクルージョン（排除する。排他的）になってしまうからである。

　日本におけるインクルージョン教育・保育はすべての子にとっての最善の利益とは何かをしっかり考えて，個性を認め，個性を伸ばし，子どもの全面発達

を積極的にていねいに保障することである。

3 インクルージョン保育と保育士の役割

(1) 日本におけるインクルージョン保育の現状

インクルージョンの概念は，日本の保育界にとってはまだ黎明期である。今後，インクルージョンの理念が保育の世界に与える影響は大きい。21世紀はインクルーシヴな方向性をもつ保育所こそが差別的な態度と闘い，地域とも融合していくのである。個性を尊重し特別なケアを必要とする子も積極的に受け入れ専門的なケアも進んで行う保育所となるであろう。インクルージョン保育の実践はこの問題を大きく前進させていくものである。しかしながら保育現場は相変わらず下記のように分けられる（伊勢田他，2003：163）。

①積極的に受け入れ専門的なケアも進んで行う保育所。
②受け入れるが専門的ケアの能力に欠ける所。
③消極的であり仕方なく受け入れる所。
④全く受け付けない差別観さえある所。

現在7,200カ所の保育所で障害児保育が行われているが，その内容は上記の①から③に当てはまる。実際に①のような保育所がどれだけあるのか。ほとんどが②のように悩んでいるのである。それは国内の地域格差も一向に縮まらないのである。さらに幼稚園は低い受け入れ率である。どうしたらこの国の障害児保育問題の閉塞状況を打破することができるのだろうか。

(2) 人間の教育としての保育士養成

職員会議で「障害児がいると保育が乱れるので見たくない」と平然と言う保育士がいた。「障害児を入園させるなら私の子は別の園に行かせます。高い月謝を払っているのだから教育の質を下げないでほしい」と園に怒鳴り込んできた親もいる。こうした差別的な物の見方，考え方はなかなか無くならない。そうした差別的な物の見方や考え方を世界から廃絶するためにはどうしたら良いだろうか。

差別は再生産される。大人から子どもへ，親から生徒へ，保育士から園児に伝わる。子どもたちは大人たちの陰口やへつらい，差別的発言や態度，雰囲気

を無意識に学習して意識化していく。幼児教育の場こそそうした差別を無くしていかなくてはならない場所である。なぜならばこの子どもたちがこれから差別のない社会を築いていくからだ。そのためには小さい時からさまざまな個性を持った子どもたちと関わることが大切である。1度も障害を持った人とふれあうことなくして障害が理解できるはずもない。

「障害児がいると保育が乱れる」と言う保育者の発言は，単に学習不足，経験不足だけではなく人間としての根っこの部分に問題があるような気がする。人の痛みを知らない。相手の立場に立って物事を考えることのできない想像力のない人と言える。脚本家の山田太一はヘーゲルの精神現象学の一文をわかりやすく次のように説明している。「強者は強者であるがゆえに周囲に鈍感であり，弱者は弱者であるゆえに周囲に敏感である。強者と弱者の人格の質は，やがて逆転するのだ」。強者で在り続けるために弱者を切り捨てようとする人は，保育士になる資格はない。保育は競い合わせるものではなく，一人ひとりの成長発達に即した形で行われなくてはならない。

保育・幼稚園での保育者を目指す以上，人間としての教育が重要となってくる。人の気持ちに寄り添うことのできる豊かな感性を育てなくてはならない。これは保育士養成校に求められる重要な課題である。インクルージョン保育に必要なのは普遍的な保育の心なのである。保育原理や障害児保育論はもちろん，社会福祉援助技術やソーシャルワークなども徹底的に教育していかなければならない。重度の障害児施設での実習も義務化すべきであると考える。中国の故事に，「一年の計には籾（もみ）を植えよ。十年の計には樹を植えよ。百年の計には人を植えよ」というものがある。「保育の心」を持った保育士や教育者を作らなければならない。そのために人間の教育としての保育士養成校の役割は重大である。

（3）保育士がもつ5つのの不安と葛藤の理由

障害を持った乳幼児が入園してくる時，担当する保育者は不安や葛藤が生じる。メインストリーミングがなかなか進まない理由の一つに，現場でのこうした保育者の漠然とした不安があり，それらをどのように緩和し援助したらよいかについての実践研究が進んでいないことが挙げられる。特別な教育的ニーズをもつ子どもたちの保育所入所を積極的に推進してきた園の事例から，特別な

教育的ニーズをもつ乳幼児がどのようにしたらよりスムーズに保育の機会を得ることができるのか、そのためには管理者はどのような配慮が必要かを考察していく。障害児保育が進まない理由は以下の5点である。

①私に務まるだろうかという自らの保育の力に対する不安や自信の無さ

これは経験の浅い保育士は当然のことであるが、保育士としての経験を積んだベテランでも、特別な教育的ニーズをもつ子どもたちを担当したことのない保育士は同様の不安を持つ。たまたま特別な教育的ニーズをもつ子どもたちを受け持ったことのない保育士は、不安は自信の無さだけではない。自分の保育歴の中に「特別な教育的ニーズをもつ子どもたち、障害を持った乳幼児」との出会いがなかったために、自分の保育の中に経験として障害児が上手く位置づけられないという葛藤が生じる。そのためにこれまでやってきた保育を見直すという大きな問題が見えてくるのである。それを自らの課題として課すことができるか、拒否的な態度として考えるのかが、保育士としての成長の分かれ道となる。保育力の成長は経験の積み重ねも重要ながら、そうした葛藤の積み重ねも重要となる。

②事故があったら大変という安全に関する不安

これは近年の親の傾向として、非常に些細な傷であっても保育中ということであれば、すべて園の責任として厳しくその責任を追及し、補償を要求する親も多くなっているということがある。そんな中で、自傷行為や他園児に怪我をさせてしまうことは無いかと非常に不安になるのである。また何よりも園児自身が抱えている障害や病気により、事故が起こらないかと不安になる。普段からの事故防止には潜在的危機管理の研修も重要である。障害を持つ乳幼児の場合は個々にもよるが医療体制との連携が十分にされていなければならない。また研修等で保育士が医療的知識を持つことはより複雑な障害を理解するためには必要なことである。

③仕事が大変になる、労働強化につながるという権利意識からの不安

また、それは、保育の体制等の経営体制に対する不安でもある。労働条件が守られない職場においては、当然のことながら、障害児を受け入れる余裕はなく、受け入れたとしてもダンピング状態に置かれることの危険性が予想される。そこには国家としての百年の計が必要である。国の方針が保育や教育を安価で済ませようとしているのか、希望の未来のために投資しようとするのか、その

責任が問われるのである。障害児保育は制度として国際的に国家がどのように考えているのかがはっきり見えるものである。それは国際的にも国家の品格が問われることになる。労働条件が守られないような福祉のあり方では美しい日本は再生されることはない。

エンゼルプラン以降，社会的子育ての時代と言われ，子ども家庭支援の推進においては，リフレッシュ保育や，育児ノイローゼの激増に対する育児相談事業や一時保育への対応は注目されているが，障害児保育をもその対象とする配慮に欠けているのである。レスパイト・サービスのように，今後は保育所の一時保育事業やショートスティ事業のなかでも，特別なケアを必要とする子どもを排除しないで，緊急に保育することも，在宅家庭支援事業のなかに位置づけられるべきであると考える。

④園長や同僚などの協力や理解力に関するチームワークへの不安

自分のクラスだけが良ければ良いという意識をもつ保育士がいる園では，決して障害児を育てることはできない。自閉的傾向の子やADHDの子は，また知的障害の子は，しばしば多動でさまざまなクラスに出かけていく。そこでの他の担任の協力や園長の理解なくしては，保育は成立しないのである。昔，ある保育園で「保育の邪魔であるからすぐ迎えに来てほしい」などと内線で電話をしてくる保育者がいると障害乳幼児を担当している保育者から相談を受けたことがある。「△△組の〇〇ちゃんは，今，私のクラスにいるので，しばらく見ているので安心してちょうだい」と言って欲しいとのことである。保育理念の意思統一，インクルージョン保育の共通認識が必要となる。

⑤障害というものに対する無知からくる偏見や不安

これは現代では少なくなったかといえば，依然変わりがない。多くの保育者は養成校時代の施設実習ではじめて障害児に出会っているはずである。保育士養成校の講義でも，従来の障害児保育の授業では「特殊な子」としての位置づけでしか，学習してこなかったという年配保育士も多い。近年でも「障害児は特殊な障害を持った普通の子どもである」というインクルージョンな思想の下に養成校で学んでくる保育士はまだ少ない。また，幼い頃から障害児とは別々の世界で生きてきて，差別的な価値観や恐怖心を拭えないまま保育士になろうとする学生も中には多く存在している。人間は知らないものに恐怖感を抱き，自分とは異なる異文化の存在には戸惑い恐怖心を持つことがある。そして排除

しようとしたり，差別したり暴力を振るったりする。暴力を振るわないまでも避けて通るということはできる。また無視をする。その存在すら，自分の中で否定して消し去ってしまうということもできる。保育士養成の期間だけでその価値観を変えていくことは容易なことではない。むしろ兄弟や家族に障害者がいたり，また子どもの頃に保育所や義務教育で障害のある子と出会いふれあう機会があったりした保育士は，そうした不安は持たない。

（4）保育士の不安を緩和するための実践

　以上の5つの要素をていねいにクリアしていくことが強く求められるのは当然であり，それには労使ともに研修が不可欠である。しかし何よりも施設長，を含む管理職が全責任を持って保育者の不安を聞き，受け止めながら一緒にやっていこうと決意表明をすることが必要である。

　また方法論として障害を持った乳幼児を母子共に入所以前から，集団生活に慣れるという理由で交流保育や園庭開放，保育参加などに参加させて，徐々に現場の保育者と関係性を持たせることも重要となる。さらに最初の出会いも大切で，あらかじめさまざまな情報を入手して物事を見るのと，情報を入手せずに，まず子どもと出会うのでは印象は異なる。入所時の所見を見てから入所面接をするのではなく，正式な入所面接の前に，担当保育者と予備面接の日を設定し，書類による先入観を持つ前に子ども本人と出会うことが，保育士の不安を大きく軽減することになる。保育者には書類よりも先に人間を開示することが何よりも重要であり，「障害を見るのではなく○○ちゃんを見てきた」という結果を導き出すことになり，優秀な保育士であるならば必ず期待に応えることができる。

　このことは特別な教育的ニーズをもつ子どもを持った親に，健常児の親にはない負担をかけることでもあるが，その園が大切な子どもを託すに値するかどうかを親として見極める上でも必要なことであると考える。

　人は人生の中で多くの人と出会い成長していく，子ども持ってはじめて親として成長していくように，保育者も子どもたちによって日々保育者として成長させられていく。障害児を持った保護者や家族は，障害を持った子どもを持つことによって，障害児の親になり，障害児の家庭になっていく。保育士も同様である。ある母親が「この子が健常児のなかでたくさんの言葉のシャワーを浴

びることが、この子にとって大きな刺激となりますが、それ以上にこの子と出会う事で、他の子どもたちがやさしくなったり、差別意識を持たないで大きくなったりして欲しいのです。この子は社会をもっと温かくやさしいものにするために生まれて来たのだから」と語った。保育士がそんな支えの1人になる。そのためにも、保育士の不安解消のために積極的にインクルージョン保育の理念を推進して、保育所改革を実践するのが園長をはじめとする管理職の仕事であり、責任であると考える。

4 インクルージョン保育の事例

(1) Nの入園と相互交渉

　D保育園では開園当初から、インクルーシヴな保育観を持ち、子どもたちを受け入れてきた。1999（平成11）年5月に入園した4歳のNは、小頭症・先天性多発性関節拘縮症・精神遅滞・てんかん・小眼球網膜色素変性症・視神経萎縮で全面介助であった。両親とも就労しており、D園に入園する以前は、母親の育児休業が切れた1995（平成7）年5月から1998（平成10）年3月まで近隣の市の認可保育園に入園していたが、1歳2カ月頃から発作が起こり、1998（平成10）年3月には保育園では見きれないと措置を切られた。その後の1年間は療育病院でショートステイを利用したり地方から父母の両親が1カ月交替で上京したり、父母が年休をとったりして努力してきた。

　たまたま、当園の噂を聞き、当市に転居し入園となった。入園当初、心理士から「これ以上の発達は望めないので、現状の生命維持だけお願いします」とのことであった。担任はその時「くやしい、なんとかしてあげたい」と思ったと回想する。入園してまもなく大きな変化が見られた。それはNの細かな感情の変化や生きるためのたくましさを保育士が感じたからである。食事が大好きで離乳の中期食を舌の動きで飲み込み、体をさすると気持ちよさそうにしたり、視力は乏しいが、移動も寝返りを楽しみ、アアアアとかワンワンワンと言葉を発して楽しんだり、泣いたり、笑ったり快不快を訴えたりするようになったのである。

　この頃、担任は「Nは見えているかのように、私たちに気持ちを伝えてくれるし、私たちも感じる、そして私たちの気持ちも分かってくれる」と言う。

第11章　問題を抱える子どもへの支援(2)——障害児

「今この子を見て，何が必要か，何をしたいのかを考えてきた」「はじめからNの障害を見るのではなく，N自身を見てきた」「毎日新鮮で楽しかった」と語る。たとえば寝返り1つでも，「お友だちと遊びたくってこっちへ来たのね」とか担任がNのすべての行動を前向きにとらえ感じてきたという。その結果，クラスの8人の0歳児たちとも自然に過ごして，Nの好きな玩具を持ってきてあげるなど，周囲の子どもたちの思いやりや関わり方もきわめて自然体であった。

また刻々その日にあったことを担任が自分の歓びとして，両親や他の保育士伝え続け歓びや悲しみを共有することで，入園当初，以前の園の対応で心を閉ざしていた母親もNともしっかり向き合うことができるようになり，子育てに今までにない歓びを感じ安心して就労することができるようになっていった。それは両親だけでなくすべての職員の歓びにつながっていた。療育面では東京都の派遣事業でドクターが療育指導に園に来てもらったり，保育士が療育センターにNと一緒に指導や研修を受けてきたりした。また2年目には異年齢交流を通して実年齢の子どもたちとも交流していった。園の誰もが声をかけ，Nは2年間0歳児クラスにいて，0歳児クラスから卒園した。卒園式には他の0歳児の親子も出席して見送ってくれた。これらはインクルーシヴな保育観により相互交渉の輪が広がり，当たり前のように自然体で特別なケアの必要とする子も包み込むことができた一例である。

（2）ビルビン酸脱水素酵素欠損症のK

F保育園では，先天的代謝異常でビルビン酸脱水素酵素欠損症のKを保育していた。Kの兄が在園中の3歳の夏休みに家族旅行中に原因不明で突然死したことがあり，弟のKも成長発達から見て，兄と同じように発達の遅れが見られたこともあって検査したところ病気が発見された。この場合，わずかな運動の失調，震え，チアノーゼ等の兆候が見られたら直ちに救急車で搬送し，酵素を静注するという方法をとった。発作は多い時には月に3回ほどあり，そのたびに入退院を繰り返した。これは事前に病院との連携はもちろんだが，集団保育の中で常にKの様子を常時，観察している必要があった。

今まで普通に遊んでいたかと思うと突然発作が起きる。Kは発作の兆候として元気がなくなるとか，ぽーっとした表情を示すため常に観察が必要であった。

そのため，Kには常に1名保育士が付いている必要があった。散歩先で突然発症する場合もしばしばあり，携帯電話は保育者の必需品であった。そうした細かい配慮があり無事卒園することができた。

（3）先天性中枢性低換気症候群のT

Tは先天的に眠ると呼吸が止まってしまう先天性中枢性低換気症候群という病気を持っていた。そのため気管支切開をして人口鼻を頸部に装着し，昼寝や夜も人工呼吸器が欠かせなかった。そのため2歳になるまで国立小児病院に入院していた。親も医師も成長のためにはもっと広い世界に出してあげたいと願い，携帯用の人工呼吸器を利用し家庭での生活を始めた。頸部に人口鼻を装着しているため定期的に吸引カテーテルで痰の吸引を行わなくてはならない。両親も就労しておりTの長い入院生活で発達を取り戻したいとM保育園に入所を希望していたが，吸引行為は医療行為になるとして入所を拒まれていた。

しかし，3歳の時に1年間母子通園で交流保育をすることができた。吸引行為は母親が自宅に連れていって行うということが条件であった。4歳になるので交流保育先に入園を希望したが保育士や看護師，経営者の反対に合い入園は断念した。Tの入所を望んでいたM保育園の園長はM保育園を退職し全国から優秀なスタッフを集めTの入所できるD保育園を作った。園長は「保育園だからここまでしかできませんというのではなく，保育園でどこまでできるのかを考えた」と言う。

Tは4歳からD保育園で保育されることとなる。吸引行為は本来無資格の母親もやっている行為である。保育の専門家である保育士も訓練をすれば可能な行為である。国立小児病院の医師の訓練と研修を受け看護師だけでなく，医師と親に認められた職員が吸引をすることが可能になった。午睡も人工呼吸器を使用し，常に様子を見て管理をした。またプールなども人工鼻に栓をして顔を付けられるまでになった。友達とも対等にやりあい，人気者になり，お泊り保育のキャンプにも行った。その際は宿泊先の総合病院に事前に連絡をして非常事態に備えた。無事，元気に卒園していった。保育所だけでなく，さまざまな施設や人材とネットワークを作り連携して行ったからできたのである。

このようにインクルージョンの理念から医療的ケアの必要な病弱児に関しての保育も望まれるのである。しかし現実は立ち遅れている。保育士にもより高

第11章　問題を抱える子どもへの支援(2)——障害児

度な医学的知識が求められるからである。保育所における看護師の配置もまだ不十分である。将来において保育士は医療的知識やスキルも学ぶことのできるような養成課程が必要と考える。

（4）喘息をもったS

　喘息児の場合，その疾病の程度はさまざまで，3歳で入園してきたSの場合，一見障害もなく，他の子どもたちと，なにも変わりなく生活し普通の生活を送ることだけでも，家に帰って夜に喘息の発作を起こし，1日登園しては3日休む，また，水遊びをすれば，翌日は入院してしまうようなタイプであった。Sは園ではまったく変化がなく，喘音も聞こえないため，喘息で表面的にはその発作が起きているかどうか，また起きそうかなどとの推測がつかなかった。

　喘息は乳幼児期から発病することが多く，治療の適否によって生じる生涯にわたる得失はかなり大きいのである。Sの両親は，普段から園の行事に対しても積極的で協力的な園の保育には理解のある両親でもある。しかしながら，発作が多く続いた冬，「やはりSにとって保育園の活動はきつ過ぎるのではないか」と思うようになってきた。M幼稚園なら時間も短いし，泥んこもしないので，Sにとって「みんなやっているのに，私だけできない」と思わなくてすむだろうと考えての相談である。退園するなら母親は仕事も辞めなければならなくなる。園としては親の要望どおり，最大限の配慮をして，Sの大好きな水遊びも保育士が他の活動に上手く誘導したり，どうしてもSが泥んこをしたい時は，時間を制限して行ったりした。しかし，発作は起きそのたびに長期入院を必要とするのであった。

　幼稚園に行けば発作が無くなるという保障はない。Sに合わせてどれだけの個別ケアができるかが課題となる。それには，ますます保育士の医療的知識の必要性を感じ，また医療保育士の資格制度の実現が望まれる。無論，保育園だけで何とかなるとは考えてはいけない。喘息のコントロールが不良であると，やがて非可逆的な気道閉塞（気流制限）に至ることもあるからである。Sの主治医との連携を取りながらも，こうした病弱児をもケアして，これを乗り切ることができるかどうかが，インクルージョン保育の実践として，の大きな次のステップアップになる。そしてオキシメーターを使用しながら血液の中に含まれている酸素の濃度（血中酸素濃度）を常に測定しながら，大きな発作も起こ

さないで無事卒園させることができた。

5　特別な障害をもった普通の子ども

　特別な保育ニーズを持つ子どもを保育する上で大切なことは，その特別な障害だけに目を向けるのではなく，その子自身を見つめ理解することであることが極めて重要である。障害児は「特別な障害をもった普通の子ども」なのである。さらに言えば「普通の子ども」の普通という意味までも吟味しなくてはならない。「普通」の意味は広く厳密な定義が存在しない。なにをもって「普通」とするかは「普通」という言葉の意味さえも，時代によって，文化によって，集団によって，地域によって，状況によって異なる。普通を肯定としてとらえるのか，否定としてとらえるのかによっても意味が異なる。そうしたことを恐れずにあえて「普通の子ども」と言うのは，まずなによりも子どもであるということの意味において普通という単語を使用している。言葉の表現や用語に差別や偏見がないように，ポリティカル・コレクトネス（Political correctness）には十分に注意を払う必要がある。

　先に述べたＮの事例でも明らかなように保育者はその行動や発達をポジティヴに捉える姿勢が重要であり，その結果，周囲の子どもたちの自然な関わりが発生することを明らかにした。また，保育者が子どもの成長を自らの歓びとして両親や他の職員にも伝え共有することも，インクルージョン保育の実践では欠かすことのできない重要な役割である。療育面でも他の専門機関と交流や研修，指導を受けながら有機的な連携を図ることが重要で，園全体，地域社会全体で子どもを育て見守ることがインクルージョン保育には欠かせないことである。

　それは特別な保育ニーズを持った子どもだけに留まらない。日本語を上手く話せない外国人児童の問題や，慢性的疾患のある病弱児童についても同様であり，すべての児童に対しても同じ視点で保育を行うことが重要であることに気づく気づきの保育でもある。つまりインクルージョン保育の実践は，画一化された安易な集団保育ではなく，個々の個性を最大限尊重しながら，一人ひとりを大切にしたていねいな保育でもあり，それは保育そのものの原点に立ち返るということでもある。

（倉田　新）

参考文献

青木純一　公教育研究会編「教育をひらく」『公教育研究会論集』ゆみる出版，2008年。

伊勢田亮・小川英彦・倉田新編『障害のある乳幼児の保育方法』明治図書，2008年。

伊勢田亮・倉田新・野村明洋・戸田竜也共著『障害のある幼児の保育・教育』明治図書，2003年。

倉田　新「インクルージョン保育の実践と課題1」『国民生活研究第47巻3号』国民生活センター，2007年。

倉田　新「インクルージョン保育の実践と課題1」『国民生活研究第47巻第4号』国民生活センター，2008年。

国立特殊教育総合研究所『サラマンカ声明』特殊教育法令等データベース

厚生労働省厚生科学研究班「毎日新聞」2002年7月26日。

台北市身心障礙教育工作手冊（http://163.21.249.138/manuals/）

台北市立教育大学付設実験国民小学付属幼稚園　親職手冊

台北駐日経済文化代表處HPより（http://www.taiwanembassy.org/jp）

特殊教育法（http://www.sci.org.tw/typsn-fa-3_24.html）

ベンクト・ニィリエ・河東田博『ノーマライゼーションの原理　普遍化と社会変革を求めて（新訂版）』現代書館，2004年。

第12章
問題を抱える子どもへの支援(3)
——不登校・非行等——

　筆者は2006（平成18）年4月より前任者の枠を引き継ぐ形で，本章に題した授業を担当している。受講生のこの先の将来には，医療や心理といった自分とは異なる職種の専門家や，子どもの親との連携が必要な場面に遭遇することもあるだろうと推測している。

　そこで授業では不登校・非行という問題のみならず，その背景にある思春期の心理発達上の特性や，子どもたちが生活する学校のシステム全般にわたって解説を行っている。その中で，主に初心者の立場で考えて，援助者が思春期の子どもと接する上で悩んだり困ったりする場面の例を挙げてきた。これは筆者自身が臨床経験の浅い身であり，その中で学生に提供できるものを考慮した上での構成であることを申し添えたい。

　本章では，授業で紹介している領域ごとに，昨今の動向や知見を紹介する。

1　問題を抱える子どもの支援における他領域の視点

　筆者は，元々専攻が保健学であり，大きく分類すれば医学系（理系）に立脚した見方をする傾向があると言える。開講当初は学生が自分たちと講師との考え方のギャップに戸惑う感想も見られたため，2年目からは講義の初回で他領域からの視点を説明している。将来，彼らが多職種と連携する際の参考になると考えているからである。以下は，他領域の解説を挙げておく。

①精神医学

　現れている問題の背景に，本来なら治療可能な精神疾患が隠れていないか留意する。子どもを病気扱いすることに抵抗を感じることもあるだろうが，**病気の可能性について考えることはその人を病気扱いすることとは異なる**。病気の

可能性について考えるのは，有効な援助を考える上で必要だからである。
　②薬理学
　薬を用いるかどうかは最終的には子どもと親が選択することだが，前提として選択肢のメリットとデメリットに関する情報が与えられていなければならない。既に精神科等を受診している子どもが相談へ来るケースも増えている。いま接しているときの状態がもともとそうなのか，それとも薬を飲んでいるからなのか，あるいは処方が変更されたからなのか注意が必要である。
　③心理学
　その子どもが，今，成長発達のどの段階にいるか，起こっている問題が，今，その子どもにとってどのような成長発達上の課題を表しているかを検討する。
　④ソーシャルワーク
　問題の解決のための支援を考えると同時に，その支援を得るためにどのような機関や職種の人の協力を得ることが有効かを検索する。しかし多職種のチームを結成し機能させるためには技術が必要となってくる。
　⑤政策・制度
　問題の解決のために必要な支援に関連した制度はどうなっているか，また，支援が有効であることを示す評価の方法について考える。

2　実践における視点

　不登校や非行といった問題の場合，援助者は思春期の子どもと対面することになり，時には援助者自身の価値観や人生観を子どもに問われる局面もあるだろう。あるいは援助者の「個性」と言ってもよい。そこで戸惑うことなく，客観的な判断と自分の見解とを分けて考えられるようにしておきたい。問題を抱える子どもへの支援に限らないが，援助職に就いた者がとくに初心者の段階で注意するべきと考える点を以下に挙げる。
　①事実と推測と判断
　自分の目で見たこと，子どもから直接聞いたことと，他の人からの情報とは混同してはならない。とくに子ども本人からは聞いていないが他の人を経由して知った情報の管理には注意を要する。子どもの話していることは話していることであってそれ以上でもそれ以下でもないのである。親や周囲の者が子ども

第12章　問題を抱える子どもへの支援(3)——不登校・非行等

と反することを言った時に直ちに虚偽と断定するようではいけない。

②共通原則と経験則

　共通原則は「話の落としどころ」であり，経験則は「話のもっていき方」に例えられる。講義等で習う共通原則は方針や目標を示してくれるが，方針を実現するための具体的な方法の部分では個性が現れ，また個性があって良い部分である。講義や他の機会で接する臨床経験者の経験則は，あくまでその人の個性にあった「話のもっていき方」であり，その通りにできなければ支援ができないということではない。

③「ニーズ」の考え方

　すべての人・すべての事態に画一的に適用できる仕組みやサービスはない。この人に適した仕組み・サービスは何か？　この仕組みやサービスに適しているのはどういう人か？　これらを「この人のニーズにあった仕組み・サービス」「この仕組み・サービスのニーズがある人」と表現する。「ニーズ」は本人が表明する以外に，本人が自覚していない潜在的なものも指す。

3　不登校・非行の動向

　「不登校」は，学校があるから問題になることでもある。日本において子どもは生活の多くの時間を学校で過ごす。学校は，営利を目的とした企業や，治療を目的とした病院といった場所とは異なる目的——成長と発達の支援，学習の支援——をもつ。大人（先生）と子ども（生徒），子ども同士のコミュニティという特徴もある。子どもが何らかの事件に関与した時，事件自体は学校の外であったことでも，学校は無関係には扱われない。例えば子どもが学校の外で起こした「非行」が，学校のコミュニティに影響を与え，不安や動揺を起こす場合もある。

　学校に行けない子どものためには，代替となる場所や機関・履修の方法が普及しつつある。フリースクール，通信制高校，高等学校卒業程度認定試験（高卒認定試験），また従来からある適応指導教室など。選択肢の広がりが子どもへの支援にもなる一方，学校の存在意義に対する疑問も生じ，現場の職員たちに揺らぎをもたらしている。

　最近の大きな動きとしては「いじめ」の定義変更がある。2005（平成17）年

度までは「自分より弱い者に対して一方的に，身体的・心理的な攻撃を継続的に加え，相手が深刻な苦痛を感じているもの。なお，起こった場所は学校の内外を問わない」とされていた。2006（平成18）年度からは「当該児童生徒が，**一定の人間関係のある者から，心理的，物理的な攻撃を受けているもの。なお起こった場所は学校の内外を問わない**」となり，より広くなった。[1]

（1）不登校の動向

文部科学省による不登校の定義は「何らかの心理的，情緒的，身体的あるいは社会的要因・背景により，登校したくないあるいはしたくともできない状況にあるために年間30日以上欠席した者のうち，病気や経済的な理由による者を除いたもの」である。不登校が特定の子どもに特有の問題があることによって起こることではなく，どの子どもにも起こりうるという考え方にたっている。それでも不登校という状況が継続すること自体は，本人の進路や社会的自立のために望ましいことではなく，対策の検討が重要とされる。

現在の定義に至るまでにはいくつかの変遷があった。1980年頃から「登校拒否の増加」が指摘され，「不登校」（当時は「登校拒否」）の発生要因をめぐる議論が起こった。1つは親子関係や子どもの人格特性が原因とする考え（母子の共生的結びつきや父性の不在），もう1つは子どもが回避する学校という場そのものの問題とする考えであった。1992（平成4）年の「文部科学省学校不適応対策調査研究協力者会議」において，登校拒否（不登校の旧称）はどの子どもにも起こりうる現象であるとされた。一方，登校を促すと状況を悪化させるおそれがあるとも指摘された。この報告によって方向転換した後も不登校は増加し続けた。また学校現場では「登校刺激」となることをおそれて適切な対応すら気兼ねするという事態が起こっていた。

そこで，2003（平成15）年「文部科学省不登校問題に関する調査研究者会議」の報告書においては，不登校支援をめぐる新たな戦略が必要とされた。不登校は青年の「ひきこもり」につながることも否定できないため，学校の内外の機能を挙げて学校復帰ないし社会への参画を援助するさまざまな働きかけを考慮すべきとされた。

文部科学省の年間統計では，2007（平成19）年度の不登校児童生徒数は小中学校で計12.9万強となっており，在籍する児童生徒の約1.2％に相当する。

不登校が起こる原因は，病気による欠席以外のその他本人に関わる問題が3割，いじめを除く友人関係をめぐる問題が2割弱である。不登校が続いている理由は不安など情緒混乱，無気力が3割前後を占める。不登校になっている子どものうち4～5割は前年度から不登校が継続しており，指導の結果登校する，またはできるようになったのは不登校全体のうち3割である。

　統計が示すように，不登校は単一の明らかな要因によって起こる現象では必ずしもない。そこで不登校状態にある子どもを精神医学的な疾患概念で理解する試みが広がっている。分離不安障害，社会不安障害，過剰不安障害，気分変調症，適応障害といった診断に該当する子どもが，症状として不登校を示すというとらえ方である。だが不登校を疾患の症状としてだけとらえるのでは，不登校状態にあることで子どもが抱える心理社会的な課題を評価できない可能性があり，複数の軸で考えるべき問題とされる。

（2）不登校に関連する精神科的問題(1)——精神障害

　DSM-IVやICD-10といった国際的な医学上の分類では，精神疾患の中に「発達障害」が含まれている。ただし神経系の発達障害と混同されることを避けるために「精神発達障害」と称することがある。「知的障害」も疾患分類では精神疾患の中に位置づけられる。しかし障害として考えるときは，世界的には「知的障害」と「精神障害」が併置され，「精神障害」と「発達障害」も分けて表記されることが多い。授業ではこの三障害のうち「精神障害」と「発達障害」について解説している。「精神障害」では「統合失調症」「大うつ病性障害」「強迫性障害」をとりあげ，とくに薬物療法について時間を割いている。

　どのような薬も使う時には心理的な支援とセットになって行われるべきであり，本人が治療に乗るまでにも支援が必要だし，治療を続けていくにも支援が必要となる。薬があればそれで済むということではない。医師には薬を処方する役割のほかに「何を目標とした処方か」「この薬はどういう効果があるのか」「予想される副作用は何か・とくにどういうものに注意したらいいか・どういうときには医師に連絡が必要か」などを説明する役割がある。学校現場において，子どもの親や先生が言われてしばしば困るのは「見守っていてください」だという。どこまで見守っていればいいのか？「どういう」状態になったら「誰」に「何」を連絡すればいいのか？「何」が服薬による正常な反応で，

「何」が注意しなければならない反応なのか？ などが分からなければ，見守るにも不安がつきまとう。もし専門家から自発的な情報提供がされず，学校でも子ども本人の状態をどう考えたらいいか困っている時には，周囲の人が感じている不安や疑問を代理的に専門家へ伝える者が必要になるだろう。

また「不登校」そのものがもつ問題も無視されてはいけない。精神障害は，あくまでもその人の一部に過ぎず，人格すべてが障害されているわけではない。不登校になることで起こる症状と，不登校になる前から始まっている症状との区別に気を付けたい。障害をもつ人が感じる不安には，障害があることで起こる不合理な不安だけではなく，現実的な不安ももちろんある。だが本人は時として不安になる自分がおかしいと思いがちであり，援助者は「それは現実的な不安であって，あなたが現実をちゃんと認識できている証拠である」ことを伝える必要がある。

（3）不登校に関連する精神科的問題(2)——発達障害

授業では発達障害の中の「注意欠陥・多動性障害（ADHD）」と「広汎性発達障害（PDD）」を取り上げている。彼らは複雑な刺激のある集団場面において失敗経験をしやすい。認知や情報処理の過程に独特さ・不器用さがあるものの，それが不登校や非行に直結するわけではない。しかし適切な養育や指導を受けられないまま周囲との軋轢を大きくしていけば，2次的な問題として発生する可能性が指摘されている。

ADHDの多動傾向に対しては薬物療法が用いられている。従来は中枢神経興奮剤のリタリン（商品名。一般名は塩酸メチルフェニデート）が一般に使用されてきた。しかしリタリンはADHDへの処方は保険適用外である。日本では難治性・遷延性のうつ病とナルコレプシー（睡眠障害の一種）がリタリンの適応症とされていたが，かねてから依存性の問題が指摘されており，2007（平成19）年10月にうつへの適応が削除された。リタリンの適応がナルコレプシーのみになったのとほぼ同時期に，ADHDの治療薬としてコンサータ（商品名。リタリンと同じ塩酸メチルフェニデート）が承認された。リタリンやコンサータを処方する医師は，塩酸メチルフェニデートの依存に関する講習を受け修了書を取得した上で，コンサータ流通管理委員会・コンサータ錠適正流通管理委員会に登録しなければならない。

また昨今の制度上の動きとして特別支援教育の開始が挙げられる。2006（平成18）年6月に学校教育基本法が改正され，2007（平19成）年4月より正式に実施されることになった。従来の「特殊学級」では対象にならなかった言語障害児や情緒障害児，学習障害（LD），ADHDを有する児童も含めて，障害児教育を「特別支援教室」で提供する。それまでPDD（自閉症やアスペルガー障害を含む）は知的障害の制度の中で対応されてきた。しかし知的障害に必要な支援と広汎性発達障害に必要な支援は異なることが指摘されてきた。また文部科学省によると「盲・聾・養護学校に在籍する児童生徒の障害の重度・重複化が進んでおり，概ね半数近くの児童生徒はその障害が重複して」いた。そのため，2007（平成19）年4月より盲・聾・養護学校は，特別支援学校へ一本化されることになった。

　発達障害を有する子どもの理解を助けるために，知能検査を行うことがある。知能検査はその人のIQの高低を計るためだけに実施するのではなく，その人の優れた領域や苦手な領域を把握して，今後の指導に役立てるものである。例えばPDDやLDでは知能のプロフィールに偏りがみられる場合がある（全体ではIQ100だとしても，領域ごとにみると低い部分と高い部分とがあり，その高低の差が激しいなど）。WISCやWAISでは全体のIQのほかに，言語性IQと動作性IQが測定できる。この言語性と動作性の差をディスクレパンシーといい，この差が15以上ある場合は特別な支援が必要である可能性を考慮する。

（4）非行の動向

　少年法では20歳未満の青少年による犯罪行為，触法行為及び虞犯（犯罪を行うおそれがある状態）を総称して「非行」と称する。同じ非行の中でもいくつかの段階があり，その段階に応じたアプローチが必要である。

　非行の問題を考える上では，更生保護の観点が重要になる。更生保護とは，犯罪・非行に陥った人々が更生し，通常の社会生活を営むことができるように助言・指導・援助し，また再犯予防のために活動することを指す。以下，更生保護に関わる施設等を挙げる。

①少年鑑別所

　家庭裁判所から送致された少年を収容し，専門的な調査や診断を行う施設である。少年鑑別所の鑑別および調査結果を基に，家庭裁判所で矯正教育が必要

と判断された場合，子どもは少年院に送致される。

②少年院

一般少年院と医療少年院がある。医療少年院は全国に4カ所ある。身体疾患・精神疾患に対応する関東医療少年院と京都医療少年院，知的障害などに対応する神奈川医療少年院と宮川医療少年院である。精神または身体に障害があり，専門的医療を必要とする場合に送致される。専門的医療と矯正教育の双方を行う。

③保護観察

犯罪や非行をした者のうち，その性行がさほど重大でないために刑務所や少年院に収容されるまでには至らなかった者や，収容されてもその後の行状が良かったために定められた収容期間が終わる前に釈放された者が対象となる。生活の目標や指針を定めて，それを守るように指導監督する一方，就職の援助や宿泊所の提供などの補導援護を行う。これらは専従の国家公務員である保護観察官と民間ボランティアの保護司が担当する。法定期限は原則として20歳までとなっている。彼らは「援助」の役割と「監視」の役割の双方を担っている点に特徴がある。保護観察中は保護観察対象者が保護司の家を訪問（来訪）したり，保護司が対象者の家を訪問（往訪）したりする。連絡方法には電話等を使っても，対面で会うことが重要とされている。対象者と面接して生活状況を把握し，保護観察中に決められた約束事（遵守事項）を守るように指導をし，生活相談などを受ける。

近年の大きな動向としては，2007（平成19）年6月に更生保護法が成立したことが挙げられる。従来は更生保護の基本的な法律が犯罪者予防更生法と執行猶予者保護観察法の2つに分かれていたところを，両法律の内容を整理し統合した。保護観察における遵守事項の整理および充実，社会復帰のための環境の調整の充実，犯罪被害者等の関与，保護観察官と保護司との役割分担に関する規定の整備が主な内容である。

（5）非行に関連する精神科的問題

2007（平成19）年における一般刑法犯（道路上の交通事故に係る危険運転致死傷を除く）の検挙人員のうち，精神障害者は1,270名，精神障害の疑いのある

者は1,519名であった。同検挙人員に占める両者を合計した者の比率は0.8%であり、一般人口における精神障害の有病率と比較して、精神障害者の犯罪率が高いとはいえない（法務省，2007，2008）。

精神科診断の中にある「行為障害」の概念は、他人の基本的人権または年齢相応の主要な社会規範、または規則を侵害することが反復し持続するというものである。具体的な内容としては他人や動物への攻撃的行為、他人の財産に損失や損害を与える行為、嘘をつくことや盗み、重大な規則違反などである。

法的な概念である「非行」と必ずしも一致はしないが、類似しているため、次のような問題が生じている。単に問題行動だけを取り上げると、見かけ上は行為障害の基準を満たすケースが出てくる。しかし、問題行動の背景にあるものを見落としてしまうと、本人にとって必要な支援が提供されないため、子どもの問題行動も改善されない。例えば統合失調症の命令幻聴や替え玉妄想などは、本人にとっても苦痛なものであり、治療の対象とするべき症状である。てんかん性の不機嫌状態で起こる爆発的な怒りや、双極性障害の躁状態で起こる問題行動も、本来のその人にとって不本意な行動であり、やはり治療の対象となる。

「物質関連障害」は、覚せい剤や有機溶剤をはじめとする薬物乱用により生じる障害をさす。身体依存（身体が薬物なしには安定を保てない）と精神依存（反復的に摂取せずにはいられない衝動が生じる）により、その薬物を入手するための行動がエスカレートする。例えば、薬を購入するためのお金ほしさに窃盗などの犯罪行為をはたらくようになるなど。薬物乱用の結果として精神症状が現れてくる。これには乱用中に急性に現れる症状もあれば、乱用をやめた後にも後遺症として慢性的に残る症状もある。子どもが援助者に精神症状を訴えてきた時、援助者の側が薬物乱用の可能性を念頭に入れて聴取しない限り、本人が自発的に打ち明けることは稀であり、援助者は念頭に入れておくことを注意されたい。彼らへの治療・対応としては、急性期を脱して精神症状が消失してから、再び薬物を使用しないための教育が必要となる。どうして薬物を乱用したのか。背景には心理的な要因があり、そこに治療・教育の手が届かないと防止することはできない。従って依存・嗜癖の克服と非行そのものの矯正教育を行うことになる。薬物乱用をする子ども（に限らず大人も）は、一般に自己評価や自尊感情が低く、孤独感に悩んでいることが多いとされている。またそ

うした心理的な問題に適切に対処できていないために薬物乱用へ陥ってしまう。彼らへの有効な治療・教育の手法として，グループワーク（依存・嗜癖の経験をもつ者同士の集団での教育）が挙げられる。

4　成長発達と思春期心性

　中学生くらいから，子どもは「思春期」の段階に入り始める。急速な身体発達に伴って，家族から外に出る欲求が強まり学校や仲間集団との関係に没頭する。独立と依存との，矛盾した気持ちが両方あることで葛藤が生じている。子どもの万能感（機会さえ与えられればやり遂げてみせる）から，現実の困難にぶつかり始めて自己のイメージの修正を求められる。権威への反発，親への反発（大人の欠点が見えてきて，しかしまだ大人に保護されている自分の立場に苛立つ）がみられる。親には「分かってほしい」けど「分かられたくない」，「分かりっこない」という矛盾した気持ちをもつ。こうした思春期の葛藤や軋轢が，行動上は非行や不登校といった問題となって現れる場合がある。

　また思春期の対人関係の特徴として，同性の同年代の人たちが競争相手として意識されてくる点が挙げられる。異性への関心が高まると同時に，異性にとって自分が魅力的であるかどうかが気になってくる（色気づく）。異性関係は，子どもにとって，新しい対人関係のきっかけである。しかし年若の者にとって異性に「フラれる」ことは，自分の全存在を否定されるように感じられる場合がある。それは「自分と異なる考え方をもつ人間との接し方」という課題が露呈する場面でもある。

　支援対象者に自身の考えや見解を問われることは，とくに対象が思春期の子どもである場合，決して稀なことではない。そのような時援助者は，人生経験豊富な熟達した大人として「正しい」見解を示さなければいけないとは，必ずしも言えないように思う。人それぞれに行動や考え方があり，対人関係がうまくいかないときも誰が悪いということではなくお互いパターンがかみ合わないからだと，子どもが理解することに意味があると筆者は考える。

第12章　問題を抱える子どもへの支援(3)——不登校・非行等

5　学校保健のシステム

　授業では不登校や非行を予防するという観点で，学校体制やチームワークにふれている。

　学校は子どもの問題への対応だけではなく，問題の予防，成長発達の機会を提供する場である。学校というコミュニティには毎年新しい子どもたちが参入し，入れ替わりが多い場所であり，「その人のことをじっくり時間をかけて理解してから支援する」という考え方だけではうまく対応できない・後手に回る局面がありうる。また学校は，元々，集団教育を行う場であり，それをうまく活用して，子どもたちに予防的な心理教育ができると考えられる。どれだけ相談窓口をオープンにしていても，（援助が必要であるにもかかわらず）相談に来ない人は必ず存在する。そういう人にも支援が提供できる点で，授業という枠組みでの心理教育は大きな意味をもっている。

（1）学校保健のシステムに関わる職種
①養護教諭
　不登校児童の保健室登校に対応するなど，近年注目されている職種の1つである。子どもにも養護教諭は「保健の先生」という意識があり，「調子が悪いこと」を話しやすく，最初の相談窓口になりやすい。身体的な問題を相談の入口として，精神的な問題につながっていくことがある（最初から精神的な問題として話すことに抵抗のある子どももいる）。保健室で知った子どもの実態を基に，「何がいま問題になっているか」を担任や保護者らと共有する役割も担っている。

　養護教諭は一般教諭とは異なり，成績評価との直接の関係がない。また毎日学校にいることが，後述するスクールカウンセラーとの違いの一つである。学校保健委員会等の学内の保健組織に属して，スクールカウンセラーに子どもをつなげる窓口になっていることも多い。

②スクールカウンセラー
　文部科学省が不登校等の問題への対応策として，1995（平成7）年度から公立小中学校を中心に導入されはじめた心理職である。臨床心理士の有資格者ま

たは精神科医，心理学系の大学(准)教授や講師であることなどがスクールカウンセラーの条件となっている。2008（平成20）年までの合格者累計で日本には1万9,830名の臨床心理士がいることになる。一方，全国の小学校は2万2,476校，中学校は1万915校であり，学校の数に対し臨床心理士が足りない状況が続いており，スクールカウンセラー1人で複数の学校をかけもちする例は少なくないとされる。2006（平成18）年スクールカウンセラーの配置率は小学校26.4％，中学校76.6％，高等学校44.6％である。

③スクールソーシャルワーカー

文部科学省は，2008（平成20）年度から公立小中学校で活動する「スクールソーシャルワーカー」を，全都道府県計141地域に配置することを決めた。スクールソーシャルワークでは，職業的価値観である「人間尊重の理念」の下に，「問題解決は，児童生徒，あるいは保護者，学校関係者との協働によって図られる」と考える。スクールソーシャルワーカーは，問題解決を代行する者ではなく，児童生徒が自らの力によって解決できるような条件作りに参加するというスタンスをとる。「個人が不適合状態に対処できるよう力量を高めるように支援する」，あるいは「環境が個人のニーズに応えることができるように調整をする」という，「個人と環境の双方に働きかける」という特徴を有する。学校等における児童虐待防止に向けた取組に関する調査研究会議において，こうしたスクールソーシャルワーカーの活用を検討するべきと報告された。

④担　任

子どもの進路指導において，中心的な役割を果たす。学校の中で子どもと最もよく接する重要な支援者である。しかし，近年は病気による休職や，指導力不足などが取りざたされることが多い。文部科学省「教職員に係る懲戒処分等の状況の調査」では2007（平成19）年度に精神疾患で休職扱いとなった公立小中高校等の教員は4,995人で過去最多，前年度より320人増。全国の教員91万6,441人のうち，病気休職者は8,069人。精神疾患によるものが病気休職者の6割を越えた。統計では傷病名までは公表されていないが，教員の精神疾患の多くはうつ病ともいわれる。病気休職した教員の全国的な復帰率は明らかではない。休職と復職を繰り返す「リピーター教員」の存在も指摘されており，復職することそのものよりも，継続して仕事ができるかどうかが課題になっている。

⑤保護者

　保護者にとって学校は,「子どもを預けているところ」でもある。学校で子どもに何が提供されているのかは保護者の大きな関心事となる。子どもが思春期にさしかかると,子どもと保護者との関係が不安定になるため,保護者は無意識に学校を「悪者」にして子どもと保護者との共同体を守ろうとすることがある。

　保護者を学校での活動に上手に巻き込んで,了解と協力を得ることが必要になってくる。例えば,保護者会への事前の打診もなく性教育などを実施すると,子どもが帰ってきて話す内容に驚いた保護者が学校に問い合わせる,といった騒ぎになる可能性もある。

(2) 学校コミュニティの緊急支援

　前述のように,学校に所属する子どもの非行や,自殺といった行動はその人だけの問題として留まらず,学校コミュニティ全体に打撃を与えうる。学校の構成員(子ども,保護者,教員)の多くを巻き込む,突発的で衝撃的な出来事をきっかけに,学校コミュニティの危機が生じるのである。混乱,混乱の助長と増幅が起こり,出来事の深刻さが一定のレベルを超えてしまい,いつもの対処方法では収拾がつかない。近年でも学校内で子どもによる殺傷事件が起きた例がある。被害者が子どもや教員などの学校関係者だった場合,加害者と被害者という相対立する当事者が同じ学校の中にいることになり,それぞれに身近な子どもや教員,保護者の間で対立があらわれた。加害者と被害者の両方の子どもが同じクラスであった時には担任教員の自責感は重く,一方で社会の不安が学校や保護者への攻撃を生み,関係者の傷をさらに深くした。

　また,マスコミ取材の殺到による2次被害も発生した。仮にスクールカウンセラー等を配置している学校であっても,学校の中に配置されている専門家は彼自身が学校の一員であるため,他の子どもや教員と同じように衝撃を受けている。そこで外部からの支援が必要と考えられ,外部からの応援メンバーを加えた,学内緊急支援チームを早期に結成する取組みが行われはじめている。

(3) チームとネットワーク

　それぞれの援助機関がバラバラのままだと,ケースの主な担当者を決めてそ

の人に情報を集約するという流れがつくられていないために，誰に何を伝えた・伝えないという情報の錯綜が起こる（ケースマネジャーの不在）。多くの人が対象者に関わっていてもみんながバラバラに動いてしまい，混乱が起こる。以下，チーム・ネットワーク構築に必要なポイントを列記する。

①「守秘義務」とチーム

精神科や心理領域の職員の中には「守秘義務があるから話せない」と言う人もいる。これは決して稀なケースではない。しかし，人への適切な対応をするために共有するべき情報がある，と考える。知りたいのは診断名そのものよりも，安心して安全に活動するための情報である。チームで守秘義務を負うと考える。

②情報提供に関する本人の同意

通常の援助機関では，最初の相談票（面接で相談する前に概要を記入する問診票みたいなもの）に，ここで得た情報は援助のためだけに用いると明記している。援助者から他の人に情報を伝えることも，できるだけ本人に伝えるようにしている。重要なのは「何でもかんでも話すわけではない」ことである。チームワークを組んでやっていくために（あなたに適切な援助ができるように），必要なことを伝えるのだと理解してもらう。理解のための本人とのやりとりは時間がかかるが，やりとり自体が子どもにとって治療や援助としての意味も持っている。

③定例的な連携の場

異職種同士がケースについて話し合うチーム会議。こうした会議などでありがちなのは「責任追及」の場になってしまうこと。ときに専門家の言葉は，それ以外の人が聞いて「子ども（や親）を病人扱いしている」ように聞こえて不愉快だったりする場合がある。どんな領域の人にも通じる共通の言葉で話せるかが問われている。チーム会議の本来の目的は参加者の全員が具体的な方針を共有して，「こうしていけばいいんだ」と安心してこれから対応ができることである。

④学校組織

組織（の一部）の管理者と部下という関係，生徒の担任と管理者がそれぞれ本人に対してとるスタンスは異なる。職員と子ども，職員と保護者とのトラブルが発生したときは管理者の出番となる。緊急時の対応の指揮，やっかいな状

況下にある時の各職員への指示などをする。上が指示を出すことで，仮に事態が悪化したとしても職員は自分を責めずに済む。どの職員も「安心して対応できていること」が重要であり，それぞれが「これで合ってるのか？」と悩みながらばらばらに動くのは苦痛であり，ケースにとっても良くない。「この職員にならばこれが通用する」ということを見抜いて，逆手にとる者もいる。管理者のフットワークが軽いことがあらゆる局面において良いこととは限らない。対応の重みが必要な場面で，それが有効でなくなってしまう弊害がある。

（4）学校と地域の活動

　学校には必ず，その学校がある地域との関係が生じる。とくに公立学校の場合，子どもはその学校がある地域から通っていて，保護者もその地域に住む人。その地域にある援助機関との関わり。地域の援助機関が学校の子ども・保護者・教員に有効に活用してもらえるために，どのような活動を行うと良いのか。

　地域にどのような機関があるのかを，そもそも把握しているか。機関の連絡先，窓口はどこか。いくら有名なところでも，遠いところにある機関（援助者）では，いざという時・緊急の対応には連絡調整が間に合わない。しかし地域に必要な専門機関・専門家が十分確保されていない場合は，外注する（派遣で定期的に来てもらう等）などの方法も考えられる。

　機関がそこにあるだけでは，支援は展開できない。そこに行けば援助が受けられるはずの人が，その機関のことを知らなかったら？　本人でなくとも，その周囲の人が知っていれば，紹介してくれるかもしれない。紹介してもらえるような機関になっているか。虐待など，とくに周囲の人からの通報が介入のきっかけとなるケースでは，地域住民に知られていることが重要。広報活動，講演などで外に出向く必要がある。

　保健所・保健センターは地域保健法に定められている，地域保健対策の担い手。地域の医療機関や福祉機関については，基本的に保健所や保健センターが把握している。薬物予防やエイズに関する教育などのノウハウを蓄積しているところもある。

6 保護者支援

　中心のサービスユーザーは子どもでも，保護者に支援が必要な時がある。保護者は子どもにとって大きな支え手である。「保護者に問題があるから介入する」のではなく，「子どもをよく知るひとりのエキスパート」として協力を仰ぐ。親子のこれまでの経緯は変えようがないし，親が子にもつ諸々の思いは無理に修正するものでもないが，今後の子どもの「支え方」については適切な方法をとってもらう必要がある。保護者への心理教育を意識した援助を行うことになる。

　とりわけ思春期になると子どもは親とぶつかりがちな時期であり，親は子どもの小さい頃をずっと見てきているゆえに，「いま」大きくなりつつある子どもに適切に対応できない面がありうる。思春期の子どもをもつ親自身が，子育ての終わりという，自らの人生の次のステージを迎えようとする時期でもある。

　保護者に限らず，気を付けることとして，表明されるニーズと潜在するニーズとの違いがある。例えば，講演内容の希望をあらかじめ聴取すると「ストレス，病気，少年犯罪（心の闇は何が影響しているのか）」と出ても，これらをそのまま話すことが適切ではない場合がある。事実だけをそのまま話すと，保護者の不安をあおるだけになってしまう可能性があり，ただ「知りたい」だけではないことに留意したい。

　また援助者は，自分が相手にどう見えているか，認識した上で支援を展開する。とくに若い援助者では，ちょっとしたことが年配の相手の反感を買う可能性もあるが，自分の若さ・未熟さを否定する必要は決してない。例えば若い援助者は，子どもの親に「子どもは親のこういうところを有難く思う」といったメッセージを説得力をもって伝えられる。20代の援助者には20代なりの，40代の援助者には40代なりの援助の仕方がある。自分がもっている要素の有効活用を心がけたい。

　　　　　　　　　　　　　　　　　　　　　　　　　　　　（中西三春）

注
1) さらに，平成18年度調査において，いじめの発生件数が認知件数へと変化した。「いじめられた児童生徒の立場に立って」という点が強調され，いじめられ

たとする児童生徒の気持ちを重視することが付記された。

参考文献

奥村雄介・野村俊明『非行精神医学――青少年の問題行動への実践的アプローチ』医学書院，2006年，167-174。
学校等における児童虐待防止に向けた取組に関する調査研究会議『学校等における児童虐待防止に向けた取組について（報告書）』2006年。
齊藤万比古『不登校の児童・思春期精神医学』金剛出版，2006年。
福岡県臨床心理士会『学校コミュニティへの緊急支援の手引き』金剛出版，2005年。
法務省『平成20年度犯罪白書』2008年。
文部科学省『平成18年度「児童生徒の問題行動等生徒指導上の諸問題に関する調査」』2007年。
文部科学省『平成19年度「児童生徒の問題行動等生徒指導上の諸問題に関する調査」』2008年。
文部科学省『平成19年度教職員に係る懲戒処分等の状況の調査』2008年。
文部科学省『2008年学校基本調査』2008年。

第13章
家族ケースワーク・家族療法

　子ども支援においては，子どもだけを対象とする支援よりも，家族全体を援助対象とする家族ケースワークの視点が望ましい。家族ケースワークを行う際には家族の構成員の一人ひとりと良好な関係を築きながら，家族と協働して問題の解決に取り組むことが求められる。家族とは年齢・役割・価値意識等が異なる人々の集団であり，家族員同士が対立したり葛藤を抱えたりしていることも少なくない。そうした家族内の問題に援助職が巻き込まれると，家族全体と協働して解決に向けて取り組んでいくことに困難を覚えがちである。そのような際に有用な手法が家族療法アプローチには数多く含まれている。

　本章では，まず家族に対する理解を深めるために「ジェノグラム」を使って，また「システム」として家族を見つめる視点を紹介する。その上で，家族と解決に向けて協働する関係づくりの技術として「ジョイニング」「リソース発掘」「ノーマライズ」を提示する。その上で，家族ケースワークにおいて援助目標を構築する工夫や，目標達成を支える関わり方について概説する。

1　家族を見つめるまなざしの豊かさ

　家族ケースワークの場面には，どのような状況があるのだろうか。もっとも多いのは，子育て中の家族の中で，何らかの問題が生じている場面であろう。とはいえ，家族への支援が必要になるのは，子育て中の家族だけではない。障害をもつ人を支える家族は，親だけではなく祖父母やきょうだいも支援の対象に含まれるべきである。認知症高齢者への支援に携わっている人々にとっては，支援の対象となるのは親を介護している子ども世代や，生活を共にし，支えあう配偶者が思い出されるであろう。家族ケースワークを語る上では，こうした多様な対象家族を念頭に置かねばならないが，本書の位置づけ上，ここでは子

育て中の家族の抱える問題，すなわち「子ども」や「親」をめぐる視点を中心に論じたい。

子どもへの支援を提供する際には，子どもにとって一番身近で重要な人々である親やきょうだいを中心とした家族への関与が必要不可欠である。自ら相談を求める家族に対しては積極的に援助の手を差し伸べたいと思うだろう。とはいえ一筋縄ではいかないのが家族である。子どもに障害があることを認めようとしなかったり隠したがったりして専門機関の介入を拒む親，子どもへの不適切な養育環境があってもそれを認めない親，援助職が手を変え品を変え何とか接触して援助関係を築きたいと考えても，会うことにも電話さえにも応じてくれない親。子どもの福祉を第一に考えた時に，「あんな親では，うまくいくはずがない」と否定的な意識にとらわれてしまうことも起こりがちであろう。

家族ケースワークを行う上で，援助対象となる家族に対して否定的な意識が強くなってしまっては，適切な支援関係が構築できるはずもない。人は自らに対する批判に敏感である。援助職が否定的な身構えのままある家族を支援しているなら，それを察知した家族員にとっては支援ではなく責められる場となり，対立関係が容易に表面化し，ケースワークの土台となる信頼関係を構築することなどできなくなってしまう。すなわち，家族ケースワークを行う援助職は，家族の中に「敵」を作らないために，家族の誰に対しても肯定的な身構え，ものの見方をできるように自分のまなざしを豊かにすることが不可欠になのである。

家族に対する豊かなまなざしを磨く上で，役に立つ視点を提供してくれるのが家族療法アプローチである[1]。家族療法の主な理論の中から，家族を見つめるまなざしを豊かにするための工夫として，主に2つの視点を紹介したい。

（1）ジェノグラムを通してみる家族

家族に対して支援を提供する際には，必ずといってよいほどジェノグラム（家系図）を描く。ケース記録様式にはジェノグラムを描くための枠が設けられていることもある。そこには，どの程度のジェノグラムが描かれているであろうか。援助職が直接出会った人だけではなく，同居していない家族も含めたジェノグラムが描かれているであろうか。

三世代にわたるジェノグラムは，現在の家族に生じている「問題」を理解す

図13-1　ジェノグラムの例

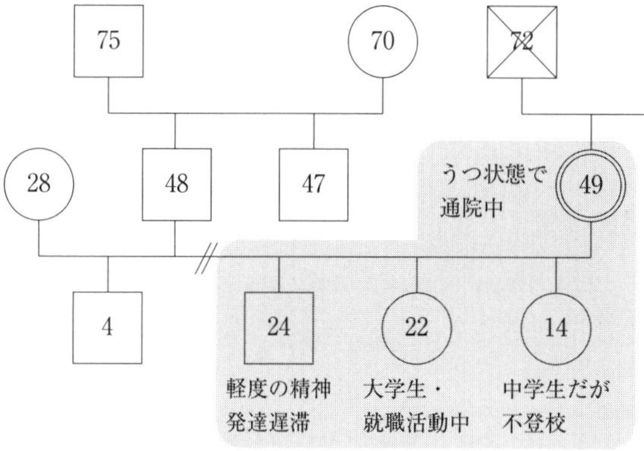

```
  75    70         72×        69
   └──┬──┘          └────┬────┘
      │                  │
  28  48  47          49(うつ状態で通院中)  47  45
      │                  │
      4          24    22    14
              軽度の精神  大学生・ 中学生だが
              発達遅滞  就職活動中 不登校
```

出所：筆者作成。

　る上で大事な糸口となることが多い。結婚年から，第1子誕生までの年数から出産時の状況を推察できる。妊娠が結婚の決め手となったのか，その場合祖父母世代からどのように受け入れられたのか。第1子出産まで長く時間を要したなら，何が背景にあったのか，また出産に対する心理的な不安や重圧があったのか。子どもの年齢が離れている場合には，その間に何があったのか，離れて生まれた子どもによって家族にどのような影響があったのか。祖父母世代は孫に対してどのような態度なのか。嫁や婿に対する役割期待から，孫の父母としての役割期待が加わったことにより両親と祖父母との関係性に変化が生じたのか。離婚や死別がみられる場合には，その喪失にどのように乗り越えたのか。親自身がどのような養育環境で成長してきたのか，それをどのように捉えているのか。育ってきた時代的な背景はどのようなものか，社会を動かす大きな事件や災害はあったか。そうした点を含めて，相手の生きてきた歴史を推測し，また言葉に表していくことで，家族員の一人ひとりの体験についてより深く考察し，話し合い，聞き取ることができるようになるだろう（図13-1）。

　もちろん，そこから想像される「物語」はあくまで想像であり，これに基づいて「分かったつもり」になって支援することはできない。だが，このような視点を持てるかどうかで，相手の家族一人ひとりの体験に対する誠実な関心がわきあがり，きちんと質問し，どのような時代を生きたか，どんな体験をしてきたか，と話を投げかけ，実際の体験談を豊かに聞かせていただくことができ

るだろう。

　このようにジェノグラムを詳細に把握する面接を行うことにより，家族の「問題」とされているものの背景がより詳細に浮かび上がり，直線的な因果論では状況が捉えられなくなる。壮大なうねりのような家族の歴史の中で，一人ひとりを位置づけなおすことで，より深く家族の一人ひとりに寄り添い，共感的な関わりができるようになるだろう。[2]

（2）システムとしてみる家族

　システムとは，部分が相互に関係し合って一つの全体やパターンを作り上げているものと考えることができる。システムには，他と区別される境界線があり階層性がある。システム内で生じているものごとは，全体性における相互作用が大きく影響しているため，直線的な因果律で説明することができない。ある種の出来事は，あらゆる契機や理由で生じうるし，同じ出来事が生じたとしても，結果が必ずしも同じとは限らない。問題が生じるのは，システムとシステムとの接点における相互作用においてであり，相互に影響しあうシステムにおいては，円環的因果律で物事を捉えることが重要となる。[3]

　家族をシステムとして捉えるというのはどういうことであろうか。家族は，構成している家族員一人ひとりによって相互に影響を与え合うシステムとみなすことができる。家族員の一人ひとりは生態システムであり，1つのシステムの不調が全体に影響を与える。例えば，幼い子どもを抱えた母親が体調を崩すとどうなるであろうか。父親は子どものために早く帰宅し夕飯を作らなくてはいけなくなる。仕事が予定通りに進められず，苛立つかもしれない。子どもは母親が心配で，母親の側から離れられず，休む母の横で遊んでばかりである。手伝いをせずに母の休養を妨げる子どもに対して父親も苛立ちが増すかもしれない。母親という一つのシステムの不調が，家族全体というより大きなシステムにさまざまな変化を引き起こしうるということである。

　システムという意識を持ち，パターンを探す利点はどこにあるだろうか。システムと捉えて，客観的に「円環を探す」「パターンを見立てる」といったアセスメントを行うことは，状況を相対化して事例に対して距離をとり，無批判・無自覚なままに生じる共感から過剰に巻き込まれてしまうのを防ぐだろう。

　システムとしてみることの第2の利点は，多様な介入戦略を考えることがで

きるようになる，ということである。システムを構成する要素は，人・時間・場所・価値・行為・物・等，多種多様にある。そして，システムの一部におけるごく小さな変化が，システム全体に大きな変化を引き起こすこともある。システムに関するこうした理解を踏まえれば，介入戦略を考えるときにも「問題を直接的に取り除くための提案」という大きな課題に取り組むのではなく，「ごく小さな変化を引き起こせそうなことで，現実的にできそうな提案」を考えればよいと言える。

またシステムは円環的であり，相互に影響を与えあうものであることを理解すれば，援助職が「原因探し」をしないように自制することができる。膠着した家族関係においては，しばしば当事者間で言わば「犯人探し」が行われており，問題の原因をめぐって互いに傷つけあい，自責の念にさいなまれていることが少なくない。問題の解決に取り組もうとする家族であれば，問題の原因を分析しようとするのは当然のことである。が，この動きに援助職が加担することは，「問題の原因」とされる家族員に対して重ねて責めを負わせるような行為になりかねない。さらに「その問題のある人を押さえたり助けたりできなかった」と新たな問題の原因，犯人探しの連鎖に至りかねない。援助職のもつ権力性を考慮すれば「犯人探し」に同意することの怖さを考えずにはいられない。こうした「犯人探し」の連鎖は，関係者を無力化させていくシステムである。援助職が家族に与える影響を良いものにするためにも，「原因探し」も家族システムで生じている一つのパターンに過ぎないとわきまえることは重要であろう。

なおシステムとしてみる際には，エコマップを作成することは役に立つ。本人・家族を取り巻くエコシステムを図に示してみるのである。エコマップを作成する際には，フォーマル・インフォーマルに関わらず関連するソーシャルサポートネットワークのすべてを書き出すことが重要である。筆者はしばしばそれに加えて「趣味，好きなこと，大事にしているもの」といった有形無形の事物や活動や価値を書き込むこともある。エコマップは，人・家族を取り巻く多様なシステムの構造的な一側面を把握する手法に過ぎないが，それでも人や家族の豊かさを実感させ，「弱くて無力な人・家族」ではなく「活力と支えてくれる人々にあふれた人・家族」という視点を援助職に改めて気づかせるものとなる。

（3）家族の複雑さと豊かさ

ここまで「ジェノグラム」「システム」といった観点から，家族を見つめるまなざしを豊かにすることの重要性について触れてきた。家族を支援する際には，援助職が「問題」について，固定化した見方にとらわれないことが重要である。平たく言えば，「そう見えるかもしれないし，こうも見えるかもしれない」と考えられるように，常に自分に問いかけていくことが重要である。援助職の見方に広がりが出ると，家族の豊かさに気づきやすくなり，それが援助関係の豊かさにつながっていく。

2　家族と協働できる関係を築く

家族ケースワークにおいては，当然ながら家族と協働できる関係を築くことが必要不可欠である。しかし家族内に問題が発生している場合には，協働関係を家族全体と構築するのはなかなか難しい。問題に対する認識，解決努力を払うべき人についての考え方，といったものが家族内でそれぞれに異なるためである。母親は相談に来るが，変わるべきは夫と子どもであると考えている，父親は相談に来ない，子どもは自分の問題について無力感に打ちひしがれていて，何もできないと感じている……などといった場合，家族全体と「協働する」にはハードルが高いと感じられるかもしれない。

家族療法アプローチにおいては，家族と協働できる関係を築く上で役立ついくつかの指針を提供している。

（1）ジョイニング

ジョイニングとは，家族の「仲間に入れてもらう（join）」プロセスである。支援の対象となる家族のありようを理解し，「この援助職ならまあ信じてもいいかな，相談してもいいだろう」と思ってもらえる関係を作り，維持するのである。

ジョイニングを早くから行う上では，家族の特有の文化やパターンを見立てて，それにあわせた対応をすることが必要である。このジョイニングには色々なレベルがある。主なものとして心がけやすいのは，①緊張とリラックスなど身体的反応，②言語的なパターン，③文化や価値，であろう。基本的には対象

家族の状態に合わせて自分を随時調整していく。

　例として，①の身体的反応に合わせることを挙げよう。来談した家族が，全員緊張して固い表情をしているようなら，援助職はいきなり砕けた対応はしないであろう。自分もちょっと緊張しながら，ていねいな対応を心がけ，なおかつ話しやすそうな話題を探してくつろいだ雰囲気作りを心がけるだろう。逆に，最初から家族がくつろいだ雰囲気をもっているなら，援助職はくつろいだ雰囲気で話を進めつつ，重要な話題の際には，少していねいに改まった表現をし，家族に対しても決意表明を求めるなど意図的に緊張を活用することがあるかもしれない。つまり，家族員一人ひとりの緊張状態を把握し，最初はそれと同等の緊張状態を自分も作りつつ，徐々に場を和ませる会話を作っていく，というように緊張状態に「合わせた」対応をするであろう。[4]

（2）リソース発掘

　解決を形作るために活用することのできる材料・資源のことをリソース（resource，資源・資質）という。対人援助において「リソース」といえば，当事者システムの中にある内的リソース（夢・希望・願望・考え・志向・価値・尊厳・努力・忍耐）や，当事者施設を取り巻く外的リソース（家族・友人などの身近な支援者・ペット・ケースワーカー・医師・教師などの援助者・家・部屋・施設・病院・学校等の機関や施設）が挙げられる。言い換えれば，私たちの視点次第で，活用されるのを**待っている**ものすべてが「リソース」であると言える。家族ケースワーク活動は，人や家族が持っている，または彼らを取り巻くリソースに気づき，活用できるように支援することで，解決を構築できるようにサポートすること，といえる。[5]

　援助職が，リソースを発見する上で，家族の一人ひとりの価値観，趣味，特技，互いの良いと思うところ，等について話し合ったり，エコマップを作成することは役立つ。また「問題」を細部までていねいにアセスメントすると，リソースを見立てる手掛かりが増える。何が問題とされているのか，そのようなときにどのように対応しているのか。問題の質や程度をていねいに把握すれば，問題が生じて**いない**時や**程度が軽い**時を発見できる。夫婦喧嘩は24時間ずっと続いているのか？　もし，していない時があれば，どうやって，誰が止めているのか？　援助職の介入なしに，日常生活において家族で問題のない時間を

作りだしているなら，解決に役立つリソースが豊富にみつかるだろう。家族のやり方はベストではないかもしれないが，問題解決に向けての熱意や努力の存在を強力に示しているのである。

　リソースが見つかりにくい，と思われるときには「問題」を「能力」と置き換えて考えてみよう。「問題」を語る言葉には，しばしば悲観的・否定的なイメージがまとわれていて，それが援助職の視野を狭めてしまうことが多い。例えば，「よく落ち込む問題」を「よく落ち込むことができる能力」と考え，そのメリットを熟慮する。自分を対象化し客観視できる優れた能力の表れといえるかもしれない。また自己批判をする勇気，謙虚さがあるともいえる。自分の感情状態に敏感に気づける能力もある。自己モニタリングがよくできている。反省し自身の資質を改善しようと取り組んでいるとも考えられる。目標志向性が強く，向上心が高く，また自己鍛錬できる人ともいえる。このような発想の転換力を鍛えることは，リソース発掘スキルを高めるのに役立つだろう。

（3）ノーマライズ

　ノーマライズとは，相談者の訴える問題をノーマルなこと，つまり状況からかんがみれば当然のこと，取り立てて特別な問題ではない，と意味づけし直すことである。家族内のトラブルや困難に直面すると，多くの方が「どうしてこんな問題が，私に！」と混乱し自信を失うことはしばしばある。そのような場合に，家族にとって受け入れられる仕方で，「思春期のお子さんであれば，当然ぶつかる問題ですよね」「親として子どもにへつらうわけにはいかないから，厳しく接しなくてはと思われるのは当然ですし，それでもお子さんを愛してらっしゃるから，余計つらくなるんですよね」等と，「当然である」という文脈を専門職として提示する。これがノーマライズである。

　こうした介入を行うことで，当事者の中で枠組みの変化が生じる。自分が悪い，相手が悪い，どうしてこうなってしまったんだ，等とありがちな思考の枠組みから離れて，この年代なら生じうることで自分だけが特別に悪いのではないし，抜け出す人も多くいる，と言う気持ちで「問題」に向き合ってもらえるようになる。「ノーマルなこと」とみなす枠組みの変化が，新しい解決への取り組みにつながる。

3　援助の目標を構築する

（1）無知のアプローチ

　家族ケースワークを行うにあたって援助職が気を付けるべきことは，「援助目標」は「問題の除去」とは異なる点である。一時保護所から子どもが家族の下に戻る際の援助目標は「親が不適切な養育をしないで暮らし続けること」なのであろうか。親や子に対してその文言を目標として提示すれば，具体的に取り組んでいけるのか。そうではあるまい。むしろ「お母さんの作ったご飯を食べる」「きょうだいと喧嘩したり笑ったりする」「子どもの笑顔を毎日見る」といった，具体的なビジョンがあってはじめて，積極的に取り組む意欲がわくものだろう。援助職は，問題状況から援助目標を決め付けてはいけない。

　問題が解消されたら，代わりに何があるのだろうか？　それは「生活者」として暮らす家族の一人ひとりにしか分からないことであり，家族すら考えたことがないことかもしれない。援助職が家族一人ひとりの目標を知らないのは当然なのである。だからこそ，状況から鑑みて当然とされる目標があったとしても，本人や家族自身の言葉で語ってもらうことは，利用者本位の精神を実践する上でも，重要である。

（2）みんなの目標を1つにする

　家族支援に援助目標を形成するのが困難な要因の1つが，関係者が複数いることである。しばしば親のゴールと子どものゴールは，一見不一致なようにみえる。また，直接関わっている援助職が支援したいゴールと，所属機関において「当然」とみなされるゴール，または上司が指示するゴールが不一致なこともしばしばある。これらの狭間にあって，援助職は何をゴールとして支援していけばよいのか悩み，迷い，困惑してしまうことが少なくない。どのように優先順位をつけ，折り合いをつけていくのが良いのか，困惑してしまうのである。

　全員がすっきり満足する目標をつくろうとすると，家族の一致はおろか，互いの対立をあおってしまうことすらある。現実的な落としどころとしては「不満は残るかもしれないが，全員一応は肯定できるもの」を目安とするのが良いだろう。援助職は，多様なものの見方を導入して，全員を「顔が立つ」目標に

すり合わせていく。その点で、言い換えをする技術、特に多くの人が「よかれ」と思っている言説に沿った形での言い換えをする技術は有用である。親は子どもの幸せを願っているのであり、子どもは親を喜ばせたいと思っている、といったしばしば一般に受け入れやすい文脈に則って、家族に生じている問題を言いかえることで、すり合わせやすい援助目標を見つけやすくなる。援助職は、自身の目標を一歩譲って、「落としどころ」を示す姿勢が必要である。

4　目標の達成を支える

いったん家族がある程度合意できる目標が見つかったなら、その後の方策は以下のような手法が挙げられる。

（1）リソースの再編

まず、家族の一人ひとりが、また家族全体として持っているリソースを改めて振り返っていただく。援助職の立場から、家族にあるさまざまな個性や資質、周囲の支えとなるものをリソース、解決に結びつく材料であり良いものだ、と支持することは、今後、解決に向けて踏み出すための土台固めとなる。その上で、リソースを活用する新たな提案ができるだろう。今までやってみたことのなかったコミュニケーションのパターンを提案すること、いつもと違う行動へチャレンジすること、他機関を活用すること、友人や仲間等の力を募って、「対処チーム」として対応すること。既にあるリソースを、いままでと同じ仕方で活用し続け、また新たな仕方で組み合わせて活用するように提案することができるだろう。

（2）肯定的な変化をみつける

日々の生活の中で起こっていることに注意を払うことは意外と難しい。そこで解決に近づいているヒントやサインが、日常の中にあるはずなのでよく観察するように促す。こうした視点を当事者が持つことは、問題だけを観察するという偏った見方から自由になるとともに、状況の変化を促す動機づけを促進するきっかけともなりうる。また、物事の意味づけも状況に応じて変わる。過去の苦い思い出に対しても肯定的な意味づけが可能かどうか、話し合ってみるこ

とも価値があるだろう。家族内で，相互に「ちょっとした良かったこと，嬉しかったこと」を探しあい，報告しあう，というのも家族内に良好なコミュニケーションを築くきっかけとなることも多く，家族の雰囲気が和らぐ。

　さらに，ちょっとした肯定的な変化を援助職が見つけた場合には，すかさずほめたり，ねぎらったりすることも欠かせない。家族の中で良好なコミュニケーションパターンができていなかった場合には，かつてない新しいパターンの導入に照れや戸惑いがあり，良い変化を引き起こしていても不安であることが多い。良い変化が生じているなら，援助職が積極的に家族の努力をほめ，ねぎらうことは，家族の安心のために欠かせない。

（3）ユーモアのセンス

　家族の問題への解決を支えるときに，必要不可欠なのがユーモアのセンスである。難しいことを大真面目に話し合うより，ちょっとした笑いを交えながら支援することは決して礼を失したことではない。家族で問題への解決に取り組んでいる場合には，各人の思惑がぶつかり合い，「よかれ」と思ったことが裏目に出て，他者を傷つけてしまうことがある。そうした思わぬ衝撃を和らげるのが，笑いである。ちょっとしたユーモアが，問題や困難と距離をとったり，巻き込まれている自分に気づき，ほどよい距離感を保つきっかけとなることは多い。当事者たちが，笑うことができないほど疲弊しているときにも，気持ちを和ませるユーモアは役立つものである。

5　家族と協働できる家族ケースワークに向けて

　本章においては，家族と協働する関係を築くために，家族療法アプローチから以下の点を紹介した。まず前提として，①家族に対して豊かなまなざしを持ち，批判したり悪者扱いをしないこと。次いで，②家族の価値観や文化に合わせ続け，家族のリソースを発掘し，現在の問題の維持要因となっているものの見方を変えること。さらに，③家族で共有できる援助目標を，協働して構築していくこと。最後に，④目標の達成を支えるために，リソースを再編したり，肯定的な変化に注目し，それを言葉で伝え，ユーモアを大事にすること。以上の4点を常に意識して家族ケースワークを行うのは決して容易ではない。とは

いえ、家族と協働関係が築けた際に援助者が得る喜びは、その苦労に十分値するものである。家族支援に行きづまった時に、上記4点をふり返り、具体的な援助の点検に生かしてほしい。さらに参考文献からより詳細な実例、適用例についても学んでいただけると幸いである。

（長沼葉月）

注
1) 「家族療法」はその始まりにおいて「病理」をもつ家族を「治療する」という歴史をもつことから、生活を支援するというソーシャルワークの視点と相容れないと考える方もあろうが、ここではFamily Therapyの訳として歴史があり日本でも一定の知見を積み重ねてきた「家族療法」を用い、家族支援の多様なアプローチの総称とする。
2) このようにジェノグラムを読むスキルを磨くには、雑誌『そだちと臨床』（明石書店）の連載記事、「ジェノグラムをとおした家族理解」（早樫一男）（2007年4月より連載中）が参考になる。
3) システム論的な見方のすべてを本稿で紹介することはできないが、システム理論はエコロジカルアプローチに大きく影響を与えた重要な考え方であり、「社会の中に生活する人」として捉える視点を磨く上で重要な理論である。
4) ジョイニングの具体例は、参考文献に挙げた衣斐（2008）が数多く例示しているので、参照のこと。
5) 類似した重要概念に、「ストレングス」がある。ストレングスは直訳すれば長所、美点であり、ウィークネス、すなわち短所、弱点と対になっているため、特に経験の浅い援助職は欠点や弱点を活用しにくい。どんな性質や事物も見方によっては意味合いが変わり、活用するリソースになりうる。価値判断に伴う視野の制限を避けるため、ここでは「ストレングス」ではなく「リソース」という言葉を用いている。

参考文献
インスー・キム・バーグ、スーザン・ケリー、桐田弘江・住谷祐子・玉真慎子・安長由起美訳『子ども虐待の解決――専門家のための援助と面接の技法』金剛出版、2003年。
インスー・キム・バーグ、テレサ・スタイナー、長谷川啓三訳『子どもたちとのソリューション・ワーク』金剛出版、2005年。
マイケル・ホワイト、アリス・モーガン、小森康永・奥野光訳『子どもたちとのナラティヴ・セラピー』金剛出版、2007年。
衣斐哲臣『子ども相談・資源活用のワザ――児童福祉と家族支援のための心理臨

床』金剛出版，2008年。
井上直美・井上薫『子ども虐待防止のための家族支援ガイド——サインズ・オブ・セイフティ・アプローチ入門』明石書店，2008年。
岡田隆介編『児童虐待と児童相談所——介入的ケースワークと心のケア』金剛出版，2001年。
東豊『セラピスト入門——システムズアプローチへの招待』日本評論社，1993年。
牧原浩監修，東豊編集『家族療法のヒント』金剛出版，2006年。

第14章
家庭裁判所における少年事件の取扱い

　家庭裁判所の手続が非公開であるため，家庭裁判所の機能や少年事件処理における役割については，福祉分野の人々にも必ずしも十分理解されていない。そこで，本章では，家庭裁判所の特色を，司法的機能，福祉的機能及び科学的機能という3つの機能面と家庭裁判所調査官制度などの機構面から理解した上で，少年審判手続についてその理念である健全育成とそれを体現する手続の流れについて解説する。

　また，非行少年をその問題性に応じて4つの類型に分け，その背景要因等についても触れ，さらに，約75％を占める家庭裁判所限りで終局する少年達に対して，再非行防止という観点から効果が期待できる新たな教育的措置の実践について，公園等の清掃美化活動や万引き被害を考える教室等を紹介する。最後に深刻な非行事例の中に見られる被虐待経験について，非行と虐待との関係という観点から事例も交えて考察する。

1　家庭裁判所の特色

(1) 手続や機能の特色

　家庭裁判所は，少年事件と家事事件（家庭内の離婚や相続などに関する紛争）を専門に取り扱う第一審裁判所であるが，家庭裁判所の手続のほとんどは地方裁判所のような訴訟手続ではない。少年事件では，調査と審判が行われ，また，家事事件でも，まず，調停や審判という手続が行われる。これらは，いずれも非公開の手続である。非行を犯した少年に対して，成人と同様に公開の法廷で刑事裁判を行うことは，人格が未熟で教育によって改善が期待できる多くの少年にとって，相応しい手続とは言えないからであり，また，家庭内の紛争を初

めから訴訟手続で審理すると,公開の法廷で夫婦や親子などの親族が争うことになるし,法的な判断が中心となり,親族間に強い感情的なしこりを残したまま終了することにもなりかねないからである。

　また,判断のための資料収集も職権主義的で,手続の方法も非形式的である。それは,こうした問題については,家庭裁判所が自ら非行や家庭内紛争の背景にある原因を調査し,どうすれば少年が非行から立ち直ることができるのか,あるいは,どうすれば家庭内の問題が円満に解決できるかといった観点から考え,少年には適切な教育的措置を講じ,家庭内の問題についても当事者間の合意を形成することやそれに代わるような妥当な内容の審判を下す方がより適切で,将来に向かった少年の成長や家庭の平和が得られるからである。こうした家庭裁判所の機能を福祉的機能と呼んでいる。

　もう一つの特色として,少年事件や家事事件の背景には,発達や性格の問題,人間関係や家庭等の環境の問題,高齢者の問題,医学的な問題等,さまざまな事情があるため,人間関係諸科学や医学的な観点から問題解決を図る必要がある点が挙げられる。家庭裁判所のこうした機能を科学的機能と呼んでいる。

　少年事件及び家事事件は,司法機関としての法的機能と家庭裁判所特有の福祉的機能,科学的機能がそれぞれ相まって適切な解決が図られているのである。

(2) 機構上の特色

　家庭裁判所には,他の裁判所と同様に,裁判官や裁判所書記官,裁判所事務官が配置されているが,それとは別に,先に述べたような事件の背景となっているさまざまな原因を調査し,人間関係諸科学や医学の立場から意見を述べる等するため,他の裁判所にはない家庭裁判所調査官制度や医務室制度がある。

　家庭裁判所調査官(以下,調査官)は,心理学,社会学,社会福祉学,教育学,法律学などを専攻した者から採用され,裁判所職員総合研修所の家庭裁判所調査官養成課程において2年間専門的な研修を受け,内部試験に合格することによって任用される専門職である。また,医務室には,精神科や内科の医師と看護師がいて,必要に応じて少年や家事事件当事者の医学的な診断等を行っている。これらの専門職が家庭裁判所の福祉的機能や科学的機能を担っているのである。

2　家庭裁判所の少年審判手続

（1）少年法の基本理念

　少年法は，第1条に「少年の健全な育成を期し」と規定しており，非行少年に対する家庭裁判所の審判は，刑罰を科すことではなく，立ち直りのための教育としての処分（保護処分）を行うことを目的としている。少年は，人格が未熟で未だ発達途上にあり，環境の影響も受けやすい。保護処分の中で，教育や環境の調整により，非行からの回復を図るのである。

　なお，家庭裁判所の少年審判に付される非行少年とは，①14歳以上20歳未満で罪を犯した少年，②14歳に満たないで刑罰法令に触れる行為をした少年（ただし，児童相談所から送致された者に限る），③保護者の正当な監護に服しない性癖をもつ，正当な理由がなく家庭に寄り付かない等の事由があって，その性格や環境からこのままでは罪を犯すおそれが高い少年（「ぐ犯少年」）をいう。

（2）少年審判手続の流れ

　図14-1のように，非行少年に対する少年審判手続は，捜査機関等から家庭裁判所に送致されることにより手続が開始される。事件が受理されると，裁判官の命令により，調査官による調査が行われ，その結果を踏まえて裁判官が審判を行って処分を決定する。調査・審判の間，観護措置決定に基づき，少年を少年鑑別所に収容して，調査官の調査と並行して心身の鑑別と逃走等を防止するための身柄の確保を行う場合がある。その場合には，少年鑑別所から，少年の性格や行動傾向等に関する詳細な分析結果と処分に対する意見とが書面で提出される。

　裁判官は調査結果や鑑別の結果を踏まえ，少年を少年院や児童自立支援施設などの施設に送致する決定を行ったり，通常の社会生活を送らせながら指導する保護観察の決定を行ったりする。

　しかし，施設で指導すべきか社会内で指導すべきか，処分選択に悩む場合がある。そのような場合は，少年を一旦自宅に戻したり，民間の篤志家に指導を委託したりして一定期間少年の様子を見た後に改めて審判を行い処分を決定することがある。これが，試験観察であり，概ね3，4カ月の間，調査官が一定

図14-1 家庭裁判所の少年審判手続

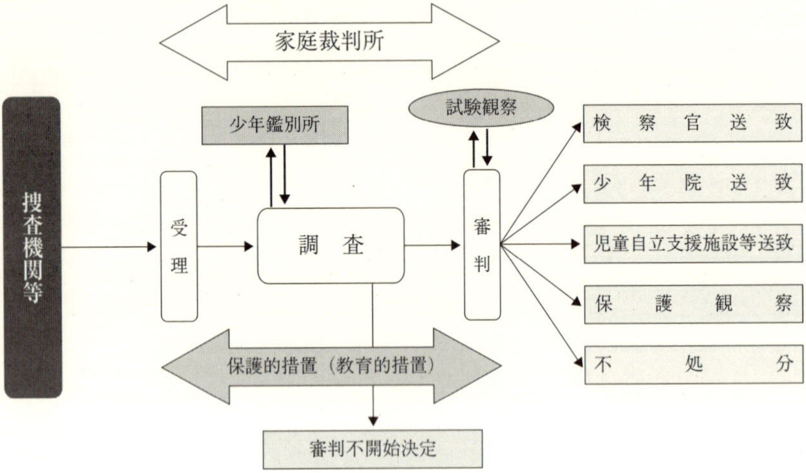

```
                    ←──── 家庭裁判所 ────→

                         ┌──────────┐    ┌──────┐
                         │ 少年鑑別所 │    │試験観察│         ┌─ 検 察 官 送 致
                         └────┬─────┘    └──┬───┘         │
                              ↕              │           ├─ 少 年 院 送 致
 ┌──────┐    ┌──┐    ┌──────────┐    ┌──┐   │
 │捜査機関等│ → │受理│ →  │  調  査   │ →  │審判│ →├─ 児童自立支援施設等送致
 └──────┘    └──┘    └──────────┘    └──┘   │
                                                        ├─ 保 護 観 察
                    ←── 保護的措置（教育的措置）──→       │
                                                        └─ 不   処   分
                         ┌──────────┐
                         │審判不開始決定│
                         └──────────┘
```

の指導を加えながら少年の様子をきめ細かく把握し，妥当な判断を行うための資料を収集することになる。実際には，カウンセリング型の面接を中心として，後述するような体験的な教育的措置を加えたりもしている。

　検察官送致は，少年に成人と同様の刑事裁判を受けさせ，教育（保護処分）ではなく刑罰を受けさせる方が適当だと判断した場合に，事件を送致元である検察官（検察庁）に送り返し，地方裁判所に起訴させるものである。少年法は，犯情が極めて悪質な一定の重大事件については，被害の結果や社会感情を重視し，家庭裁判所の調査の後，原則として検察官送致にすることとしている。また，そのような重大事件でなくても，犯罪性が著しく進んでおり，既に保護処分を繰り返したにもかかわらず非行を繰り返しているような少年についても，検察官送致にすることができる。このように，少年法の基本理念は教育であるが，すべての非行少年が教育の対象となるわけではなく，被害者感情や社会感情，少年の改善の可能性等を踏まえた，バランスのとれた処分選択を行うことになっている。

　また，不処分，審判不開始決定は，保護処分を選択するほどの問題性がなく，裁判官が審判で訓戒等の手当をすることで，あるいは調査官の調査の過程で十分な手当が講じられたことで，再非行の可能性が低いと判断された少年に対して行う終局決定である。

家庭裁判所では，調査の過程や審判における手続自体が少年の非行を断罪するようなものではなく，前記の通り非行の背景事情等についてきめ細かく調査したり，同時に手当をしたりするため，その手続自体が教育的な色合いが濃い。このような調査，審判の過程で行われる措置のことを保護的措置とか教育的措置と呼んでいる。

3 非行少年の類型と背景要因

（1）調査官による調査

非行の背景事情は，その根深さや深刻さの度合いもさまざまであるが，調査官は基本的に次のような事項を調査することによって，問題性の程度の把握に務める。こうした非行に結び付く少年の問題性の程度を「要保護性」という。

①当該非行に関する事項（動機や非行に至る経緯，共犯関係がある場合はその実情，余罪の有無，非行後の態度，被害の実情等）

なお，事案の必要性に応じて，被害者に対する調査も行う。

②家庭環境（家族構成，経済状況，住環境，家族員の性行，家族関係等）

③生活史（少年と家族の生活歴）

④学業・職業関係，交友関係（少年を取り巻く社会状況として，学校や職場での生活の状況，非行化の誘因となる場合が多い交友関係の実情等）

⑤性格，心身の状況（性格，行動傾向，生活態度，知能，身体状況，心身の病気の有無，趣味，嗜好等）

⑥その他，教育上利用できる資源や参考となる事項

そして，これらの調査結果を踏まえ，要保護性を判断し，妥当な処分について調査官としての意見を述べることになる。これらは，いずれも書面で裁判官に報告する。

調査官は，これらの調査を，少年本人及び保護者に面接して行うが，そのほか必要に応じて学校の教師，雇い主，被害者等にも面接調査を行う。家庭訪問，学校訪問等機動力を活かして調査を行う。

調査官の行う面接調査は，捜査官が行う犯罪事実に焦点を当てた事実関係の取り調べとは異なる点に注目していただきたい。少年がどうしてこのような犯罪を犯す結果に至ったのか，家庭環境と生育歴を中心に，親子関係や，少年や

保護者の内面にある感情や葛藤なども聴取することになる。外形的な事実関係に加え，具体的なエピソードに伴う心理的な事実も非行の背景事情を把握するために重要である。そのため，その面接姿勢として，傾聴することが重要である。事案を解明するためには，相手の目線に立ってよく話を聞き，さまざまな気持ちや不安，葛藤や悩みを受けとめ，一緒に考えることも必要である。こうした姿勢によって少年や保護者と一定の信頼関係が構築される。サポーティブに関わることと同時に，信頼関係を活用して少年や保護者にできるだけ問題点を気付かせ，考えさせることも忘れないようにする必要がある。家庭裁判所の手続期間という限られた時間の中での関わりであることに留意する必要がある。

このように，適切な面接技法と，時には心理テストも活用して，表面的な動機や背景事情に留まらず，親子関係や家族関係の複雑な心情や葛藤等を明らかにし，また少年の対人関係のパターン等も知り，少年の抱える問題性をできるだけ正確に把握するのである。

（2）非行少年の類型と背景要因

非行少年の類型をその要保護性の観点に着目して分類してみると，①一過性型，②軽微繰り返し型，③進行型，④いきなり型という分類が可能である。図14-2は，この類型と各類型における背景要因としての家庭等環境面及び少年個人の資質面の問題性の程度を示したものである。資質面の問題とは，知的能力や発達障害などの生来の固有の問題の有無だけではなく，生育の過程で，親子関係や環境の影響を受けて形成されてきた性格特性も含まれる。

①一過性型

親子関係や家庭等の問題も少年自身の資質の問題も顕著なものはなく，例えば，何らかのストレス状況にあったとか，集団による罪悪感の拡散，あるいは「みんなやっている」とか「見つからなければ大丈夫」というような誤った認識があった等による非行で，そうした状況や認識について振り返らせたり，一定の知識や情報を付与することで，比較的容易に非行からは回復できるレベルの少年達である。

②軽微繰り返し型

万引きや自転車窃盗など比較的軽微な非行を繰り返している少年がいる。発覚しないまま繰り返している場合も少なくないが，警察で補導されたり家庭裁

図14-2　非行の類型と背景要因

- ①一過性型
  - ・家庭その他の環境の問題小
  - ・資質の問題小
- ④いきなり型
  - ・資質面の問題大
  - ・また，いじめや虐待等外的圧力や極端なストレス状態による影響大
- ③進行型
  - ・家庭環境の問題大
  - ・資質面の問題大
- ②軽微繰り返し型
  - ・特定の価値観による養育等家庭の問題大
  - ・発覚せず適切な指導がない等
  - ・家庭の問題やや大
  - ・交友関係問題大

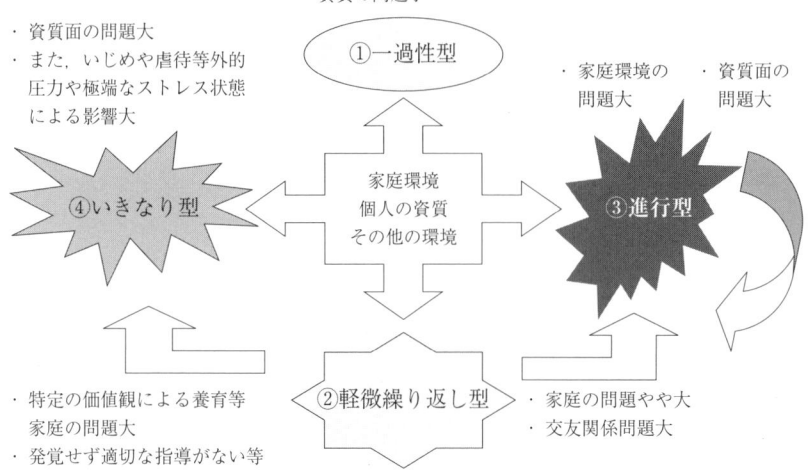

中心：家庭環境／個人の資質／その他の環境

判所から一度注意の書面を受け取ったりしている場合もある（ごく軽微な事案では，注意喚起の書面による手続も行われている）。捕まらないことで，これくらい大丈夫なんだという社会や規範に対する認識の甘さが増大してしまったり，また，家庭に不満や葛藤が内在していて若者らしい前向きな生活意欲を持てなかったり，学校生活等に対する不充足感があったりと，未解決な，くすぶった問題を抱えている場合も少なくない。

　こうした少年は，不良交友関係が拡大すると，非行が進行してしまう危険性を持っている。すなわち，図14-2の右側進行型へ移行していく少年もいる。また，中には，高い学習能力を有し有名進学校に通学する生徒が，集団での路上強盗事件のような，表面的な日常生活からは容易に予想し難い事件を突然起こすこともある。いきなり型と見えるようなこうした少年には，特定の価値観の下で育てられたり生活してきたりしたため，社会性，他者への配慮や共感性，想像力などが育っていない場合がある。手口が巧妙で，発覚しないまま万引きを繰り返していた者もいる。これらは，図14-2の左側いきなり型に移行したと考えることができる。

　③進行型

　進行型は，元々，例えば，両親の不和や，あるいは不適切な養育態度や環境

等，家庭に相当程度の問題があり，そうした環境の中で生育したため，性格や行動傾向，価値観等にも偏りが見られる少年が，家庭に居場所が見いだせないため一定の年齢から地域不良集団との関係が密接になることによって，非行が進行していくものである。こうした少年には，警察による補導や家庭裁判所による指導，あるいは保護観察による指導，少年院での矯正教育など，問題性に応じた様々な専門機関による教育が行われる。しかし，中にはこれらの専門機関の教育を繰り返し受けてもなお非行からの立ち直りが困難な少年もいる。

④いきなり型

日常の生活状況からは，想像できないような重大事件を突然引き起こす少年がいる。図14-2では，主として本人の資質面の大きさ，すなわち何らかの障害を抱え，保護者や本人に関わる周囲の者の対応が必ずしも適当でなかったために非行に至る場合，あるいは，いじめや虐待等外的な圧力が強く働き続け，顕著なストレス状態が続いた末に，爆発的，突発的に反撃に出るなどして非行に至る少年がこれに該当する。これらの少年には，地域不良集団との交友はまったくない。②で説明した，軽微繰り返し型からいきなり型に移行するタイプも不良集団との関係がないことからこの類型に含めて考えられる。これらの少年に対しては，児童福祉施設や少年院での長期間にわたる教育が必要となる場合が多い。

4　非行少年に対する家庭裁判所の教育的措置

（1）教育的措置の新たな工夫

1988（平成10）年ごろから，犯罪被害者に対する支援や配慮が国の施策レベルでも徐々に充実が図られるようになったが，少年法においても，2000（平成12）年の改正で，被害者からの意見聴取等を行う制度が新設されるなど，被害者に対する配慮の充実が図られた。また，2003（平成15）年には，内閣府から「青少年育成施策大綱」が示され，非行少年の再非行防止について総合的な取組の必要性が示された。司法機関である家庭裁判所においても，こうした行政の動きを踏まえ，主として家庭裁判所限りで終了する少年を念頭におき，再非行防止に一層効果のある新たな教育的措置の工夫に関する取り組みが始まった。

前項の非行少年の類型における進行型やいきなり型の多くは，保護処分を受

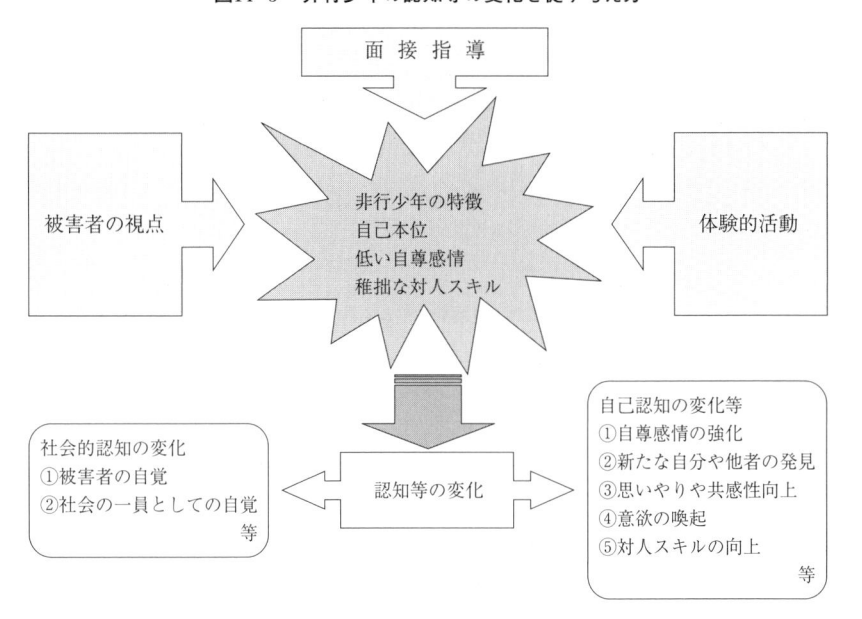

第14章 家庭裁判所における少年事件の取扱い

図14-3　非行少年の認知等の変化を促す考え方

```
                    面 接 指 導
                        ↓
  ┌─────────┐     非行少年の特徴      ┌─────────┐
  │被害者の視点│ ⇒   自己本位       ⇐ │ 体験的活動 │
  └─────────┘     低い自尊感情        └─────────┘
                 稚拙な対人スキル
                        ↓
                                       ┌──────────────┐
  ┌─────────────┐                      │ 自己認知の変化等  │
  │社会的認知の変化│                    │ ①自尊感情の強化  │
  │①被害者の自覚 │ ⇐ 認知等の変化 ⇒   │ ②新たな自分や他者の発見│
  │②社会の一員としての自覚│            │ ③思いやりや共感性向上│
  │        等    │                    │ ④意欲の喚起     │
  └─────────────┘                      │ ⑤対人スキルの向上│
                                       │           等   │
                                       └──────────────┘
```

　け保護観察所や少年院で専門の教育指導を受けることになる。家庭裁判所がこれらの少年をターゲットにした新たな教育的措置を講じる必要性はほとんどなく，関係機関に委ねることで目的が達せられる。しかし，一過性型と軽微繰り返し型に留まる少年の多くは，図14-1の審判不開始決定や不処分決定という家庭裁判所限りの処分で終局する。家庭裁判所に送致される少年の約75％がこうした処分で終局している。これらの少年のうち，必要な少年に対し，面接指導に加えて新たな措置を講じていく必要があると考えたのである。

　これらの少年には，従来は，調査官の面接調査や裁判官の審判の中で，主として言葉による指導で理解を促したり訓戒を与えたりしてきた。また，併せて反省文や誓約書を作成させることも補助的に行われてきた。しかし，比較的軽微な事案の少年達の中にも，他者に対する想像力が乏しく自己本位に行動してしまう少年や自分を大切にする気持ち（自尊感情）が乏しい少年も少なくない点に着目し，従来の指導に加え，もっと直接的な体験や生々しい話を聞かせることで，インパクトのある措置を講じようとするものである。その結果，少年の社会や自分に対する見方や考え方，すなわち少年の認知に変化を与えられる

表14-1　東京家庭裁判所における教育的措置

（☆は，近年の新たな取り組み）

体験型	1　社会奉仕活動の例 　　　①　老人ホームでのボランティア活動 　☆②　公園等での清掃美化のボランティア活動 2　少年合宿，親子合宿などの野外活動合宿
講習型	1　ゲストスピーカー活用の例 　☆①　万引き被害を考える教室，バイク被害を考える教室　等 　☆②　交通被害を考える教室 2　知識付与に主眼をおいた講習の例 　☆①　軽微な非行を犯した少年に対し，社会規範の自覚を促す講習 　　　②　性的逸脱や薬物使用経験のある少年に対する医務室スタッフによる講習

のではないかという考えに基づいている。それをまとめたのが図14-3である。

例えば，東京家庭裁判所では，従前から実施してきた取り組みを含め，表14-1に示したような措置を実施しているが，前記のような考えに基づいてここ数年新たに取り組んでいる措置は，☆印のついた措置であり，それ以外は，従前から試験観察をしているやや問題性の大きい少年を中心に実施してきたものである。以下では，新たな取組のうち，公園等での清掃美化活動，万引き被害を考える教室及び交通被害を考える教室について簡単に紹介する。

（2）公園等の清掃美化活動

家庭裁判所主催で定期的に実施しているもので，事件の種別を問わず，比較的軽微な非行により家庭裁判所に送致された少年とその保護者を一定の人数集めて，調査官が運営主体となって一緒に公園の清掃活動を行う。公園事務所の協力を得て，道具等を借りることができる。また，家庭裁判所主催の定期的なものとは別に，NPO団体と連携して，その団体が実施する街頭の清掃活動や落書き消し，トイレ掃除等にも随時参加させている。いずれの場合も，社会の中で活動する体験を通じて少年に社会とのつながりを意識させることを目的としている。

実施後，少年と振り返りを行い，体験や感想の定着と内面化を図る工夫をしている。参加した少年の感想文等からも，少年たちが，普段味あわない達成感や爽快感を感じていること，自分も社会の役に立てたという思いも感じていることなどが分かる。こうした経験は，自分本位なものの見方から周囲や社会とのつながりを意識する思考，あるいは自尊感情の涵養につながるものと考えら

れる。

(3) 万引き被害を考える教室

　これは、万引きをした少年及び保護者を一定の人数集めて、被害者の視点を持たせることを目的として、実際に万引き被害を受けている店舗関係者の方から被害の実情や影響、被害者の心情等について話を聞かせる取り組みである。2005（平成17）年度から本格的に行っているが、その実践の背景には次の2つの理論がある。1つは、ヴィクティム・インパクト・パネル（Victim Impact Panel: VIP）と呼ばれるものである。欧米では、いわゆる修復的司法の取組が盛んに行われ、加害者と被害者や地域社会がさまざまな形で向かい合うプログラムが実践されている。被害者と加害者が直接対面するプログラムも盛んに行われているが、被害者の癒しとともに加害者への教育効果もきわめて大きいと言われている。しかし、直接加害者と対面することを望まない被害者もおり、これに代わる加害者教育の手段として、財産被害を中心に地域の中で同様の被害体験を持つ者や地域の代表者がゲストスピーカーとなって、加害者に対して被害体験やその影響等を語るという処遇である。これがVIPである。

　もう一つは、アメリカで提唱されたいわゆる割れ窓理論（Broken Windows Theory）である。建物の窓が壊れているのを放置すると、誰も注意を払っていないという象徴になり、やがて他の窓も、まもなくすべて壊されるとの考え方から、小さな犯罪も見逃さず取り締まりや手当することで治安の悪化や再犯を未然に防ぐことができるという一般予防的な考え方である。

　家庭裁判所が司法機関であることを踏まえつつ、こうした考えを応用し、万引き非行で送致された少年らの中で、比較的問題性の小さい少年を対象として、当該事件の直接の被害者ではないが、万引き被害を受けている店舗の関係者にその実情等について話してもらうプログラムを実施している。話を聞いた後で、グループ討議を行い、被害の実情や影響を正しく理解させ、定着するよう工夫している。これにより、非行の初期段階で、被害者という新しい視点が少年らの中に取り入れられることを狙っている。新たな視点や思考回路が形成されることで、再非行に対する抑止効果が期待できる。

（4）交通被害を考える教室

これは，2007（平成19）年度から東京家庭裁判所で取り組んでいるもので，比較的軽度の人身被害を伴う交通事故を起こして送致された少年を対象に，（社）被害者支援都民センターから派遣していただいた交通事故遺族の方に，被害の体験と実情を話してもらい，安全運転意識の向上を図ろうとするものである。交通遺族の方の話は，生々しい非常にインパクトのある話であり，若者が陥りやすい不注意な運転や無謀な運転に対する抑止効果は高いものと期待している。

5　非行と児童虐待の関連

（1）家庭裁判所と児童虐待

最後に，少年非行と関連して，児童虐待についても触れておきたい。家庭裁判所で手続として児童虐待を取り扱うのは，被虐待児童を児童福祉施設に入所させる措置に親権者（通常は虐待親）が同意しないときに，児童相談所から家庭裁判所に児童福祉法28条第1項に基づく措置の承認の申立を行う場合等，施設入所承認に伴うごく限られた事件のみである。この事件は，1998（平成10）年全国の家庭裁判所で年間65件であったが，年々増加しており，2007（平成19）年には247件に上っている。しかし，その他，離婚調停における親権の奪い合い，子の監護者をどちらにするかの争い，離婚後いったん確定した親権者の変更等の家事事件にも児童虐待が背景にある事例が見られる。

これら家事事件では，現に虐待行為が行われている可能性がある段階での事件手続が中心になる。したがって，調査官の調査では，虐待の有無について事実関係を丹念に聞き取ったり，必要があれば児童相談所と連携することも必要となる。一方，少年事件でも，少年の家庭環境，生育歴等を丹念に調査すると，生育過程で虐待といってもよいような養育を受けてきたと思われる事例も目立つ。少年事件では，過去に受けた被虐待経験が今日の非行の背景要因の一つではないかと考えられる場合が中心である。事件として取り扱う時点では，かつて虐待をした親も少年の問題行動に手を焼いていたり，逆に少年の家庭内暴力のターゲットになっているような場合もある。

（2）非行と児童虐待の関係

1）非行を進行させる要因

　法務総合研究所が既に 2000（平成 12）年に行った少年院在院少年に対するアンケート調査結果によると，約 50％の少年が家族から何らかの身体的暴力を受けた経験があると回答したという。進行型の少年には，身体的暴力のほか，ネグレクトや言葉による虐待も少なからず見られ，また，女子の性非行では性的虐待の被害が見られる事例もある。このように生育過程での被虐待経験が，非行性を進行させる重要な背景要因となっていることについては，今日疑い得ない事実である。しかも，被虐待経験は，他の要因と重なって非行が深刻な状態に進行していまう場合が多い。

2）自己肯定感がもてない少年の例

　ある 16 歳の男子少年の事例を紹介しよう（なお，事例は，本質を損なわない程度に変更したものである）。少年は，幼児期から母親に「早くしなさい」としばしばせかされて育ち，できないと叱られる，あるいは頭や背中，尻などを叩かれて育った。暴力の程度は軽いもので怪我をするほどのことはほとんどなかったが，言葉による否定的なメッセージを多く浴びせられた。母親に言わせると，早く自分で何でもできる自立した子どもに育てたかったとのことであり，子どもの心の傷つきには気づいていなかった。また，小学校入学ごろから母親が夜の仕事に出て，父親が仕事から帰宅する午後 8 時ごろまで少年は 1 人で過ごしていた。少年は，小さい頃から母親から大切にされてきたという実感や記憶がないと述べていた。

　少年は，学年が高じるにつれて，母親の目を盗んで自宅からの金銭持ち出し，中学 2 年生ごろからは不良化し，自転車盗や万引き，バイクの無免許運転などを繰り返すようになった。たまたま警察に発覚しなかったが，交友関係が悪化し非行が進行した。金銭持ち出しや学校での問題行動，深夜の遊びなど，もちろん，両親は問題行動に気づいて力で押さえつけようとしてきたが，徐々に少年は体も大きくなり，家の中で母親に向かっていくようになり，父母とも手を焼くようになった。母は，逆に少年から暴力を振るわれるのが怖くなり少年を避け，父は元々少年と積極的に向き合うことができなかった。

　中学を卒業し，昼間定時制高校に入学したが，ほとんど遊んでいるような生

活で，地域の不良集団の中心的メンバーとなった。そして，仲間の1人が別の者に自分の悪口を言ったらしいという些細な理由から仲間に集団でリンチを加え，重傷の怪我を負わせる非行をした。少年はその主犯格として，長時間，執拗かつ陰湿な手口による暴行を加えた。この少年は，家庭裁判所の審判で少年院に送致され，長期間にわたる矯正教育を受けることとなった。

3) 被虐待経験から生じる問題行動

　子どもは，親から愛されている，大事にされているという実感を持って育つことが大切であり，この少年のようにそうした実感を持てずに育つと，自己肯定感や自尊感情が育たない。必ずしも意識していないものの，些細なことでも自己の存在が脅かされるかのような傷つきを覚えるのではなかろうか。また，自己に対して否定的であれば，他者への共感性や思いやりも非常に乏しい性格特性が形成される。家庭における不適応感も強い。もちろん，非行はこうした性格特性等を背景に，地域不良集団との接触あるいはその他の要因が重なって，さまざまな方向へ進行していくことになる。女子少年の場合は，攻撃的行動に出る場合もあるが，家庭に居場所を見つけられず，援助交際や風俗店の仕事などの性的逸脱行動が進行してしまう場合が多い。無自覚なまま，自己破壊的な方向に向かってしまう。心の中核に空いた穴を埋めようとするためか，男性から見せかけの優しさを示されただけでも容易に受け入れてしまい，覚醒剤や薬物の被害に遭うことも少なくない。

　もちろん，被虐待経験が必ず非行に結びつくということではないが，適切な保護を受けずに虐待を繰り返し受けていると，そこから回避するための問題行動を生じやすくなる。これが非行化のきっかけとなることが多い。2002（平成14）年に家庭裁判所調査官と学識経験者らが共同で行った「児童虐待が問題となる家庭事件に関する実証的研究」（司法協会 2003：51）では，虐待が非行に及ぼす影響についても検討している。その中で，虐待が非行に至る場合のプロセスを図式化してまとめているが，それをほぼ引用したものが図14-4である。図の右に挙げているどのような非行に進行していくかは，少年の性格特性の特徴としてどの辺りの問題が強く形成されているか，男女差，虐待回避行動としての前駆的非行の種類，不良集団との交友の程度等によって，異なってくる。

　児童虐待は増加し続けているが，虐待が背景事情にある非行事例も今後ます

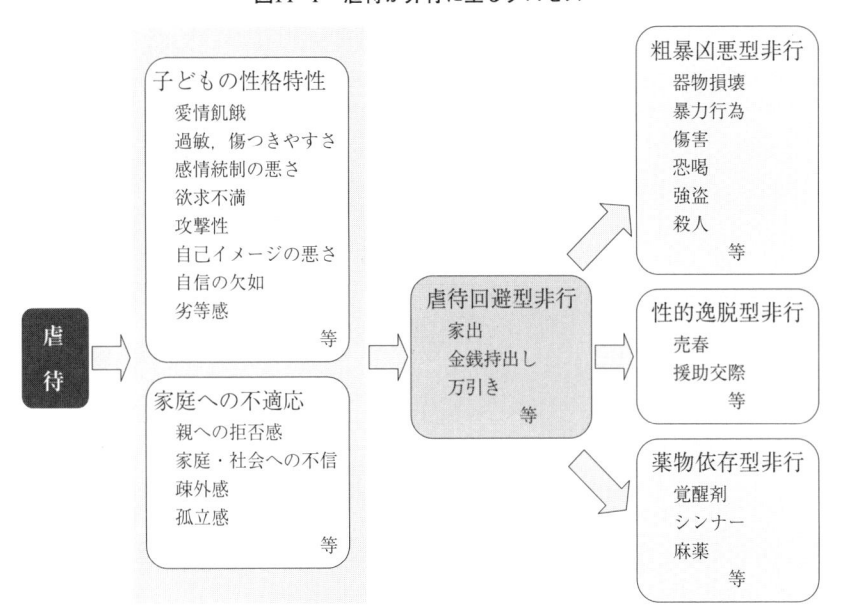

図14-4　虐待が非行に至るプロセス

```
                    子どもの性格特性
                     愛情飢餓
                     過敏，傷つきやすさ
                     感情統制の悪さ                    粗暴凶悪型非行
                     欲求不満                          器物損壊
                     攻撃性                            暴力行為
                     自己イメージの悪さ                傷害
                     自信の欠如                        恐喝
                     劣等感                            強盗
                              等                      殺人
                                                              等
  虐                                虐待回避型非行
                                     家出                  性的逸脱型非行
  待                                 金銭持出し              売春
                                     万引き                 援助交際
                    家庭への不適応            等                    等
                     親への拒否感
                     家庭・社会への不信                  薬物依存型非行
                     疎外感                            覚醒剤
                     孤立感                            シンナー
                              等                      麻薬
                                                              等
```

ます増加するものと思われる。このような事例は，複雑かつ深刻な問題性を抱えた少年であり，回復の道のりも険しい。家庭裁判所は，機関の性質上自ら時間をかけて支援することはできないが，その事件処理を通じて，関係機関による適切な支援につなげるため的確な資料収集と適切な処遇判断を行うよう一層努力する必要がある。　　　　　　　　　　　　　　　　　（春田嘉彦）

参考文献
家庭裁判所調査官研修所「児童虐待が問題となる家庭事件に関する実証的研究」司法協会，2003年。

第15章
子どもと家庭へのケースマネージメントの展開

　近年の児童虐待の増加はとどまることを知らない。2008（平成20）年度の厚生労働省の速報値では全国の児童相談所での児童虐待相談件数は，4万2,662件（2009年7月速報値）となっている。1年間に生まれてくる子どもの数は少なくっているにもかかわらず，虐待件数が増加しているという社会現象は，現代の子どもたちにとって，受難の時代ともいえるかもしれない。同時に，不登校やいじめの増加，子どもの精神病の低年齢化，突然の非行など，子どもをめぐる話題に事欠かないという受難な時代ともいえる。

　2000（平成12）年に社会福祉法が施行されてから，社会福祉は大きな変革を迎え，福祉も「サービスを選択する時代」となり，多くの社会福祉施設は措置から利用・契約に切り替わっている。しかしながら，子ども分野の中で，特に要保護児童関連は，その特殊性から「措置制度」は継続している。つまり，保護者や子どもが入りたい施設を希望して，児童養護施設などを選択するシステムにはなっていない。

　要保護児童の課題を中心として子ども家庭の分野でも「ケースマネージメント」の手法が導入されてきた。1994（平成6）年に日本でも批准している「子どもの権利条約」によって，子ども一人ひとりの権利が尊重され，「児童の最善の利益」が保障されているのだろうか？　支援者が，子どもの権利擁護を護り，どのように子どもへのケースマネージメントを行っていけばいいのか，考えていきたいと思う。

1　虐待事件からみる要保護児童対策の状況

2008（平成20）年10月，札幌市で小学6年から8年間，母親が長女（21歳）

を自宅に軟禁していたという事件が表出した。すでに2006（平成18）年に長女は保護され，知的障害更生施設に入所しているという。長女は小学6年から中学3年までの間に，数日しか登校をしていなかった。2000（平成12）年に「児童虐待の防止等に関する法律」（以下，児童虐待防止法）は施行していたにもかかわらず，学校・地域が気づくことなく生活を送っていたことになる。中学卒業後，実父が別居し，精神疾患をもつ実母と長女の2人暮らしになっていた。最終的には，家庭からの異臭がひどく近所からの通報によって，長女の保護に結び付いている。2004（平成16）年の岸和田事件も同様に，中学生男子が不登校，自宅では食事も与えず，餓死寸前で保護され，子どもに重い障害が残った事件である。岸和田事件を通して，不登校の子どもの安全確認は，文部科学省から学校あてに通知をだし，教育と福祉の連携が叫ばれた。また，学校，児童相談所のあり方も問題視され，地域とのネットワークを組むことが課題になった。しかしながら，また今回，同じような事件が起きてしまった。

　子どもの虐待は，さまざまな要因が重なり，表面化してくる。事件のたびに児童相談所等の課題は叫ばれても，なかなか根本的な改善がされていない。そして，単に児童相談所一機関の問題では解決が難しい状況になっている。

　2000（平成12）年に児童虐待防止法が施行され，増え続ける児童虐待への対応がとられてきている。本法律は議員立法として成立し，3年ごとに法改正を行っており，2008（平成20）年4月からは，あらたに法改正が行われ，施行となっている。

　2000（平成12）年の法成立をもって，日本で初めて「虐待の定義」が法律上なされた。また，国及び地方公共団体の責務として，児童虐待の防止と発見等に務めるよう責任が明確とされた。少子化対策と同時に虐待問題も社会問題としてクローズアップされてきている。

　2004（平成16）年10月施行の改正では，児童虐待の定義に保護者以外の同居人からの虐待や児童の前でDVを行うこと等も含められた。児童虐待の通告義務がさらに拡大された。警察への協力依頼の体制や保護者の同意に基づく施設入所等の措置が行われている場合についても，児童との面会・通信を制限できることを意図した規定を整備するものとされた。

　2008（平成20）年4月施行の改正では，児童の安全確認のための立ち入り調

査の強化，保護者に対する面会・通信等の制限の強化・保護者に対する指導に従わない場合の措置の明確化，国及び地方公共団体は重大な児童虐待事例に分析を行うこと，要保護児童対策地域協議会の設置に努めなければならないとされた。また，法律の目的には「児童の権利利益の擁護に資すること」と明記された。

　2度にわたる法改正を通して，児童虐待への法的整備が進んでいるのだが，先に述べたような事件を未然に防ぐにはいたっていない。

2　東京都の子育て支援対策の状況

（1）子ども家庭支援センターの設置へ

　東京都では，要保護児童，子育て家庭への対応を独自の取り組みで行ってきている。1964（昭和39）年，国では，福祉事務所に家庭児童相談室制度を導入していたが，東京都では長い間，児童福祉司が週に何度か出張相談という形で区市町村の福祉事務所で，児童相談にあたっていた経緯があり，積極的に家庭児童相談室の設置はされてこなかった。

　核家族化が進み，近所とのかかわりが非常に薄い大都市東京の子育て環境の中，児童虐待の増加の兆しがみえはじめ，子育て家庭への支援がより必要とされてきていた。1995（平成7）年度より，区市町村に「子ども家庭支援センター」という形での相談先の設置を働きかけてきた。これまで児童相談所一機関が，すべての子どもの相談の引き受け手であったものを，地域でより子育て家庭の身近なところでの支援機関を打ち出したのである。

　1999（平成11）年11月の東京都児童福祉審議会の提言では，子育て家庭への支援には「ファミリーケースワーク」の支援システムが必要とされている。東京都ではこの時期を前後して，「子どものケースマネージメント」という考え方が一般化し始めてきたといえる。

　1994（平成6）年の意見具申では，子ども家庭支援センターに必要な機能として，①総合相談，②サービスの提供，③サービスの調整，④地域組織化活動の4つとされ，ケアマネジメントを手法として相談業務を行うとされている。児童福祉法に基づく設置機関ではないことから，それぞれの子ども家庭支援センターによって，特徴もあり，サービス提供などにも区市町村によって，差異

がみられていた。そのため，2000（平成12）年にはそれ以前から設置されていた新宿区と三鷹市の子ども家庭支援センターをモデル事業として，児童福祉審議会委員が活動に入り，その機能の評価・検証を行っている。

新宿区ではスーパービジョン体制の強化，三鷹市では子ども家庭相談の事例検討会を通して，子ども家庭支援センターのあり方について，検討された。その結果，子ども家庭支援センターは地域の中核として，ケースマネージメントの手法による相談・支援サービス展開をしていくことが確認されている。ファミリーケースワークを展開し，地域のネットワークを強化していくことも同時に必要となる。特に虐待ケースなどでは，複数の機関の協力なしには見守りはできない。

そして，子ども家庭支援センターを展開する上で，人材確保と人材養成が不可欠である。子どもの権利擁護を護り，子どもにとっての最善の利益を追求する姿勢，アセスメントする力，ケースマネージメント技法の修得，ネットワークづくりなど，児童家庭福祉分野におけるより高度な専門性が必要とされている。

一方，国では，児童虐待や児童家庭問題の複雑化に対応するために，1997（平成9）年の児童福祉法改正で「児童家庭支援センター」が創設された。児童家庭支援センンターは，児童相談所と連携をしながら地域に密着したきめ細やかな相談・支援体制の強化を図るため，乳児院・母子生活支援施設・児童養護施設・情緒障害児短期治療施設及び児童自立支援施設に附設されている。東京都では，先行して「子ども家庭支援センター」を創設したいきさつもあり，児童家庭支援センターの設置・促進は行っていない。

2008（平成20）年4月現在，島嶼の一部を除き，区市町村全域で「子ども家庭支援センター」が設置されている。設置当初は，児童相談所との役割分担等，課題になってきたが，2005（平成17）年4月，児童福祉法の改正によって，区市町村が児童相談の第一義的窓口とされたことによって，子ども家庭支援センターが果たす役割は非常に大きくなっている。

（2）子ども家庭を支える課題

いずれにしても児童福祉分野では，措置制度が残っており，地域で起きた問題が，子どもの安全の確保のための一時保護や施設入所にいたるような事例に

ついては，地域の相談機関だけでは解決できない仕組みにある。そのため，子ども家庭支援センターと児童相談所との役割分担・連携は不可欠といえよう。

2001（平成13）年の東京都児童福祉審議会の意見具申「地域における子ども家庭支援ネットワークづくり」により，増加する児童虐待問題も含め，地域で発生する問題は，身近な区市町村が対応するべく，子ども家庭支援センターの機能が強化された。こうして従来のサービスに加えて，⑤要支援家庭サポート事業，⑥在宅サービス基盤整備事業が付加された先駆型子ども家庭支援センターの設置促進を促し，児童虐待への対応も子ども家庭支援センターの役割として位置づけられた。2005（平成17）年に施行された児童福祉法では，児童相談の第一義的な窓口が区市町村とされた。当初，子ども家庭支援センターが設置された目的であった地域の子育て支援と後から求められた虐待対応とでは，まったく機能が異なることを1つの機関が両立していくことの難しさなど，新たな課題も出てきている。今後は，「子育てひろば」「保育所」「児童館」「学童クラブ」など，それぞれの機関の持つ特性をいかしながら，地域でネットワークをさらに強化していく必要があろう。

3 要保護児童の受け皿の現状

虐待の増加により，大都市を中心として，一時保護所への入所が待機まちの状況がみられ，さらに，一時保護所から施設への入所がままならず，保護日数の長期化，施設が満杯など，要保護児童の受け皿の不足が顕在化している。保護日数の長期化では，東京都児童相談所の事業概要によると，2007（平成19）年度退所児童の一時保護所退所児童1人当たりの平均日数は，39.0日となっている。91日以上在籍していた児童も86名いた。2006（平成18）年度に比較しても，91日以上の保護されている児童の数が，2.3倍に増加している。保護されている理由も半数は被虐待が理由になっている。地域の子ども家庭支援センターでは，区市町村の子育て支援サービスであるショートステイ事業が，「一時保護」的に機能として利用されているとも聞く。

2008（平成20）年3月に東京都内では，30年ぶりに児童養護施設が新設され，都外契約施設も含めて，60カ所の児童養護施設で，要保護児童の受け入れを行っているが，満杯状況は解消されていない。少子化の進行に伴い，一時

期,施設は定員割れの時代もあったのが,とどまることを知らない児童虐待の増加に受け入れが追いついていかない状況にある。

　一度,施設入所・里親委託をした後の家族再統合機能が日本では不足していることにも関連している。児童相談所は子どもを保護した後,その後の家族再統合へのケアにかかりきれないほどの子どもを担当している数的な問題もあろう。東京都の児童相談所の児童福祉司の配置数は174名となっているが,児童人口との割り返しでは,1人の児童福祉司が担当している児童人口は7万2,279人となっており,全国一多い人数をかかえている(2008〔平成20〕年4月1日現在)。一人の児童福祉司の担当ケースも100件を超えている現状では,一つの家庭への支援が十分にできないのも無理はない。

　要保護児童の受け皿として,東京都では,1973(昭和48)年から独自に養子縁組を目的としない「養育家庭制度」を発足させ,社会的養護の一翼をになっている。近年は,養育家庭への一時保護の件数も増加している。以下の図からも,里親委託直前の生活場所のうち,「里親宅」が年々増加しており,一時保護委託として,里親家庭にいったん保護され,その後正式に委託になっている様子が分かる(図15-1)。

　養育家庭への子どもの委託から措置解除のプロセスには,家族再統合のヒントが多く含まれている。例えば,委託直後,子どもが養育家庭にみせるさまざまな赤ちゃん返りや退行現象などは,実親が施設から子どもを家庭引き取りする際にも,起こりうる現象である。この時に養育家庭への支援が手厚く行われるのと同じように,家庭引取りをした後,家族の関係を作り直す際に,実親への支援の必要性は不可欠である。養育家庭へのきめ細やかな支援が求められるように,必要に応じて,虐待ケースとしてかかわった実親への支援にも長期にわたり,支援する体制が求められるのではないだろうか。

　一時保護,施設入所,里親委託,入所・委託後のケアなど要保護児童への対応も多岐にわたり,施設,里親,実親,子どもへの支援に,「子どもの権利擁護」の視点からも専門性やシステムの構築は欠かせない。

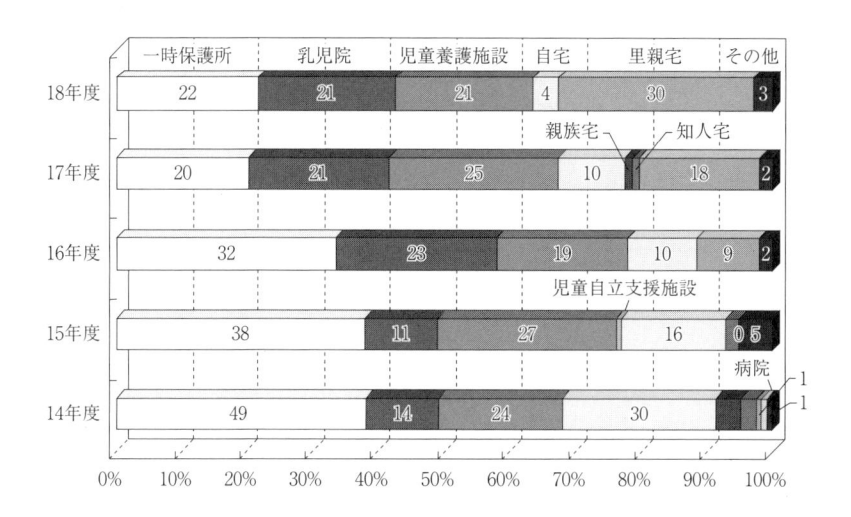

図15-1 養育家庭へ委託された子どもの委託前の生活場所

年度	一時保護所	乳児院	児童養護施設	自宅	里親宅	その他
18年度	22	21	21	4	30	3
17年度	20	21	25	10（親族宅）	18（知人宅）	2
16年度	32	23	19	10	9	2
15年度	38	11	27（児童自立支援施設）	16	0	5
14年度	49	14	24	30	1（病院）	1

4　今後法定化される子育て支援事業

　児童虐待対策とともに少子化対策として，地域の子育て支援事業の充実も求められている。「子どもと家族を応援する日本」重点戦略をふまえ，仕事と育児の両立支援，虐待を受けた子ども等に対する家庭的環境における養護の充実，地域や職場における次世代育成支援対策を推進するため，児童福祉法改正（案）が図られているが，2008（平成20）年6月の国会にて参議院を通過したものの，ねじれ国会の影響を受け，急遽国会は解散となり，審議未了のまま，廃案となったが，2008年（平成20年）11月，改正案が通過した。

　保育所の入所待機児童の解消に向けても対策がとられているが，就労の増加により，特に大都市においてはなかなか解消しない。そのため，改正児童福祉法では，家庭的保育事業（いわゆる保育ママ）が児童福祉法に法定化される（平成22年4月1日施行）。

　同時に，子育て支援事業，①乳児家庭全戸訪問事業（いわゆる生後4カ月までの全戸訪問事業），②養育訪問支援事業，③地域子育て支援拠点事業，④一時預かり事業を児童福祉法に位置づけ，市町村がこれからの事業を着実に行うよう，省令で必要な規準を設けることを目指している。

2006（平成18）年6月，幼稚園と保育所を一体化した新しい施設を設置するため，「就学前の子どもに関する教育，保育等の総合的な提供の推進に関する法律」いわゆる「認定こども園」の設置に関する法律が成立し，10月から施行されている。「認定こども園」の認定件数は，全国で358件となっているが，その数は伸び悩んでいる（2009〔平成21〕年4月1日現在）。

児童虐待の予防，早期発見も含め，これからの地域子育て支援事業は大きな役割をになってくると思われる。

5 「子ども」の声を聴く

これまでに述べてきたように，複雑化する児童相談の分野で，「ケースマネージメント」の手法が中心に展開されてきている。ただ手法を学べば，実践がうまくできるのかといえば，そうはいかない。「福祉は人なり」といわれるように，支援者は常に自己覚知を行い，子どもという成長過程にある対象者を支援していく上で，「児童の権利擁護」を行っていく立場であることに基本においてほしい。地域で子どもを支援していくことは，支援者にとっては逃げ場がなく，同時に子どもの成長には長い時間が必要とされる。地域の機関において，子どもの成長を一緒に見守ることのできる長期的な支援が継続できる職員配置も課題であろう。また，児童相談のシステムや児童福祉施設などの受け皿の体制整備，法整備も必要である。

筆者が日本社会事業大学で「子どものケースマネージメント」の授業を担当してから今年で4年になる。児童ソーシャルワーカー（以下，CSW）資格取得のために必要な授業であることから，受講している学生の中には，すでに児童相談所の一時保護所や児童養護施設でアルバイトやボランティアを経験しており，将来も児童関係に就職を希望している学生が多い。

複雑化する児童相談の現場に，日本社会事業大学のCSW課程のように，保育士としての視点だけではなく，ソーシャルワークの養成教育を受けた学生が，実践の場で職戦力として求められている。子ども中心でありながら，家庭を支援する視座，多面的な理解は不可欠である。

大学を卒業後，実際に現場の仕事に就いて，子どもや家族への支援に悩むこ

とも多いと思う。目の前の問題は常に解決できることばかりではないが，一人で抱え込むことなく，普段から顔の見えるネットワークづくり，常に学び続ける姿勢をもってほしい。

そして，実践から制度へ展開するためには，子どもの声に耳を傾けしっかり受け止め，行っている実践を自施設だけなく子どものアドボケーターとしても，外部にむけてアピールしていく力が必要である。大学での学びを基礎として，子どもとその家族にしっかり寄り添い，支援を継続してほしいと願っている。

(兼井京子)

参考文献
東京都児童福祉審議会意見具申「地域における子ども家庭支援システムの構築とその推進に向けて」1994年。
東京都児童福祉審議会の意見具申「地域における子ども家庭支援ネットワークづくり」2001年。
東京都福祉保健局少子社会対策部『子ども家庭支援センターガイドライン』2005年。
東京都児童相談所「事業概要2008年(平成20年)版」2008年12月。

第16章
ファミリーソーシャルワークの実際

　家庭に何らかの事情があって親や家族とともに暮らすことのできない子どもたちのための児童養護施設で，子どもたちや熱い思いの職員たちと暮らしてから40余年が過ぎた。

　小さな心身に負い目や深傷を受けてやって来た子どもたちは，それ故に人との関わりを持つことに大きな困難を負わされている。彼らに関わる者に相当の知識や技術，そして何よりも深い愛と広い心を持つことを求められる。それにしては，足りないことだらけの私たちであった。福祉を生業とするということは「他人様の不幸で飯を食わせてもらっている」ことに他ならない，と考えてきた。飯を食わせてもらう者と食わせる者との位相を意識してはきた。

　また，人様の人生に直接関わるはたらきであることは，決して失敗は許されないものとも心得てきた。それにしては，なんとも多くの間違いや失敗を重ねてきた。しかし，そのような状況の中で，子どもたちの表情が，時間の累積に従い豊かになり，関わる者たちの欠点や間違いさえも自らの育つ力にしている子どもたちのたくましさに思わず感動を禁じえないことがしばしばであった。

　これから専門職として巣立っていく若い学生たちは，現場からの愚かな経験の報告と雰囲気を，吸収し，拙い講義を受け止めてくれた。そんな至福の時を提供してくれた学生たちに感謝しながら若干の報告と考察を述べて与えられた責めを果たしたい。

1　専門職は誰のためのものか

　一昔前，社会福祉構造改革が喧しくいわれた頃，その改革の内容について少しく不安であったのは，実は専門職制が誰のためのものであったのか，という

一点にあった。この制度策定に関わったある大学教授が社会福祉専門雑誌に，専門職制度は社会福祉に関わる者が「カルデアネスの船板」[1]を身に付けることだ，と書いていた。またあるところでは，「このような施設内での不適切な関わりは，この施設に社会福祉士がひとりでも居たらその発生を防ぐことが出来た」と，論評した。

　このように，たった1枚のカルデアネスの船板を自らのものにしてしまう専門職や専門職制が専門職の地位や立場を守るものであり，万能であるという幻想を振りまいたのであった。

　何よりも，人間に直接関わるというはたらきをしようとする者は専門職でなければならないことは当然である。それにしては，古来より医学部には付属する医療機関があり，教育には付属教育機関があるのに，もっとも弱いがゆえに，強力で専門的なサポートを必要としている社会福祉の専門職養成機関に社会福祉の現場が付属されていることはまれにしかないのは，喫緊の最重要な課題だろう。

　社会福祉専門職制が他の分野と異なるのは，サポートを必要としている地位も身分もない人々に共感し，この人に出会って助かった！　と感謝し，それからの生き方を変えるほどのプラスの影響を与えるような働きをすることである。

　そのようなはたらきが可能になるように願い，現今の学制や制度の中でそのように伝えるために力を尽くしてきた。まさに，カルデアネスの船板を必要としている人に，自らを省みずにその船板を差し出し，自力で危機を脱出するために離れていく力と勇気と決断の可能な人が専門職となることができるように願いながら。

2　ファミリーソーシャルワークに関する専門職養成

　児童養護施設を利用するに至った子どもたちの問題は，その子どもたち自身の問題である場合もあるがそれは例外的であり，当該の子どもたちに責めのあるものはほとんどないのである。問題はその子どもたちが所属していた家族と社会にあったのである。

　ここで，家族とは何かについて確認しておきたい。児童養護施設の子どもたちだけにかかわらず，家族は終わりを予定しないで暮らしと運命を共にする者

たちの集団であり，それを構成する人々にとって有機体であると考えてきた。いくつかの細胞が寄り集まって内容を形成し，それを表皮で覆う果実のような一体性を持つものなのである。一つひとつの細胞が構成員でありそれらが有機的全体となる。その有機的全体が表皮（住居など）となって構成員を社会から守り，そして社会と関わり合うはたらきをするのである。

　そのように考えると，児童養護施設の問題は子どもを家族から切り離して子どもだけを扱いながらこの問題を解決しようとするには不十分過ぎるのである。家族という固まりである有機体に問題が発生すればそれをその固まり全体の問題としてとらえ解決を図らなければならない。しかし，養護系に限っていえばこれまでの児童福祉はほとんど子どもは子ども，家族は家族……すなわち大人と子どもをバラバラにして「子どもの問題」の解決を図るという，誤解を恐れないでいえば「間違い」を犯し続けてきたのが歴史であったのだ。

　自らについていえば，この40数年にわたる児童養護施設での子どもへの関わりを家族と共に行ってきた。特に，自らが立ち上げた児童養護施設「光の子どもの家」においては，かなり徹底してこれを展開してきた。すなわち，入れてはいけないという条件がない限り家族を養育現場である施設内部に導入して養育に参加してもらうのである。それは，全国の児童養護施設では未だなされていない開拓的なはたらきだったようである。そのことは2007（平成19）年度「関東ブロック児童養護施設職員研修会」，2008（平成20）年度「西日本児童養護施設職員研修会」そして2008（平成20）年度「小舎制養育研究会」において，子どもたちの暮らしの現場を家族に開放しようと提案したが，ほとんどいまだに顧みられていないことからも明白だろう。

　子どもたちがやがてここを出て自立の道を歩むことになる。家族との問題を残したまま，彼らが一人で歩き出す時，それまで家族と日常的に離れている期間は，子どもたちも家族も互いに相手を理想化する過程になることが多い。児童養護施設にいる間に相手を等身大に認識することが必須なのである。そうでないと，家族が子どもに，子どもが家族に不適切な期待を持つことになり，互いに不利益をもたらす可能性が高まることを防ぐことは，児童養護施設におけるファミリーソーシャルワークの重要な課題なのである。

　そこで，子どもの問題を家族とともに，そして家族の変容を促すことに力点を置いて解決を目指してきた児童養護施設「光の子どもの家」の取り組みとそ

の経過の中で，確認された家族との関わる定位や関わり方についてまとめたものを紹介し，提供しながら，さらに考察を加えていくことを，日本社会事業大学（以下，日社大）で与えられた科目によって行ってきた。大多数の学生たちは刮目してこれに関心を持ち，参加してきた。

すべての科目において，毎回 A4 判罫紙のリアクションペーパーに質問，理解したこと，提案や感想などを徴収して，講義内容を吟味し再構成しながら次週の講義に活かすよう努めてきた。これも作業量は膨大であり労多かったが比例して収穫も多かったと思われる。

3　ファミリーソーシャルワークの実際

（1）「光の子どもの家」での取り組み
1）　家族関係への取り組み

児童養護施設「光の子どもの家」においては，自立支援計画書に基づき10項目にわたる事業計画を年度当初に作成してきている。その中の重要な項目の一つに，「家族関係への取り組み」がある。

「光の子どもの家」がこれまでとってきた養育活動の基本的な関わり方の一つに，「責任担当制」による「家庭的処遇」がある。それは，子どもたちが失った家庭という場面と，家族という関係の保障を意味する。その中で，この働きのもっとも大きな特色の一つに「家族関係への取りくみ」を掲げてきたことも，施設に入らなければならなかった原因は子どもにはなく，社会や家族である大人たちの事情に因るものであり，この問題の解決を図るにはまず家族に関わり，取り組むことが肝要だと考えたからである。

子どもたちの心の奥底に潜んで普段は現れないが，さまざまな場面で示す言動などの，多くの場合消極的・拒否的・否定的表現には，家族，とりわけ親子関係へのとてつもない消極的，否定的な感情や，それに対応する些細に見えるが適切な家族との関わりへの渇望が作用していることがほとんどである。私たちが「家族に代わること」を目標の一つに掲げ，子どもたちと個別のあるいは生活上の集団としての関係を深める努力をし続けていくのだが，その関係が深まっていくごとに，代替性が意識され，「親に代わりえない」事実を切実に知らされていく。家庭的処遇の，また，児童養護施設の働きの，ひとつの限界を

確認させられる時でもある。

　私たちの重要な目標の一つは，子どもたちが真の意味でのよりよい人間関係を形成する能力を持つことである。児童養護施設の暮らしの中に，その人間関係の中心をなすはずであった真の家族関係を入れてはいけないという条件がないかぎり，その関係を導入することで，「家族に代わる養育」という部分の限界を補完する。しかし，総じて親のもつ子どもに与える影響力は，私たちの及びもしないものであることをこれまで見せ付けられてきた。何よりも子どもたちの利益になるだろうかどうかが，真の家族関係を入れてはいけないかどうかを判断する厳粛な基準である。

2）　成長過程で生じる子どもと家族の向きあい方

　「光の子どもの家」は，ほとんどの報道機関が約半年余にわたり連日発信し続けた異様なほど膨れあがった開設反対運動の洗礼を受けた。それは町の議会が全員一致で開設反対を決議して，埼玉県当局に圧力をかけるなど全町的なものであった。反対の理由は，施設にやってくる子どもは不良少年である，というデマが流れたことによったのである。決議内容は，この町の教育環境破壊につながる施設開設反対というものであった。この地域にある子育ての問題の深刻さが，その反対運動によって露見したのである。

　年を経て自然に不問となったが，開設の条件に非行発現前の６歳以下に限るということがあり，幼い子どもたちの家族との関わりから「光の子どもの家」の家族関係への関わりが始められたのである。

　私たちの取り組みが子どもと家族との関係の回復を実現し，情緒的な共生関係を形成することを経験し，まっすぐに成長していく軌道に導いていくことを目標にしてきた。子どもたちが夏やお正月，あるいは週末などに帰省できるようになることを目指している間は，帰省できるということだけで，あるいは家族が来訪してくれるだけで，十分であった。

　時間や関わる場面や人などの変化に応じて家族が変化し，子どもが成長していくなかで当然その関係が変容していく。帰省するだけで十分だった幼児が学童になり，帰省から戻って来た時などに顕著な否定的表現を行動化するようになった例が散見され，それが学童・青年期の者たちの大多数に及んだこともあった。そんな時，家族と一緒にいればよい，という状態から，家族とどう向

き合うのか，向き合ってどうするのか，というもう一つ細やかな観察や洞察に基づいた対応が求められたのである。

3） 子どもが家族関係にしばられない配慮

人は人との関係の中で存在し生きるものである。異性が惹き合うなかでみごもられた子どもは，みごもった母体と胎児が対をなし，出産されることによって母体との関係を最初の人間関係として経験し学習していく。お互いが差し出し，受け止められるという対の関係は，血縁という条件も道ずれにしながら育っていくのである。その関係が突然遮断され，身体生命の安全を脅かす事態になり児童養護施設を利用するに至ったのである。家族の中でも特に母子は一体性を持つものであり，共生から分離へと展開していくことは言を俟たない。それが中断され，破壊され，虐待などという事態に陥ったのである。

家族と子どもとの関係形成や回復過程の中で，もっとも配慮しなければならないものは，血縁家族のしがらみがはらむ否定的な要因を引きずらせないように配慮することである。

家族関係を施設の子どもの生活に入れてはいけないという条件は，大人，子ども双方，あるいは「光の子どもの家」全体の生活に関わる状況によって判断されなければならない。

一方，養護要件にいたった問題を解決し，さらに子どもを育てるための技術や考えを整えて，家庭そのものの再生も目標にしながら，一方で自立への促進を図り，それへの家族の協力的な関わりを促すことも児童養護施設の基本的なはたらきである。

教育機関を卒業して就職し社会生活を送っている者の中に，家族をもつ者がいる。それらへの具体的支援も私たちの未完のはたらきとして必然である。そのために，さらに緊密な家族との連携と協力を求めて，はたらきを強化するものであることを確認しながら取り組んできた。

また，家族関係への取り組みが，合理性や効果のみを求めてするものではなく，家族というものがもつあらゆる要因を含んだこどもとの取りくみであることも確認しなければならない。プラスとマイナスを集めて相殺すると大きなマイナスが残ることは珍しくはないのである。

子どもが措置されるまでの家族への関わりは，子どもを家族から分離する過

程であり児童相談所などの機関のはたらきである。しかし，子どもの入所時点から，児童養護施設「光の子どもの家」が主体的に子どもの家族の回復過程に関わる計画を立案し，この実現に向けて関係機関の協力を得ながら展開してきたのである。

　以下（2）～（5）に，「光の子どもの家」が実施してきた家族との関わりへの取り組みを具体的にまとめて記すことで，広くこの仕事にたずさわる，あるいはたずさわろうとする人の参照としたい。

（2）入所時に家族に伝えておくべきこと

　①ここはあなたとあなたの子どもたちのためにつくられた施設です。ここで可能な限り子どもと遊びおやつを食べ，食事もできるだけしてください。添い寝など宿泊も可能です。その他できるだけ自由にここを使えるよう配慮しています。後ろめたさなどをもたないようにしてください。できれば遠い親戚のように付き合っていきましょう。

　②どんなに間があいたとしても，一カ月に一度は面会に来てください。おいでになる一週間ほど前にご連絡下さい。出かける行事などがあったり，散歩に行ったりしてお待たせしたり，お会いできなかったりするようなことを避けるためです。

　③お子さんを施設なんかに入れてしまって不憫だと思われるなどしておみやげをもってこられることがありますが，お菓子やおもちゃなどをもってくることをできるだけ控えてください。出会うだけで充分な関係をつくっていきましょう。いつも何かをおもちになると子どもは，あなたたちよりも，もってこられるモノに心がとらわれてしまうからです。モノによらなくてもよい関係をつくりましょう。また，離婚している時には，相手のマイナスを子どもに伝えて自分の正当性の証にすることはしないでください。子どもは両親のマイナスを聞きながら真っ直ぐに育つことは困難ですから。

　④お出でになった時は応接室で担当の職員などとお会い下さい。子どもの様子や対応の調整をする場合もありますので。また，お帰りになる時にも何かお気づきになられたことなどをお話ください，今後のお子さんとの関わりに役立てたいからです。

　⑤今日は，できるだけここでお子さんと一緒に過ごしてください。できれば

添い寝をしてお子さんが寝入ってからお帰りください。ここでお子さんがする暮らしを経験されることと，お子さんを孤立させないで預ける者と預かる者とのリレーを円滑にしたいからです。

（3）毎月1回以上の家族の面会等を促す
①来訪する家族への対応

引け目，負い目などを感じさせないように。最上の客人として迎える。見下すような，面倒を見てやっているというような態度は論外である。自分の子どもを自分で育てることができず，見も知らぬ「施設」に預け，育ててもらうことになる家族の無力感や無念さは想像を超える。それに対して，役に立とうと願ってやって来た者たちとの肩の位置は自ずから異なる。肩の位置が水平に近くなければ同じ負い目を担うことはできない。自らの意識の位置を可能な限り下げて，子どもはいうまでもなく，家族と等しい肩の位置を維持して関わる。相対する者，家族と等しい肩の位置にみずからを侍する姿勢からおのずと人としての関わりが生じるものである。また，家族からの子どもの分離を不承知な親権者や家族が増加してきている。大きなマイナスの地点にスタート地点を後退させての関わりであることを意識しなければならない。

家族病理の進行過程をたどって分離した家族が，児童相談所など機関と関わってきた経緯を考慮しながら，病理家族が回復過程の軌跡に乗ることができるような関わりを工夫して実現する。

児童相談所などこれまで家族が関わってきた機関との関わりと，児童養護施設のそれとの相違をことさら強調したり説明することよりも，具体的な関わりや子どもの生活状況を共有することで理解を得られるよう努めることが重要である。

②来訪した家族には

入所当初は，子どもの家の中で過ごしてもらう。環境や生活の状況を経験し，理解を深め，「光の子どもの家」の生活を私たちや子どもとともに創っていく協力を要請することなどのために。

③金品などには

子どもに負い目，不憫さなどを感じ，職員にはお世話になっているなどの意識から金品による代償行為がほとんどの家族にある。子どもへのかけがえのな

い愛情や感謝の思いを，出会うこと，子どもと一緒にいることで充分であるような関係を確認できるように図っていく。また，養育についての考え方や，手だてなども，安易にモノによらないで，もっとよい関係を創っていくなど話し合い，考え合っていく。子どもの記念する日，慣例などを配慮しながら対応し，しばしば出会う機会のある友人への手土産程度に考えられるようにしていく。

④子どもにも

職員にもまた会いに来たくなるような関係をつくり，ほかの子ども，職員ともその関係を喜べるようにしていく。

⑤来訪した家族と子どもの関係づくり

よりよいものにしていくために，家族の感情や思いなどを整理し，子どもの状況の経過と現在についてていねいに説明し，関わり方や考え方などを話し合い，それぞれの役割や機能の違いなどについても理解しあい，よりよい関わりができるように努める。

⑥社会自立への協力関係

社会的自立へ向けた「後保護」と関連して，家族との連携を密にして協力関係を強化する。

⑦子どもの来訪の格差

家族の来訪など接触がないか，施設入所不承知などで関わりが不能な場合が増加している。来訪などの関わりをもつ者との間に格差が生じるが，その格差を格差として受け入れ，悲しみ，うらやむことも情緒的な一側面として大切にする。また，その格差をどう克服するか，家族関係の少ない子どもたちへの対応を工夫しながらバランスをはかる。

（4）帰省の促進

①休日の帰省促進

夏やお正月，春休み，週末などの帰省を促進していく。お盆やお正月などの季節が，この国に生まれ育つ者に特徴的な情緒的影響をもたらす時期であることを配慮していく。

②帰省前後の子どもの状況

帰省前後の状況を的確に観察して，子どもの状態をできるだけ正確に洞察する。

③援助につなげるために
　帰省の状況の把握から家族への助言や援助をしていく。
④子どもの目標調整
　帰省を重ねることで，子どもが自分の置かれているあらゆる意味での位置を確認し，だからどうするのかなどを共に考え，日常生活の工夫や改善，課題や目標の調整などにつなげていく。
⑤帰省と引きとりの違い
　帰省ができることが引きとりにつながるように努めるが，子どもや家族が，帰省と引きとってする生活との本質的な違いなどを判別し，引きとれなければ帰省できないのではないことを確認しながら，特に子どもを家庭に帰す要求が過ぎないよう配慮していく。

 (5) 家庭訪問
　①入所以前の子どもの生活場面に立ち会い，家族と向き会い，環境や人間関係の理解を深め，真の入所にいたる状況を把握して，子どものもつ問題や情緒などの状況を理解し，生活をどのようにつくるのかなどをイメージするなどの助けとする。
　家族によって作り出された子どもの問題，子どもによって規定された家族の状況など，問題を整理・分析して解決のための手だてを探り，親族やその地域で関わりをもつ人たちなど周辺からも情報を収集し，家族との協力関係を調整しながら作り出していく。
　②家族が住まわっている場所にわれわれが訪問した場合の家族の対応と，彼らが施設に来訪しての対応との違いが明確になる。そのことが新しい友好的な関係をもたらすことが多い。その反面，マイナスになると取り返しがつかなくなるような場合に陥ることもあるので，留意して関わる。家族が置かれているような状況にもし自分が置かれたならば，彼らのように生活ができるか，尊敬の念をもち礼儀をわきまえることが重要である。
　③訪問を事前に連絡するかどうかについては，家族と親族との関係の違いなど配慮して行う。訪問には最も適切な者が当たる。好奇心や野次馬的な態度は厳に慎む。
　④訪問することによって，家族に精神的，経済的，社会的などのいかなる負

担ももたらさないように，訪問する時間や人数など相手の都合を配慮して行わなければならない。

⑤事前事後の両方かいずれかに，児童相談所，福祉事務所など関係機関に連絡し，調整，検討，協力を促し，有効な働きを進めていく資源にしていく。

⑥家庭訪問は，担当者の要請あるいは，問題の所在によって適宜行うが，問題のある無しにかかわらず，夏休み冬休みに入る前の何れかに，年一回は在籍する子ども全員について行うものとする。

生活習慣，風俗，生活様式として，四季の変わり目，お盆，お正月は，特に子どもにとっては決して少なくない精神的，情緒的な年中行事である。この時期をとらえて家族や親族の心情を刺激し，家族と関わり，家族との生活をほんの少しでも経験することは，養育にとって，家族関係の深まりなどにとっても重要であるので，帰省，宿泊などを可能なかぎり実施できるよう調整していく。

⑦職員との関係も年間を超えて出会うことがないようになると，特に家族はますます気まずい感情，引け目や負い目を感じ疎遠になっていく。そういう状態に陥らないように子どもの成長や近況を交換しあい，それを喜びあい，子どもへの関心を刺激して，子どもへの関わりの傾斜をつくっていく。

(6) 家族と関わる前後の洞察と観察を基礎にした関わり

子どもたちが熱病のように家族の来訪を乞い，帰省を渇望するのであるが，それが実現するだけで，幼い頃は十分であった。しかし，子どもたちの年齢の上昇によって，多くの場合子どもたちよりも先に家族の側が飽きてしまったり，面倒になったりするようになることは容易に考えられる。

そのようになっていく家族との関わりは，関わってくれるだけで十分ではないばかりか，マイナスの感情を持ってしまうこともしばしばである。例えば，お正月に帰省したとしても，大して整備されていない家屋で，面白くもない親が，だんだん横着でわがままになって，自分の楽しみだけに執心しているだけなのかもしれないのである。

かけがえのない家族，とりわけ親たちが，小さいころに比べて著しく無愛想になったり，ものぐさな点だけが見えるようになったりしてくるのである。そんなとき，「光の子どもの家」に残っている少ない子どもたちと多くの職員やお客さんたちとの，楽しげな情景を思い起こしたり，甘えに甘えているであろ

う同じ担当グループの子どものことを想像したりして，いっそう落ちこんでしまうこともあるだろう。

　それでも，子どもたちは自分の親たちのマイナスを訴えたり，欠点を報告したりするわけにはいかないのである。特に，児童養護施設の子どもたちの特性とも思える「家族への寛容」は，私たちの想像や常識をはるかに超えるものなのである。

　そこで，彼らは，過ごした時間の貧しさを抱え，残った子どもたちへの羨望を引きずって帰ってくるのである。その上，大切なお盆やお正月という特別な時期に，帰省して家族と過ごしたどちらかというとマイナスに偏った時間を，仲間や大人たちにプラスに表現する苦痛さえ背負って振る舞うのである。

　そのような子どもたちの心の風景を洞察することで，はじめて可能になる適切な対応や関わり方で，子どもたちの体も心も丸ごと温めるよう配慮しなければならないのである。

　家族に関わる前はどうであり，その後はどのようであったのかについての正確な状態の観察・把握は，家族関係に継続して関わる者に不可欠な課題なのである。

（7）家庭引き取り・里親委託

　創立以来四半世紀に児童擁護施設光の子どもの家を利用した子どもたちは100名を超えた。その中で家庭に引きとられた者は28名いる。里親への措置変更は1名。

　一定程度の年月をともに暮らしてきた子どもたちが実家に帰ることができるのよう図ることは，本来的なはたらきの一つである。

　しかし，家庭引き取りは，一度徹底的に崩壊したものであることから，かなりリスクを内包していることでもあることを確認しなければならない。家庭に何ら中の事情が発生し，入所となった時点からかなり大きな成長過程を経ている。入所の時点での子どもや家族のそれぞれのイメージと，月を超え，年を重ねた後のそれには多くの場合，それぞれの実態とは大きな落差が生じているのである。

　家庭引き取り可能な者は，リスクを避けるために，概ね入所後2年以内に引き取りを完成するよう目標を設定する。子どもが居ないという条件での家族の

生活リズムができあがり，そのリズムを壊して暮らしを作り直さなければならない。その時に新たなリスクが発生する率が高まるからである。

また，10歳以前に完了することを推奨している。ただでさえ揺れ動く思春期前が臨界年齢である。

ここから家庭に移行する時期は夏休みがもっともよいと思われる。40日もの長期休暇を帰るべき実家で暮らし，暮らしの齟齬やズレを調整するのである。家族の色彩が濃くなる季節であるお正月や年度の切り替え時期である春休みなども子どもの都合に合わせることから適切な時期である。

それまでに家族がこちらで面会・宿泊などを繰り返し，子どもがしてきた暮らしのリズムや内容を経験しながら理解するのである。そして子どもが実家を訪問し，宿泊などを繰り返しながらその時に備えるのである。子どもに実家に帰るということを伝える時期など細心の注意が必要である。

子どもがそこに居て何の不思議もないような関係を形成することを目標にしてきた。子どもの暮らしの場面を変更することの困難や摩擦など，マイナス要因をできるだけ解決して移行したいからである。

これは原則である。子どもの状況や意志，年齢，家族の諸条件等々多様なそれをよく吟味・確認しながら行うことが肝要である。

児童相談所のワーカーとは情報交換や協議をしながら適切に行うべきである。強大な権限を持つ官吏であることから，指導的であったり，ある時は高圧的であることが決して少なくない。子どもの利益という点からは，子どもと暮らしている施設の，特に担当者や家族考えなどを，じっくり聴きながら進めなければならないはたらきであることをよく吟味して行うべきである。

そのような細心の注意を払ってしても，帰したことが子どもの最善の利益になっていると確信を持てる者は，数年を超えたていねいな後保護をし続けても30％強であるのだから。

里親への移行もこれに準ずる。

（8）真実告知

子どもに関わる家族の問題や状況はきわめて複雑である。その複雑さがいつもプラスだけに作用するわけではない。子どもたちが負わされた課題が困難であることが，その複雑なマイナスの作用の証ともいえる。けっしてプラスには

ならないような、マイナス・カードを引いてしまうような私たちの関わりの連続である。一方、プラスだけを期待できる人間関係もない。人にとって最も決定的なのは、絶体絶命のピンチである決定的なマイナスに出会ったときにどう対応するかなのである。決定的マイナスから逃げないで、「隣る人(となるひと)」として、それを共に引き受け、負い続けていく時に、それがそのままとてつもないプラスに変えられた経験を共にしてきた。

大いなるマイナスでしかありようのない自らの内面と向き合い、これまでの足跡を省みながら、子どもや家族をいとおしみ、最も身近な者として赦されて関わってきた。

このような取り組みの中で、子どもが家族とともにいる時間や関わりが増大していくのだが、そのことで、家族における自らの位置や問題の所在などが判明するわけではない。

幼児期から子どもが思春期の入り口に近づいてくる頃に、一瞬家族と快い時を共有できているのに、なぜこれが日常化しないのか、という疑問をもち、ただでさえ不満や疑問の多い生活に、けっして少なくない不安定な要素をもたらし、小さな胸を痛め煩悶する。

そのことが、「光の子どもの家」での生活や学校での活動に大きな不利益を伴った表現を頻発する者もあって、関わる者も巻きこんで悩ませる。

「自分が何者であり、そして何者になるのか」「ここは何処で、なぜ自分がここにいるのか」などは、自我の芽生えとしての証であり、普通10歳前後に現れる最初の自己確認である。

そのことに承服不能だったり、確認した自分を受け入れられないなどの不満や疑問については、充足できるものはさせ、応えられるものは応えることが必要である。

真実の自己を取りまく環境や歴史をプラスに開示し、マイナスは担うことのできる大人がその責めを負うことを基本としてきた。そのことで、自分の何者性かが明らかとなり、ここにいることの妥当性の確認や感謝などさえ可能にしていくのである。

このための「真実告知」は、以下の原則で行う。

①できるかぎり一対一で行う。マイナスの情報を拡散させないために。

②危機的な不安が訪れることもある思春期以前に、行うことが望ましい。

③冷静な状況判断と適切な洞察による表現を心がけ，予後の看護体制をとり可能なかぎり万全を期す。

④子どもの状態に関わる要因は多様である。真実告知や専門家の判断などに過大な期待や依りかかりをしない。何よりも暮らしを共にする者が主体的な関わりを形成することで，問題の解決を図ることが肝要である。

4　プラス面の言葉のストローク

　入所時点から約半年ほどの間の絶対受容，そして真実告知から社会的自立までのプロセスで，子どもは「なぜ自分だけが」「生まれてこなければよかった」「こんな施設があるからここにいなければならない」など不条理を嘆き，不運を呪うことが続くのである。「あなたに出会えて良かった！」「あなたが生まれてきてくれたことをこんなに喜んでいる」などのプラスのストロークをシャワーのように浴びせながら，年月を重ねて暮らしをつくっていく。伴走する者の配慮がこの危機的状況を乗り越える力となる。繰り返しプラスのストロークを浴びせながら真実を伝え，存在そのものが持つ誇らしさを獲得し，「生まれてきてよかった」と自立のために必須の自己受容の地点まで伴走する第2のスタート地点とする。

　法の定めによる18歳での出発を目前にした子どもたちは自らの未来について心を砕く年を迎え，その年度の終わりが近づく頃には進路が確定していく。自らの未来について初めて向き合うことになるのだ。未来への志向が強くなることでそれまでの背景は遠のいていく。そこで，「生まれてきてよかった！」と心から信じられるようになるのである。ほぼ100％の子どもたちが自らの生を肯定的に捉える。そして，生まれたことを肯定し，喜ぶことができるならば，家族，父親母親についても肯定し受容することを迫るのである。時期的には母の日や父の日の前の4月末頃から5月頃にそれを行う。大概の子どもたちは「一生に一度ぐらい親にありがとうっていってみたい」と受容するのである。

　そして，20代半ばぐらいまでに，「今の自分があるためにはあの忌まわしい親や家族からの不適切な関わりも必然だったのではないか？」と問うのである。ここまで受け入れて初めて社会的自立の準備が完了するのである。真実告知は子どもたちにとって最も過酷な告知である。子どもたちのセルフイメージが最

底辺まで落ち込む。そこから「出会えたことを喜ぶ」ことをテーマにしたプラスのストロークの連続が必須なのである。

5　すべてを乗り越える力を促す

　児童養護施設「光の子どもの家」における四半世紀にわたる家族関係への取り組みによって得られた関わり方についての考え方や方法などについて紙面を超えて紹介させてもらった。

　入所に至る子どもたちの状況の厳しさは想像を超えるものであり、そして、その数は増加の一途である。入所した時点では、自尊の心や自信の芽生える余地などのほとんどない自己状態なのである。そんな子どもたちが示す暴力的で粗雑な表現に出会い、出会えたことを喜び伝えることが児童養護施設のはたらきである。そして小学入学からの数年間に示す自らの存在や家族への疑問などに対応する真実告知がある。多分、この時がセルフイメージが最底辺に落ち込むときである。その時点から約10年程度かけて、に君が生まれたこと、君に出会えたことをこんなに喜んでいるというメッセージを全力で伝え続けるのである。

　そして20代半ば頃まで、生まれてきたことを受容し、産んでくれた親たちに感謝の念を持ち、受けた不適切なことも、今の自分があるためには必要なこととして受け入れる。生涯の中でやってくるマイナスもプラスもすべてを避けないで受け止め乗り越える力を、家族を整えながら変容を促し、養成していくことが児童養護施設における養育の内容であるのだ。養育の現場に家族を入れて展開する養育活動は、もちろん予期しない困難がある。しかし、その総和は圧倒的な収穫をもたらした。

　数名の親たちは、数年にわたり日社大に駆けつけ「社会福祉援助技術演習Ⅱ」において、専門職として、して欲しいこと、して欲しくないことなどを、自らの内面までをさらして涙を浮かべながら伝えてくれた。

　また、このところ施設内での不祥事が連続している。子どもが暮らしているすべての場面に家族を入れることで、そこで関わる者たちの苦闘が見え隠れするものである。家族が私たちのはたらきへの具体的な理解を得ることが可能になり、私たちの子どもたちへの不適切な関わりが著しく減少していくである。

そして，家族がいつ来てもいいような，子どもたちとする暮らしのクオリティを向上させるはたらきも意図しないところに現れているなど収穫は想像を超えて豊富であった。

本来的な人と人との関係の調整という社会事業本来が為すべき基本について述べ，次代を担う者たちへのメッセージとしたい。　　　　　　（菅原哲男）

注

1) カルデアネスはギリシアの哲学者。弟子達に「大海の中で船が沈んだと仮定して，そのときに二人の遭難者が一人分の浮力しかない一枚の船板にすがる。一人がもう一人を溺死させた場合，それは罪になるか？」と問うた。カルデアネスは緊急避難に当たり無罪とした。
2) 「隣る人」とは，人は関係の中で初めて人として存在する，という菅原哲男の養育論のキーワード。どんなマイナスがあっても逃げない，見捨てない，傍に居続ける存在がないと子どもは育たない。子どもの成長過程を伴走する者の献身的な愛が子育てには必須であることをあらわす言葉。

参考文献

アッカーマン，ネーサン・W.，小此木啓吾・石原潔訳『家族関係の理論と診断』岩崎学術出版社，1967年。

岩崎美枝子『親子になる』家庭養護促進協会，2004年。

コフート，ハインツ，本城秀次・笠原嘉（監訳）『自己の修復』みすず書房，1995年。

菅原哲男『誰がこの子を受け止めるのか』言叢社，2003年。

菅原哲男『家族の再生』言叢社，2004年。

芹沢俊介『親殺し』NTT出版，2008年。

ホフマン，リン，亀口憲治訳『家族療法の基礎理論』朝日出版社，1986年。

マーラー，マーガレット・S.，『乳幼児の心理的誕生』黎明書房，2001年。

第Ⅲ部
実践力を高めるための相談援助実習・演習

第17章
子ども家庭領域における相談援助技術

1 相談援助演習

(1) 演習の概要——コミュニケーション技法

　相談援助の実践においては，コミュニケーションがベースとなることは言うまでもないことである。ゆえに，援助者としてクライエント，および彼・彼女を取り巻く人々と関わる者にとっては，コミュニケーション能力をいかに身につけるかということが援助者としての課題であり，それがソーシャルワーカーとしての力量を左右するといってもいい。

　しかしながら，クライエントとのコミュニケーション力を高めることは容易ではない。面接場面において，講義で学んだことを念頭に置いてクライエントと向かい合うことは可能である。しかしながら，複雑な問題を抱えた多様な人々と実際に対面して，良好なコミュニケーションをとり維持することは，いかに経験を積み重ねても決して楽なプロセスになるものではない。ソーシャルワーカーであれば，激しい感情をぶつけられたり，あるいは沈黙に遭遇して，なす術もなく茫然と立ちすくむ経験を誰しもすることである。

　したがって，あらゆる相談援助場面においてたじろぐことなく，クライエントに向かい合いコミュニケーションの回路を開き，援助関係を構築していく技量を身に付けるには，ソーシャルワーカーとしての感性と知識，経験を総動員し，常に真摯に研鑽に努めることが求められるであろう。ゆえに，人間尊重や社会正義の実現といった，ソーシャルワークの価値観を踏まえたコミュニケーション能力の習得には，ある程度の時間を要することは避けられない。

　そうなると，大学を卒業したばかりの若手のソーシャルワーカーは，相談援助の専門職として，コミュニケーション能力を欠いたままでクライエントに関

わらざるを得ないということになる。もし，関わるソーシャルワーカーによってコミュニケーション能力に著しい差があった場合，未熟なソーシャルワーカーのサービスを受けることはクライエントにとって不利益につながるのではないかという言い方もできる。

コミュニケーション能力の高低が，クライエントとの関係をすべて決定づけるとは必ずしもいえない面もあるが，クライエントに一定水準のサービスを保証するためには，ソーシャルワーカーとしての力量を高めることがいずれにしろ求められる。したがって，ソーシャルワークを学ぶ学生に対して，コミュニケーション能力を高めるためのトレーニングの機会を提供することは，当然考えられなくてはならない。筆者は相談援助の演習を，そうした能力を高めるためのエクササイズの場として位置づけてきた。

長年の経験を積み重ねることだけではなく，学生たちが卒業後一定程度のコミュニケーション能力を身に付けることは可能だという前提の下に，演習プログラムを組み立て比較的容易に学ぶ方法を考案し実施してきた。以下では，それらの方法の中でいくつかの方法を示すこととする。

(2) 演習の実例
1) 私は誰でしょう
①進め方

このエクササイズは，2人1組で行う。少し大きめの付箋用紙か，長辺が10cm程度の白紙とセロテープを用意する。2人は，それぞれ誰でも知っているような人物の名前を，相手に分からないように書く。名前は実在の人物であっても，歴史上の人物であっても外国人であってもかまわない。名前を書いたら，それを相手の背中に貼りつける。自分の背中に書いてある名前を当てることが目的である。

どちらが先に，自分の背中の名前を当てるか順番を決める。背中の名前を当てるために，いろいろと質問をするが，聞き手は相手が「はい」，あるいは「いいえ」という答え方，つまり閉じられた (closed-end) 質問以外はしてはならない。したがって，質問を受けた相手は，当然「はい」か「いいえ」と答えることになるが，どちらとも答えられない場合があるので「分かりません」と答えることも認められる。

約20回までの質問で名前を当てることになるが,「私は○○ですか?」と人物名を特定した質問を発することは認めない。名前を言うことができるのは,最後の質問だけである。

聞き手が,あまりにも的外れである場合や,質問を考えつくことができない場合は,多少ヒントを与えてもいい。名前が当てられた,あるいは外れた時点で,質問者と回答者の役割を交代する。

②このエクササイズの意義

相談援助の場面では,開かれた (open-end) 質問が重要だとされているが,このエクササイズでは閉じられた (closed-end) 質問を発することを求める。これは一つには,特定の課題に対して,さまざまな角度から一定の条件がつけられた質問を考え出すという練習である。学生は,自分の背中に書かれている名前を探り当てるためにする質問自体を考えることが,それほど容易ではないことを実感し,相手に問いかけをすることの難しさを学ぶ。

2つ目の意義としては,閉じられた質問を投げかけることによって焦点を絞るトレーニングになるということである。最初は,まったく何も分からない状態から,自らが発した質問に対する「はい」と「いいえ」あるいは「分かりません」という3種の回答から,次の質問を考え出しターゲットに接近していくわけである。この場合,焦点化がうまくいかないと無秩序に質問を投げかけるだけに終始し名前を言い当てる段階までたどり着けないことになる。このエクササイズは,課題に対して,どのように焦点を絞っていくかということを体験的に学ぶことができる。

演習のスケジュールの関係で,このエクササイズを繰り返し行うことはしていないが,何度か繰り返すことによって,質問の仕方や焦点化する力は高まると思われる。

この演習は,授業の初回時に行うことが多いが,初対面の者同士の関係を築くうえではきわめて効果的である。学生たちは,このエクササイズを通してかなりうち解ける。ペアを組み替えるなどの方法をとれば,集団全体のラポール形成に大いに寄与することができる。

2) 人間コピー
①進め方
　このエクササイズも，2人1組で行う。用意する物はA4用紙と色鉛筆，あるいは多色の蛍光ペン，クレヨンなど，絵を描くことができる筆記用具，それらに加え，2枚の絵である。
　教員は用意した絵を，学生たちに見えないように教室の外あるいは，教室内の隅に貼りつける。学生ペアの1人が，その絵を見て何が書いてあるかを伝え，もう1人は伝えられた内容を，形状色彩とも忠実にA4用紙に再現する。
　伝える側の学生は，何回でも繰り返し絵を見て来て，内容を言葉で相手に伝えることができる。また，身体を使って動きや形を身振りで表現することもできるが，手を使って用紙の上に自らが形を描くことはルール違反となる。一方が書き終えたら，伝える者と描く側の立場を交代して，同じ作業を繰り返す。
　制限時間は，絵の内容にもよるが，ひとつの絵を描き終わるまでに通常60分以上をかけている。90分の中で2人が同じことを交互にやる場合は，絵はかなり単純なものにする必要がある。
　作業がすべて終わったら，各ペアの絵を教室にすべて貼りつけ，参加者全員それぞれがこのエクササイズについて感想を述べ合う。
　このエクササイズのバージョンとしては，幾何学的な文様を見て伝え，描くというパターンがあるが，絵の内容を複雑にしたり色彩を加えることによって，コミュニケーションに複雑さを与え，お互いに授受するメッセージの量を多くすることを重視している。ちなみに，筆者は演習を行う時期を反映した絵を用意している。図17-1は，それらの絵の一つであるが，秋以降にこのエクササイズを行うときのために用意したものである。
②意　義
　このエクササイズは，一方には自分が見たことを相手にいかに正確に伝えるかということがテーマであり，同時に自分が耳にしたことをいかに正確に受け止め，視覚的に再現するかということがテーマである。言葉と身振りを通してイメージを共有しようとする体験によって，学生はコミュニケーションの難しさを肌で感じとることができる。
　絵を再現していく過程で，2人の間で身振りと共に頻繁にメッセージが交わされることになるが，その会話の豊かさがコピーされる絵に反映してくるため，

学生は体験的にコミュニケーションの成果を目にすることになる。したがって、物事を適切に伝えたり、受け止めたりする力が養われることになる。

また、頻繁なメッセージのやりとりは、2人の関係を緊密にすることにつながる。さらに、絵を再現することに向けて協働体勢をとることが不可欠であるため、チームによる動き方を学ぶことができる。

本エクササイズは、学生たちが大いに楽しむものの一つである。彼らがエクササイズに主体的に参加し、コミュニケーションの幅を広げることができるという意味では、活用の余地が大いにあるといえる。

図17-1 使用する絵の1例

出所：フリーサイトより作成。

3) ケース・シミュレーション
①方　法

これはロールプレイの拡大版である。通常ロールプレイは、ひとコマの演習の中で状況設定と役割設定をしたうえで、ワーカーとクライエント役を決めて実施することが多い。だが、ケース・シミュレーションでは、長時間をかけることと多人数が参加することが特徴である。

まず、学生たちを6，7人のグループに分ける。次に、それぞれのグループには、対人関係でトラブルがあるケースを課題として与える。それぞれのグループは、ケースに関わる登場人物とソーシャルワーカーを決めて状況設定をし、ケースの背景や登場人物像を話し合いによって、できるだけ細部にわたって作り上げていく。考え出された状況と人物像をもとに、ソーシャルワーカー役は問題解決に取り組む。

本演習では、特に修復的対話に焦点を当て、コンフリクト状況にある当事者の間にソーシャルワーカーが介在し、両者の対話の進行役を務め、和解を実現することを目的にしている。修復的対話プログラムにおいては、コンフリクト

状態にある当事者だけではなく，関係者も対話の場に参加することが特徴であるため，グループの全員が役割を持って関わることになる。

状況や人物像を作り上げるための時間は，3，4時間をかける。その過程を踏まえてプレゼンテーションを行う。プレゼンテーションそのものは，ひとグループ15〜20分程度で行い，終了後30分ほど全員で振り返りをする。

②意　義

このエクササイズの特徴は，話し合いに多くの時間を割くことである。それは状況や人物像の構築，および問題解決法について十分に考え討論する時間を保証するためである。話し合いに長時間を確保することによって，学生は多様な角度から考察する機会をえて，複数の観点から問題解決へのアプローチを模索することができる。そのプロセスを通して，アセスメント力を養うことができるし，話し合いの過程で他者の意見を聞くことによって，固定観や独善性に気づくこともできる。また，登場人物の役割を時間をかけて作り上げることによって，それぞれの人物に対する共感も醸成することができる。そういった意味では，相談援助における援助者としての資質を総合的に高めるエクササイズであるといいうる。

短時間で役割を演じたりする通常のロールプレイでは，瞬時の判断力など状況に即応する力を養うことができるという利点があるので，それはそれとして大きな意義があるが，他方では，本エクササイズのように長い時間をかけて準備をし役割を演じるということにも，学生のコミュニケーション力を高めるという点で意味がある。

本エクササイズは，ケースと登場人物自体の構築に時間を費やすため，通常のロールプレイとは一線を画し，ケース・シミュレーションと称している。長時間を要するので通常の演習において取り入れることが難しいため，ゼミ合宿において行うようにしている。

演習においては，以上取り上げたものだけではなく，他にもさまざまなエクササイズを取り入れているが，学生がいかに主体的に演習に参加できる状況を創出することができるかを考慮しプログラムを構成するようにしている。先にも触れたように，コミュニケーション能力を高めるといっても，容易にできることではない。そのためには持続的な努力が求められるし，時間も要する。したがって，演習でできることは限られている。

そうした限界を前提としつつも，何もできないわけでもなく，一定の方向づけや相談援助におけるコミュニケーションの意味合いに対する理解を深めることは可能である。学生たちが受け身で，演習担当教員の指示のもとに課題をこなすだけでは，力量を高めることは期待し難いといえるので，テーマに対して関心を抱き自らが自主的に動くような課題を設定することが不可欠となってくる。

そういった意味では，前項で紹介したエクササイズに関しては，学生たちは積極的に参加する姿勢を示す。だが，特に「私は誰でしょう」や「人間コピー」などのプログラムの難点は，"楽しい授業"としてのみ受け止め，担当教員が意図しているレベルで課題を受け止める傾向が希薄になりがちだということである。その辺に関しては，教員側に演習の進め方についてさらに工夫する余地があるといえる。

（3）多様なコミュニケーション法──ノンバーバルなコミュニケーション

コミュニケーションについて論じる場合，一般的には言語を用いたコミュニケーションを前提とすることが多い。だが，忘れてならないのは非言語的なコミュニケーションの重要性である。人間のコミュニケーションの3分の2はノンバーバルなコミュニケーションによって成立しているという説もあるほど，その比重が高いということも演習では触れるようにしている。したがって，演習プログラムの中には非言語的なプログラムも組み込んである。

言語によるコミュニケーション能力を高めるには時間を要するが，非言語的なコミュニケーション力は比較的短時間で身につけることができる。したがって，非言語的な能力を高めれば，ソーシャルワーカーとしての経験が浅くてもクライエントとのコミュニケーションはかなりの程度できるということになる。

特に，言語による表現力が十分だといえない子どもたちが，特定の問題に遭遇し葛藤している場合は，言語による表現がより一層乏しくなることが少なくない。ワーカーの問いかけに対しても，言語による反応がないこともごく普通に見られる現象である。そういった状況における相談援助実践では，非言語的なコミュニケーションが主要な役割を果たすことになる。そこでソーシャルワーカーに求められるのが，ノンバーバルなコミュニケーション力の豊かさである。

言葉によるコミュニケーション法を封印した子どもたちとの回路はひとつではない。個々の子どもによってつながる道筋は異なる。その違いは，言語が介在しないがゆえに見極めることが難しい。ひとつひとつのケースにおいて手探りをしていくしか方法がない。そうした場合に，ソーシャルワーカーの側に非言語的なコミュニケーションの可能性に対する認識が欠落していたり，力量が不足していると，子どもたちの関係構築に支障を来すことになる。多様な非言語的コミュニケーション方法がある中で，すべてを網羅することは到底無理な話であるが，演習においては具体例を示し実際に体験することを通して，その可能性を実感させることを重要視している。

音楽や園芸，調理あるいはスポーツなどの，ノンバーバルなコミュニケーションツールとしての有用性を説明するだけではなく，実際に体験することなども行ってきた。例えば，演習においてうどん作りをしていたことがあったが，これはクライエントと共に粉をこねるところから，一緒に食するまでの協働プロセスを辿ることによって，それが言葉がなくてもいかにコミュニケーションを形成することにつながるかということを，学生が実感として体験することによって，ノンバーバルなコミュニケーションの力の意味を体得することにつなげてきたわけであるが，残念なことに演習において調理室の使用が認められなくなったため，こうした機会は持つことができなくなってしまった。

言語によるコミュニケーションにしろ，非言語にしろ，いずれにしても，学生が既成の枠組みの中でコミュニケーションの構築を想定するのではなく，柔軟な発想と方法で子どもたちにアプローチする姿勢を身に付けることができれば，演習の目的は達成されることになる。 　　　　　　　　　（山下英三郎）

2　演習の「場」における「学生」の成長過程

（1）演習の概略

子ども家庭領域を取り扱う本演習は，図17-2に示すように，コミュニケーション，倫理・価値，体験的理解，人権尊重，権利擁護，自立支援という6つの要素から構成されている。最初の3要素は，どの領域においても必要である基礎的内容として，アイスブレイク，ジェノグラム，エコマップ，面接技法，ノンバーバルコミュニケーション，ロールプレイを体験する。後半の3要素は，

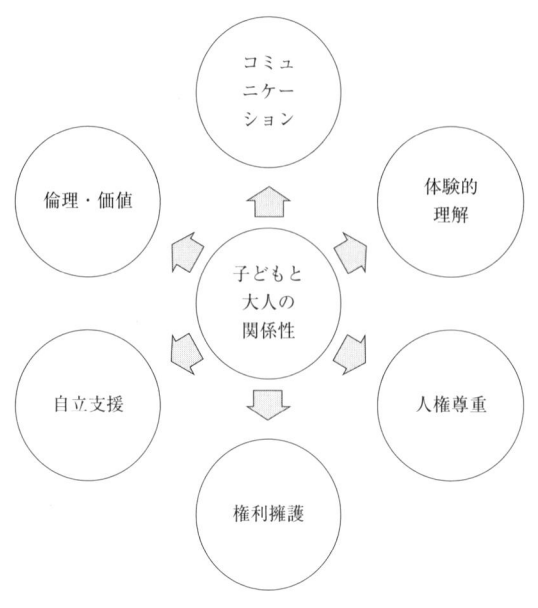

図17-2　演習の構成要素

- コミュニケーション
- 体験的理解
- 人権尊重
- 権利擁護
- 自立支援
- 倫理・価値

中心：子どもと大人の関係性

出所：『履修要網』日本社会事業大学「社会福祉援助技術演習Ⅰ」
2009年，をもとに筆者作図。

「子どもと大人の関係性を観る」ことを目的とし，現代社会における子どもと家庭の抱える困り観を理解し，それに対する問題意識を強化する内容となっている。具体的には，ビデオ・DVDに見られる事例をもとに，家族彫像や，ファミリーマップ・エコマップ，インテーク・アセスメント段階を想定したロールプレイや，ケースカンファレンスを体験する。

また，学生に対する演習の動機づけについては，初回の授業にて，演習の進め方と役割について周知する。まず，演習が，学生一人ひとりの力と，学生間の相互作用の力を活用する授業であるため，一人ひとりの参加の仕方や，与えられた役割を遂行する過程が重要となることを説明する。そして，グループ学習を主体的に進める上で，グループとしてまとめる力が要求されるグループリーダーを全員が担当できるように全授業毎のグループリーダーを決定する。

また，2限連続の授業の内容は，原則的には，参加型の体験学習とし，前半を体験，後半をふりかえりの時間とし，ふりかえりは，設定した課題を個人で

考察したものをもとにグループ討議で深め，それを発表し，最後にリアクションペーパーに記入する構成となっている。なお，内容により，2回分の授業を連続し1つの演習とする場合もある。

（2）実践例「エコマップ彫像」

ここで，家族療法の家族彫像化技法を取り入れた彫像を創造することにより[1]，エコマップのイメージを体験する実践例を紹介する。

①ねらい

一人ひとりを彫像に見立てて，その彫像をグループで創造し表現する過程を通して，子どもの視点から，家族と周囲の人との関わりの状況を考察し，「家族の関係性」，「家族と周囲の関係性」を理解し，「家族と周囲の関係性」を強める支援について考える。

②内　容

ⅰ）演習グループ全体が20人前後であれば，10人前後づつ，2グループにわける。グループごとに事例を選択して，登場人物は，グループの人数により調整し，配役を決める。支援者・近隣の人は，関わる必要があることが想定される機関（人）を含めて設定する。

ⅱ）事例をもとに，立ち位置，距離，向き，姿勢，視線等を表現手段とする。彫像の形で創造した登場人物を家族と周囲の人の集合体として並べる。

ⅲ）グループごとに，発表する。発表内容は，司会が，事例の概略を説明した後，それぞれの人物の集合体を表現する。司会が，子ども役の者に，そのままの状態で感じることについてインタビューした後，彫像を終え，登場人物全員が感想を述べ，最後にリーダーがまとめの言葉を述べ，発表を終える。

ⅳ）グループごとに，子どもの視点から，「家族の関係性」「家族と周囲の関係性」についてふりかえり，理解を深める。最後にリアクションペーパーを記入する。

③参考事例

ⅰ）専業主婦：家族4人，支援者・近隣（4～6人），司会（1）
　　　　　　父（20代後半），母（20代前半），長女（5歳，幼稚園），長男

（1歳）

母は専業主婦，対人不安が強く近隣との接触を持てず，孤立化傾向にある。体調によって，朝起きられず，幼稚園に送って行けず，長女を休ませることも多い。トラック運転手の父は早朝出勤し帰宅も遅く，育児への協力は望めない。そのため，母は，ストレスから，長男にあたること多々あり，近隣より虐待通報がある。

ⅱ）ひとり親：家族5人，支援者・近隣（4～6人），司会（1）
　　　　　　父（30代），長男（5歳，保育園），長女（3歳，保育園），父方祖父（50代），父方祖母（50代）

父はアルコール依存で，就労が困難。父の暴力に疲弊した母は，生活の目処が立たなかったため，子ども置いて家出。母の家出後，父は，実家に同居し生活維持するが，長男，長女に対して暴力をふるう。祖父母共に働いているが，父が保育園への送迎をしないため，祖父母が交替で保育園への送迎をする。祖父母は，父が子どもたちに暴力をふるっても，怖くて止められない。

　この実践例は，紙面で表すツールとしてのファミリーマップ＆エコマップを，家族彫像を用いることによって，立体的に表現する体験につながり，後述するように学生の理解に対する反応もよかった。これを，家族彫像を用いた演習の基礎編とするならば，事例を学び深める手段として応用し活用していくことは可能である。筆者も，応用編として，DVD視聴し，文献で詳細な事例背景をつかんだ後，さらに，家族彫像を用いた演習を行っている。

（3）体験し感じる演習

　先にあげた実践例の家族彫像を体験後，学生から出された感想をもとに体験して感じる演習について考察する。
　まず，体験による子どもへの認識について，学生は，「孤独や不安」「家族をリアルに感じた」「切なさ」「弱い立場だから大人が助けなければ」と表現している。これらは，救済されない子どもの孤独感の重みを知り，その家族状況がリアルに伝わるからこそ，現状に悲しみを感じ，また，助けなければという使命感情が生じる等，子どもと，子どもが置かれている状況に対する問題意識の啓発につながった。

次に演習内容については、「立ち位置が表す人間関係がわかりやすい」「一瞬だからこそ表すことができる距離感や雰囲気がある」等、文字だけより分かりやすかったという反応が多かった。また、作業過程については、「いつの間にか引きつけられた」と表現している。これは、立ち位置や、距離、向き、視線、姿勢等、身体を駆使して表現することについて考えて、形にしていく共通目標に向かっての作業過程の中で、要求されたとおりに互いに身体を動かし、言葉をかけ合うという行為そのものが、仲間意識を強めた結果である。

演習は「体験し感じる」ことに比重をおいている（保正2002：49-53）が、実践例でも、問題意識の啓発や、仲間意識の強化につながったように、「体験し感じること」に比重をおいた演習の効果が明らかになった。つまり、例えば、事例を学ぶという内容であっても、文字だけを手掛かりにグループ討議を行うよりも、ロールプレイや、家族彫像等、「体験し感じること」の要素が含まれている演習の方が、学生にとっては、状況を理解するための幅が広がると考えられる。

（4）「場」における相互成長

ここでは、演習全体の内容に対する学生の感想をもとに筆者が作成した、図17-3の4つの過程を基に考察する。

まず、葛藤の段階である。これは、演習の場と演習のメンバーに慣れていないために生じる不安や葛藤である。

具体的には、「人前で話すことへの苦手意識」を持ちながら、話すことが求められる場、「自分と向き合うことへの回避」をしてきたのに、自分と向き合うことが求められる場、人との価値観の相違が表出され、かつ専門職の価値についても考えることが求められることで、「価値観のゆらぎ」を感じる場、であることへの理解に苦しむ段階である。

次に承認・安心の段階である。これは演習の場とメンバーから、承認が得られたことを実感し、不安から安心の場に変わる状態である。具体的には、「どんな意見でも受け入れてくれる」体験の積み重ねが、「居心地のよい場」に変わり、「やる気」が出て、「楽しくなり」、「自分と向き合い」、自分を「見直すきっかけの場」へと変化する段階である。

3つ目は自己受容の段階である。これは、自分と、人との違いを受け入れ始

図17-3　演習の場における自己成長の過程

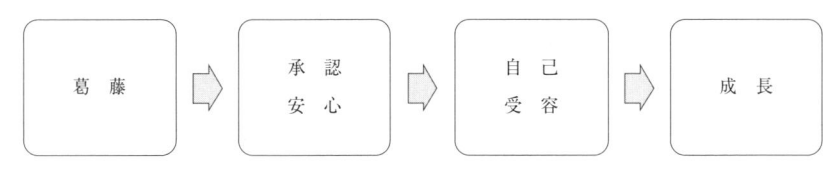

葛藤 ⇒ 承認・安心 ⇒ 自己受容 ⇒ 成長

めた状態をさす。学生からは，人との違いがあっても自分は，「自分のペース」でやればいい，「やってみればいいんだ」と思えるようになってから，楽しめるようになった等が挙げられる。そして，4つ目は成長の段階である。これは，自己肯定感が高まり始めた状態をさす。この段階の学生は，「何か変われた気がする」「強くなった」「自分と向き合い言葉にできたことは成長」である等，自己評価をしている。

　これらの過程において，自己表現できる場となり，自分を見つめる機会となり，メンバー同士の相互作用が生じる場であることが大切である（加藤2002：4-13）。演習の場を，肯定的な相互作用が生じる場に発展させていくことが最も重要である。ここで取り上げた葛藤，承認・安心，自己受容，成長の過程は，学生の個人差によって進むものであり，決して一律ではない。あくまでも学生一人ひとりの体験に基づく認識の過程であるため，進み具合には，相違がみられる。また，承認・安心の段階に至った後，新たに生じる不安により葛藤の段階に戻ることもある。このように，場合によっては葛藤と承認・安定の間を何度か行き来する学生もいるかもしれない。だからこそ，学生間の相互作用が円滑であるという体験の積み重ねが重要である。なぜならば，その体験があることによって，葛藤が繰り返されたとしても，再び承認・安心の段階に戻れるという安心感が強化されるからである。

（5）「教員」と「学生」の関係

　体験学習のメリットについて，加藤は，「自分自身の対人関係そのものを学習の素材にできること，自分についてのフィードバックを他者から受けること，学習したことを実践する機会を持てること」（加藤，2002：5）と述べている。この体験学習のメリットを活かす前提には，自分を素材にした実践に対して，肯定的なフィードバックを得られる保証の有無と，学生一人ひとりが，自分の

図17-4 学生と教員の関係

```
         教　員
          ↑↓
   学　生 ⇔ 小（全体）グループ
```

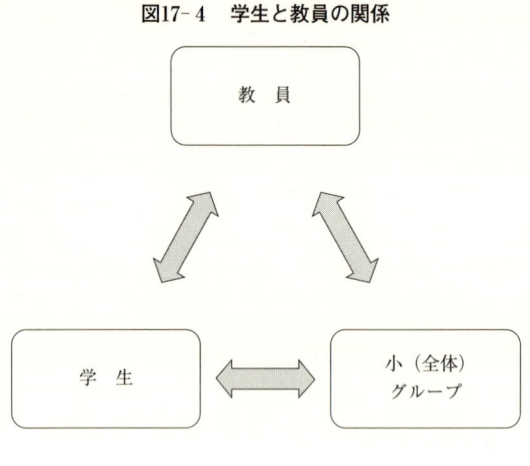

対人関係の課題を知ろうとする意欲の有無が重要な要素となる。自己に向き合い，自分を知ることに対する不安の強さに比例して，多かれ少なかれ葛藤が生じる。したがって教員には，この学生の葛藤の表出に敏感でかつ，学生の不安な気持ちを受容し，また，学生間の相互作用が円滑に促進させるために，十分なサポートが求められる。

このように，演習の鍵は，教員と学生との関係性の質にある（保正，2002：49-53）というように，教員と学生の関係が存在するだけではなく，その関係性の質が問われると指摘されている。これらは図17-4に見られるように，教員は，学生一人ひとりとの関係をベースに，教員と学生の集合体である小（全体）グループとの関係，学生とグループとの関係の相互作用が促進されるように，教員は，その関係性に介入し調整していく必要がある。

いずれにしても，子ども家庭領域における実践力を高めることを目的とした演習の場で取り扱う重要な要素は，子どもの存在そのものに対する価値意識の高揚である。すなわち，子ども不在のまま，家庭や周囲の大人の価値観を優先した支援を考えるのではなく，子どもの存在とその状況を中心に据えた視点をもって考える体験を積み重ね，その観点から考えることに慣れていくための要素が盛り込まれていることが重要である。なぜならば，支援の必要性の認識の低い大人の「大丈夫です」という言葉が，子ども不在のアセスメントにつながり，子どもの救済が遅れてしまうという現状があるからである。だからこそ，演習が，家庭や施設という子どもの生活拠点において，子どもの存在とその状況を観る力，観たことを伝えあう力，そして共通の子どもの視点から，子どもと大人の関係に生じる問題を考える力を涵養する場でなければならないのである。そのためには，教員と学生との関係性の質を高めることは大切である。

（我謝美左子）

3　相談援助演習の概観と具体的内容

（1）相談援助演習の概観

　児童ソーシャルワーク課程の学生は，社会福祉士養成の共通した演習を踏まえつつ，独自の演習内容を用意している。以下は筆者が行った演習内容である。カリキュラム改正を踏まえ，さらに検討しなければならないと考えている。なお，1回は，2コマ続きであり，合計60時間の授業となっている（表17-1）。
　ここでは，紙面の都合ですべてについて詳しく触れることはできないが，概観を行うことにする。

1）導　入

　まずは，自己紹介から始まる。社会福祉を目指した理由や子ども家庭領域に特に関心があることの動機や，子ども領域の中でもどの分野に興味があるか，などを語ってもらう。この設定自体が，語りの場の保障と，傾聴のまず第一歩となる。この授業は，2年生の最初に設定されているが，初めて会う学生同士も多く，互いを知る上で有効となる。
　その上で，エゴグラムをしてもらい，それのやってみての感想をいってもらう。エゴグラムは，エリック・バーンによって開発されたもので，自己覚知を深める上で，有効なツールである。自分がこれまで抱いていた自分に対するイメージと，エゴグラムの結果とのずれなどを，小グループでシェアリングしていく（川瀬・松本，1993：13-18）。
　次に，自己覚知と子ども領域との関連性を深める上で，今度は，自分の人生脚本を書く演習を行う。これは，愛着の観点から，関わるべき子どもとの愛着を考える前に，まず，自分の親との愛着を振り返り，自分の愛着のパターンを知ることで，援助者としての資質を見直すというものである。愛着に関する人生脚本については，他書に詳しい（藤岡，2008）。
　このような演習をする際には，自己紹介等のゆるやかな導入から，小集団によるシェアリングを経て，次第にグループとしての凝集性を高めていく。このような演習そのものが，グループワークの体験学習のものとなる。
　その意味で，次に，「不登校と社会福祉支援，小グループによる討論，全体

表 17-1 相談援助演習 I（社会福祉援助技術演習 I）の概要

	日程	テーマ	内容
1	4月10日	オリエンテーション 自己覚知	自己紹介 エゴグラム
2	4月17日	児童福祉と援助技術①	愛着上の課題と修復的愛着療法 人生脚本による，自分自身の愛着の歴史の振り返り
3	4月24日	児童福祉と援助技術②	不登校と社会福祉支援 小グループによる討論 全体討論
4	5月1日	社会福祉援助とコミュニケーション①	絵画法を通した気付き
5	5月8日	社会福祉援助とコミュニケーション②	箱庭法を通した気付き
6	5月15日	社会福祉援助とコミュニケーション③	動作法を通した気付き
7	5月22日	社会福祉援助とコミュニケーション④	面接法①（カウンセリングの基礎）
8	5月29日	社会福祉援助と体験的理解①	ブラインドウォーク
9	6月5日	社会福祉援助と体験的理解②	車椅子
10	6月12日	社会福祉援助と体験的理解③	インスタントシニア
11	6月19日	社会福祉援助と人権尊重・権利擁護・自立支援①	CSW合同演習
12	6月26日	社会福祉援助とコミュニケーション⑤	面接法②
13	7月3日	社会福祉援助と人権尊重・権利擁護・自立支援②	人権擁護の教材を通しての議論
14	7月10日	グループワーク①	体育館での体の動きを通したグループワーク（障害のある子どもたちへの支援）
15	7月17日	まとめ（グループワーク②）	振り返り（お楽しみ会）

討論」を設定しているのは，グループとしての動きを意識してのものである。不登校に関する最新の状況を小グループで調べ，それについて議論し，お互いの考えを聞きながら，自分の考えを深めていく。語り，聴き，まとめ，発表する，そして，一人ひとりの考えの違いを，それぞれの価値観や考えの違いとして尊重し，敬意を持って受けとめていく。

この頃になると，学生からは，人それぞれの考えの違いを身にしみて感じるようになった，などの声が聞かれる。

2）展　開
ここで，さまざまな臨床技法によって，関わりの要点を深めていく。言葉だ

けでなく，さまざまな道具が，臨床技法にあることを実体験を通して学んでいく。言葉を使った面接技法の前に，このような非言語的なアプローチを身につけておくことは，特に子ども領域において重要である。

具体的には，絵画法，箱庭法，動作法である。ここでは，動作法と絵画法について，取り上げることにする。

(2) 具体的な演習内容

以下のように，60時間の演習を通して，対人援助の要点を体験的に学習していくことになる。

1) 動作法

動作法は，1960年代に，脳性小児まひの子どもたちへの催眠の適用から始まった。動かないと言われていた腕が，催眠状態で動いたのである。その後，さまざまな臨床的検証が行われ，動作法が日本独自の臨床技法として開発されていった。1970年代に入ってからは，動作法は，自閉性障害児やADHD児へと適用されるようになった。特に，腕上げ動作コントロール法という方法によって，自閉性障害の子どもたちとのコミュニケーションが改善されていくことがさまざまな現場で報告された。1980年代に入ってから動作法は，統合失調症者や，全般性不安障害者，身体表現性障害者などに適用されるようになり，さらに，1990年代以降には，不登校，チック，緘黙，吃音などの子どもたちの事例に適用されるようになっていく。現在，動作法は，スポーツ選手や芸術家，高齢者へも適用されるようになってきている。このように，動作法を知っていることで，子ども達のさまざまな不適応感への対応のきっかけが生まれると考えられる。

ここでの「動作」は，人が意識的であれ，無意識的であれ，体を動かそうと「意図」して，それを実現しようと「努力」する心理的過程の結果として生じる緊張や動きのことをいう（成瀬，2000）。動作を見るときに，この「意図－努力－身体運動」という過程はとても重要な視点になる。

元々，体にはその人特有の緊張パターンがあり，姿勢も同様に独自のパターンをもっている。しかも，心のゆがみが体あるいは動作パターンのゆがみとして表現されやすいのは，うつ病，統合失調症，神経症者などの姿勢，体の動き，

しぐさなどの観察からもうかがえる。その動作の改善を通して，心理的な問題への解決に至る可能性が考えられる。さらに，そのような，いわば外に現われた特徴のほかに，共通した心理的な問題は，特に非現実的な思考様式に加え，生き生きとした「生きている実感」を持ちえていないことに起因していることが考えられる。体についていえば，身体感覚への気付きの乏しさ，誤った身体認知，現実の身体運動から離れた身体操作感覚などが考えられる。そうだとすると，動作を媒介とすることで，その人は，体というまさに自己と密接に結びつき，「内なる現実」の基底である自分という存在への関わり方を見直すことができる。そして，そのことで，「生きている」という実感を得て，自分のとってきた，対人関係ないし社会に対する非現実な認知や誤った自己認知の変容を余儀なくされると思われる。

　動作法を開始する前にも，すでに，言語面接時の動作にはさまざな徴候が表現されている。動作法では，これらをていねいに見ていく。椅子姿勢でも，肩への力の入り具合，両手の位置，声の発し方，上体の姿勢，足の位置，視線，腰の引き具合，援助者と利用児・者の間（緊張感，安心感，隔絶感など），体の揺れ，足下の不安定感・安定感などである。動作法に熟練していくことで，このような点が，次第に理解できるようになっていく。

　演習の中では，お互いの体の緊張を確かめ合ったり，自分で動かしてみて，動きづらいところを発見したり，動きづらさがちょっとでも動くようになった時の気持ちの変化などを取り上げていく。児童ソーシャルワークの場面でも，体の緊張や体の不調を訴える子ども達は多い。このような臨床技法はその際役立つだけでなく，きつさ・つらさの共感的理解の道筋の一つとしても有効なのではないだろうか。そしてコミュニケーションへの敏感性を向上させることができる。

2）絵画法

　絵画法も，言葉を使わなくてもよい臨床技法である。このような方法を用いて，コミュニケーションのありようや，さまざまな子どもたちからの表現を感受することができる。本格的な絵画法の実習は，機会を改めるとしても，この演習で取り上げるのは，あくまでも，自己の理解と，他者（特に，子ども）とのコミュニケーションを深める上でどのような点に留意すべきかを考える良い

機会となる（藤岡，2005）。

　絵画は，以下の10の観点を備えていると考えられる。すなわち，①描線という動作，②色という無限の感情誘発・沈静刺激，③抽象性から具象性への表現の無限さ，④絵を描く，あるいは色を塗るという過程（プロセス）・動的志向（時々刻々と動いていること），⑤でき上がったものを見ることができるという結果・静的志向（静止していること），⑥見ることができるということは，でき上がる過程と結果を，クライエントとソーシャルワーカーやセラピストが共有できる可能性をもっている，⑦紙と鉛筆（必要に応じて，色エンピツ，クレヨン，クレパス，水彩絵の具など）があればできるという簡便性，⑧変化への介入，⑨相互作用のしやすさ，⑩人生の創造への寄与，である。これらの特徴を理解した上で，有効なコミュニケーションの手段となる。

　導入に際して，描くことさえ困難なクライエントがいる。その場合，絵を描くということから始めるより，描線から入はいるとよい。なぐり描き法を開発したウィニコットは，クライエントとの相互作用にこれを活用し，描線こそが心の動きを表現していることに気付いていた。24色のクレヨン（あるいは色エンピツ，サインペン）を用意し，どの色が好き？　と訊きいて，好みの色を取ってもらい，自由に描線してみるよう促す。もしそれでも動きがない場合は，セラピストのほう方が描く。それから，再びクライエントを促すと，時間はかかるものの，少しずつ動き出していく。これは，導入として有効であり，描線をし終わってから，学生同士お互いの描線画を見せ合い，それぞれのタッチや色合いなど，それぞれの違いを理解していくのと，言葉以外の自己表現を実感的に体験していく。他にも，名前デザイン法，○×△法，火山爆発法などのさまざまな方法を通して，非言語コミュニケーションの重要さと，言葉以外の表現というものを実感していく。詳しくは，藤岡（2005）を参照されたい。

3）　空間と時間への配慮：面接法1
　面接法では，特にカウンセリング技法を基礎に置きながら，面接における要点を体験的に学習していく。以下のような点は，面接の際の基本として特に留意していく。
①時間的行動
　面接の予約時間，遅れてくる人，早く来る人，面接の打ち切り時間，肝心の

話題にはいるまでの時間，話の総量，グループ面接の場合は話の独占量，問いかけに対する反応時間，沈黙など。これらを留意しながら，ロールプレイングをしていく。

②空間的行動

面接者や他のメンバーとの距離，面接の位置関係，例えば，対面法などがある。これは緊張感を誘発することもあるが，きちんと向き合う面接となり，面接の深まりも大きい。他にも，面接者と利用者が90°の位置関係をとる90°法，真横に座るという180°法などがある。この180°法は，車での面接場面でも活用される。車は，このような同じ方向を見ていながら，景色を話題の素材にすることができるし，向き合いすぎないで済む。他にも，座る位置，カバンなど物を置く位置などがある。

③身体的行動

視線，アイコンタクト，面接中の視線の置き方も重要である。面接者とクライエントの間の距離の半分よりややクライエント側に視線の焦点を合わせると，凝視もしないし，クライエントへのまなざしも向けることができる。「見守るまなざし」というのは知らず知らずのうちに利用者（特に，子ども）に伝わっていく。また，相手の姿勢，こっちの姿勢，利用者の姿勢を面接者が意識的に真似をすると共感的に理解されていると感じてもらえるという調査結果もあるくらいである。相手にリラックスしてほしかったら，まず自分がリラックスするというのも大事である。他に表情も重要である。ダブルバインドというのがあるが，言葉と表情の不一致ということである。言葉と表情のどちらを信じていいかわからない。ディスコミュニケーションにつながる関わりである。特に親が子どもに対してすると，子どもは不安になる。本当はどうなんだろう。また，表情が気持ちをつくることもある。顔が笑うと気持ちも穏やかになるという報告もある。他にも，身振り，外観，体型，服装，なども面接の際重要な要因となる。視線を利用者と合わせるということも援助職でも重要ともいわれている。

4）福祉基礎体験を通した援助者体験，被援助者体験

それから，車椅子体験，インスタントシニア体験，ブラインドウォーク体験を行っていく。ここで重要なのは，このような体験を通して，援助者としての

自分の気づかない点，利用児・者役になることで，初めてさまざまなことに気づくことがある。

それぞれの体験が有効である。

①ブラインドウォーク

日本社会事業大学構内にも使われている点字ブロックについて簡単に説明をしておく。長方形の凸部の集合は，進行路を示している。それに対して，丸の凸部は，そこから先は危険であり，注意するように喚起することを示している。体験の場所や素材としては，通常のトイレ，障害者用のトイレ，エレベーター，廊下などに置かれている公衆電話，電話ボックスの中の電話，自動ドア，電話の点字，エレベーターの点字，点字ブロックなどである。点字ブロックは，でこぼこしすぎていて分かりづらい（白杖を使うのに慣れていないことが一因であろう）という感覚が際立って感じられたりする。音の感覚がとぎすまされていく。いかに，視覚優位の世界にいたかが分かる。また，援助者役の人の声がけのタイミングや，手を添える位置，見えているときには何事もなかったものが，異様なほど恐怖に感じる体験（例えば，自動ドアの開閉）などを体験することで，共感的な支援の重要さを身にしみて感じることになる。

②インスタントシニア

体の動きづらさ，光のまぶしさ，指が思うように使えないもどかしさ，耳が聞こえづらいことの大変さなどを体験する。地図を見る。時計を見る。階段を上り下りする。椅子から杖を使わないで立ってみる。トイレを使用する（和式トイレでかがんでみる。洋式トイレで杖を使わないで立ったり座ったりする）。電話にて天気予報を聞く。地図などで目的地を探す。絵を見て，専用ゴーグルをかける前の違いを体験していく。

③車椅子体験

あらかじめ，車椅子の操作をしてみる。車椅子での移動の際の留意点を踏まえて，体験してみる。2グループ一緒に動いていく（合計4人）。階段などの際には，お互いのグループがサポートしあう。ゼミ室を出発（コースの順路は各グループが決定）し，狭いところを通る時，直角を回る時，段差を超える時（1人で，援助者と一緒に）に留意する。階段の昇降での援助位置を確認したり，スロープを体験する（押す方向を留意。危なくない範囲で，色々な方向を試してみる。スロープを降りるとき。スロープをあがるとき）。車道の脇の歩道を歩いて

みる(この際,安全には十分に留意)。エレベーターに一人で乗って,降りてみる。援助者と一緒に乗る。自動ドアを通過してみる。自動販売機を使ってみる(または,使うまねをしてみる)。電話(廊下などにある電話を使ってみる,または,使うまねをしてみる)。電話ボックスの電話を使ってみる(または,使うまねをしてみる)。トイレ(通常のトイレに入ろうとしてみる。入れない場合は,入れるところまで)。障害者用のトイレを使ってみる(または,使うまねをしてみる)。教室や研究室に行ってみる。オプションを各グループで決定(その他,各グループで追加体験。ただ,危険の回避に十分注意すること)する。

5) 傾聴の基本技法:面接法2

傾聴のための基本技法について,ここでは取り上げていく。

相談援助の基本的な技法として,カウンセリングがある。カウンセリングという言葉がよく使われているが,その基礎を作ったのが,ロジャース(Carl. R. Rogers)である。ここでは,ロジャースの考え方と技法を中心に述べていく。クライエント中心療法の創始者であるロジャースは,援助者の要件として3つを特に強調している。①自己一致(congruent),②無条件の肯定的関心(unconditional positive regard),③共感的理解(empathic understanding)である。この点は,他書に譲る(岡村,2007)。

カウンセリングの技法には,さまざまな方法があるが,ここでは代表的なものを述べる。

まず,「非指示的雰囲気作り」ということがある。これは,話を誘導するのではなく,まず,徹底した傾聴的な態度で話を聴くことである。相手の言葉にあわせて,うなずく,ゆるやかなまなざしを向けて傾聴的態度を伝えるなどは,最も基本的な技法である。援助者は,このようなうなずきだけでなく,「そうですか」「そのように感じられたんですね」などの言葉を発することもある。

ここで大事なのは,語りの場の保障である。子どもたちは,語りを相手によって変える。次に,「反射」(reflection)である。これは,利用者の言葉を繰り返していく。特に感情面に焦点付けたのが,「感情の反射」である。これは,言葉の中に含まれている感情を言葉にして,相手に伝えるということである。たとえば,「つらいんです」という言葉を利用者が発したとすると,「つらい気持ちでいらっしゃるんですね」と言うことで,利用者はあたかも鏡に向き合う

ように自分の気持ちに向き合うことができる。ここで大事にしなければいけないのは、このように援助者が「反射」をすることで、実は、援助者自身が感情や言葉をていねいに援助者自身の経験の中に落としていくという作業を行うことができるということである。「援助者自身の経験の深まりと、援助者による利用者理解」こそが、この「反射」の技法的な要点ではないかと考えている。

さらに、「感情の明確化」は、利用者から出てくる言葉に含まれる感情をさらに踏み込んで明確化することで、気づかなかった感情に触れる支援をしていく。「今の言葉からは、お父さんへの怒りが伝わってきます」などの言葉を返していく。さらに、利用者の発する言葉だけでなく、表情（暗い表情になってしまった、等）やしぐさ（貧乏ゆすりを始めた、等）、声の質（声が震えだした、等）など、状況を見ながら、言葉にして伝えていくことで、利用者が気づかない自分の感情などに向き合っていく支援をすることになる。そして、「内容の繰り返し」や「要約」ということを通して、利用者は自分の考えや気持ちを再度かみしめて感じたり考えたりする機会を得る。いずれにせよ、これらの言葉が、無機質な「オウム返し」にならないように、言葉の一つひとつをていねいに援助者自身の「自己一致」を心がけながら、伝えていくことで、面接を深めていく。

6) 人権擁護の教材を通しての議論

筆者は、この人権擁護ということを考える上で、毎年、ハンセン病およびそれをめぐるさまざまな福祉上の課題を取り上げることにしている。特に、子ども領域で考えた場合、親が感染して入所を余儀なくされた場合、一緒に入所しても親と一緒に住めないという「無感染児童」の問題がある。また、さらに、子ども自体が感染した場合にも、急に場所が変わってしまったり、すぐに出られると思って入所して、次第に出られない事に気づくなど、今では考えられないことが起きていた。

これらのことは、日本社会事業大学と、ハンセン病資料館がきわめて近い場所に位置していることも幸いしている。演習の中で取り上げる資料は、すぐそばの資料館に豊富に用意されているのである。2008（平成20）年には、「ひきちぎられた絆」というテーマで、子どもをめぐる特別展示もなされた。これらの資料に基づきながら、学生と一緒に問題を深めていくことで、人権意識、権

利擁護の感覚，ソーシャルワーカーとしての使命感，などさまざまな点で，自分自身を掘り下げていくことになる。

7） グループワークとしての演習

この演習自体がグループワークの実践である。そのことの最後のまとめとして，この演習自体のエンディングを学生が企画していく。どのようにシェアリングすべきか，どのような終結を迎えるべきか，学生一人ひとりが考えていく。体育館での体の動きを通したグループワーク（障害のある子どもたちへの支援）は，グループワークと障害児支援をテーマとして行っていく。さらに，振り返りを兼ねて行う「お楽しみ会」は，公園や学内の施設などをつかって，自分たちがこれまで演習でやってきたことを総合して，コミュニケーション，他者理解，自己理解などを深めていく。

（藤岡孝志）

注

1)「彫像化というのは，ある限られた時間のなかで，感情的な家族関係を物語的に象徴化するために人や物を配置することである。外部に投影され象徴化されたものは，各々の人がシステムのなかで内面的に認知している立場や地位に結びついている。家族成員の内面的な位置と行動や感情が外部に空間的関係性として投影されるよう家族成員を同時に配置することによって，各々成員は生身の人間による家族肖像画を創り出す。家族内でのある人の経験の本質は濃縮され，目に見える絵として投影される」(R. シャーマン，N. フレッドマン，岡堂哲雄・国谷誠朗・平木典子訳『家族療法技法ハンドブック』星和書店，1990年，110頁)。

引用文献

岡村達也『カウンセリングの条件——クライエント中心療法の立場から』日本評論社，2007年。

加藤康仁「ソーシャルワーク演習の各種の方法」北島英治・副田あけみ・高橋重宏・ほか編『ソーシャルワーク演習』有斐閣，2002年。

川瀬正裕・松本真理子編『自分さがしの心理学——自己理解ワークブック』ナカニシヤ出版，1993年。

藤岡孝志「福祉ニーズと社会福祉援助」阿部實編著『保育・教育ネオシリーズ 社会福祉』同文書院，2003年，119-146頁。

藤岡孝志『不登校臨床の心理学』誠信書房，2005年。

藤岡孝志『愛着臨床と子ども虐待』ミネルヴァ書房，2008年。

保正友子「学生のエンパワメントを促す社会福祉援助技術演習の検討」『ソーシャルワーク研究』Vol.28No.3, 相川書房, 2002年。
成瀬悟策『動作療法──まったく新しい心理治療の理論と方法』誠信書房, 2000年。

第18章
子ども家庭ソーシャルワーク実習の意義と実際

　社会福祉関係の人材養成にあたって，実習は要（かなめ）であり，養成の根幹をなすものと考えている。子ども領域においてもその例外ではなく，児童ソーシャルワーク（以下，CSW）課程としては，「子ども家庭ソーシャルワーク実習」と位置づけて，この12年（実習そのものは4年生にあるので，10年），その実習教育の充実に向けて鋭意努力してきた。ここでは，子ども家庭ソーシャルワーク実習の意義と実際についてとりあげていく。

1　実習の意義

　CSW実習は，20日間であり，ほとんどの実習が，20日間同じ施設・機関に行っている。これは，じっくりとした職員，利用児，施設・機関・地域との関わりを通して，その領域での実習を深めるためである。
　現在，実習先の分野として，以下の通り実習をお願いしている。
　①入所型児童福祉系：児童養護施設，情緒障害児短期治療施設，更生保護施設等
　②利用型児童福祉系：児童相談所，子ども家庭支援センター，障害児・者センター，児童館，障害児通園施設等
　③その他の関連施設：病院，教育相談室，適応指導教室，フリースクール・フリースペース，地域支援機関，弁護士事務所，公立小学校特別支援教室等
　これらは，すでに第2章で述べたように子育て支援系，虐待対応施設・機関系，スクールソーシャルワーク・教育臨床系，発達障害系，自立支援・地域支援系，司法福祉系，子ども医療系実習として，現在のCSWカリキュラムでは

分類されている。
　施設・機関の業務及び利用者のプライバシーの保護等に支障のない範囲において，学生の心理支援能力，発達支援能力及びソーシャルワーク能力の向上に資する体験，学習する場の提供をお願いしている。具体的には，以下のようなことを事前に伝えている。
①子どもおよび（あるいは）家族の生活上の困難を把握すること。
②子どもとじっくりつき合い，子どもの障害の特徴や心理面を実感すること。
③子どもおよび家族に対するソーシャルワークの方法・技術を身につけること。
④心理学に基づく援助技術を身につける等，心理支援・発達支援能力を高めること。
⑤ソーシャルワーカーと心理職等他職種の役割分担等を学習すること。
⑥子どもの権利擁護を様々な観点から検討すること。

2　実習の進め方

　CSW課程では，児童領域でのボランティアやアルバイトを積極的に紹介している。CSW課程には，2年生からの登録であるが，実習そのものは4年生からである。その間の2年間をつないでいくのが，このような体験である。3年生の時には，社会福祉士実習が入っているが，そこで，児童相談所で実習をし，その上で，CSW課程で，さらに先駆的な施設で実習をすることになる。CSW課程実習での特徴は，国家資格の実習施設の制約を受けないことである。弁護士事務所や，フリースペース，適応指導教室，小・中学校，子ども家庭支援センター，自立援助ホームなどに実習としていくことができているのは，時代の先端をになっているこのような施設に積極的にかかわっていくということを意味している。更生保護施設も2009（平成21）年度から実習施設としての登録が始まるが，CSW課程では既にここで実習を終えた学生を8期も出している。
　3年生の11月頃から，実習先を自分で選択し，担当教員に相談する。自分で，実習先を開拓することも奨励されており，その施設・機関が実習施設として適切かどうかを担当教員と相談して決めていく。その上で，その施設・機関と調整し，正式に，大学の実習施設として登録するようにしている。このような自主開拓も含めて，1月に最終的な実習先が決定され，4年生の4月以降，

順次実習が始まっていく。

　CSW課程実習は，継続型（断続型）と集中型に分けることができる。実習先や自分の実習目的に合わせて，どちらかの形態（あるいは両方）をとることもできる。

　CSW課程実習にあわせて行われるCSW実習指導では，実習施設の事前学習，実習領域の事前学習あるいはこれまでの大学での学習のまとめ，実習履歴報告書の作成，実習目的・計画書の作成，個人票の作成，CSW課程実習ノートの書き方などの実習に向けての準備をはじめ，CSW課程を構成する先生方のそれぞれの専門領域の最先端の内容についての講義や演習などで構成されている。さらに，後期は，実習が終えた学生あるいは実習中の学瀬の実習から学んだことの共有を行っている。それぞれの実習分野に分かれて共有し，発表する時間と，ランダムな実習先でグルーピングされたグループでのシェアリングと2通りの方法でのシェリングを行っている。このことによって，専門分野の複数施設の掘り下げ，学びの共有とともに，領域を超えた学びの共有を行っている。

　このことで，特定の領域（例えば，スクールソーシャルワーク領域）の実習を掘り下げるのと同時に，スクールソーシャルワーク以外の領域（たとえば，弁護士事務所での実習）の体験の共有をはかるようなる。

　それらを踏まえて，実習報告会に向けての報告書の作成を行っていく。これは，担当教員が指導するだけでなく，それぞれの専門分野の教員が指導できるような体制になっている。そして，12月には，実習報告会を開催し，一人ひとりの発表を学内教員，実習先の実習担当者がコメントをすることにしている。そして，それらのコメントを踏まえた上で，最終的に実習報告書を作成することになる。

　この実習報告会には，できる限り，2年生，3年生は参加するように促している。先輩たちの発表を聞くことで，どのように日頃の学びを実習に結び付けているのかどうか，を実体験することになる。

3　先駆的実習としての検討課題——実習による共感疲労の検討

　実習が援助者としての具体的な経験の場とするならば，援助者支援を身を

図18-1 共感満足（実習前・中・後）　　図18-2 バーンアウトリスク（実習前・中・後）

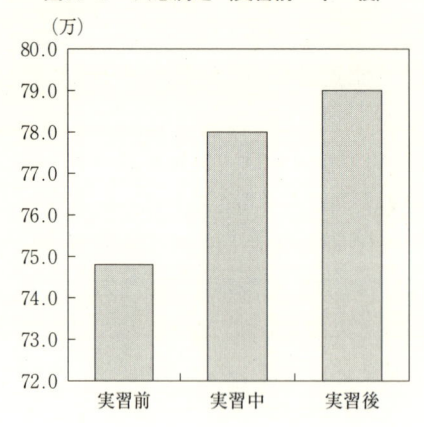

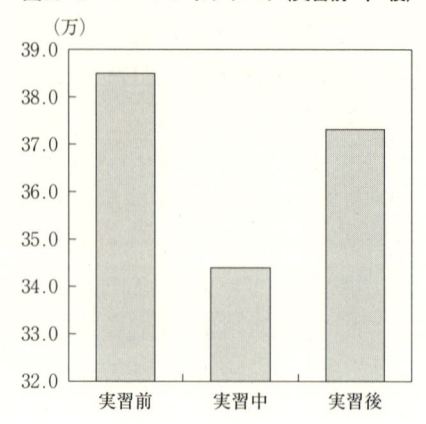

もって体験することも重要なことである。これまで，実習による共感満足，バーンアウトリスク，実習による共感疲労について検討したものは少ない。CSW課程では，学生に共感疲労尺度をやってもらった。

　この調査は実習教育に活かすことを目的として説明し，その趣旨に賛同してもらう形で協力してもらったものである。今回は，先駆的な研究ではあるが，2008（平成20）年度からは，実習ノートに，共感疲労等の自己チェックリストを入れることで，実習中（7日経過後），実習後（20日経過後）の自分の疲労感や満足感を気づく工夫をしている。実習生 50名のうち，以下の人数が入手できた。実習前 35名，実習中 25名，実習後 7名である。今回は予備的な研究であるために，人数に制限があったが，以下に示すように，興味深い結果が得られた。なお，個人が特定されないよう留意された。

　実習前に比べて，実習中，実習後と，共感満足が向上している。実習が始まってみて初めて，満足感が得られることが伺える（図18-1）。

　バーンアウトリスク（図18-2）は，意外にも，実習前にも高くなっている。これは，実習を想定してもらって応えてもらったものだが，思いのほか，予期不安が強いことが伺える。実習前の不安の高さ，実習配属や実習の事前準備・事前学習がこのような予期不安への対処を必要としていることがデータを通して示唆された。また，実習中よりも，実習後（実習後20日以内に答えてもらった）にバーンアウトリスクが高くなるということは，実習後，さまざまな思い

図18-3　共感疲労（実習前・中・後）

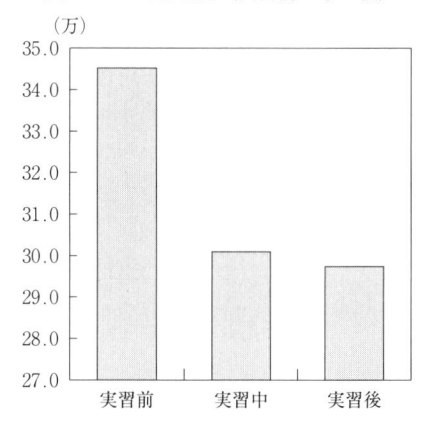

図18-4　情緒的消耗感（実習前・中・後）

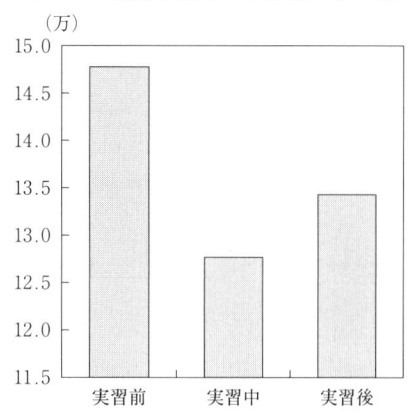

図18-5　脱人格化（実習前・中・後）

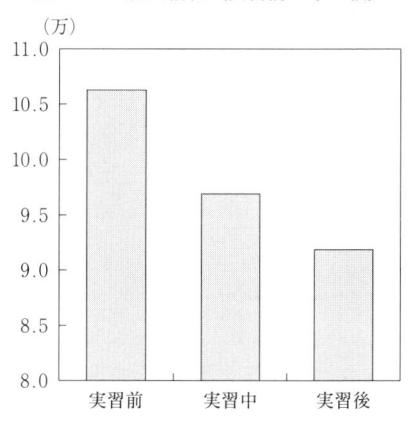

図18-6　個人的達成感（実習前・中・後）

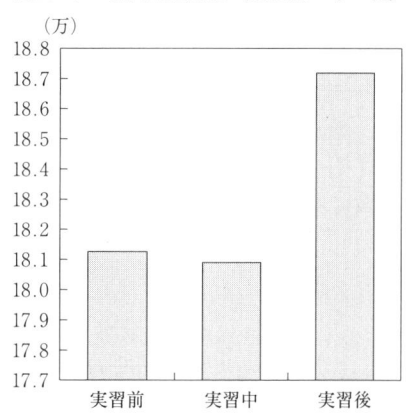

を持っていることが伺え，実習後のフォローを十分に行っていかなけれならないことが考えられる。

　共感疲労（図18-3）も実習前が大きくなっている。バーンアウトリスクと同じように，実習前の配慮が必要である。実習教育としては，いかに，予期不安を提言することが必要かわかる。

　情緒的消耗感（図18-4），脱人格化（図18-5）は，実習前に比べて，次第に低減している。

　個人的達成感（図18-6）は，実習後飛躍的に伸びている。どのような点に

達成感を抱いたのか，その点をしっかりと共有することが必要であろう。実習後の教育の要点として，示唆される点である
以上から，実習教育にこのようなバーンアウト尺度を使うことの有用性が示唆された。今後は，学生の了解の下，さらに，継続的なバーンアウト研究がなされることが期待される。

4　実習カリキュラムの自己評価と課題検討

　CSW 課程のカリキュラムは立ち上げにあたって，念入りに検討され，子ども及びその家族に対する援助能力が高いソーシャルワーカーの養成を目的として，就職等一定の成果を上げてきた（巻末資料参照）。また，社会福祉士実習（児童系あるいは障害系の実習先）と CSW 課程の実習とが学生の問題意識の中でつながっており，3年次（社会福祉士），4年次（児童ソーシャルワーカー）と上乗せしていくという形でカリキュラムが進行している。この点に関して，実習センターとの協力関係はきわめて重要である（2006〔平成18〕年度までは，実習センターの先生方に実習巡回や実習指導をご協力いただいてきた）。同じ児童領域である保育士課程との連携も，日本社会事業大学（以下，日社大）独自のものとして，成果を挙げてきている。保育士課程をあわせてとっている学生は保育士課程実習をさらに伴うことで，保育の専門性とともに，発達的な観点をもって，カリキュラムや実習に取り組んでいくことができている。また，2009（平成21）年度から開設されたスクールソーシャルワーク課程は，CSW 課程を取っている学生のさらなる専門課程として位置づいている。スクールソーシャルワーク系の CSW 実習は，スクールソーシャルワーク実習（10日間）を含めることができる。

　また，実習では，合計20日間の実習を4年次に行うわけであるが，これは大学におけるこれまでのさまざまな講義，演習，実習の集大成とも言うことができる。実習の形態は，実習先に合わせて行うことになっている。例えば，地域に根ざした活動を行っている施設，専門機関では，毎日の活動よりは，むしろ断続的に実習日を決めて長期にわたってその活動に実習として参加することも意義のあることである。20日間連続という集中型にあわせて，このような

柔軟な実習設定（断続型）も，多くの実習先開拓が可能となった一因であり，本学独自の実習形態と考える。子どもたちの変化を見ていくには，数カ月にわたる変化を見るほうがよいこともあるのである。

2006（平成18）年度からは，実習履歴を振り返るシート（実習履歴報告書）を3年次最後から4年次の最初にかけて作成し，社会福祉士養成のカリキュラムや保育士課程との関連，学習の蓄積，卒業論文のテーマとの連動などを試みてきた。これは，2007（平成19）年度以降も踏襲し，実習指導に役立ててきた。この履歴は，本人自身の実習に向けての問題意識を高め，実習目的を明確するのに役立つだけでなく，実習指導の際，卒業論文も含めた4年間の学習の集大成としての位置づけとして指導することができた。その成果は，CSW実習報告書にまとめられている。

また，4年生の子ども家庭ソーシャルワーク実習指導の時間に，実習先を各領域に分け，そのグループ内での実習目的を明確にし，議論し発表することで，多くの実習先での課題や現状を実習生全体で共有することを実施した。さらに，実習発表会では，毎年，各自が個別に発表することで，各自のCSWのあり方の検討し，議論する場になっている。これは，CSW課程発足以来続いている伝統である。発表会だけでも3時間30分にもわたる発表と議論には，現場の先生方にも来ていただき，活発な議論をすることができた。発表会の後の懇談会は，実習の総まとめの議論としての意義を備えている。今後は，昨今の子どもたち及びその家族を取り巻く状況を考え，さらに，児童ソーシャルワーク課程の現行のカリキュラムの再編と，実習支援のあり方もさらに考えなければならない。

5　さらなる独自の実習カリキュラム開拓に向けて

現在のCSW課程は，CSW課程委員会のメンバーと実習センターの先生方の協力を得，さらに，非常勤講師の方々によって何とか運営されてきた。実習先訪問，実習生の支援，新規実習先の開拓なども実習先が増えることに伴って，各教員の大きな負担ともなっている。この点は，厚生労働省からの委託を受けた実験的な課程として，学内をあげて検討しなければならない点であろう。カリキュラムの開拓も実習に関連させてさらに検討されなければならないであろ

う。その先鞭として，2007（平成19）年度から，CSW課程に専門科目「スクールソーシャルワーク」が新設された。スクールソーシャルワークは，CSWにおける重要な領域であり，昨今のいじめ・それを苦にした自殺，不登校，虐待の早期発見・早期介入における学校・地域の果たす役割，軽度発達障害児童への特別支援教育など勘案して，ぜひとも，CSW課程においておかなければならない科目であった。この科目は，スクールソーシャルワーク課程の新設（2009年度）に向けて，さきがけとなった。今後も，このような実習と連動させたカリキュラム改革を目指していかなければならないだろう。

（藤岡孝志）

第19章
実習先の指導者と現場で働く卒業生の視点

　本章では，子ども家庭ソーシャルワーク（以下，CSW）実習の実際について，3つの視点から見直していく。1節では，実習現場の実習指導の先生に，現場の立場からCSW実習を振り返ってもらった。2節では，かつて，CSW実習を体験した学生に，現在の就職先でどのようにその実習体験を活かしているのか，ということを振り返ってもらった。このことで，学生の立場から社会人の立場へと変化する中での自分自身の変化なども述べてもらった。

　また，20章では，実習報告書そのものを本人の了解を得て，掲載した。最初に，報告書の書式についても説明を加えた。これらを通して，子ども家庭ソーシャルワーカーの養成に，いかに実習が重要な位置を占めているかということをご理解いただければ幸いである。

（藤岡孝志）

1　実習施設から見た実習教育の課題

　初めてCSW実習の話を聞いた時に思ったことは，「福祉を学ぶ学生に学校現場として何ができるのだろうか？」という素朴な疑問である。学校で福祉関係の実習を行っているケースは私が知る限りなかった。そのため不安もあったが，生徒の良い話し相手になってくれることを期待して実習を受け入れた。それから毎年のように実習生を受け入れてきたが，今ではわれわれにとっても「教育と福祉」について考える貴重な機会となっている。

（1）相談学級の特色

　相談学級は，通級制の特別支援学級である。学級には，さまざまな理由で学校生活につまずいた生徒たちが通級している。発達障害が背景にある生徒や不

登校の生徒もいる。
　つまずきの原因は一人ひとり皆違う。しかし，「中学校生活をしたい」「勉強したい」「友達がほしい」という「願い」や「希望」を持って入級してくることは共通している。
　こうした生徒たちに，学校に近い環境の中で，一人ひとりの「願い」や「希望」に応える指導や支援を行っているのが相談学級の特色である。

（2）実習のねらいと活動内容
①生徒を知る
　生徒たちの多くは，「自信喪失」「低い自己肯定感」「感情不安定」「緊張しやすさ」といった心理的な特徴を持っている。そのため，通級の状況，学習や活動への取り組み方，集団参加の仕方などが一人ひとり皆違う。学級ではこうした生徒の状態を理解し，一人ひとりの生徒に合わせた指導を行っている。そこで実習でも生徒理解を最も大きな目的とし，授業，休み時間，放課後などさまざまな場面で生徒と関わる機会を作っている。
　授業には教師の補助として入ってもらう。学習の遅れ，学習経験の不足，認知面の偏りなどが原因で学習につまずいている生徒が多いため，内容や教え方や指導形態が一人ひとり違う。実習生にとっては，生徒の特徴に合わせた指導を学ぶ機会になっている。
　休み時間や放課後は，「遊び」や「おしゃべり」の時間である。ここで生徒たちは素顔を見せる。そのため，ここが実習の最も大切な時間になる。この時間に生徒を知り，一人ひとりに合わせた関係の作り方を学ぶ時間である。
　ある実習生が，反省会の時に「普通の生徒でした」と感想を言った。この感想はとても大切である。不登校や発達障害のある生徒の指導や支援では，表面的な情報から生徒を判断しがちになる。しかし，大切なのはそうした先入観なしに一人の人間として向き合うことであり，そこから見えてきたものが本当の生徒の姿である。
　CSW実習では，この時間の生徒との関わり方が実習の成否のポイントとなる。
②生徒の変化に合わせた指導法を学ぶ
　生徒たちは必ず変化する。入級当初はほとんど話もできなかった生徒が，学

級の生活を通して，表情が明るくなり元気に学級活動に取組むようになる。こうした変化を起こすために必要なのは，生徒の状態を見極める力と，変化に合わせた指導である。生徒との距離間，接し方，話しかけ方，指導内容や形態などを生徒の状態に合わせて決めていく。

　実習では，毎回その日の生徒の状態や指導について話し合いをするが，劇的に変わっていく生徒の姿に感激する実習生が多い。指導や支援をする立場の人間にとって，この経験は貴重である。日常の活動では，指導や支援に行き詰まり，自信を失いあきらめそうになる時がある。その時，こうした経験をいかにたくさん持っているかが，あきらめずに指導や支援を続けていく力になる。実習の最後に話すことは，「生徒は必ず変化する」「どんな状態でも希望を持つ」ことである。

　③学校や市内の支援・相談機関を知る

　卒業後，福祉の現場で子どもと関わる仕事に就く実習生も多い。こうした現場では，学校や相談機関との連携が不可欠である。

　そこで学校の支援・相談体制を知ってもらうために，養護教諭，生活指導主任，スクールカウンセラーの講和を行なっている。また，私が特別支援教育コーディネーターの立場で，本校の特別支援教育の取組みについて話をしている。学校の支援・相談体制は学校ごとに違いが大きいが，本校を1つのモデルにして連携の仕方を学び将来の参考にして欲しいと思っている。

　また，市内の支援・相談機関を知ってもらうために，市の教育相談室，適応指導教室などの支援施設や相談機関の見学も行っている。

（3）実習教育の課題

　大学，学校の両方の課題として，CSW実習のような福祉関係の実習が学校現場で増えることが課題であると思う。

　今後，学校と福祉の連携が今まで以上に必要になっていく。その時に必要なのは，「お互いを知る」ことである。お互いの専門性，役割，立場，可能な支援内容などを理解することが連携の基本である。そのためには，学校で実習を行うことが絶対に必要だと思う。

　相談学級では臨床心理を学ぶ大学院生の実習も受け入れている。ある時，CSW実習と臨床心理実習の実習生と私の3人でケースについて話し合う機会

があった。一般的なケースについてではあったが，福祉，心理，教育の立場からケースを分析し支援策を検討した。立場が違うと視点も異なる。私にとっても勉強になった話し合いであった。

　日時や場所を決めて関係者が集まるだけではなく，このように学校内で立場の違う専門家が集まり日常的に話し合いを持つことが，これからの連携の理想の形ではないだろうか。相談学級で行なっている実習は，小さな実践例ではあるが，そのモデルケースとしても意義があると考え取組んでいる。そして，このような実習が学校現場で広がっていくことを期待している。

（4）今後の「学校と福祉の連携」について

　CSW 実習を通して，今後の学校と福祉の連携について考えたことを最後に述べたい。

　現在，東京でもスクールソーシャルワークのモデル事業が始まっている。この制度が導入されると，学校と福祉が学校内で連携していくことになる。学校外と学校内の連携には大きな違いがある。福祉の専門家が学校に入るだけではなく，それによって新しい支援活動が可能になる。「スクール」と「ソーシャルワーク」という2つの言葉が合わさった時，どんな活動が生まれるのか。不登校生徒の支援で考えてみたい。

　私が期待しているのは，「子ども」と「社会や人」とをつなぐ役割である。

　不登校の生徒の中には，交通機関や公共機関の利用や店の利用など，社会生活に必要な年齢相応の知識や技能が十分に身についていない生徒が多い。そして，それが自己肯定感を低下させ，社会性や人間関係を狭め，生徒の可能性を奪っている。相談学級でも一人でコンビニやファーストフード店に行けない生徒や，交通機関か使えないため，選択できる高校が限定されてしまう生徒がいる。こうした生徒には，「社会」それも「日常的な社会」とつなぐ支援が必要である。生徒によっては，一人で映画を見たい，レンタル CD を借りたいなど，些細なことが願いになっていることがよくある。そして，その願いが実現することで自信をつけ，生徒の可能性が広がることもある。

　また，不登校の生徒の中には，人との関係が切れてしまっているケースが多い。家族以外の人とほとんど話すことなく数カ月，時には数年過ごしている。こうした生徒は，利用できる施設や相談機関などの情報を知らずにいることも

多い。そのため、学校や地域、または支援機関などにつなぐ人が必要である。

今の子どもたちは、不登校生徒以外でも「社会や人」とのつながりが希薄である。そのため、「社会や人」とつなげる支援はすべての子どもたちにとっても必要だと思う。しかし、現実にはその機会は少ない。そこでスクールソーシャルワークの活動の中でぜひ取り組んでほしいと願っている。

また、このような取り組みは特別支援教育でも必要なことである。私は校内の特別支援教育コーディネーターや、市内の中学校に巡回指導を行う特別支援アドバイザーとして活動しているが、特別支援教育ではもっと福祉の視点による支援が必要であると感じている。

学校と福祉の連携は、可能性と広がりを持ったテーマである。スクールソーシャルワークが実施され、学校と福祉の連携が強まり、さまざまな支援が行えるようになることを期待している。
(加藤佳津雄)

2　実習体験を振り返って――卒業生の視点から

（1）フリースペースで実習後、教育相談室に勤務

私は現在、埼玉県新座市教育委員会、教育相談室で勤務している。日本社会事業大学（以下、日社大）を卒業し中学校の相談員として勤務した後、教育相談室へ配属となった。教育相談室は市の教育相談の中核を担う場所で、市内在住の幼児から高校生、及びその保護者から寄せられるさまざまな相談に応じている。また、隣接する適応指導教室には、市内の小中学校に在籍する不登校児童生徒が通級しており、その学校復帰への支援も大切な役割である。

児童ソーシャルワーク（以下、CSW）課程を終えてから瞬く間に年月は経ち、無我夢中で与えられた仕事に向き合ってきたが、大学での学習、実習がなければ今の自分はないと言えるほど貴重な4年間だった。今回の執筆依頼を頂いて、まだ駆け出しの自分にどれほどのことができるのか不安であったが、自分なりにこれまでの経験を振り返り、大学や実習先、お世話になった方々へ少しでも恩返しができればと思い、筆をとった次第である。

1) 児童ソーシャルワーク課程を履修するまで

私がCSW課程を履修したいと考えたのは、少年犯罪・不登校・虐待など、

子どもに関わる問題に興味を持っていたからである。自分自身，中学校生活の中で人間関係に悩み，思春期特有のいらだちや孤独感，大きな挫折を経験した。今振り返れば大したことではなかったように思えるが，当時の自分には深刻で，常に心に重くのしかかる問題だった。同じ頃，神戸で児童殺傷事件が起き，犯人が同じ14歳の少年であったことに大きな衝撃を受けながらも，ごく普通に見えた少年の心に潜む闇にどこか共感を持てた気がした。

このような経験から，将来は子どもたちを身近で支えていきたいと考え，日社大に入学した。大学では4年間の間に，社会福祉士実習で児童相談所と自立援助ホーム，保育士実習で保育所，そしてCSW実習でフリースクールでの実習をした。

2) 児童ソーシャルワーク実習課題

私が実習をしたフリースクールAは，文部科学省の認定を受け，家庭や学校と連携を取りながら不登校児童生徒の学校復帰を目指している。職員はスタッフが3名，ボランティアが毎日2名ずつで，15名程の児童生徒が通級していた。時間は10：30から17：00で，学習の遅れを取り戻し自信をつけるための「テーマ別学習」，他者と関わり協調性を養うため，全員で同じ活動をする「ワーク」，検定試験の勉強をする「検定学習」，自立心を養うため，ゲーム，おしゃべり，読書等，自由に過ごす「フリー」等，多様な日課が組まれていた。実習ではこれらの時間に加え，講演会や不登校児童生徒の保護者向け勉強会「親の会」，夏休みの2泊3日のキャンプにも参加させていただいた。私は実習前からAでボランティア活動をしていたので，ある程度子どもとの関係が築けた段階から実習がスタートした。

実習テーマは「『生きる力』をどう引き出すか」であった。文部科学省の「新学習指導要領」では，『生きる力』とは「子どもたちが自分で課題を見つけ，自ら学び，自ら考え，主体的に判断し，行動し，よりよく解決する力。自らを律しつつ，他人と協調し，他人を思いやる心や感動する心など豊かな人間性とたくましく生きるための健康と体力」とされている。不登校児童生徒にとって「学校」であるフリースクールは，この『生きる力』をどう引き出していくのか。そのためにどのような支援が必要であるかを実習課題とした。

3) 児童ソーシャルワーク実習を通して学んだ援助者としての役割

　Aには不登校といっても，自傷，摂食障害，非行，ADHD等，さまざまな子どもたちがいた。しかし彼らに共通していたのは，「自己肯定感が低い」ことである。初めてAに行った時は「不登校」という言葉のイメージとは異なる元気な姿に驚いたが，関わりが深くなるほど，それぞれの本心が見えてくるようになった。朝来たとたん，「……鬱だ」と言い，机に伏せてしまう子。些細なことで「どうせ私なんか……」と口にする子。1日中人と関わらず，パソコンに向かっている子。学校に行けない自分，人とうまく関われない自分，誰にも必要とされていない自分。彼らは色々な面で自分自身を責めていた。「生きること」に執着がなく，自分を大切にできない。彼らには『生きる力』以前に，「生きる意欲」が失われていた。

　Aでは子どもたちの自己肯定感を高めるために，役割を与えたり，個別の課題を設定したりして機会を作りながら温かく見守り，子どもの主体性を育てていた。日々の地道な作業だが，少しずつ与えられた役割や課題をクリアしながら，子どもたちは自信を得，自己肯定感を高めていく。自分に自信がついてくると表情が変わり，積極的になってくる。すると徐々に「学校」というものが子どもの視野に入ってくるようになる。それは「社会の中で生きること」に自信が持てた証拠なのである。

　子どもたちはみな，『生きる力』を持っている。環境が整い，周囲が少し手を貸すことで，自らの課題に気付き，それに立ち向かい，乗り越えていく強さを持っている。私たち援助者に必要なのは，子どもを甘やかし抱え込むことではなく，子どもの心に寄り添い，共に考え，信じて見守ることであると思う。それは植え付けられてしまった強い自己否定をプラスの方向に変え，その下に眠っている『生きる力』を引き出すことにつながる。Aで提供されている支援は，紛れもなく『生きる力』を引き出すもので，多くの子どもたちが自信を取り戻し，成長していく姿を見せてくれた。

　また私はB子という中学3年生の女の子との関わりを通して，自分の援助スタンスを見つけていくことができた。感情の起伏が激しい生徒で，始めはB子の機嫌に振り回され，適度な距離を取れず甘えを助長させてしまっていた。しかしスタッフから，すぐに手を貸すのではなく，ただ甘えているのか，援助が必要な状態なのかを見極めるようアドバイスを受けた。少しずつその見極めが

できるようになると，B子との関係は安定し，私も自分らしく，楽に子どもたちと関われるようになった。何でも「してあげる」のではなく，「できないところを手伝う」のが本来の援助の形である。相手の感情に巻き込まれてしまっては，適切な援助はできない。B子との関わりは，援助者であり続けていく上で非常に重要なことに気づかせてくれた。

　この後，私は大学を卒業し相談員として勤務することになるが，相談員として，そして人間としての私の基盤を作り上げてくれたのは，Aでの経験が非常に大きかった。

4）　埼玉県新座市の不登校対策と学校現場，教育相談室での経験
　卒業後は，多くの子どもたちと毎日触れ合える場で働きたいと考え，新座市のC中学校で勤務させていただくことになった。
　新座市では地域の大学と連携を図りながら，入念な不登校対策を講じている。特に年度がわりは小学校と中学校の連携を密にし，不登校の予防に手を抜かない。
　「新座市登校支援１３０（いちさんまる）計画（1日欠席したらすぐに連絡，3日欠席したら必ず家庭訪問，不登校30％減を目指す）」「対応から予防へ／情報の共有化／意識・組織・関わる」というスローガンを掲げ，その成果で，全国的に不登校が増加傾向にある中，新座市では2006（平成18）年度から不登校が減少している。
　C中学校は，新座市の中でも先駆的な取り組みをし，成果をあげていた。先生方も熱心で，毎日が勉強だった。当初は初めての学校現場に戸惑いも多く，生徒や保護者との距離感も上手く掴めなかったが，Aでの体験を思い出しながら，生徒との関わり方，自分の援助スタンスを少しずつ立て直していった。答えを出すのではなく，共に考え，答えにたどり着けるよう援助する。その基本を繰り返していくと，やがて安心して仕事ができるようになっていった。右も左も分からなかった私を先生方は温かく見守り支えてくださり，恵まれた3年間を過ごした。
　教育相談室へ配属になって，アドバイザーの役割を担うこともあり，これまでとはまた違う立場となった。抱えるケース，関わる機関も増えたが，基本的な援助スタイルは変わっていない。まだまだ未熟で迷惑を掛けることも多いが，先輩の相談員やカウンセラーに指導してもらいながら，充実した日々を送って

いる。

5) これからの不登校対策と援助者に求められるかかわり

　不登校問題を考えるにあたっては，学校教育に加え，フリースクールやホームエデュケーションなど，多様な教育の場を選択できることが必要だという声もある。私はこれまでその両方に携わってきて，どちらの素晴らしさも実感することができた。子どもたちには「居場所」が必要であり，そこで得られる安心感，自己肯定感が，成長への大きな足がかりになる。赤ん坊が周囲の人に愛され見守られる時期を経て，次第に外の世界へ踏み出すように，「ありのままのあなたが大事」という温かい眼差しが，子どもたちを葛藤のある場所へと送り出すのである。

　子どもたちだけでなく，保護者を支えることも重要である。わが子の苦しみを毎日傍で見ながら，共に葛藤している保護者と接していると，親としての強さ，子どもへの愛情を強く実感する。保護者への支援は子どもへの支援へとつながり，保護者の笑顔は子どもの笑顔へとつながっていく。解決までに年単位の時間がかかるケースもあるが，改善が見られない辛い時期にこそ，援助者の力が必要である。先の見えないもどかしい時間を共有し，一緒に耐える。この時間が実は，とても意味のあるものだと思う。

　さらに，援助者自身がいきいきと生活し，心身の健康と安定を保っていくことも重要である。人の悩みと向き合うのは想像以上に大きなエネルギーを要する。焦らず，抱え込まず，ストレスと上手く付き合う方法を見つけていく必要がある。

　今，仕事で困難にぶつかった時は，Aのボランティアを「卒業」した時にもらった色紙と，C中学校の離任式で生徒にもらった手紙を読み返す。そうすると，自分らしく，自分のスタンスでいいのだと実感できる。大切なことはいつも，子どもたちと保護者が教えてくれていると感じる。それが，私がこの仕事を続けていける理由なのかもしれない。

（戸澤衣通子）

（2）スクールソーシャルワークから見えてくるもの

1) 実習概要

　私は以前からスクールソーシャルワークに興味があり，児童ソーシャルワー

ク（以下，CSW）実習担当教員との実習前面接の中で教育現場での実習を希望したところ，実習先はA市立B中学校相談学級となった。

実習のテーマは「教育現場における福祉的アプローチの必要性」とし，「学校の中にある相談学級において，福祉と教育の連携がいかに融合されているのかを知り，学校システムの中に福祉の必要性を探る」という目的で20日間の実習を行った。

相談学級とは，A市内にある各中学校で集団指導を受けるのが困難である生徒が通う学級を指し，生徒は原籍校に学籍を置いたまま，B相談学級に通級する。相談学級の目的として，「個別または小集団での指導を行い，原籍校での指導が受けられるように援助を行う」こととされており，生徒は自分で相談学級に通う曜日や登校時間の設定等を通級開始時に相談学級の教員と話し合って決定した。

20日間の実習プログラムは，①通級学生と授業等を通じたコミュニケーション，②放課後の通級学級スタッフへのヒアリング，③その他（その他の学校訪問，特別授業を担当等）があり，①②が日々の主なプログラムであった。

2) 教育現場でのCSW実習

相談学級に通う生徒はさまざまな課題を抱えている。中でもコミュニケーションが苦手な生徒（C君）とのかかわりを紹介したい（事例が特定できないように，事例のエッセンスが変わらない程度に変更している）。

少人数である相談学級の中でも，他の生徒とかかわろうとしないC君は小学校から不登校をしており，中学校に入学すると同時に相談学級に通級し始めた。相談学級には毎日通級をするのだが，他の生徒とはグループ学習でも休み時間でも話をすることはなかった。

他の生徒もそんなC君に話かけることはしない状況だった。教師との会話もないのだが，相談学級の教員は授業中では回答を問うような声かけはせず，席の隣で個別に話しかけるようにしていたところ，教員との1対1の場面ではコミュニケーションがとれていたようである。

実習生である私はC君とどのようにコミュニケーションをとっていこうか悩みながらの実習になった。私との1対1のコミュニケーションやすべての通級学生とのコミュニケーションを促進するために，私はどのように働きかけるこ

とが有効であるのか，実践を考察しながらの実習になったのである。

　C君の小学校の頃の様子や家庭の様子等について，スタッフにヒアリングをしてその背景のアセスメントを行った。また，スタッフが日々配慮していることや，他の生徒との関係など，考えられるすべての情報を得るように努めた。これらの情報をもとにC君とのかかわり方を考え，日々の実習に役立てていた。

　実習の中で，大学でどんな勉強をしているのか，海外旅行での体験談など，私が大学でどんな生活をしているのか発表する特別授業を行った。終了後，C君も以前海外旅行をしたことがあり，私と話の内容がうまく適合したようで，手はあげないまでも質問をしてくれた。事前に得ていた情報に海外旅行ということは含まれておらず，意図していなかったことではあるが，その後の実習においても話す機会が増えたことがあった。

　また，今回の実習では，教職員や養護教諭，A市教育相談室職員，B相談学級心理指導員（非常勤）など，相談学級にかかわるスタッフへのヒアリングを行った中で，教育と福祉の連携の必要性について報告書をまとめた。実習を行った2004（平成16）年当時では，社会福祉の実習で教育現場に入る機会はほとんどなかった。スクールカウンセラーのようにソーシャルワーカーの職域が確立されているわけでもなく，社会福祉としての実習で何を得るかは私の課題であったと思う。

3）スクールソーシャルワーク事業の開始

　実習を行った当時から5年ほど経過し，教育と福祉が連携を図りながら児童生徒の抱える課題について対応してきたことは明らかで，2008（平成19）年度より文部科学省の新規事業として「スクールソーシャルワーカー活用事業」が開始されたことが大きい。

　これまで学校で起こっていた問題行動の対応策として，個人の心に着目し心理的アプローチ（カウンセリング）を手法として，スクールカウンセラーが対応してきた経緯がある。社会福祉の実践モデルでいえば，いわゆる病理モデルである。これと比較して，問題行動の背景には児童生徒の置かれた環境の問題が複雑に絡み合っているため，病理モデルではなくエコロジカルな視点でもって，問題や課題は個人と環境の不適合状態であると捉え，関係機関と連携を図りながら，支援をしていくことがスクールソーシャルワークに期待されている

ところである。

　スクールソーシャルワークの起源は1900年ごろにアメリカではじまり，その後各国で開始された。日本では1980年代半ばから5章担当の山下が所沢で活動し始め，2000（平成12）年に入ってから徐々に自治体独自の取り組みとして開始され，2005（平成17）年度から3年間大阪府として事業化された後，前述したように，全国的にスクールソーシャルワーク活用事業が始まった。私も以前スクールソーシャルワーカーとして実践を行っていた。

　はじめは広報活動をメインにし，広くスクールソーシャルワーカーとは何をする相談員であるのか，その理解と支援方法について説明をするために小学校および中学校への訪問を行ってきた。学校からよくある質問に「スクールカウンセラーとどこが違うのですか」と，問われることが多く，ソーシャルワークを説明しながらもカウンセリングについても説明をしていた。その他にもソーシャルワーカーとして，課題を抱える児童生徒への支援として，学校内でケース検討会議を開きながら，ともに支援を行っていた。

4）まず子どもを

　現在，私はソーシャルワーカーを養成している大学に勤めている。さまざまな問題を抱える児童生徒に対し，スクールソーシャルワーカーはどのような支援ができる可能性があるのか考えてみたい。

　被虐待児童や障害児を対象とした現在の子ども家庭福祉サービスは，児童養護施設や障害児施設等，措置された児童へ主なサービスを提供してきた。新たに導入されたスクールソーシャルワークは学齢期の児童すべてが対象であり，ソーシャルワークの予防的介入も期待される。

　これまで学校では，1970年代半ばに校内暴力が多発し，1980年後半はいじめから自死をする児童生徒がいたこと，他にも登校拒否や不登校といわれる児童生徒の増加があった。1990年代半ばには学級崩壊，その他発達障害を抱える児童生徒の行動上の問題や児童虐待などの問題が起きていた。

　その対応策として，生徒指導の強化や教育相談体制の充実が図られ，1990年代半ばにスクールカウンセラーが導入され，これらの現象を個人や家族の病理として，個人病理，家族病理，社会病理と表現をしており，個人への教育的支援がいわば対症療法として行われてきた。

スクールソーシャルワーカーはエコロジカル視点に基づき，個人だけではなく児童生徒を取り巻く環境にも働きかけを行い，これまで学校が個別的に支援をしてきた複雑化するケースに対して，ソーシャルワークの役割・機能である関係機関とのネットワーキングやコーディネート，児童生徒のケースに応じたマネジメント（ケースマネジメント）を行いながら今後の支援を行っていくこととなる。子ども，家庭，学校，地域など，点と点を結び線にして，そして子どもを取り巻く円にして支援を展開していくことが期待されている。

また，スクールソーシャルワーカーはソーシャルワークの価値に基づき，まず子どもの最善の利益とはなにか意識をする必要がある。そのうえで，家族や学校，関係機関などのさまざまな関係性に着目をする必要がある。子どもや家族の生活の視点でいかに子どもや家族の Well-being を高めるような支援ができるのか，なにが阻害要因になっているのか，しっかりとアセスメントを行って介入や支援を展開していくことが求められる。

これからスクールソーシャルワーカーになりたいという学生は，まずソーシャルワークの価値や倫理をしっかりと理解し，ソーシャルワークの専門役割や専門機能を意識して実践していくことが必要かと思う。　　　　　（栗原拓也）

（3）実習を通して考える里親養育の可能性と課題

筆者の体験した実習について最初にふれ，最後に2年後のCSW実習をふりかえって考えたことを述べていく。

1）実習内容

B法人は，A県内の里親有志によって創られたNPOで，里親自身の企画運営により，自らのニーズに合った里親子支援に関する事業が展開されている。

実習では，事務所での作業が中心で，寄付をされた方へのお礼状作成や通信の発行，会員名簿の管理などの事務作業を手伝いながら，事務局長より里親制度の動向などについてお話を伺った。また，時には作業だけでなく，地元議員への陳情に同行させていただいたり，各事業の打ち合わせにも同席させていただいた。法人主催の里親を対象とした研修会などの各事業への参加，さらに，実習期間中に開催された，関東甲信越静里親研究協議会をはじめ，全国里子会のサマーキャンプ，里親ファミリーホーム全国研究協議会や全国里親大会への

参加を通じ，里親制度に対する理解を深める機会を得ることができた。

2) 里子との関わりの中で感じたこと

　B法人では，里親家庭で暮らす子どもたち（以下，便宜的に里子）への支援を重視している。里子の自立に伴って必要となるアパートや運転免許取得のための資金を無利子で貸し付けする事業は，法人設立の動機となった中核事業であるが，他にも，全国里子会の活動をB法人がオブザーバーとなって支援している。私もボランティアスタッフとして全国里子会主催のサマーキャンプに参加した。

　7月末に開催されたサマーキャンプには，全国から里親家庭で暮らす高校生の子どもたちが9名と，リーダーであるOBの人たち6人が参加した。里子たちと一緒に2泊3日を過ごし，いろいろな話を聞くことができた。一緒にご飯を作ったりお風呂に入ったりして，ある程度参加者同士の関係ができてきた2日目には自分のルーツと今感じていることについて話をするプログラムがあった。私もオブザーバーとして同席することができたのだが，そこで聞いた里子たちの言葉はとても印象的だった。

「自分のまわりに，自分と同じ立場の子がいない」
「里子ということで，親（里親）には言えないこともある」
「こういうところに巻き込まれないで普通に生きていきたい」
「平気で里親さんの姓を名乗っている自分がイヤ」
「わざわざ全員の苗字を表札に書いて自慢している里親さんが嫌い」

など。中には今家庭の中で起こっている出来事を一生懸命に話す子どもや，児童相談所の職員に対する不満を怒りを持って話す子どももいた。

　これらの言葉からはいろいろなことを考えさせられる。名前の問題（実名を使うか通称を使うか）や地域への姿勢の問題（里子であることを積極的に公表するか，最小限に留めるか，隠すのか）など。これらはどれも里親養育に特有の課題であろう。さまざまな意見があるが，名前は一般的に通称を貰いた方が自立に際してよい，という認識がある。しかし，この子どもたちの意見を聞き，「これがよい」といった一般論で決めてしまうことへの危惧を感じた。子ども本人の気持ちを尊重していく姿勢を常に持って養育にあたらなければならないと思う。

同様に「まわりに同じ立場の子がいない」と感じる不安も，施設内で生活している子どもたちからは聞かれないものであろう。施設養育が主体の日本においては，里親家庭で暮らす子どもはインケアの子どものうち9.4％の3,424人である（2007〔平成19〕年3月末現在）。しかも，地域による取り組みの差が大きく，実際に里子が1人2人の地域もある。マジョリティーであり，しかもたくさんの同じ立場の子どもたちが一緒に暮らす施設入所児童に対する権利擁護と同様それ以上に，マイノリティーであり個々の家庭で暮らす里子たちに対する支援の必要性を強く感じた。

3）実習全体を通して感じたこと

B法人主催の研修会では，臨床心理士・児童精神科医などの専門家が講師となり，「愛着」や「発達障害」などがテーマとして取り上げられている。特に，愛着については授業で少し学んではいたが，ここまで深く知る機会はなく，子ども・家庭の領域に携わる者にはなくてはならない視点だということを里親さんから教えられた。研修会には毎回多くの里親さんが参加されており，講師の先生に対して熱心に質問されている。里親さんの意欲の高さを感じると共に，それぞれの方が養育の段階に応じて，試し行動や，過食，真実告知，自立に向けての準備など多くの悩みを抱えていることを知った。また，実際に法人で紹介していただいた里親さんにお会いし，愛着障害とみられるお子さんや，広汎性発達障害，反社会性行為などさまざまな課題を抱える子どもたちが里親家庭で養育されていることに驚いた。このような子どもたちを養育していく上で，障害の特性や子どもの傾向に対するある程度の知識は，子どもを理解する助けとなる。里親自らが知識や情報を求めて研修の場を創っているということを知り，改めて里親の研修を求める気持ちの大きさ，ニーズの高さを感じた。

B法人には心理学や社会学の研究者も参加し，行政の支援体制が整わない中で，本当に有用な情報を提供できる支援センターを民間で立ち上げようと「里親養育リソースセンター」を立ち上げることを将来的な視野においている。里親の新規開拓・育成・支援は児童相談所の役割であるが，地区担当の児童福祉司が兼務している状況では，委託した後の里親へのケアは後回しにまってしまう傾向にある。「行政がやってくれないのであれば，自分たちでやるしかない」という姿勢，もう待っていられない！　という里親さんたちの支援を求める強

い気持ちを感じることができた。

 4) 児童ソーシャルワークの視点からの実習のまとめ
　日本の里親制度は，戦後児童福祉法制定と同時にスタートしているにもかかわらず，社会的に十分に認知されていない状況にある。児童福祉の領域でも，ようやく社会的養護の手段としての位置づけが明確となったが，資源として少ないために注目されにくい存在である。しかし今回の実習を通し，実際に里親養育の現場を見て，子どもにとっていかに里親家庭がよい環境であるか身をもって感じることができた。転んだ時も，トイレができた時も「お母さん」と呼んでいる子どもの様子を見て，施設では諦められてしまっていることが，里親養育では実現できるという里親養育本来の良さを感じた。社会福祉全体の動きとして，高齢者や障害者の領域では，住み慣れた地域で，在宅で暮らすということが当たり前の権利として専門職の中で認識されており，支援の方向性も「できるかぎり在宅で」「本人の意向を尊重して」決められることになっている。子どもの権利条約では，小規模で家庭的な環境での養育が優先されるべきと唱われており，本来の家庭で暮らせない場合には，代替的な家庭即ち里親での暮らしがまず検討されるよう専門職の意識の変革が必要である。
　また，子どもにとってよりよい環境を保障していく上で，里親家庭は貴重かつ有効な資源だと感じる一方，子どもたちとの交流を通して，里親養育の危うさも感じた。里親となる者にはさまざまな動機があり，経験も大きく異なる。従って子どもの権利や，インケアの子どもへの理解もまちまちであろう。加えて里親委託をした後のサポート体制が不十分な現状では，子どもたちが里親からたとえ不利益な行為を受けていたとしても，それが表には出づらいという特性がある。里親によって育て方の違いがあることは里親制度の良さであり必然であるが，それが養育の質の差として子どもの権利を損ねることのないよう，里親家庭に育つ子どもたちの立場を保障していく権利擁護システムの構築が急務であると考える。
　B法人で出会った里親・里子，そして里親子の支援に携わっている人々の切実な思いを知り，現場のニーズと行政の提供するサービスとのズレを強く感じた。里親養育は通常の子育てとは違い，子どもの実家庭への配慮など多くの課題が存在する。現状では，里親同士で相談しあったり，実費で病院にかかった

り研修を受けたりして孤独に乗り越えられているということを知り，疑問をもった。社会的養護の一形態となっている以上，経済的，精神的なサポートが制度的に保障されることが必要だ。事務局長さんの「私たち里親と一緒に育てていってほしいんです」という言葉が印象に残っているが，児童相談所をはじめとする専門機関には，委託後のフォローはもちろん，委託児童に関する情報や養育の目標を共有しながら，対等な関係として，ともに養育にあたる姿勢が求められている。

5) 2年後，実習を振り返って——今の私を支えている出会いと学び

卒業論文で里親養育について取り上げようと決めていた私にとって，里親子の支援を行うB法人での実習は大変魅力的で，迷わず希望した。それまで手記などを通して想像していたものの，実際に養育されている里親に会ったことのなかった私にとって，養育に携わってこられた里親と，里親家庭で育つ子どもたちの生の声を聞く貴重な機会となった。

当時，児童相談所一時保護所のアルバイトをしていた私は，里親家庭で不調となり，一時保護所に戻ってくるケースを目の当たりにし，里親養育の影の部分から里親制度・養育に興味をもっていた。里親養育への不信感を抱いたまま実習に臨んだのだが，B法人の里親と出会い，里親のもつパワーに圧倒された。たくさんの熱意ある里親と出会いを通して，里親の子育てにかける意欲の高さと温かさに触れ，この力を活用できていないことこそが問題なのだ，と考えを新たにしたのである。このときの出会いがなければ，私もまた里親養育の実態を知らない1人になっていたであろう。

里親は施設とは異なり，個々の里親夫婦・里親家庭の生活そのものが社会的資源として開かれていると言ってよい。それぞれの家庭の持ち味，即ち多様性を肯定的に捉え，適切なマッチングを行い，里親として育てていく責任が行政にはある。里親の熱意を資源と捉え，プロとして育てていくことに力を入れるならば，緊急一時保護委託先としてなど，さまざまな形態での活用が可能になると思う。

これからの里親には社会的養護の重要な手段として，そして地域の子育て支援者としての活躍が期待されている。学校では学ぶ機会がほとんどなかったが，子ども家庭領域で活躍したいと考える学生には，里親養育について，メリッ

ト・デメリットを含め，正しい理解ができるよう，学習する機会をもって欲しいと思う。専門職の正しい理解が里親さんたちに共通の願いであり，里親制度を活かすも殺すも専門職にかかっていると思うからだ。最近では，里親支援センターが制度化され，民間団体による里子の権利ノートの作成などの動きがあるが，里親養育を拡大していくにあたっては，量の確保とともに，里親がゆとりを持って養育にあたることのできる体制づくりをさらにすすめていく必要がある。

　B法人では実習終了後もお世話になり，現在は，今年度より試行している，里親メンターによる里親家庭訪問事業に運営委員として関わっている。今後も実習で得た経験を活かし，子ども家庭領域のソーシャルワーカーとして貢献していきたいと思う。

（浅井万梨子）

第20章
実習生たちの報告書

　子ども家庭ソーシャルワーク（以下，CSW）実習では，合計20日間の実習を4年次に行うわけであるが，これは大学におけるこれまでのさまざまな講義，演習，実習の集大成ともいうことができる。CSW実習では，実習の形態は，実習先に合わせて行うことになっている。たとえば，地域に根ざした活動を行っている施設，専門機関では，毎日の活動よりは，むしろ断続的に実習日を決めて長期にわたってその活動に実習として参加することも意義のあることである。

（1）実習報告書の意義と内容
　実習報告書は，以下の項目からなっている。執筆要項から抜粋する。
　なお，本書では，上記から学籍番号，実習日，謝辞などを割愛して記載した。なお，記載にあたっては，実習生すべてから了解を得た。また，実習先名は記載はしていないが，掲載したすべての実習先に，本書への転載についての了解を得た。

1）　執筆要項
レポートの題名
①実習先（固有名詞については，N，Bなど名前と関係のないイニシャルにする。某○○とはしない。例えば，N市立B中学校相談学級など）
②名　前
③実習内容
　（どこでどのような実習をしたのか具体的に詳しく書く。そして，週2回10週，20日間集中などの形態を記載した後，具体的実習日を入れる。5月1日，3日，

5日など）
④関わりのなかで感じたこと（子ども，家族，職員，地域の関係機関の職員との関わり）
⑤実習全体を通して感じたこと，考えたこと
⑥児童ソーシャルワークの視点からの実習のまとめ
　以上の内容を，400字詰原稿用紙10枚前後（A4用紙に3枚から4枚程度）にまとめる。

2）　まとめるポイント
　学生が実習報告書をまとめるにあたり，最初のところに，③として，「実習内容」を詳しく書いてもらったのは，実習先の活動内容や活動形態をまず理解し，そのうえで，自分の実習体験を振り返ってもらうことを狙ったからである。はからずも，この実習内容というところに，その機関，施設の地域のなかでの役割や目的などを書きこんでいる学生も多く，実習先への相当な思い入れとともに，地域における役割などを明確にしようとする姿勢が実習生の中に確実に育っていることが理解できる。
　④では，「関わりのなかで感じたこと」を書いてもらった。それは，CSWは，この関わりこそが基本だからである。子どもや家族に関わるにしても，職員と関わるにしても，その関わりのなかで感じたことこそが，生涯にわたる財産になると思う。ある学生は，子どもとの関わりを詳しく書いていた。また，別の学生は，職員の子どもへの関わりや自分自身への関わりに多くのことを啓発されたようである。実習先での，この「関わり」ということの意識化は，将来，子ども家庭に関する困難事例に向き合うときに，必ず必要となってくる。CSW課程の修了者には，是非この「関わり」のより高度な専門家になってほしいと願っている。
　⑤では，「実習全体を通して，感じたこと，考えたこと」を書いてもらった。不登校の子どもにとって，居場所をどう設定していくのか。子育て支援のシステムや相談態勢の現状はどうであろうか。被虐待児への生活の中での支援の要点は何か。教育と福祉，医療と福祉，更生保護と福祉の連携はどうあるべきか。子ども同士のグループ内で起きている様々なダイナミズムに対して，専門家としてどう寄り添い，どう介入するのか。育児不安にあるお母さん，お父さんを

どうサポートするのか。障害を持った子どもの家族に対してどのような援助をしていったらよいのだろうか。障害児への地域支援はどうあるべきなのか。専門機関のいわゆる「専門性」は，しっかりと構築されているのだろうか，そのための研修システムなどは整備されているのだろうか。これらのテーマは児童ソーシャルワークに関する今日的な課題である，そのすべてがこの報告書に盛り込まれている。

⑥では，「児童ソーシャルワークの視点からの実習のまとめ」を考察してもらった。4年間のCSW課程教育の総決算ともいうべきまとめであり，CSW課程の学生が真摯にこの課程で学んできたことが伺える。毎年12月に行われる，3時間半にもわたるCSW実習報告会でも，実習生の一人ひとりから，その成果を聞くことができている。

以上のことを踏まえ，学生の実習報告書を読んでいただければ幸いである。領域ごとに，報告書を載せさせていただいた。実習報告書のほんの一部であることをあらかじめお断りしておく。

(藤岡孝志)

(2) 子ども家庭支援センター

問題を抱える家庭への在宅支援について

（飛田　文）

〈実習先〉　A区B子ども家庭支援センター
〈実習内容〉

　A区は児童相談業務において，地域を二分し，B子ども家庭支援センターとC子ども家庭支援センターがそれぞれの地域を担当し対応を行っている。B子ども家庭支援センターには，子育て広場は併設されておらず，相談室と事務室で業務を行っている。広場の併設されているC子ども家庭支援センターのように，日常的に親子が来所してくる事はないが，B子ども家庭支援センターでは他の親子に見られる心配を与える事なく，落ち着いて話ができる環境を整えている。B子ども家庭支援センターは，先駆型子ども家庭支援センターとして位置付けられており，子ども及び家庭に係る総合的な相談対応，児童相談所との定期的な連絡会，関係機関や地域との連携強化のための地域組織化活動，育児支援訪問事業，養育家庭制度の実施，支援に係る情報提供など，総合的な支援を実施している。

　実習では，あらゆる業務に参加させて頂いた。

　一つは家庭訪問や面接に数多く同行させて頂いた。どの利用者の方も，記録から想像される姿とは異なり，明るい人柄を感じたが，そのような利用者が抱えている課題の深刻さに気付く力が支援者には求められる事を実感した。

　二つは，子どものケガの現認に同行させていただいた。子どもにケガ跡を見せてもらい，ケガをした時の状況を教えてもらう際に，不信や緊張を与えないよう自然な声かけを行う事が大切である事を学んだ。

　三つ目は近隣からの虐待通報の対応に同行させていただいた。通報を受けて家庭訪問を行う際に，何よりも大切なのは，子ども家庭支援センターの役割が虐待の事実を突き止める事ではなく，家庭が子育てで困っている事を把握し，負担が軽くなるように手伝いを行う機関である事を相手に伝える事であると感じた。

最初の声かけを行う機会を職員の方につくっていただいたが，私は玄関から出てきた相手を見て一歩引いてしまい，せっかくの機会に勇気を出せなかった事が心残りである。その際，職員の方の対応場面から学んだのは，相手の不安やとまどいを和らげるように，短時間の中でも，受容と共感を基本に，信頼感を築き，相手の情報を引き出していく事の大切さである。

　四つ目は所内ケース会議，関係者会議，児童相談所との連絡会議に参加させて頂いた。所内会議では，職員個人の考えで支援を進めるのでなく，職員全体で対応を確認し，組織の判断として支援を行っていく事の必要性を学ぶ事ができた。関係者会議では，家庭に関わる地域の関係者が情報共有や役割分担を行うとともに，日々親子と関わっている関係者が重い負担を抱え込まないように，子ども家庭支援センターがアドバイスやフォローをしていく大事な機会である事を感じた。児童相談所との連絡会議では，地域全体のケース状況を児童相談所と子ども家庭支援センターで確認し合い，連携強化を図っている事を学ばせていただいた。

　五つ目は児童館主催で，子ども家庭支援センター職員が講師として行う子育て講座に参加させていただいた。虐待に至らなくても，育児に不安や悩みを抱えている多くの親が，このような講座の機会をいかに強く望んでいるかを感じた。しかし現状として，日本は親教育の取り組みに対して消極的であり，今後，親教育の必要性を広めていく事が課題であると学んだ。

　六つ目は子ども家庭支援センターが係ってきたケース記録，取り組んでいる事業の資料を閲覧させていただいた。記録を読む際に，一つ一つのケースについて，自分がワーカーであったらどのような対応をするかを考える事が大切である事を学んだ。実習当初，私は記録に記載されている家庭状況の複雑さに驚き，ケースの経過を追っているだけであった。

　しかし職員の方に，記録を読む際は，常になぜかという疑問を抱く事が大切であるというアドバイスをいただき，どのような理由でそれぞれの対応がなされたのか，自分であったら，どのような支援を行う事ができるのかを考えながら読み，職員の方にお話を聴かせていただく事で，一つひとつのケースに対する理解を深める事ができた。

　家庭訪問や面接，ケガの現認に同行させていただいたケースの記録を，実際に作成する実習も行わせていただいた。虐待調査の記録を書く際に，

虐待の有無の判断根拠を明確にする事が重要である事を学んだ。相手の表情や応対の様子，親子，家族間の関係性から読み取れる事は何かを考えながら，判断材料を見つけていく事を教えていただいた。

その他にも，保護者の心理カウンセリングや，愛の手帳発行の判定のために，児童相談所に一緒に同行させていただき，子どもや保護者と関わらせていただいた。

〈子ども，家族，職員，関係機関との職員との関わりの中で感じたこと〉

私が利用者の方との関わりの中で学んだのは，支援者から常に開いた態度を示していく事が，相手の人柄を引き出す事につながるという事である。私は，ある家庭の親と子どもそれぞれの面接に同席させていただいた時，私自身が緊張した様子を相手に表してしまったため，相手にもその緊張感を伝えてしまった。その結果，普段の面接ではさまざまな話題を出して話をする利用者の方を，硬い表情にさせてしまい，張り詰めた雰囲気の中での面接になってしまった。相談の場を共有させていただくうえで，会話に入らなくても，受容や共感を意識した非言語的態度を相手に伝える事が，いかに大切であるかを職員の方から教えていただいた。精神疾患等を抱えている利用者の中には，相手の態度や言動にとても敏感で繊細な人も多く，支援者自身が自分の姿を相手に示して，利用者の普段の人柄が出るような言葉や表情，しぐさ，態度等を引き出していく事が大切であると学んだ。

また，私は職員の方と一緒に自転車を使い，家庭訪問や児童館，保育所など，さまざまな関係機関の訪問に同行させていただき，支援者は積極的に自分の足を使う事が重要である事を学んだ。自ら足を運び，家庭訪問を行う事によって，家族の様子や家庭の生活状況を把握する事ができる。また，周辺の地域環境を支援者自身で確かめ，近隣との関係，子どもの保育所送迎や病院の通院，買い物等，日常生活にどんな負担やつらさ，不便さが生じているのかを知る事は，ケースの理解を深めるうえで欠かせない事だと感じた。そのような家庭状況の把握を行う事で，少しでも負担が和らぐような方法を利用者と一緒に考えていける事を学んだ。

また，地域の関係機関との連携においては，電話で情報共有や連絡を済ませてしまうのではなく，どんな些細な事でも，自ら足を運び，日常的

に顔を合わせる関係を作っていく事が大切である事を学んだ。このような取り組みを積極的に行っていく事で，相互がより気軽に情報提供や相談，見守りの依頼を行っていく事ができるようになり，早期の段階での対応が可能となる事を職員の方から教えていただいた。

〈実習全体を通して感じたこと〉

　私は虐待問題において，親子に寄り添うきめ細やかな支援の必要性を感じていたが，実習を通して，個人のメンタルに目を向けて対応していくだけでは，解決できない複雑な問題が根底にある事を痛感した。それは単なる育児不安ではなく，貧困や低収入といった社会環境における課題である。社会が豊かになった今日においても，経済状況，就労状況，学歴，住居等において困窮しながら生活を送り，虐待に至ってしまう家庭が数多く存在する事に私自身，あまりに無知である事に気付かされた。

　日本社会においても，今日の児童虐待問題は，貧困を克服した豊かな社会の中での現代的な家族病理であるという認識の基に，個人の心に焦点を当てたメンタルケアが積極的に進められている。しかし，貧困や低収入，失業や雇用対策，住宅対策，保育所入所対策の不備等，問題の根源となる社会環境の困難に対処していかなければ，虐待問題そのものの解決には至らないのではないかと感じた。

　そのような困難に対処していくためには，社会福祉政策や子ども家庭福祉政策の充実を図っていく事で，個々の具体的な社会福祉サービスの効果をさらに向上させていく事ができるのではないかと思う。

　現場の支援者は，一つひとつのケースに対応していく事だけでなく，児童虐待問題の要因そのものを減らすために何が必要であるのかを周囲が納得できるように働きかけ，政策を立案し，社会環境の基盤整備を行っていく事も大切な役割である事を学んだ。

〈児童ソーシャルワークの視点からの実習のまとめ〉

　私は実習を通して，家庭支援を行ううえで，支援者にさまざまな視点や力が必要である事を学んだ。

　支援者に求められる力の一つは問題に気付く力である。どのような場面

においても，支援者が目にする親子の姿は，ある特別な枠組みをもった，特別な時間の中の姿である。たとえ場面が家庭訪問という生活の場そのものであっても，短い時間の中であるなら，どんな「親子」も演じる事ができてしまう。しかし，その限られた時間の中で，子どもの発育状態，表情や反応，親の様子，親子の関わりは一般的な親子と比べて，どのような違いを生じているか，その違和感はどんなサインの表われなのかという知識や観察力を身に付け，親子の発するわずかなサインをも見逃さない事が大切である事を学んだ。

　二つは問題をとらえる力である。利用者がどんな事に不安や困難を抱えているのか，問題の核を見極める力が必要である事を学んだ。利用者本人が明確に自分や家族の抱える問題を把握しているとは限らず，あらゆる思いや考えを口にしている場合，支援者が利用者の話を単に傾聴するだけでは，問題を明らかにする事はできないと感じた。支援者は利用者の話を総合的に組み合わせる中で，利用者の主訴は何かを判断する事が必要である。適切な主訴を掘り出す事ができなければ，家庭の中に重大な問題が潜んでいるのを見逃すことにもなりかねないのである。

　三つ目は長期的視点である。家庭に対する面接や家庭訪問の実施，生活環境の改善に向けたサービス利用を支援者が提案しても，利用者自身が生活改善の必要性を感じ，支援を受ける決意をするまでは，利用者をせかさずに待つ事が大切である事を学んだ。子どもの生活や環境を優先する事は大切であるが，支援者の価値観や考えを押し付けるのではなく，利用者の思いや生き方を尊重し，少しずつ利用者が変わっていけるように見守る事も必要であると感じた。

　四つ目は客観的視点である。支援を必要とする家庭の中には，精神障害を抱え，敵や味方をつくって依存的な関係を求める利用者も少なくない。そのような利用者との関わりにおいて，相手の行動に振り回されて，コントロールされてしまわず，常に仕事としての関わりを意識する事が必要である事を学んだ。利用者の依存的発言や態度から，自己肯定感を見い出したり，自分の力を誇示するのではなく，周囲のワーカーや関係機関にも協力を依頼する事，また障害を抱える本人だけではなく，家族や周囲の人に働きかけを行っていく事も重要であると感じた。

子ども家庭支援センターの役割

(河野　優)

〈実習先〉Ａ市子ども家庭支援センター
〈実習内容〉
・全体（センターの特徴，概要），相談（総合相談，虐待に関する相談），医務（保健師の業務内容，協力医，相談業務），虐待防止（要保護児童対策地域協議会，訪問）に関するオリエンテーション
・各事業のオリエンテーション（開放広場，乳幼児交流事業，公開講座，ファミリーサポート事業，産前・産後支援ヘルパー事業，ショートステイ事業，トワイライトステイ事業）
　・開放広場での見守り
　・受付業務
　・ファミリーサポート説明会への参加
・乳幼児交流事業（３カ月～１歳未満児対象の出張交流，１歳～１歳３カ月未満児対象，３歳児対象）への参加
　・ショートステイ・トワイライトステイ保育補助
　・産前・産後支援ヘルパー事業の訪問同行，他の自治体の産前・産後支援事業見学同行
　・イベント（フリーマーケット，夏祭り）への参加
・同法人運営の知的障害者援護施設（通所更生，入所更生，通所授産），生活介護デイセンターの見学
　・公開講座への参加
・ミニお楽しみタイム（来所している親子を対象に実習生２人で手遊び，ペープサートなどを見ていただく）

〈関わりの中で感じたこと〉
　実習中に感じたことをいくつか挙げたいと思う。
　第一に，受付でのニーズキャッチと支援の重要性を感じた。受付業務をしている際に，隣のショートステイ受付へ申込に来た母親（第２子妊娠中

で上の子の元気の良さに疲れぎみな様子だった）の様子を見ることができた。他の職員が上の子と遊び，母親が話に集中できるようにしていた。職員は気さくに話しかけて，自然に母親が何に困っているか等を聞いている。第1子を育てながら妊娠中の母親の困難さ，苦労をリアルに感じられた場面だった。職員はパンフレットを見せながら，産前産後支援事業の紹介もしていた。ただショートステイの手続きをするだけではなく，親子が何を必要としているか，また，A市子ども家庭支援センターを頼りにすることができると認識してもらうことで，今後につながってくるのだと感じた。母親は来た時と帰って行く時で様子が違って見え，少し雰囲気が柔らかくなったようだった。

　第二に，アウトリーチの重要性を感じた。地域の保育園に出向いて行っている乳児交流事業にも参加させていただき，出張交流の意義や利点を知ることができた。幼児交流事業は抽選でメンバーは固定されているが，乳児交流事業は予約制ではなく，誰でも自由に参加することができる。職員の話によると交流事業に来た親子だと思って挨拶をしたら違っていて，しかし，それがきっかけで参加するようになった親子もいるとのことだった。この気軽さは重要なポイントだと思う。

　また，ここでは母親のグループワークには時間を半分くらい充てていたが，それでも話し足りない様子がうかがえた。会場が保育園の中にあり広くはないため，参加人数もあまり多くなく話しやすい雰囲気ができていると感じた。出張交流では対象月齢も3カ月から1歳未満と幅広くなっている。そのため，月齢の高い子どもを持つ母親が月齢の低い子どもを持つ母親に離乳食に関するアドバイスをしている場面も見られた。この出張交流には看護師の職員も同行しているが，その職員に相談できるだけでなく，より気軽に気になることを聞ける場になっていると感じた。

　センターだとさまざまな地域から親子が集まってくるが，出張交流では限られた地域のなかであり，それによる親近感や密着感も母親同士のコミュニケーションの助けになっていると思う。同じ地域に暮らしていても何もないところで知り合い，ママ友になるのは難しいのではないか。交流事業は同じ地域の親子同士が出会う場としても機能していると感じた。

　第三に，アウトリーチの中でも，特に産前産後支援ヘルパー事業につい

て深く学ぶことができた。この事業ではコーディネーターと医務の職員がペアで訪問を行っている。私は産前家庭で上に子どもがいる家庭への訪問に同行させていただいた。この事業の登録に関する話の他にも，母親からはベビーベッドのことや上の子の困っていることを話し出し，職員2人が「……だから～ですよ」と母親が安心させている場面も見られた。この直接のやりとりは，出産・子育てによる不安や負担感が軽くなる入口となるように感じた。訪問による登録は利用する母親が身重の体や赤ちゃんを連れてセンターまで行かなくてもよく，また専門職が家庭に入ることで母親の様子だけでなく，家庭の状況なども知ることができる。どちらにもメリットがあるように見えるが，逆に家に来られることを嫌がったり，面倒に思う人も必ずいるはずである。そして本当に問題なのはこのような手を伸ばすことができない家庭であり，申請によるサービス利用の限界も感じた。

　第四に，この訪問で出会った親子から教わったこととして，支援者のあり方がある。訪問してから1週間が過ぎた頃，夏まつりの盆踊りの練習を広場で行っていた時に，私のすぐ後ろでずっと私のほうを見ながら踊っている女の子がいた。人懐こい子だな，見たことある気がするかもと思いつつ，踊りが終わってから「上手だったね」「踊り好きなの？」などと話しかけて，その場は終わった。しかし，あとから職員に，訪問で同行させていただいた家庭の親子が来ていたという話を聞いて，「先ほどのあの子だ！」と思い出した。訪問の時に仲良く遊んだのに初対面のような話しかけをしてしまって，その子はがっかりしたかもしれない。戸惑ったのではないかとも思う。私のことを覚えていて近くに来てくれたのだから尚更である。大人でも子どもでも自分のことを覚えていてもらえるのは嬉しいことだと思うし，それが信頼関係を築く第一歩にもなる気がする。人の顔を覚えるのが苦手な私は，これから支援を行っていく立場になったとき，まずこのようなことから大切にしていきたいと感じた。

〈実習全体を通して感じたこと，考えたこと〉
　20日間の実習では各事業について学び，実際に参加・見学させていただくことで，A市子ども家庭支援センターの支援の多面性・継続性・一貫

性を実感することができた。認知度が高く，敷居が高くない，子ども家庭支援センターが多事業を行うという点が重要なポイントだとも感じた。

　産前からのヘルパー事業に始まり，乳児交流事業・幼児交流事業，ファミリーサポート事業，預かり保育事業，ショートステイ・トワイライトステイ事業と，妊娠中から12歳になるまで切れ目なくサービスが存在している。これらの事業が1カ所で行われているため，多角的にフォローでき，事業間の連携も取りやすいなど，多くのメリットがある。しかし一方で，事業間・職員間の情報の共有に関しては慎重に行う必要があることを学んだ。

　また交流事業における実習では特に，親子が居場所を求めていると感じた。どこかに属していないと心配になるのだと思う。職員からは保育園に入れなかったことの受け皿となっているともうかがった。幼児交流事業は固定メンバーで全6回行われるため母親同士が顔見知りになれる。グループワークによって自分と同じような悩みを持っている母親がいると知り，話をするだけで気が楽になることもあるのではないだろうか。仲間づくりという点で子育てをする母親にはこのような場の存在はとても大切だと思う。そしてセンター自体が職員の受け容れる姿勢や態度によって地域で子育てをしている家庭の居場所ともなっていると感じた。

　今回の実習ではさまざまな職種・経験・年齢の職員と話をすることができ，また，利用者との関わりも間近で見ることができた。どの職員にも共通していたのは，明るく声をかける様子や，対応の仕方がていねいで確実であること，母親のほうから声のかけやすい気さくな雰囲気だった。地域に住む親子が困った，話をしたい，手助けが欲しいという時に「そうだ！子ども家庭支援センターできいてみよう！」と気軽に当たり前に思えること，どの家庭にとってもそのような存在になっていくことが，子ども家庭支援センターには必要であると思う。

〈児童ソーシャルワークの視点からの実習のまとめ〉
　地域における子育て支援を考えるとき，子ども家庭支援センターの果たす役割はとても大きい。A市子ども家庭支援センターでは，悩みや不安を軽減させる相談事業や，仲間づくりの場となる交流事業，安心して遊ぶこ

とのできる広場の開放や，母親のリフレッシュの助けとなる預かり事業，公開講座などで子育ての情報を提供したり，子育てサークルの活動に会議室を貸し出すなど間接的にもサポートしている。このように地域で子育てを行う家庭の手助けとなるようさまざまなサービスが用意され，地域に住む親子が手を伸ばしさえすれば，これらのサービスを受けることができる。また，センターの広場などを利用している親子に関しては，さまざまな職種の職員の見守りの目があり，気になる子どもに関しては朝礼で話が出て共通の対応を行ったり，必要なサービスにつなげるということも有り得る。

　しかし同時に，支援を必要としているのに手を伸ばすことのできない家庭もある。外に出たり，サービスの申し込みをするのもままならない家庭こそ，リスクを抱えているといえる。また，気軽に相談できる，手助けしてもらえるということを知らない家庭も存在するのではないだろうか。このように考えると，より地域に根ざし，妊娠中からかかわりが持てるようにしていくことが必要となってくると思う。A市では実際，助産師や保健師から産前産後支援ヘルパー事業の紹介を行っているとの話を聞いた。地域の親子がよりサービスを身近に感じるためには医療機関や保健機関，行政機関とのより強い連携が重要となってくるだろう。そうしてさまざまな助けを得ながら，子育てが辛く大変なだけではなく楽しいものとして捉えていけることが，地域の親にとっても，子にとっても大切だと言えるだろう。

子どもとその家族が家庭で安心して生活するために

（土口未来）

〈実習先〉L区こども家庭支援センター（先駆型）
〈実習内容〉
　主に午前中は虐待進捗状況管理会議，援助方針会議などの会議に参加してケースワークの手法を学び，午後は家庭訪問への同行，ケースカンファレンスへの陪席，ケース記録の閲覧などケースワークの実際を学んだ。そ

のほかにも，月末の係会議への参加，実習生単独での家庭訪問を実施し，記録をつける，電話の取次ぎ，発達相談ひろばへの参加，心理職の事例検討会や勉強会への参加などセンター内での職務に幅広く参加させていただいた。それに加え，児童相談所との連絡会，要保護児童対策地域協議会への参加など，センターと関係機関との連携の実際を見せていただいた。

実習は水曜と金曜の週2日，基本的には9時から17時の8時間（うち昼休憩1時間）で行い，関係者会議や家庭訪問に同行するなどの場合には，17時より早く終わることや17時を過ぎることもあった。

〈関わりの中で感じたこと〉

（職員）　今回の実習では職員の話を聞き，職員がどのような考えを持ち，援助を行っているのか，その仕事ぶりから学ぶという部分が非常に多かった。

日々感じていたのは，職員一人ひとりが一つひとつの家庭，一人ひとりの家族構成員にとってより良い姿は何か，より良い援助は何かを真剣に考え，向き合っているということだった。母親からかかってくる電話にも，それぞれ相手によって話すトーンや口調，聴き方やアドバイスの方法を変えて，親身になって相談に乗る姿。関係者会議の中で子どもの立場・権利を守るために信念を曲げずに主張する姿。子どもとのセラピー，親との面接の中で揺れ，迷い，葛藤しながらも，その子・その親のために，今ある状況を職員同士で共有しあい，意見を出し合う姿。子どもの虐待通報が入るとどんな状況でも冷静に，しかし子どもの命は守らなければならないという使命の下，迅速に動き子どもの安全を確認する姿。さまざまな姿からそれを感じることができた。

また，ケースワーカー，臨床心理士，保育士，保健師，精神保健福祉士，さまざまな職員が働く中で，職種に関わらず，信頼し合い支え合う姿勢が随所に見られた。職場内に気軽に相談でき，率直に意見し合うことのできる関係ができていることが感じとれた。

（子ども）　最も印象的だったのは，私が単独で家庭訪問を行った先の中学3年生の女の子だ。母子家庭であるその子にとり，母親という存在がど

れほど大切であり，それだけに母親の影響にいかに左右されやすいかということを実感した。

　母に自己主張したい気持ち，母に否定されたくない気持ち，母に反発する気持ち，母に甘えたい気持ち，それとは裏腹に頼りない母の姿。彼女の中にはさまざまな葛藤が渦巻いていた。

　子どもにとって親は最も身近で大切な存在である。一番身近だからこそ頼れる存在であり，近過ぎるからこそ衝突も起きてくる。特に親が問題を抱えている家庭の子どもは，まだ親に甘えていたい・自分の好きなことをしたい・ありのままでいたい思いと，親に愛されたいからこそ親を支えたり我慢をしたり自分を押し殺さなければならない状況との葛藤に揺れる。揺れ・戸惑う子どもと付き合っていく支援者として，どうしたら良いのだろうかと考えさせられた。そして，実習での子どもの関わりや会議・勉強会への参加等を通して学んだことがある。それは，子どもの中にある矛盾した気持ちや葛藤，今ある子どもの状態に寄り添いながら，その子自身が自分の力で道を切り拓いていけるよう支援するということだ。そして，子どもにとり，自分の気持ちを・自分の姿をありのままに受け入れてくれる存在・頼れる存在がひとつでも多くあることが大きな力になるのだということを痛感した。

〈実習全体を通して感じたこと〉
　センターでは，子育てにちょっとした不安を感じたり，迷ったり，悩んだりした母親からのメールや電話によるちょっとした相談，「虐待をしているのではないか」と疑心暗鬼になって来所相談をする母親，ひろばに来て仲間づくりをする母親など，育児にそれぞれ奮闘する母親の姿を感じ取ることができた。そこから，虐待に関する社会の関心ばかりが高まり，周囲が子育てをする母親の大変さをあまり理解できていないのではないか，と感じた。周囲の人間は子育てをする母親に対して受容的・支持的な目を向けたり，声をかけることができていないのではないか。それゆえ母親はますます孤立化し，疑心暗鬼になり，「これって虐待かしら」「こんなことしていたら虐待と思われてしまうのでは」「しつけがなっていないと思われるのでは」と不安を高め，子どもに対して心のゆとりを持って接するこ

とができなくなってしまうのではないか，と感じた。

　また，虐待をする親であっても，子どもや妻・夫に暴力を振るうような親であっても，みな最初から暴力を振るって生きていこうとか，悪い人間になろうと思って生まれてきたわけでも，育ってきたわけでもない。育ってきた環境や，育つ中での体験，現在の生活状況等さまざまな要因が絡み合い，どうしようもなくなって問題を起こしてしまうのだ。そして，そのつらさに誰も寄り添って来なかったからこそ，問題となって表面化しているのかもしれない。実習を通し，たとえ虐待をする親であっても，DVをする親であっても，どんな人でもまずその人の持つ「つらさ・きつさ」を受けとめることが大切だという考えに至った。

　そして，虐待をする親を頭ごなしに「悪い」と決め付けてはならないということを改めて感じた。虐待をする親であっても，本当はつらくて仕方がないのかもしれない。だからと言って子どもが犠牲になってよい，というわけではない。しかし，その問題の背景にあるそうせざるを得ない環境や生育歴に目を向けなければ，本当の「支援」にはならない。

〈児童ソーシャルワークの視点からの実習のまとめ〉

　今回の子ども家庭支援センターでの実習では，本格的な子どもとその家庭に対するソーシャルワーク実践を目と耳とそして自ら実践することで学ぶことができた。そこでいくつか，今後子どもとその家族を支援していく上で心に留めておきたいと思ったことを以下にまとめようと思う。

　一点は，多職種・多機関の連携の重要性だ。それぞれの職種・それぞれの機関によって重要とするポイント・目のつけ所が違う。問題の捉え方・アプローチの方法が違う。多面的な視点を採り入れることにより，問題をより深く理解することができ，支援の幅も広がってくる。また，ケースワークを行っていく上で複数の職員間で意見を交換し，評価し合うことで，職員自身も支えられ，より良い支援につなげることができる。

　また，家族を支援するということは，その家族に関わる関係機関がそれぞれバラバラで支援を行うのではなく，共通認識の下，一体となって支援を行っていくことが求められる。支援を行う機関がそれぞれ役割分担をしながら支援を行っていくことが重要だ。

二点目は，援助関係の基本である，子ども・家族との信頼関係を構築することである。信頼関係があるからこそ，クライエントは安心して悩みを相談することができ，素直に頼ることができる。そして信頼関係の構築には，クライエントの言動や行動等，サインのひとつひとつをしっかりと受けとめ，反応を返していくことを辛抱強く続けていく作業がその過程に必要なのではないのだろうか。サインを受け止め，反応することを繰り返すことで，クライエントは「この人なら大丈夫かもしれない」と思うことができ，信頼を深めてさらに支援者に自分を出していくことができるのではないか。

　三点目は，「クライエントの相談を受ける」ということが，覚悟が必要なことであるか，そして，「クライエントが相談をしに来る」ということの裏に，どれだけの決意があり，クライエントが悲痛な叫びを上げているかということを肝に銘じることだ。

　勇気を振り絞って相談する人，どうしようもなくなって泣きながら相談をする人，話したくて仕方なくい人，「虐待の通報がありました」という言葉に，「うちは大丈夫です！」と門戸を閉ざす人，また表面だけは話してくれても，問題の核心には一切触れようとしない・援助を拒否する人。さまざまな人からの相談を受け，また相談につなげなければならない。

　相談援助を行う者としてどうあるべきなのか。

　相談に来てくれたクライエントには，「よく来てくれました」と勇気を振り絞ってくれたその姿を肯定したい。そして，クライエントの一つひとつの話を真摯に受けとめ，内容を支持しながら，クライエントが「相談に来て良かった」と少しでも思ってもらえるよう，その後の援助関係につながるような態度を心がけたい。また，なかなか援助関係を結べそうにない，そのような相手に対しても，受容的・支持的な態度を崩さず，「いつでもいらしてください，私たちはあなたの味方です」というメッセージが伝わるよう，関わることをあきらめない姿勢を持っていたいと考える。

　最後に，子どもの気持ちに敏感であること・子どもの気持ちに寄り添う支援を行うことが，子どもにとっての最善の利益につながるのではないかということだ。

　子どもにとって親は，それがどんな親であってもかけがえのない存在で

あることに変わりはない。親にも苦しい状況があり，親もつらい。その状況下で一生懸命子どもと向き合った結果の不適切な養育や虐待もあるのだ。その行為は到底認められない。しかし，そのつらさに目を向けて支えなければ，子どもにとっても親にとってもつらい状況は変わらない。子どもにとって本当にあるべき姿は，子どもが心から望む幸せな姿は，親と安心して暮らせること，家庭で親にありのままの自分を受けとめてもらいながら成長することなのではないか。

　実習指導担当の職員が，実習の総評にこう書いてくださった。

　「こども家庭支援センターは，子どもが健康で安全な生活を送れるよう支援していく機関です。しかし，家庭にさまざまな問題があり，苦しい立場にいる子どもがたくさんいます。その過酷な環境を少しでも変えていけるよう支援すること。さらに，子どもたち自身に生きる力をつけさせていくことが必要です」。

　「この仕事で重要なのは，慣れてしまわないこと，『これぐらい大したことないよ』と思ってしまわないことです」。

　一人として同じ子どもはいない。一人として同じ母親・父親はいない。一つとして同じ家族はない。だからこそ，慣れや経験ではなく，一人ひとりの子ども・親，一つひとつの家族の状況を一つひとつていねいに理解し，向き合っていくことが大切なのだと感じた。一人ひとりの「つらい」も一人ひとりの「幸せ」も異なるから，できる支援も異なる。本当にこの支援はこの家族のためになっているのか，本当にこれでいいのかと自問自答し続ける姿勢がソーシャルワーカーには求められていると考える。

（3）学校，スクールソーシャルワーク領域

子どもを支えるためのつながり

（安美留久見子）

〈実習先〉私立A中学校
〈実習内容〉

　A中学校は，不登校の子どもたちが通う学校である。子どもを中心にするフリースクールが作った「学校っぽくない学校」であるため，子どもと一緒に過ごす大人を「先生」ではなく「スタッフ」と呼び，上下関係ではなく対等な関係を築くなど，随所にこだわりが見える。授業数も一般の学校より少なく，始業時間もゆっくりスタートである他に，ホームスクール部門を持っており，家を居場所にして家で育つことを積極的に認めている。私の実習スケジュールは概ね以下の通りであった。

　9：00　登校，実習準備
　10：00　授業の補助・子どもへの個別対応
　11：50　清掃
　12：00　子どもたちと昼食
　13：00　図書室の整理・子どもから相談を受けるなど，子どもとの関わり
　14：00　授業補助
　15：00　ホームスクール部門の子と過ごす
　17：00　振り返り

　上記以外に，昔の生活を知りものづくりをする体験学習への付き添いや，親の会・講演会・ボランティア交流会にも参加した。子どもたちと個別的な関わりを持ったのは，発達障害のある子が落ち着かないとき，相談や愚痴の相手になるとき，ホームスクール部門の子が来校したときなどである。ホームスクール部門の子とは，2人で大きな公園に行ったこともあった。

〈関わりの中で感じたこと〉

（子どもの居場所）　A中学校は，一人ひとりを大切にするということをス

タッフだけでなく子どもたち自身も認識している。ふとしたときに，ここに来て良かったということや，不登校時代の生活について話してくれる子が少なからずいた。それらはA中学校という場で安心しているからこそ出てくる発言であり，A中学校はみんなにとっての居場所であることがうかがえた。私自身も初めは緊張して慣れるまでには時間を要したものの，その温かい雰囲気のおかげで穏やかな気持ちで取り組むことができた実習であった。

以下に，子どもにとって居心地が良い人や場所の条件を考えるヒントをくれたBちゃんのことを紹介したい。彼女は不登校に至る流れの中で人が苦手になり，家を居場所にしていた。Bちゃんには継続的にスクールソーシャルワーカーが関わり，私は実習期間の半ばから週に1回彼女と一対一で過ごすことになった。最近はBちゃんが来校する日数も増え，先日の文化祭にも来てくれたので一緒にお店を回った。Bちゃんと話をしたときに，「スタッフで一番話しやすい人」として私を挙げてくれて本当に嬉しかった。その理由を聞くと，自然に話しかけてくれる人が良いからだと言っていた。

不登校になると「学校に行くのが普通，行けないのは本人に問題がある」という社会の目が，自分の周囲だけでなく自分の内側にもある。親や学校，友人から登校を促され，自分自身が学校に行かなくてはと思うにもかかわらず行けないことに苦しむ，という話は実習中にもたびたび聞いた。私自身が中学校時代に不登校を経験しており，当時は同様の自己否定感情に苛まれていた。学校に行っていた時も不登校をした後も，特別な変化無く自然に話しかけるような人間関係というものはなかなか無い。もちろん理解者がいる場合もあるが，不登校中にすっきりした気持ちで休んでいられる子は少ないのではないだろうか。

子どもにとっては，対等な関係で話ができる，気持ちが吐き出せる，一緒に活動できるという相手が必要であると考えた。A中学校のスタッフは，子どもを第一に考えるという姿勢が一貫しており，子どもと対等に接している。子どもとスタッフの距離が近いことを，終始実感し続ける実習であった。それが，この学校が不登校をして一度学校から離れた子どもの居場所となり，子どもたちがA中学校につながり続けている秘訣なのではな

いだろうか。

（親の思い）　A中学校は親とのつながりが強く，ボランティアとして学校に来ている親もいる。参加させていただいた親の会では，さまざまな保護者の思いがあった。親は子どもが不登校になると周囲から責められ，自分自身でも自らの育て方が悪かったのではないかと自責の念にかられていることが多い。子どもに学校に行ってほしいと思う一方で，学校に行けずに苦しんでいる子どもを心配する気持ちも大きい。不登校を受け入れられるようになってきても，今は家にいることが子どもにとって必要であると頭では分かっているものの，将来に不安を持っていることもよくある。

　親の会でスタッフは，親の思いを聞き，子どもの気持ちを説明し，子どもへの接し方をアドバイスする。スクールソーシャルワーカーや児童精神科医が定期的に参加する会もある。不登校に混乱している状態の親から，時間の経過とともに不登校や子どもを受け入れることができるようになった親まで，さまざまな親が参加する。親の会だけでなく父親の飲み会まであるという。それは，リラックスできる場で，親同士のつながりをつくりながら，具体的な生活の相談やストレスを発散し，自分を見直す機会となる。こうした会を通して親自身が余裕をもつことで，子どもにも向き合うことができるようになるのではないかと考えた。

（スタッフ間の連携）　A中学校では，学習や活動など子どもと密に関わる役割をするスタッフだけでなく，事務スタッフも子どもと日常的に接している。ボランティアも多く入っており，子どもと深く関わることもある。それぞれの立場の大人が子どもについて話し合っている様子は，普段からよく見られるものであった。以下に，Cちゃんのケースから日常的な話し合いと連携について考えたいと思う。

　Cちゃんから友だち関係の相談を受けているうちに，高校受験についても悩んでいるが，自分からはスタッフに言いにくいという話が出てきた。私がCちゃんには許可を得たうえでスタッフDさんに報告したところ，Dさんが別のスタッフEさんにその件を伝えてくださった。Eさんが，私が聞いたCちゃんの話を確認し，Cちゃんと話す時間を持つことになった。

その際Eさんは，高校受験を話のきっかけとして，友だち関係についてもそれとなく聞いてみるとおっしゃっていた。後日Cちゃんは，Eさんやさらに他のスタッフとも話すことができたという。スタッフの話では，Cちゃんは話ができたことにとりあえず満足したのではないかとのことであった。

　このように，子どもがちらりと話したことからスタッフ同士の連携が始まり，子どものサポートをしていく様子に，少しではあるが関わることができた。このサポートのためには，日頃からさまざまな大人が子どもたちと関わりを持ち，子どもの気持ちをキャッチできる姿勢・いつでも誰でも相談に乗れるような体制であること，大人同士がこまめな情報交換をできる関係であることが必要であると学んだ。

〈実習全体を通して感じたこと〉
　A中学校は，子どもの意見を中心に作っている学校である。学校生活の流れは子どもにとって無理のないようにゆったりしており，リラックスできるような部屋が多い。また，A中学校は，スタッフと子どもだけでなく，親・ボランティア・実習生など，さまざまな大人が日常的に関わっている。そのそれぞれが，一人の人間として尊重し合っている。不登校の子どもの割合が増え続けている現代には，子どもが通う場であるのにもかかわらず国の決まりで教師が主導権を握る従来の学校は合っていないように思う。学校が子どもにとって安心できる場，楽しい場であれば不登校は起きない。子どもに選ばれる学校，子どもの居場所となりうる学校が必要ではないだろうかと考えている。

　A中学校では子どもだけでなく親支援にも力を入れている。しかし，世間では家族支援がまだまだ不十分であるどころか，親を責める声も多くある。不登校の子どものきょうだいへのケアの必要性も感じる。不登校のみならず，家族で誰かがつらい課題を抱えたときには，家族みんなが揺れるものである。私は家族の協力体制の度合いに比例して，状態は良くも悪くもなると考えている。社会的にマイノリティとされている課題には，本人・家族・関係機関など，関わっている人すべてが当事者であることを自覚し，取り組む必要がある。また，学校や学歴にこだわる社会や子育ての

責任を親に押し付ける風潮が当事者を余計に苦しめているように感じる。そんな社会を変えていくための第一歩として，まずは身近なところから，一緒に課題について考えてくれる人を増やすような支援をすることが大切であると考えた。

〈児童ソーシャルワークの視点からの実習のまとめ〉

　学齢期の子どもは，家庭と学校が生活の大半を占めている。その両方に落ち着いていられなくなってしまう不登校という状態は，子どもの存在価値をも揺るがすほどの大きな危機となる。不登校は，学校との関係に子どもが「今まで頑張ってきたけれども，これ以上学校で頑張ることができなくなった」サインだと私は考えている。そういった場面で，休むことが必要なときには休むなど，子どもにとって今必要なことを一緒に考えることが大切である。ただ，子どもの気持ちは大人には出しにくく，出してもきちんと認めてもらうことが難しい傾向にある。そこで求められるのは，子どもを第一に考え，その意思を尊重し，周囲に代弁するスクールソーシャルワークのやり方ではないだろうか。

　これまでも述べてきたように，A中学校は子どもを尊重した実践を行っている場である。スクールソーシャルワーカー（以下，SSWrとする）も2名おり，1名は家を居場所にしている子とその家族を中心に活動している。もう1名は学校に来ている子やその家族と関わっている。家が居場所である子どもを例にすれば，その子にとって，その子自身が尊重され，外部との接触があり，行きたいと思ったときに行けるような学校との関係を保てることは，安心につながるのではないだろうか。学内のSSWrは，家を居場所にしていた子が登校してきたときにも関わっている。ここで双方のSSWrがつながって子どもを支援することにより，家庭・学校それぞれの場面で一貫したサポートをしていくことができるのだろう。

　このように，子どもが抱える課題には周囲のネットワークを作り，皆でサポートすることが重要である。子どもが後で自らの不登校を振り返って考えたときに，「あのとき不登校をしたから今がある」と考えることができるような支援を私はしたい。また，子どものためのソーシャルワークには，それが求められているのではないかと考えている。

(4) 子ども虐待領域

情緒障害児短期治療施設でのCSW実習を終えて

(有吉知夏)

〈実習先〉情緒障害児短期治療施設A学園
〈実習内容〉
　内　容：申し送り参加，記録閲覧，小学校申し送り参加，園庭把握，生活場面研修，実習日誌記入／記録閲覧

　以上の流れを基本に実習させていただいた。申し送りは1時間半程になる日もあり，子どもの様子を詳しく把握することができた。記録は，申し送りで気に掛かった子どもや，遊ぶ中で気になる様子のある子どものものを中心に見させていただいた。園庭把握では，子どもたちと鬼ごっこや虫捕り，一輪車，竹馬，バトミントン，大縄飛びなどをして遊んだ。生活場面研修では，室内で子どもたちとトランプ，百人一首，花札等のゲームをしたり，一緒に音楽を聴いたり絵を描いたりして過ごした。また，日によっては施設内のケースカンファレンスへの参加，病院で行われるケースカンファレンスへの参加，職員会議への参加，虐待関係の研修センターの見学，音楽療法の見学，小学校・中学校の見学，分園の見学，トレーニング（グループワークの一環で一近くの公園まで走り，そこで筋トレなどを行う。私が参加した日は小学生高学年から中学生までの7人で約1時間半運動した。部活という意識で活動しているというお話だった）への参加等もさせていただいた。希望した見学等をすべて実習に組み込んでいただき，大変感謝している。また，前半と後半の間が4カ月間あいてしまうことに不安を感じていたが，中にはとてもよく私のことを覚えていてくれた子どももいて嬉しかった。そして子どもたちの成長を見ることができ，前半があったからこその後半実習になって良かったと思う。

〈関わりのなかで感じたこと〉
　初日は子どもたちと会うより先にケースカンファレンスに参加させてい

ただいた。そこで複雑な家庭事情を伺った後だったので、どのような子どもたちなのだろうかと不安に思いながらの出会いとなったが、出会ってみると、明るく人懐っこい子どもが多く安心した。しかし同時に、非常に辛い過去があったにもかかわらず一見、楽しそうに、元気そうにしている子どもたちにいたたまれない気持ちにもなった。また、実習が始まったばかりの頃は、悲惨過ぎて目を覆いたくなるような過去のことが綴られたケース記録に、私自身が落ち込んでしまうこともあった。しかし、子どもと関わるなかで・施設での生活を日々頑張り・前へ進もうとしている姿に勇気付けられ、記録にとらわれず、今の子どもたちを見なくてはいけないと考えるようになった。そんな関わりのなかで印象に残っていることが幾つかある。

（繰り返し伝えるということ）　前半実習で、鬼ごっこをしている最中、Bちゃんに腕をつねられ、軽く嚙まれるということがあった。注意すると「ごめんなさい」とすぐに謝るが、謝り慣れている様子で、こちらの気持ちが伝わっていないという印象を受けた。記録から、Bちゃんには興奮した時などにつねる癖があることがわかったが、同じことが数日続いてしまい、担当の職員の方にご相談したところ、遊ぶ前につねらずに遊べるかどうかを確認することを勧められた。その日からつねらないことを約束してから遊ぶことが習慣になり、はじめのうちは、つねることはなくても自分の思い通りにいかないと物に当たっていたが、徐々に落ち着けるようになっていった。そして、後半実習では一度もつねることはなく、柔らかくなった印象を受けた。私はBちゃんとの関わりから、その子その子にあった言い方で、繰り返し伝えることが大切であると強く感じた。伝えようとすることを繰り返せばいつかは伝わるのだと実感した。

（関わるなかでの戸惑い）　実習中、子どもたちの会話にドキッとすることが度々あった。ある日、小学生の子どもたちが、「一時保護所に戻りたい。ここで暴力振るえば一時保護所に行けるよ」と話していた。私はその言葉に驚いてしまった。「暴力を振るえば」というところも驚きであったが、「一時保護所に戻りたい」というのも意外であった。私にとっての一時保護所は正直、マイナスのイメージであったのだが、そこから来た子どもたちにとってはまったく違う場所であるようだった。他の何人かの子も一時

保護所で卓球をやったとか，こんなお兄さんがいたとか，誰々と出会ったとか，楽しかった思い出を話してくれた。職員の方に伺ったところ，一時保護所は，辛い思いをしていたところから助けてくれた場所，すごく支えになる場所，支えになるワーカーのいる場所と認識されているというお話だった。そして職員から叱られたり，自分の思い通りにならず，施設での生活を嫌だと思うと，そのように逃げ場を求めて「戻りたい」と言うようであった。私はそれを伺い，戻りたいと思える場所が一時保護所しかないということに非常に寂しさを感じた。また，ある子が叱られるような問題を起こした時，職員と話している中で，「僕にはここしかないから頑張る」と言っていたというお話を伺い，厳しいだろうが，これまでのこと，これからの困難，さまざまなものを乗り越えて，自立してほしいと心から思った。そして自立するまでの間は安心して，子どもらしく過ごしてほしいと思った。

　また，戸惑ったこととして，「ここで働きたい？　普通の子じゃないんだよ？」という中学生のＣちゃんの言葉が印象的だった。将来の夢の話をしている中での思いがけない質問だった。Ｃちゃん自身も自分を普通の子じゃないと思っているのだろうか。聞かれたことをきっかけに，もっと話せばよかったと後で思ったが，その時はうまく言葉が出てこなかった。自分の置かれている状況を自分で納得して受け入れるのは大変難しいことだと思う。そして施設生活のなかでそのような葛藤が生じてくるのは免れないことだと思う。それを乗り越えるのは自分自身でしかないが，それをどう見守り，支えるかというのも職員の方々の大切な役割であるように感じた。

　（最終日を迎えて）　最終目，私を慕ってくれていた女の子とゆっくり話す機会があり，これからのことを話した。イライラすると一気に怒りが込み上げてきて，暴れだしてしまう子で，生活の中でそのような様子を見ることも何度かあったが，私と遊ぶときは比較的落ち着いていたので，特にそのことについて話すことはそれまでなかった。しかし何かを伝えてから実習を終えたいと思っていたため，そのことに触れて話してみた。「イライラしたりして怒ってしまうこともあるかもしれないけど，一度落ち着いて考えられるようになるといいね」という話をすると，真剣に頷いて聞いて

くれた。そしてお互いこれから何を頑張るかという話もした。普段は自分の好きなことに固執し，その話ばかりになっていたので，こうして話すことができて良かったと思う。彼女と話せたこともあって，気持ちよく実習を終えることができた。

〈実習全体を通して感じたこと，考えたこと〉

去年の社会福祉士実習も自分のことを知るきっかけになったが，今回更に自分の弱さを知った。乖離の症状であるというお話もあったが，思い通りにならない時など，小学校低学年の子どもたちが，度々「ギャー」と手足をバタバタさせて癇癪を起こすことがあった。そして私の目の前でもそのようなことがあった。ある男の子が一緒に遊んでいた子と些細なことから喧嘩になった時だった。しかし，私は一瞬怯んでしまい，「あっ」と思った時には3人ほどの職員の方が対応されている状況だった。目の前で遊んでいる様子を見ていたのは私で，状況を最も理解していたはずだったのだが，職員の方々の対応を見ていることしか出来ず，自分の至らなさを痛感した。しかしそれと共に私は癇癪が起きてしまうことを避けようと，安易な方法をとってしまっている弱い自分に気付いた。例えば，ゲームをしている時に子どもが自分に都合の良いような勝手なルールで進めている時である。良くないということを言葉で伝えても，なかなかわかってもらえないと，（これで機嫌がいいなら……）とそれを許してしまい，問題が起きないようにしていたことがあった。しかし，それは本人のためにも良くなかったと思う。職員の方に伺ってみると，「ギャー」となるのは仕方のないことなので，それを避けようとせず，それまでの過程とその後の対応を大切にしているというお話だった。私は，自分の対応のせいで「ギャー」という癇癪を起こさせてしまったようにも感じていたため，それで良かったのだと，お話を伺い少し安心することができた。また，繰り返し伝えていくことが重要というお話もあり，改めてそのことの大切さを感じた。そしてまた，職員の方に自分の考えを伝え，考えを伺うことの大切さも感じた。実習ノートの最後に「自分が感じたことを子どもたちに理解できる言葉で表現しようと努力されていたように思いますが，今後はそれを職員にも伝えていく力を養われると良いと思います」と総評をいただ

いた。正にその通りで，今回，私はその面で消極的になってしまっていると感じていた。気になっていることがあっても自分で解決しようとしたり，疑問を胸にしまってしまうことがあった。もっと自分から意見を伺ったり，吸収していく姿勢を持てればよかったと思っている。今回の実習は，自分自身について考える機会にもなったと思う。

〈児童ソーシャルワークの視点からのまとめ〉
　関わりのなかで大切なのは，何度も述べたが，やはり繰り返し言葉で伝えていくことなのだと思う。特に情緒障害児短期治療施設で過ごす子どもたちは，被虐待児がほとんどで，心に傷を負った子どもばかりであるからこそ，伝えていくべきものは多いと思う。生活の安定，情緒の安定を図るためにも，伝えることを怠ってはいけないと思う。そして，それは職員同士にも言えることだと思う。A学園では，1人の子どもにセラピストの方と，指導員の方が担当で付いていたが，いつも情報を共有し，また申し送りや職員会議などに時間をかけることで全体の連携も取れていることを感じた。児童ソーシャルワークに限らず言えることだと思うが，「言葉で伝えること」は人と人との関わりにおいて最も大切だと思っている。

（5）人権擁護領域（弁護士事務所）

総合的な支援を求めて

（布袋谷　悠）

〈実習先〉法律事務所
〈実習内容〉
・法律事務所での事務作業（裁判資料等の原稿作成・テープ起こし等）
・法律事務所にて，裁判資料・関連資料の閲覧
・裁判の傍聴（実習担当の弁護士の先生が担当している民事裁判事件）
・裁判の報告会への参加
・弁護団会議への参加

・裁判を支援する会への参加
・触法少年研究会への参加
・少年犯罪被害者支援弁護士ネットワークへの参加

〈関わりの中で感じたこと〉
（触法少年研究会）　触法少年研究会では，弁護士・元家庭裁判所調査官・児童相談所のワーカー・児童養護施設の職員・児童自立支援施設の職員・大学の教授などが集まり，それぞれのテーマについての発表や議論を行う。

　今回は「性非行」がテーマであり，ある中学校の先生が発表者となって，一昨年，自分が受けもち，性非行に走ってしまった生徒について取り上げ，その当時その生徒に対しての対応やどこの機関に相談をすればよかったのかということを議題にし，子どもに関わるさまざまな職種の人が集まり，その生徒にとってどんな支援が良かったのか，考えられたのかを議論していた。この研究会を通してそれぞれの職種の意見を聞くことで自分の職種で今まで考えていた支援とは別の新しい視点から子どもについての支援を考えることができるようになるのではないかと感じた，またこのような機会を広げることで今後，さまざまな職種間で連携した新たな支援体制を構築できるのではないかとも感じた。

（施設内での性虐待）　知的障害者施設において知的障害を持つ女の子が職員から性的虐待を受けたという事件の裁判を傍聴した。

　障害をもっているというだけでいまだ日本の社会においては弱い立場であり，特に知的障害を持っている女の子は性被害に遭いやすいとのことである。人権を主張する場である裁判においても障害を持っているだけでその供述が信じてもらえないことが多く，また裁判官の障害に対しての認識が乏しいということに驚愕した。社会において障害に対する認識をより深めていくことが求められているのではないかと思う。

　また福祉施設内での性虐待ということで福祉に携わる人が立場の弱い人の人権を踏みにじる行為であり，福祉施設内においてのより一層の職員同士の連携を強化し，職員同士が信頼しあえる職場環境を築いていく必要があるのではないか。

〈実習全体を通して感じたこと，考えたこと〉

　私は今回のCSW実習で初めて法律事務所との接点をもった。法律事務所での実習では，普段大学で勉強している福祉的側面から見る社会だけでなく，裁判の仕組み，法律事務所の機能や弁護士の先生の裁判に臨む姿など司法的側面から，社会全体を見ることができ，普段では関わることのできない経験ができたことはとても刺激になり，自分の視野を広げることができたのではないかと感じる。

　また実習を通してさまざまな事件に触れ，裁判を傍聴したり，研究会に参加することで，障害者の就労について，施設内の障害者への性虐待，養護学校での性教育，空襲を被った人々の人権問題など，福祉という観点からも問題となっている事件も数多くあり，それらの解決をしていくためにも福祉という観点だけでなく，司法という観点もとても重要であると感じた。

　一つひとつの裁判には，さまざまな思いや意味が込められており，ただ勝ち負けを争うものではなく，裁判を起こすことによって，社会に対して問題提起をしたり，同じような経験をした人たちとの新たな関係性を築き，今後の活動を広げたり，これまでの考えを見直すきっかけとなったりと一つの裁判には数多くの物事が含まれており，それのどれもが重要な意味をもっていると感じた。

　また裁判を一つやるにしても，提訴する弁護士の他に弁護団を組んで弁護を行う場合は多数の弁護士，その事件の専門的な意見が必要なときはその分野の専門家，事務所内での裁判のための雑務を行う事務員，原告の生活を支える支援者等多くの関係をもつ人々と連携をとり弁護を行なっていくわけであり，一つの事件の原告の後ろには弁護士だけでなく多くの人々が支え，連携をしていることが分かり，多機関との連携の重要性を感じることができた。

　私は一つの問題を解決していくためには，ソーシャルワーク実践の現場も司法実務の現場も同じようにチームアプローチ，チームケアが重要であることを深く認識した。

〈児童ソーシャルワークの視点からの実習のまとめ〉

　児童ソーシャルワークの視点から振り返ってみても，弁護士が原告側の気持ちを受け止め，共に寄り添い，さまざまな関係する機関の人達とチームを形成し，事件を一緒に考え，原告の権利を主張し，最善の利益を守るために裁判に臨む姿勢は，児童ソーシャルワーカーが要支援者に対して関係機関とチームを形成し支援に取り組み，要支援者の最善の利益を守る姿勢もやはり変わらないと思う。

　児童ソーシャルワーカーとしての立場でも，一つの機関だけの視点で子どもに対しての支援を考えるのではなく，さまざまな機関の人々の視点からの支援の考えを交えて，本当に子どもにとっての最善の利益を図れるように，多機関における総合的な支援を考えていかねばならないと感じた。

　また福祉と司法は切っても切れない関係にあり，特に子どもや障害者など自ら自分の権利を主張することが困難な人々に対して，今後その人々への福祉や法律などの垣根を越えた総合的な支援を行うためにも「司法福祉」という考えはよりいっそう深まっていかなければいけない分野であると思う。

社会福祉と司法の連携

（上田恵梨香）

〈実習先〉法律事務所
〈実習内容〉
・裁判傍聴・集会への参加
　主に，実習先の弁護士の先生が携わっていらっしゃる裁判の傍聴や，裁判後に行われる集会へ参加させていただいた。集会では，その日行われた裁判についての解説が弁護士の先生からあり，その後支援者や傍聴者同士で意見交換などが行われていた。
・会への参加
　触法少年研究会や少年犯罪被害者ネットワーク，裁判のための勉強会な

どさまざまな会に同席させていただいた。
・法律事務所内での実習
　先生が携わっていらっしゃる事件の裁判の書面や資料などを閲覧させていだだく。また，弁護団会議のためのメール文のテープ起こしや，裁判資料の作成の手伝いも行った。

〈関わりの中で感じたこと〉
　法律事務所での実習は，裁判の傍聴やさまざまな会への参加が主であった。そこで，私が参加させていただいたものから印象深かった裁判や会に焦点を当てる。
（障害者に関する二つの裁判）
　いくつも裁判が行われる中で，障害者に関するものが二つあった。
　一つは，障害者の入所更正施設で起こった，職員が入所者に対しての性的虐待を行った事件である。原告が被害者の女性とその母親，被告が入所していた施設である。被害にあった女性は精神的にショックを受けており，毎年被害にあった時期になると気持ちが不安定になったり歩けなくなるという。
　知的障害者への性的虐待は今までもずっと問題になっているものの，表立った事件としてはなかなか出てきていない。これは，知的障害があるがゆえにおどかせば従うという状況や，告訴や供述が難しいというさまざまな差別の問題があるためである。今回の事件に関しても，被害者の女性が自分が受けた被害について法廷の場で直接訴えることは，障害などの理由により難しく，他の供述方法が検討されている。また，社会福祉の仕事をしている人はよい人である，というような偏った見方が世間ではなされていることも，この裁判を難しくしている原因となっている。
　この裁判を通して，社会の中での障害者の立場の弱さや，施設という場所の密室性，世間での社会福祉の認識などを実感した。
　もう一つは，一般就労をしていた障害者の方が自殺をした事件である。自殺の原因として，障害者に対しての安全配慮義務を果たしていなかったということが一つの争点であった。この事件については判決まで傍聴することができたが，結果は「棄却」となり，今は控訴審が始まった。裁判の

最中に原告の弁護団は，職場での配慮がなかったことでうつになり自殺に至った経緯や，障害がどのようなものであるか，そのためにどのような配慮が必要であったか等を裁判官に伝えていた。しかし，それらがまったく加味されずに被告側の主張通りに判決が下されていた。判決を聞いたときには悔しく，もっと原告側の主張が加味されてもよいのではないかと感じた。そして，この事件が被告の主張通りとなり棄却されることで，企業側の責任や義務等に対する考え方が認められたことになり，今後同じように障害者が就労した場合に，同じ被害が繰り返されてしまうのではないかと感じ，それが一番悲しいことであると感じた。

このように裁判の傍聴を通して，社会の現状や構造等見えてくるものがたくさんあり，これらの構造を世間に広め，認識や理解を促していくためにも，裁判を積み重ねて多くの権利や視点を社会に伝えていくことが必要であると感じた。

（触法少年研究会）

この会は数カ月に一度，弁護士の先生が呼びかけ人となり行われる勉強会である。毎回，児童自立支援施設や児童養護施設，児童相談所などで児童福祉に携わっていらっしゃる方や，弁護士，教員の方などが集まる。テーマは，発達障害や性的虐待，施設での困難事例など現場で働く方々が悩んでいることを持ち寄り，内容も持ち回りで行われている。

私もこの勉強会に何回か参加させていただいたが，他職種の人が集まり行われることの強さと必要性を感じた。「性的虐待」をテーマとした回では，教員の方が過去に受け持っていた生徒の事例を基に，意見交換や議論が行われた。この中で，精一杯関わっていらっしゃる先生はいるものの，教育と福祉の現場で情報の共有がなされずに認識に差がある現状や，お互いの職や役割についての理解が不足しているがゆえに，支援についての考え方も異なっているような状況が見えた。しかし，困難事例に対しては教育だけでも社会福祉だけでも解決できるわけではなく，それぞれの連携や，司法などの専門家も交えての支援が必要となる。連携をすることで支援の幅は広がるが，それを行うためにも普段からネットワークを作っておくこと，事件や事故などがないときにこそ情報を交換し合えるようにつながりをつくっておく必要があることなどを学んだ。

機関同士の連携の必要性は今までにも学んできたが，その連携はいざというときに発揮されなければならない。そのためにも，いかに日常的なつながりが必要であり，意識的に行うべきかを実感させられた会であった。

〈実習全体で感じたこと〉

実習させていただいた法律事務所は，弁護士の先生が人権を扱う裁判に携わっていらっしゃる。そのため，裁判の傍聴やさまざまな会に参加させていただく中で，自分を支援者として想定しながら行うのではなく，社会福祉について一歩引いた客観的視点から考えることもできた。社会福祉の世界が世間ではどのように映っているのか，どのように認識されているのかを実感しながら学ぶことができた。

特に，社会福祉施設や障害者の方が関わっている事件に関しては，現実を知るのと同時に，社会福祉の仕事に携わっていこうとする自分にとって悔しさがこみ上げる場面も何度かあった。例えば，世間での社会福祉に対するイメージの中には，「社会福祉はいい人がやっている。だからそんな事件が起こるわけはない」「障害なんて大変な子どもをみてもらっているのだから，文句を言うものじゃない」といった見方があるということだ。裁判官や行政に携わる人も含めて，このような考えを持ち，関わっている人が少なからずいるということを知り，悔しさがこみ上げたと同時に，そのような偏った認識を変えていきながらも，このような事件を防ぐには，何ができるのかということを考えさせられた。

また，このような事件の現場は，施設や職場，学校等どこも密室性がある場所である。その中で被害者となるのは，社会的に弱い立場にある障害者や子どもであった。密室の中で弱い立場にある人が被害者となっているということは，事件や裁判にならずともたくさんあると思われる。これらの現状に気づき解決していく事や，世間に対して偏りのない見方を伝えていくことも社会福祉の役割であると考える。

〈児童ソーシャルワークの視点からの実習のまとめ〉

法律事務所での実習を通して，社会福祉における"社会"の意味を改めて考え，社会福祉と司法との連携について学んだ。社会は今，健常者が生

活しやすいような仕組みや設備，考え方や要求で占められている部分も大きいが，その中で次第にバリアフリーやノーマライゼーションの考え方が広がりつつある。これらの言葉は，誰もが，権利が守られ過ごしやすい社会の実現を目指すものであるが，この実現は個人ではなく社会の責任として行われるべきである。それを実践するのが"社会福祉"なのだということを学び，実感した。

　例えば障害者の就労であっても，他の人と同じようにはできないだろうからといって安易に簡単な仕事を与えたり，障害を理解せずに一般の人と同じ態度が平等であると考えて接していたりすることもあるようだ。そうではなく，障害について理解して，適切な環境や支援を行い，やりがいある仕事等を行える物的・人的な環境を整え支援していくことが平等であり，それを実現するために社会福祉が必要であるのではないかと考える。

　けれども，社会福祉だけではできることに限界がある。様々な問題を解決したり，正しい理解を求めていくことは社会福祉の役割であるが，そのような状況に陥ってしまう根本には社会的な構造があり，その構造を変えていこうとするときに，司法との連携が必要となる。

　裁判を起こす目的はそれぞれで異なるが，実習での裁判傍聴を通して共通していることもあることに気がついた。それは，どの裁判であっても「同じような事件が繰り返されないために」という想いのもとで起こしているということである。同じような事件，被害が繰り返されないために公に訴え，社会に認識してもらうために裁判を起こす。たとえ一回で認められなくても，このような裁判を積み重ねることに意味があり，今まで見えていなかった社会の構造を明らかしながら社会に対して訴え続けていくことができる。このように，権利を主張し，社会に対して正しい理解を求めアプローチすることが司法の役割であり，ノーマライゼーションの社会を実現するために，必要なものとなる。

　このように，司法について学ばせていただきながら社会福祉を改めて考え直す事で，社会福祉と司法との連携が必要であるあということに気づき，実感させていただいた。また，自分自身が司法や教育など他職種の人との関係を築き，助け合い頼り合いながら支援していくことも大切であるということも学ばせていただいた。今回の実習で得たことは，自分がこれから

社会福祉を仕事としていく上で生きてくることばかりであり、糧としていきたいと思う。

（6）障害児領域

発達障害児通園施設における療育とは何か

（鎌田菜美子）

〈実習先〉　A発達障害児通園施設
〈実習内容〉

　私は発達障害児通園施設において3カ月にわたり20日間実習を行った。
　発達障害児通園施設は発達上何らかの遅れがあると思われる子どもたちが通園し療育を受ける療育施設で、子どもたちは上記の日課で活動をしていた。クラスはまだあまり集団に慣れない子どもたちを対象とした小集団療育を行うA組、集団慣れしてきた子どもたちを対象としたB組、主に就学前の子どもたちを対象としたC組、午後のみ療育を行うD組と4つのクラスがあり、私は就学前のC組に20日間通して入らせていただいた。実習時間は9時から18時までで、1日は主に朝の職員打ち合わせに参加し、その後朝の清掃、子どもたちの登園後は療育に参加し、降園後はクラスの清掃や教材制作、反省会等を行い、実習を終えるという流れだった。通常の療育の他、7月下旬から8月の夏休み前までの夏期はプール遊びにも参加することができ、それを通してまたクラスとは違った環境での子どもたちの様子も見ることができた。
　通常日課の療育では、登園後の自由遊びは子どもの遊びの様子を見て必要に応じて遊びの補助をし、クラス活動では主に1人の子どもに付き、活動の補助を行った。夏期は、自由遊びの時間は通常と同様に、プール活動の時間には子どもたちと一緒にプールに入り遊びの補助をするなど活動に参加をした。また通常日課、夏期日課ともに昼食は子どもたちと一緒にクラスで給食を食べ、食事の補助等も行い、昼食後に必要に応じて行われる個別療育、小集団療育には、個別療育の場合はそれぞれの子どもたちの療

第20章 実習生たちの報告書

育の様子の見学，小集団療育の場合は一緒に制作をしたり，リズム運動をしたりと活動に参加させてもらった。

さらにその日によってクラスでの打ち合わせや，学園全体での打ち合わせへの参加，学童期からの療育施設である"○○○"の療育の見学，月に一度家族支援の一環として行われる"動作法"の見学など幅広く療育に関する活動を見せてもらい，充実した内容の実習を行うことができた。

〈関わりの中で感じたこと〉

私が発達障害児通園施設を実習先に希望したのは，発達障害とはどのような障害なのか，知識だけではなく実際に関わり知りたいと思ったからだ。保育の授業やCSWの授業の中では度々発達障害について学ぶ機会はあり，漠然とした知識は持っていたが，実際にそのような障害をもった子どもたちに接する機会はなく，今回の実習は発達障害を持つ子どもたちと関わる初めての機会だった。そのような中で実際に子どもたちと20日間触れ合い，時間を共有し，とても印象深かった関わりについて記したいと思う。

子どもたちと毎日を過ごす中で，最も課題に感じていたのはどのようにコミュニケーションをとるかということだ。言葉によってコミュニケーションをとれる子もいたが，それが難しい子，言葉は出ていても会話として成りたたせるのが難しい子もおり，初めは戸惑うことも多かった。そのような中で新たな気づきを得るきっかけとなったのは，公園でのAちゃんとの関わりだった。

ある日の午前の活動は，園外の公園での活動だった。その活動で，私はクラスの中でも大人の見守り，支援がより多く必要なAちゃんに付いて活動を見守っていた。特に全体での活動はなく，子どもたちはそれぞれに虫を追いかけたり，追いかけっこをしたりしていたが，Aちゃんは皆から離れて園内にある小さな森の中の道を何週も何週もぐるぐると回るという行動をし始めた。はじめは森が好きなのだろうと思い，森の様子について話しかけながらAちゃんの後ろをついていくようにしていたが，反応なく同じ道をただ何度も何度も繰り返し歩き続けるAちゃんの行動に私は次第に戸惑いを覚えた。辞めさせた方がいいのか，他の子たちのところへ戻した方がいいのかとさまざまに考えたが，結局どうしたらよいのかわからず，

集合時の職員の声かけや促しで集団の中に戻っていくことができた。
　このとき私がどのような声かけ，促しをすべきであったのかは未だに悩むところである。しかし私はこのAちゃんとの関わりから，行動だけを見てその対応を考えるのではなく，「なぜそうするのか」ということに思いを巡らせることが大切だと学ぶことができた。それはこの日の反省会でAちゃんのことを話したときに，職員の方からアドバイスをいただいたことがきっかけであった。「なぜそうするのか，その内面的な，行動の背景となる気持ちや感情を考慮しなければ，その行動を理解し，対応することも出来ない」。この助言によって子どもの行動ばかりに目を向けていた私は新たな視点持つことができた。それはどの子にも当てはまることで，支援者として子どもたちを見ていく上でとても大切な視点ではないかと感じた。適切な関わりができていたかどうかは分からないが，実習の後半は子どもたちの内面にある気持ちを考えながら対応するよう心がけることができた。

〈実習全体を通して感じたこと〉
　私は，発達障害とはどのような障害であるのか知ることと共に，発達障害児施設における療育とはどのようなことなのか知ることも実習課題としてあげ，実習に望んだ。20日間の実習の中で，子どもたちへの職員の接し方やクラス活動の様子，個別支援の様子等，さまざまな場面に関わらせていただいたが，まず学んだのは実際に行う活動の内容が最重要な分けではなく，個々にどのような課題があり，どこを伸ばして欲しいのか明確に意識した上で支援していくことの重要性だ。制作をするのであれば，ただ制作するのではなく，その子の課題は何なのかを常に意識したうえで活動を促していくことが成長へと繋がっていく。集団活動で言えば，その活動内容は保育園や幼稚園とさほど変わらないと言ってもいいかもしれない。しかし，活動の中で個々の課題をより意識した上で関わっていくことが通常の保育と療育の違いなのではないかと感じた。また10人前後の子どもたちを職員3名と非常勤職員1名の4人体制で見ることができるようになっており，その個別性の高さも療育機関だからこそのものではないだろうか。さらに，子どもたちに伝えるべきことは根気強く伝え続ける職員の姿勢も，療育においてとても大切な要素のひとつではないかと感じた。療

育を必要とする子どもたちの中で，特に自閉傾向のある子どもたちは，自分のやり方や自分の意思をなかなか曲げることができない。しかしそこがその子たちの生活面における課題のひとつでもあり，そのような場面で職員たちは子どもたちの気持ちを受け止めつつも，こちらのやり方やルールで少しずつ動けるよう根気強く指導していた。そういった姿勢も療育に必要な専門性のひとつではないかと感じた。

〈児童ソーシャルワークの視点からの実習のまとめ〉
　実習を通して感じたのは家族支援の重要性だ。家族を支援していくことも含めて療育なのだということを実感した。職員は，登園してから降園するまでの数時間の子どもたちの様子しか見ることはできない。しかし子どもたちは施設の中だけで生きているわけではない。その大半の時間を親元で過ごし，その時間もすべて含めてその子の生活である。施設での関わりの影響ももちろんあるだろうが，家庭から受ける影響はそれ以上に子どもたちにとって大きい。施設でどんなに良い関わりをしても，親との関係がうまくいっていなければ，伸びていくはずの力も伸ばすことはできない。送迎時のコミュニケーションから親子の関係知ることや，親の悩みに耳を傾けアドバイスを送ることがいかに大切な療育の一環であるかを実感した。おそらくこれは児童ソーシャルワークのすべての現場において共通して言えることではないだろうか。

障害の見えにくさ

（伊藤さおり）

〈実習先〉NPO法人A（AD／HD）をはじめとする発達障害の理解の普及と，発達障害を持つ当事者やその家族への支援，支援者養成を行う団体。
〈実習内容〉
・SST：ソーシャルスキルトレーニング
　日常生活や集団生活の中での社会性や人間関係の向上を目的として，そ

のための必要な気持ちの持ち方やスキルの習得を目指したトレーニング。パドル体操と美術工作教室に分かれ、「約束を守る」ことから始まり、体を動かしたり、想像力を膨らませモノを作ったりしながら、のびのびと個性を発揮できる場となるよう努めた。また、子どもたちの活動中は保護者の方々の懇談会が開かれている。

・作業トレーニング

就労支援プログラムの一貫として、B高校（特別支援教育を行っている高校）の発達障害をもった生徒を対象に行っているトレーニングである。少人数（1回につき5～6人）で、A団体のニュースレターの封入作業や、ラベル貼り作業をトレーニングとして行う準備や、説明・指導（JOBコーチ的役割）をさせてもらった。

・ストレスマネージメント講座

発達障害を抱える子どもを持つ保護者を対象として、子どもとの関わり方や、ストレスをためないコミュニケーション法、セルフエスティームを高める方法などについて、ゲームやグループワークを通し行われている講座。保護者同士の交流の場ともなっている。

・C主催キャンプ

A団体の協力の下、C機関の厚生文化事業として行われたAD／HDをはじめとする発達障害をもつ小学生と保護者を対象とした2泊3日のキャンプにD大学のボランティアの方々と参加させていただいた。事前研修や当日のさまざまなプログラムを通し、担当の子どもの特性の理解や保護者との交流の機会など大変充実した3日間を過ごすことができた。

〈関わりの中で感じたこと〉

C主催のキャンプで私は小学校2年生のAD／HDを抱える男児A君と3日間を過ごした。事前に保護者の方から、暑さに弱い・喘息のため煙に弱い・自分の集中している時にマイナス的な言葉を言われたり、しつこく注意をされたり、難しい説明などで理解できなくなってくるとパニックを起こしやすいということを伺っていた。そういった状況の際にどれだけ適切に声をかけることができるか、または見守ることができるかが自分の課題であると考えていた。

第20章 実習生たちの報告書

　キャンプ１日目のことである．ほかの子どもたちがカードゲームなどを始め，輪ができてきたのに対しＡ君は声かけをしてもなかなか輪の中に入っていこうとはしない．しかし私や，グループリーダーとのトランプ遊びは楽しんでいた．その日の保護者への報告の時間にこのことを報告してみると，IQが多少低く，自分が理解できないゲームや初めてのものに強い抵抗があるという．またみんなで何かをすることは好きであるが，すでにできている輪の中に入ることに対しても，自分にわからないことがあったら嫌だという思いから抵抗があるという．親子は，これに対し幼稚園の頃から何かの活動の集合の際には，他の友達より早く集合場所に行くようにし，活動の始まりから参加できるような工夫をしてきたという．ＡＤ／ＨＤを持つ子どもは人や場の空気・状況を読むことが難しく，ルールや複雑なゲームをする場合，トラブルが生じてくることが少なくない．Ａ君のようにＡＤ／ＨＤの特性が不安や恐怖感につながり，二次障害として集団への参加を遠ざけてしまうということがあるということ，しかしそれらに対する工夫・支援の視点は，ゲームの中身や分かりやすい説明等だけでなく，参加の段階からあるということをＡ君親子から学んだ．

　Ｂ高校．作業トレーニングでは作業の確実性を高めるための作業手順を考え，準備や説明においても，特別教育支援指導員である引率教員の方にアドバイス等をいただきながら指導する側に立たせていただいた．
　実際に作業をすることで，例えば，女性の名前の印刷されたラベルしか貼らないというこだわりがある子，順序の決められたラベルを自分のこだわりの順に剥がし貼っていく子，作業のペースを一定にすることにカウントが必要な子，一つの作業がうまくいかなくなると「もう無理です」となげやりになる子などさまざまな特性が見えてきた．一人ひとりの特性を就労の場でどう順応させていくかということの難しさを知ると同時に，このような機会が学校の教員の方にとっても子どもの新たな特性の発見や見極めを行うことのできる場ともなっており，特性の支援が学校だけでなく，職場というセッティングでも重要であることの理解を広げ，教育に生かしていって欲しいと感じた．

〈実習全体を通して感じたこと〉

　発達障害の理解の普及や法体系の整備の遅れの背景には，障害の見えにくさと症状や特性の多様さにあると改めて感じた。

　C主催のキャンプで保護者から伺った話で印象的なものがある。「今は，うちの子は薬は飲んでいないのだけど，もし自分の子どものパニックがきっかけで誰かほかの子を傷つけるようなことが起こってしまったらと考えると，薬物療法も考えたほうがいいのかと思う。けれども，薬の副作用によって，食欲が抑えられたりボーっとしてしまうようならば，今のこの子ののびのびとしているこの子らしさが失われてしまう気がするし，一度薬物療法を始めてしまったら，私（母親）自身が薬に頼らざるを得なくなってしまいそうで怖い」ということであった。

　もし，この子が薬物療法を始め，食欲が減ったり，元気がないように見えたりしても，周りに薬のことに気づく人は少ないだろう，また理解も乏しいであろう。発達障害の見えにくさや症状や特性の多様さと付き合っていくのは本人と家族であるが，その生きにくさを本人や家族がすべて抱え込まなくてはならない状況がまだまだあるということをひしひしと感じる言葉であった。その発達障害との付き合いの中に学校，医療，さまざまな支援機関の手がもっと密に加わっていくことが必要である。

〈児童ソーシャルワークの視点からの実習のまとめ〉

　発達障害は直すものではなく，付き合っていくものである。早期発見・早期療育を目指す行政の動きや特別支援教育の動きもあり，子どもたちがSSTなどトレーニングを重ねたり，特別な支援を受けながら教育を受けることによって障害とうまく付き合っていこうという傾向が強くなってきている。子どもを取り巻く学校だけでない環境や人々が発達障害についての正しい理解を持って，子どもの「個」のニーズに対応し，子どもたち本来の人間性が生かされた障害との付き合い方ができるようになることが理想的である。

　また将来，成人となり社会で働く発達障害者の就労に関しても，高等教育や大学での就労支援はもちろん行政のハローワークや発達障害者支援センターへの専門家の配置を進め，いろいろな支援によって働ける可能性の

ある人を増やしていくことが必要である。また仕事面ばかりでなく生活にも配慮した総合的な支援が課題であると考える。

（7）更生保護領域

関わりの大切さを学んで

（比留間美佳）

〈実習先〉更生保護施設A
〈実習内容〉

　実習の始めは，施設職員の方や保護観察官の方とのオリエンテーションを行い更生保護制度・更生保護施設について学び，理解を深めた。

　BBSの会議や会員研修会に参加させていただいた。少年との関わりについての会員の方の考えや，実際の活動の様子等を聞き，意見交換をさせていただくこともできた。そして，実際にBBSのグループワーク活動へ参加した（公園でのピクニック・アスレチック，バーベキュー）。

　A施設での夕食作りや宿泊実習（3泊4日）を行い，A施設の一日の生活の流れを把握すると共に，短い期間ではあったが職員の方と少年との会話や関わりを見ることができ，少年や職員の方と会話する中から学ぶことが多かった。

　また，他の更生保護施設※（2ヵ所）の見学をさせてもらった。そこでは，独自のプログラムへの参加や実際に起きうる事案に対しての対応検討をするなどさまざまなことを体験でき，話もたくさんさせてもらった。

　また，関係機関の集まりへも参加させてもらった。A施設からだけではなく，さまざまな角度・視点から更生保護について見ていくことができた実習になった。

　　※更生保護施設とは，保護観察を受けている人や刑事施設を満期で釈放されるなどした人のなかで，引受人がなく適当な住居のない人に，一定期間宿泊させ食事を提供したり，就職指導や生活指導，社会適応のために必要な指導等を行い，自立できるように支援していく施設である。A施設は全国

で唯一の女子少年専用の更生保護施設となっている。

〈関わりのなかで感じたこと〉

　実習のなかでBBS会員の方の活動に参加させていただく機会が多かった。活動を通して感じたのは参加している人々が楽しんでいるということである。少年たちだけが楽しむのではなく少年，BBS会員，職員の方と参加者全員がアスレチックやバトミントン，スイカ割り等をして盛り上がり，笑顔になれたり，おしゃべりをしたり，汗をかくほど真剣に勝負したりと，共に時間を共有することで，友達同士のような家族のような関係の中での時間を過ごせたのではないか。私自身，BBSの活動に参加し楽しい時間を過ごすことができた。みんなで楽しい時間を共有できることが活動を有意義なものにする秘訣であると感じた。そして，このようなBBSのグループワーク等といった余暇の時間は仕事をしている，自立を目標としている少年にとって，とても重要な時間であると考えられる。

　またBBSの会員研修会や会議にも参加させてもらい，BBS会員の方たちの考えや意見を聞き，学ぶことがたくさんあった。その中でも，少年との関わりだけでなくBBS会員同士の関係にも気をつけているという言葉が印象に残っている。会員同士の会話や行動等も少年に見られている。こういう関係を見ることも少年が人間関係を学ぶ機会であるという捉え方は新鮮に感じた。人との関係を築くことが苦手であったり，自分の感情のコントロールがうまくできなかったりする少年も多く，言葉で言われても理解しづらかったり，どのように接したらいいのかわからないことも，実際に他者の人との会話の仕方や関わり方，接し方について見ることで自分自身の関わり方についての反省や参考となる。自立を目指すうえで人とのつながりは欠かせないものであり，施設での日々の生活やBBSの活動・職場での同僚との関わり等，さまざまな人々との出会いや関わりを経験することが人間関係を学ぶことに繋がり，少年自身の幅を広げていくごとにもなる。

〈実習全体を通して感じたこと，考えたこと〉

　長い期間実習させていただいたことで，たくさんの少年と接することが

できた。実習に行くと新しい少年が増えていたり，前回話していた少年が退所していたりと長い期間をかけて関係を築いていくということはできなかった。新しく入ってきた少年との関係作りに苦労した部分もあり，短い時間で少年と打ち解けること，関係を築いていくことが私自身のこれからの課題であるということに気づくことができた。

　A施設に限らず更生保護施設で生活している人々は一人ひとりが抱えている問題や課題が異なっていて，個々にきめ細かな対応が必要である。それぞれに対応していくには職員の知識や専門性がなくては成り立たないのではないか。実習期間中にも職員の方が薬物依存の支援機関への研修に行っていて，支援の質を高めるための勉強を欠かしていない姿勢は，とても大切なことであり，支援者としてこのような姿勢を心がけていくことで，より良い支援に繋がるので，私もこのことを心に留めておきたい。

　宿泊実習の時に話すことができたBちゃんについてとりあげていきたいと思う。この時，入所して問もないということもあり落ち着きがなかったが，とても明るい性格でよく話すといった感じであった。Bちゃんとは話す機会がたくさんあり，今まで施設を転々としてきたということや少年院でのこと，繁華街での話など色んなことを話してくれた。今までの人生でたくさんの経験を積んできていて，大人のような鋭いことを言ったりする一面もあるが，暇さえあれば誰かと話していたいという様な感じで事務所や食堂に来ては職員の方を探して話しかけたり，ご飯をたくさんおかわりする等おおげさに行動することもあった。こういう行動は注目してほしい，声をかけてほしいというサインであるということを職員に教えてもらった。さまざまな経験をしてきていても，まだ子どもであり本来ならば守られ，支えられ成長していく存在である。甘えたい，話したいという思いが出てくるのは自然なことだと思う。しかし，これまでに甘えたい，話したいと思ってもそれを受け止めてもらうという経験がなかったのではないかと思う。これまで得られなかった思いを求めているように思えた。それに応えていき，受け止めてもらえるということを経験していくことが成長につながり，自立への一歩を踏み出していけるのである。

〈児童ソーシャルワークの視点からの実習のまとめ〉

　誰にでも支えてくれたり，話を聞いてくれる存在は必要であると思う。それは家族であったり，友達であったり，学校の先生であったり，恋人であったりとそれぞれ人によってさまざまである。そんな中，更生保護施設にいる少年には，このように頼りにできる存在がいなかった。頼ることのできる存在が，自分にもいるということが安心感をもたらし，人としてたくさんのことを学び，成長していく場所として必要であることを痛感した。実際に職員の方の対応の仕方を見て，少年にとって話を受け止めてくれる，支えてくれる存在であることが援助していくことの基盤になると感じた。少年との関係が築けていなかったら，指導や注意したとしても受け入れてもらえない。援助していくにあたって，お互いに信じあえる関係を築くことの大切さを，改めて感じることができた。

　更生保護施設は職員の方だけではなくさまざまな人々や機関によって支えられ，更生しようとしている人々を支えている。地域で生活していくのであって，地域住民の理解がなくては成り立たない。しかし更生保護施設に良いイメージをもっていない方も多く，反対の声もあるようだ。非行を犯してしまったことは許されることではないが，地域社会で自立し生活していくには，温かく見守り，支えとなる存在は必要不可欠である。更生保護施設の職員の方や保護観察官のみならず，職場の同僚や地域住民等たくさんの人々の理解と支えが必要になってくる。更生保護施設について正しく知ってもらうことも更生を助ける一つの方法なのではないかと感じた。

（8）フリースペース，適応指導教室領域

人との関係性に関する考察

（穂積昂幸）

〈実習先〉フリースペースA
〈実習内容〉
　実習内容は月曜日，水曜日，土曜日は，フリースペースAにくる幅広い

年代の人たちが自由な時間をそこで過ごし，決められたプログラムというのは特にない。

　私が実習をさせてもらったときは，そこにきていた人たちと話や，テレビゲームや，トランプ，絵を描いたり，近くの公園に行って，サッカーやキャッチボールをしたりなど，その日，やりたいことをやるという感じだった。

　火曜日は，勉強をする日で，年齢に関係なく，勉強をしたい人や大学受験，高校受験しようと思っている人たちが，(ボランティアスタッフが希望に応じて付き添いながら) 勉強する日となっている。金曜日は，書道をする日となっている。

　その他にもさまざまな集まりがあり，親の会 (不登校) や家族の会 (ひきこもり)，働くことを考える会や，18歳以上の青年の集まり，老人デイサービス施設訪問などが月一回のペースで行われている。

　私は，主に月曜日，水曜日，土曜日を中心に実習をさせてもらい，その他，さまざまな集まりにも参加させてもらった。

　親の会 (不登校) では，親が抱えている悩みや葛藤などを，そこにいる人たちとの間で共有し，どうすればいいかなどを話し合ったりした。家族の会 (ひきこもり) では，ここ最近会への参加する人が少なくなってきているという話があった。それは，ひきこもりが長期化，慢性化しているため，支えている親が疲れて，段々と来なくなってしまったとのことだった。家族間でも，意見が食い違うことがあり，孤立感を感じるという話も聞かれた。働くことを考える会では，ケーキ作りをした。作ったケーキは，フリースペースAに来る人が買って，そのお金を作った人たちに渡されるということで，自分達で作ったものが，お金や感想など形になって返ってくるという実感を得ることができた。18歳以上の青年の集まりでは，20歳代～30歳代の方々と，一緒にご飯を食べながら話をした。

〈関わりの中で感じたこと〉

　私が，フリースペースAにくる人たちとの関わりの中で感じたことは，人と関わる上で，大切なことは自分を開き続けるということではないだろうかと考えた。関係性を作るということは，自分が開かれていないと作れ

ないのではないかということを，関わりの中で感じることがあった。
　自分が相手に対して距離を持っていたり，緊張感を持っていると，それが相手に伝わってしまったりして，近寄りがたいものになってしまうことを感じた。
　実際に実習を振り返ってみると，始めの段階では，何かをしなければならないといった焦りの気持ちや，どのように関わっていけばいいのだろうかという気持ちが，自分の中にかなりあったように思えた。そういった気持ちのせいか，そこに来ている人たちとの関係も，ぎこちない感じになってしまい，なかなかそこにいる人たちとの関係を作っていけないということを感じた。
　そうした時に，実習担当教員の方から，自分自身を開いて，相手に対するということから，関わりが始まるということ，拒絶から発展する関係もあるというアドバイスをもらい，まずはそういった意識を持つことから始めてみることにした。
　ある日，公園でサッカーをみんなでしていた時に，A君と一緒に，先にフリースペースAに帰ることになった。私は，A君の印象として，クールな印象があり，自分との距離感があるという感じを持っていた。
　それまでは，そういった距離感に怖気づいて，沈黙で終わってしまうところであったが，これではA君との関係性が作れないし，できれば，A君との関係性を作りたいという思いがあった。
　そして，実習担当教員の方からのアドバイスがあったので，自分を開くということをイメージしながら，勇気を出して話しかけてみると，話が弾むということは難しかったけれど，A君が自分を受け入れてくれているという感覚をつかむことができた。その後もA君との関係は続き，お互いに自然と話せるようになっていった。この子とは，私にとって大きな自信になった出来事であった。
　自分が相手に対して，不信感や距離感，緊張感を持っていては，相手がこちらに関心を持つことや，関係性が発展するわけがなく，もしあったとしても，非常に浅く，また表面的なもので終わってしまうのではないだろうかと感じた。
　相手に対して，好意や信頼，敬意を持ち，積極的に関わりたいという思

いを持って関われば，もしかしたら相手は自分に対して関わりを持ってくれるかもしれないし，もし拒絶されたとしても，それは相手が決めることであって，仕方のないことではないかと感じた。

　この出来事があって，自分を開くということは，具体的にいうとどのようなことなのかを考えた。私は，自分を開くということは，突き詰めて言えば，相手に対して，信頼や，関心，敬意を持ち，ありのままを見てもらう事ではないかと考えた。

　そして，自分の中にある，こうあるべきだ，こうなんじゃないかといった自分の思い込みを取り払って，その人に対して，真っ白で，真っ直ぐな気持ちで向かい合うことだと感じた。

　そうした関わりの中で，なぜ人は人と関わるのかが分かったような気がした。

　それは当たり前のことではあるけれど，人が生きていく上で，他者の存在というものが大切だからではないかと感じた。

　自分の中では，受け入れるということがとても大切だということを思っているし，今もそれは大切なことであると思っているのだが，それと同じように相手に受け入れてもらうということも，とても大切なことではないだろうかということを感じた。

〈実習全体を通して感じたこと，考えたこと〉
　この実習の目的は，はじめ居場所の持つ意味や，どんな居場所がそこに来る人たちにとってよいものなのだろうかということを目的としていた。

　私なりに出した結論としては，居場所には，安心できる場，人と人との触れ合いの場，コミュニケーションの場，人に対する信頼回復の場，楽しみや喜び，苦しみを分かち合う場，そして生きる選択肢が広がる場，多様性を受け入れる場，ありのままの存在を認めてくれる，受け入れてくれる場というような力があるということを感じた。

　これだけの力を持っているということが，どれだけ居場所というものが，そこにくる人たちにとって重要な役割を担っているかということが，よく分かると思った。

　しかしながら，そういった場にしていくためには，居場所を開く側の人

たちの姿勢というものが，とても大きな影響を与えているのではないかと感じた。また，この結論に至ったのも，居場所を開く側の人たちの姿勢から学んだことであった。

そして，その姿勢というのは，フリースペースという居場所だけに限らず，人との関わり全般にとって，とても大切なことが含まれているように思えたのである。

こういった経緯があって，私は，人と人との関わり，コミュニケーションについて考察することにしたのである。

人は他者との関わりの中で，自分という存在を受け入れてもらい，また受け入れるといった相互の関係性を通じて，自分が生きているということや，存在しているということに対しての自信や肯定感を持つことができるようになるのではないかと考えた。

つまり，関係性というのは，一方向からだけでなされるものではなくて，双方向から作られていくものなのだろうと感じた。

実習の始めの段階では，一方的に，受け入れてあげようといった気持ちや，関わろうという気持ちが強かったと思う。そういった意識が，緊張感や焦りを自分の中に生んでいったような気がした。そのことに実習担当教員のアドバイスを通じて気づけたことが，相手と対等に向き合うという姿勢につながっていけたのだと思う。そして自分を受け入れてくれる，相手の持っている力というものに素直に感謝できるようになったのだと思う。

ここで感じたことは，相手と関わるということは，自分と向き合うことであり，自分というものを深め，人間的に成長していくことでもあるということを感じた。

〈児童ソーシャルワークの視点からの実習のまとめ〉

児童ソーシャルワークという視点から，実習を振り返ってみると，フリースペース，居場所とは，人への信頼回復や，子どもの持つ力や可能性を守り，広げていく上で，大切な役割を担っているといえる。

しかしながら，そういった居場所にするためには，開く側の姿勢というものが，とても大切なのだろうと感じた。そうした姿勢は，児童ソーシャルワーカーとしての基本的姿勢と共通しているのではないかと感じた。

それは，どんな存在であっても，相手に対して敬意や感謝の気持ちを持ち，対等に関わろうとすること。ありのままを見てもらうこと。相手に対して，こうなんじゃないかと決め付けたりせず，真っ白な気持ちで向かい合うこと。そういった姿勢を持てているかを常に自分自身に問いかけていくことではないかと感じる。

　また，親の会（不登校）や家族の会（ひきこもり）に参加した中で，親の抱えている葛藤やストレス，孤立感というものを強く感じるところがあった。

　その中で，こんな時はどうしたらいいのか，自分の中に生じている気持ちにどう対処すればいいのかといった悩みなどを，共有し，話し合うことで，心の負担を少しでも軽くすることができるのではないかと感じた。当事者としての経験があるからこそ，アドバイスができるところもあると私は感じた。

　家族の会（ひきこもり）での話の中で，家族会が，国や都道府県や政令市に対して，ひきこもり問題への対策を図るように働きかけているという話があった。当事者間でのサポートネットワークを作って，社会に働きかけるような活動ともできるのではないかと感じた。

　フリースペースは，多様な経験を持った人たちが集まるところでもあるので，本当に色々な可能性を秘めており，今後ますます注目されていくであろうと感じる。

教育現場における不登校支援

（内野　翠）

〈実習先〉A市立B中学校相談学級
〈実習内容〉
　B中学校の相談学級は学校内にある不登校の子どもたちのための特別支援学級であり，市内の他の中学校から通級制で子どもたちが通っている。フリースクールではなく，あくまで学校，学級であるため，朝の学活から

始まり，1時間目から5時間目まで決められた時間割があり，集団で授業が行われている。生徒は1時間目から登校してくることが基本とされているが，生徒によっては決まった時間だけ，決まった曜日だけ，個別に授業を受けに来る生徒もいて，それぞれの今の状況にあった支援がなされている。

私は週に2回行かせてもらい，基礎学習（自習時間）や数学，英語といった授業に，補助という形で入ったり，音楽や体育の授業は生徒と一緒に行ったりした。放課後は生徒と話をしたり，トランプやゲーム，卓球をしたりして，過ごした。

他にも担任の先生に不登校支援について話をしてもらったり，B中学校の養護教諭やスクールカウンセラーに話を伺う機会ももらった。

また，市内にある教育相談室への見学も行い，市の教育機関の連携や不登校支援に対する支援についてさまざまな角度から学ぶ機会を得た。

〈関わりの中で感じたこと〉

私自身，不登校の子どもたちと関わることが初めてで，不登校の子どもたちの通ってくる学級，というもののイメージが持てなかった。そのためどう子どもたちと関わりを持てばいいのか不安も大きかった。しかし私の予想に反して，生徒たちはとても明るく元気で，一緒に授業を受けたり，放課後にゲームをしたりするうちにすぐに打ち解けることが出来た。

私は不登校の子どもは，内向的であったり，コミュニケーションが苦手だったりというイメージを持っていたのだが，生徒達の普段の様子からはあまりそのようなことは感じることはなく，なぜこの子たちは不登校になってここにいるのだろうと不思議に感じる生徒も少なくなかった。

しかし，実習を進めていく中で生徒達の苦手意識の強さ，自信のなさ，弱さを感じることも多く，普通学級の教師1人，生徒30～40人という中ではとても生活しづらいのだろうなと思う生徒もいた。

それを実習中，私は特にA君との関わりで感じることが多かった。A君はまだ1年生で相談学級に通ってくるようになって間もなかったこともあり，授業に参加しても何をやっているかわからない場面も時々あった。その中でA君は理科の授業での実験や音楽の時間の合奏などのみんなで協力

第20章 実習生たちの報告書

して進めていかなければならない授業の時に「面倒くさい」「これってやる意味あるの？」などと言って，参加しようとしない場面が目立っていた。私もどうにかA君に参加してもらいたくて，声掛けをしたり，「手伝って」とか「じゃあこっちやってよ」と頼んでみたりしたのだが，なかなか参加してくれなかった。そしてその行動は，傍から見ると，やる気がない，さぼっていると見られてしまうような態度であった。

しかしA君は決して私や先生や友達と関わりたくないと思っているわけではなく，むしろ関わりや会話を求めているようには見えたので，なぜ授業には参加しないのか不思議であった。

このことを実習担当の先生に聞いてみると，このような態度は生徒の自信の無さの表れで，中学生くらいになるとできないこと，苦手なことに対してこうした態度をとることがよくあるということであった。そこで大切なのは，やらない，できないけれど，この場所に「いる」ことを評価することだと教えていただいた。

生徒のこのような態度にはこちらもイライラさせられることもあるが，それを怒るのではなく，できないこと，苦手だということを受け入れて，それでもここにいるということ自体を認めてあげることが大事なのだということを学んだ。これはA君との関わりだけでなく他の生徒との関わりでもよく感じていたことで，相談学級ではこのような生徒に，普通学級のような大きな集団ではできない支援をすることができるのだなと感じた。

もう一つ，生徒との関わりで感じたことは「信じて待つ」ことの大切さである。これはB君との関わりで特に感じた。相談学級では生徒は朝の学活から登校することが基本とされているが，毎日朝からきちんと登校できる生徒は少ない。B君に関しても，大体毎日登校はしてくるが，なかなか朝の学活からは登校してくることができていなかった。また，実習前半に相談学級の遠足があったのだが，学級で遠足の話題が出ても「遠足は行かないから」と口にしていた。B君は友達や先生との関係もよく，ムードメーカー的な存在でもあったので，私はみんなが遠足に行くのだから，そうは言っていても結局は来るのだろうなと思っていたのだが，B君は本当に遠足には来なかった。普段の生活でもみんなで協力して何かを行うということがB君にとっては苦手なようで，B君の態度でなんとなく場の雰囲

気が壊れてしまうようなことも時々見られた。

　そのような場面で，B君のような生徒を怒るのは簡単である。しかしB君にはきっとできる力があることを信じて，いつかきっと行事にも参加して，毎日朝から登校してくることを信じて待つことが大切なのだということを先生から教わった。こちらがどうせBは来ないのだろうとか，どうせ遅刻してくるのだろうとか，いつになったら来るのだろうとイライラして待っていれば，その気持ちはすぐに生徒に伝わってしまうだろう。逆に，毎日きっと今日は朝から来てくれるだろうと信じて待ったり，来てほしいと思いながら待つことができれば，実際に生徒が登校してきたときに出てくる態度や表情は，来てくれて素直に嬉しいとか喜びの感情になるだろう。そしてそれは生徒にも必ず伝わっているはずである。それが生徒の次のステップにもつながることになるだろう。

　私が今まで，ソーシャルワークの援助技術や他分野の子どもへの支援を学んできたときには，こちらから何かと働きかけていくことが当然だと思っていた。しかし相談学級での先生方の姿勢を見ていて，相手の力を信じて待つという一見簡単そうで，実際はとても難しい支援や関わり方を学ぶことができ，その大切さを知ることができた。

〈実習全体を通して感じたこと〉
　私の実習期間は途中に夏休みも挟んだが，四カ月間という長期間の実習であった。そのため，生徒や学級全体が変化していく様子を見ることができた。

　実習が始まった頃はまだ学級としてまとまっている感覚はなかったのだが，実習後半になってくると生徒同士の関係や教師との関係も少しずつ変わってきて学級が学級らしくまとまっていく様子も見ることができた。

　もちろんまだ苦手なものへの参加がうまくできない生徒も少なくない。しかし相談学級では生徒も先生もお互いの苦手や弱い部分を責めたり，非難したりすることはなく，苦手も含めてそれぞれの違いを認め合っているように感じた。その雰囲気はとても温かく，みんなが安心して登校し，過ごすことができる場所になっている。

　また先生同士の会話でも生徒同士の会話でも不登校になった理由などが

話題になることはほとんどなかった。私は不登校支援において，不登校となった理由は絶対に必要な情報だと思っていたし，その理由を知り，解決方法を考えることが支援だと思っていた。しかしここでは子ども達の「過去」を見るのではなく，相談学級で生活を送っている「今」を大事にしていることがわかった。彼は今，これができない，こういうことが苦手だから，ここを支援していこうという気持ちで生徒と向き合っていくことの大切さを学んだ。

〈児童ソーシャルワークの視点から〉

　実習中，B中学校の養護教諭，スクールカウンセラー，A市の教育相談室の心理職の方に話を伺う機会を得た。そこで私は教育機関におけるソーシャルワークのあり方について考えることができた。

　話を伺っていて知ったことだが，今の教育現場には教師以外で子どもやその家族と関わり，特別に支援が必要な時に動いているのは，ほとんどが心理の分野の人であった。生徒や親の悩みやニーズは本当にさまざまで，カウンセリングを行うだけでは解決しないことも多い。その生徒や家族を取り巻くさまざまな環境がカウンセリングを行えば見えてくるし，実際に環境調整を行わなければならない事態やケースも多い。時には，市の子ども家庭支援センターや児童相談所とも関わって，共に支援を行っていくこともある。そこでも関係機関との連携や調整が，実際の支援に大きく関わってくるのは言うまでもないことである。

　しかし，この連絡，調整を行っているのは基本的にはスクールカウンセラー等の心理の分野の方で教育現場にソーシャルワーカーはいない。関係機関との連携，調整という業務であれば，それを専門とするソーシャルワーカーがいても良いのではないか，と強く感じた。スクールカウンセラーの先生は心理の業務以上を担わなければならず，週に一回，一人だけではどう考えてもニーズに答えきれないだろう。では，そこにソーシャルワーカーが入り，関係機関との連携部分や公的なサービスや資源の情報や知識の提供という部分を担い，うまく役割分担することができれば，カウンセラーは自分の本来の業務であるカウンセリングに専念することができるし，教師も含め，もっと自分の専門分野をそれぞれが活かすことができ

るようになるのではないかと感じた。
　今，少しずつスクールソーシャルワーカーの必要性が認識されつつあるが，まだまだ実際の教育現場ではその認識は低い。しかし家族のあり方や子どもの抱える問題が複雑化，多様化している中で，今後確実に必要となっていくだろうと感じた。家族の抱える難しい問題をどのような資源やサービスを活用し解決していくのか，それはソーシャルワーカーの専門性が最も活かされる領域なのではないだろうか。心理や教育の分野の人にとって，それは専門ではなく，苦手としている人も少なくないはずである。そこを助けることができるのがスクールソーシャルワーカーの存在であると，実習を通じて強く感じた。
　教育，心理，福祉の連携が教育現場で発揮されることになれば，今よりもっと「学校」という場所の存在も大きくなっていくのではないかと思う。

（9）子ども専門病院関係

可能性を信じるということ

（佐藤也寿子）

〈実習先〉B病院母子保健関係心理相談室
〈実習内容〉
　B病院母子保健科では，乳幼児の定期健診や予防接種，栄養相談，運動指導，心理相談を行っている。実習させていただいた心理相談室は，「心理相談」として病院側の提案や保護者の希望に合わせて利用することができ，臨床心理士と直接子どもの発達や子育ての悩みについて話すことができる。実習日の毎週水曜午後は，主にB病院の新生児集中治療室（NICU/GCU）に入院していた乳幼児を対象としており，退院後の成長・発達をフォローする役割を担っていた。心理相談に訪れる子どもたちのほとんどが，早産などにより通常よりも小さく生まれており，発達のペースもゆっくりである場合が多かった。
・心理相談室での心理相談の観察

心理相談では，はめ木や積み木，絵カード，お絵かき，絵本などから子ども達それぞれの年齢や発達などを考慮した遊びを臨床心理士が提案し，そのやり取りの中でその子の発達状態などを知る。この時親は子どもの後ろに座り，その様子を見守っている。
　また，親から日常生活の様子や気になることや，子育ての悩みを聞き，それについて子どもの発達段階を踏まえながら必要なアドバイスをしたり，親の気持ちを受け止めていた。必要に応じて療育施設など関係機関の紹介も行う。実習ではこれらの様子をマジックミラー越しに観察させていただいた。
・待合室フロアでの子どもたちとの関わり
　心理相談のない時間は，母子保健科の待合室フロアで健診を待つ子ども達と遊ばせていただいた。フロアには絵本やままごとなどさまざまなおもちゃがあり，自由に遊ぶことができる。子どもたちとの遊びを通して保護者の方とコミュニケーションをとることができ，その子の発達段階や特徴や親子関係を観察し，考察することができた。
・新生児集中治療室（NICU/GCU）内も見学させてもらった。

〈関わりの中で感じたこと〉
　面接場面の観察でまず学んだことは，相談に訪れる親子に対する臨床心理士の先生の柔軟な姿勢である。発達状態を観察するための課題も，その子その子の段階やその時の気分なども考慮して的確に判断し，子どもの注意が切れないよう楽しみながらテンポよく進めていた。
　また，いくつものケースを観察する中で，母親の話す実際の言葉だけでなく，母親が子どもに対してどのような位置に座るか，目線や仕草などといった非言語的な部分にも，日常的な子どもとの関係や母親自身の特徴を知る要素があることを学んだ。子どもが集中できるようすこし距離をとって見守る人，母親自身も安心してゆったりと座る人，身を乗り出すように浅く腰かける人，子どもの動きから目を離さずに，時には手を貸そうとする人など，さまざまな親子の関係を見ることができた。一概には言えないが，後者になるほど日頃から子どもの成長への不安や緊張感が高いように感じた。それだけ子どもへの意識が高いとも言い換えることができ，何が

良い悪いと判断する問題ではないが，こういった非言語的なサインも視野にいれて考えていくことは対人援助職の中で共通して大切なことなのだと感じた。

　フロアでは直接子どもたちと遊びながらそれぞれの子の特性を見たり，母親とお話をして，出産の時の様子や，家での様子などを直接聞くことができた。さまざまな月齢の子が同じフロアで遊ぶ中で，発語の様子や模倣の仕方，大人とのやり取りの仕方や他の子への興味，また，例えば同じままごと遊びでも月齢やその子の性格によって遊び方に違いがあることなど，ささいな違いにも気づくことができるようになった。

　また，長期間実習に通わせていただいたことで，毎月健診に来る子の成長の変化を見ることもできた。フロアにきて初めてつかまり立ちができるようになった子が，翌月には視野が広くなり遠くのおもちゃやお友達に興味を示すようになり，その翌月には1人でしっかりと歩けるようになり，お母さんと離れても不安がることなく集中して遊べるようになるなどの変化を見ることができた。また，そういった気付きを「先月は〇〇だったのにすごいですね！」など直接言葉にして伝えると，保護者の方もとても喜んでくださり，「一緒に成長を見守ってくれる人がいる」という感覚の大切さを感じた。

　また，子どもだけでなく，母親の気持ちの変化を見ることもできた。子どもとのコミュニケーションが難しく育児に悩んでいた母親が，2カ月後には「この子といるのが楽しくなってきました！」と，笑顔で子どもを抱きしめる姿があった。しかし，子どもが成長するにつれこだわりが強くなったりパニックになることが多くなり，「自閉症だったらどうしよう」と不安を募らせているケースもあり，本当にさまざまなケースがあるということを知ることができた。

〈実習全体を通して感じたこと，考えたこと〉
　全体を通して感じたことは，子どもとの遊び方・関わり方がわからないという不安を抱えている母親が多い，という印象である。月齢に合わせた遊び方がわからない・どうしても「遊ぶ」というより何かを教える，学ばせるといったことが先になってしまい，子どもが遊びを純粋に楽しめない，

第20章　実習生たちの報告書

などさまざまなケースがあった。フロアでの親子のままごと遊びの様子を見ていても、「〇〇作ってごらん」「〇〇してみて」と言葉での指示だけになってしまい、子どもになかなか伝わらない、という場面もあった。遊びの中であっても、積み木が上手く作れなかったり、ちょっと失敗してしまうと、「どうしてできないの！　ダメでしょう！」と叱責してしまう母親もいた。一見するとそれは「母親の関わり方に問題がある」と捉えられがちかもしれない。しかし、そこには「子どもにたくさん学ばせてあげたい」「きちんとできる子になってほしい」という母親なりの愛情があることが伺えた。

　また、子どもの発達に不安がある母親は、日常的にそういった場面にとても敏感になっていることを感じた。子どものコミュニケーションに心配を抱えている母親は、私がその子に話しかけて、たまたま返事が返って来なかった時に「お姉さんが聞いているでしょ」と何度も注意をしていた。その時は遊びに集中していて距離もすこし遠かったので、私としては自分の声のかけ方が悪かったかな、と思える状況でもあったが、母親がそういった余裕が持てず「お話にきちんと応えられるか」ということを常に意識されている緊張感が伝わってきた。似たようなケースはいくつもあり、子どもを思うがゆえに過敏になってしまい、そのプレッシャーを子どもも敏感に感じ取り、お互いにとって大きなストレスになってしまっていることを感じた。こういったケースに対して心理士の先生は日頃の様子をていねいに聞きながら、子どもの成長に否定的になることはないという内容をやわらかく伝え、さらに具体的なアドバイスだけでなく、お母さんのように〇〇くんの特徴を理解していることはとても大切ですよ、などの内容を伝え、不安を受け止めながらもプラスの面を引き出していく、そういった言葉の大切さを多く学ぶことができた。

〈児童ソーシャルワークの視点からのまとめ〉
　今回の実習で私は初めて母親の子どもに対する思いや育児の不安を聞くと同時に、実際にその親子の様子を観察し、さらに遊びを通して直接関わることができた。その中で大きく感じたことは、親子のお互いに対する愛情の深さと複雑さである。どんなに関わり方に「課題がある」と感じる親

でも、そこには必ず子どもへの愛情があること、そしてコミュニケーションが多少個性的であっても、子どもは愛情を求めていることをさまざまな場面で実際に感じることができた。

　そして援助者という立場として、そういった親子の関係性の複雑さを理解した上での「言葉」の大切さも学ぶことができた。心理士の先生は「未熟児」「発達に遅れのある子」という言葉は決して使わず、「小さく生まれたお子さん」「ゆっくりなペースの子」といった言葉を常に大切にされていた。それは診断名を判断する立場ではない、という前提とともに、「障がい」という枠にとらわれず、「その子自身」に目を向ける姿勢を大切になさっていることを感じた。「他の子と比べて遅れているかどうか」ではなく、その子その子の今を理解する姿勢、個々の変化、その子のもつ可能性を、まず援助者が信じることが必要である。そして不安を抱える親の気持ちにしっかりと寄り添いながら、共に成長を見守る、一緒に考えていく、という姿勢で援助を考えていくことの大切さを学ぶことができた。

　また、今回の実習ではこういった予防接種や乳幼児健診、発達外来を担う病院が、一つの子育て交流の場となることを感じた。フロアで子どもたちと遊んでいると、保護者の方から「最近ものをよく投げてしまうのはどうしたらいいか？」「絵本の読み聞かせに興味がないのは大丈夫だろうか？」といった質問をされることがあった。もちろんそうした相談は先生にいつでも相談することは可能だが、母親にとっては自分がうまくできないのが悪いのではないか、わざわざ予約して相談するほどのことではないかもしれない……と躊躇してしまう気持ちがあるのではないか、と感じた。どんなに小さな心配でも積み重なれば母親にとって大きな負担となってしまうはずである。遊びながらだからこそ気軽に話せる、といった利点を活かせるように、医療と福祉の専門職が連携を深め、こうした病院の待ち時間の間に子どもを見守りながら気軽に相談ができるような雰囲気や体制があれば、ニーズキャッチの幅はもっと広がっていくのではないだろうか。

　母親はふとした子どもの成長に気づくことで不安な気持ちを支えられ、子どもは親の温かな愛情の中で豊かに成長していく。そうした子どもと親の育ちの可能性を、援助者がまず信じ、親子が自信をもてるよう支えていくことが最も大切であることを学んだ。

あとがき
── 子ども家庭福祉領域 10 年の軌跡 ──

　念願であった児童ソーシャルワーク課程の軌跡と実績を踏まえた研究・教育・実践の本をやっと上梓することができました。構想から数年の歳月を経てしまいましたが，こうやって，出版の運びになったことに対して心から感謝したいと思います。お忙しい中，本書企画に賛同いただき快く執筆の労をとっていただいた執筆者の方々に心からお礼申し上げます。

　この 10 年，児童ソーシャルワークを取り巻く状況は，大きく変貌を遂げてきています。さまざまな福祉サービスの展開，福祉ネットワークの整備，臨床的な技法の開発は，子どもと家庭を取り巻く状況に翻弄される中，常に利用児・者の立場に立った発想の起点がその内容の質を大きく左右してきたといっても過言ではないでしょう。そのような意味で，ささやかながらも，日本社会事業大学の児童ソーシャルワーク課程が試みてきたカリキュラムの検討とその実施，ユニークな実習施設・機関開拓と実習内容の整備・検討・維持は，子ども家庭ソーシャルワークの発展に寄与したいとの切なる志に深く根ざしているものであると考えています。

　おりしも，毎年恒例の児童ソーシャルワーク（CSW）課程実習報告会が昨日行われました。一人ずつ発表するという伝統的な方法で行われた実習報告会は，途中 10 分ほどの休憩をはさんだだけの 4 時間にも及ぶ長丁場でした。実習体験を言葉にする作業に向き合った学生たちのみならず，それに対してさまざまな観点から質問やコメントをいただいた現場の先生方や学内の先生方のご苦労も大変なものだったと思います。しかし，その雰囲気から伝わってくるのは，この場こそが，子どもと家庭の現場のありようそのものをさまざまな面から語り合い，傾聴する場であるとの気概に満ちたものでした。まさに，10 年の蓄積を象徴するような報告会でした。それほど，CSW 課程の実習先は多岐にわたり，それぞれの現場が抱える課題を言葉にしあう場でした。報告会を振り返りながら，この 10 年の子ども家庭福祉領域の軌跡として，あとがきにかえたいと思います。

子育て支援領域の実習先としての子ども家庭支援センターには，今年度6か所も行かせていただきました。この10年間で，CSW課程の実習先としての子ども家庭支援センターも大きく変貌し，子ども虐待への早期対応などをねらいとした先駆型の子ども家庭支援センターだけでなく，他の子ども家庭支援センターも子育て事業の充実，地域での相談活動の展開，ハイリスク家庭へのアウトリーチなど充実整備され，毎年のCSW実習の報告書を並べてみると，それは「子ども家庭支援センターの歴史」そのものを現しているといっても過言ではないと思います。また，地域のコミュニティ活動を意識した児童館や学童クラブなどの活動も，この10年，子育て支援の充実とその必要性から大きく様変わりをしてきました。
　さらに，不登校を取り巻く状況も，全国を見渡してみても，必ずしも対応が十分に行われているとは言いがたいと思います。そのようななか，フリースペース，フリースクールが増えてきていることで，地域に根ざした対応も充実してきています。また，フリースペースをベースとした学校も開設されるなど，この領域も大きく変貌を遂げてきました。教育委員会やフリースペース・フリースクール，適応指導教室での実習は，今後スクールソーシャルワーク領域で活躍する人材の実習先として，さらに充実させなければならないと考えられます。また，スクールソーシャルワーク領域に卒業後就職しないとしても，学校の中で実習をした人材がさまざまな子ども家庭福祉領域で活躍することが期待されます。
　虐待を取り巻く状況もますます深刻化してきています。児童養護施設では，被虐待の子どもたちの入所が増えていくと共に，発達障害児への対応も求められ，入所児童の多様化はますます顕在化しています。社会福祉士実習での児童養護施設，児童自立支援施設，母子生活支援施設などでの実習の更なる専門的な実習として，CSW実習のような専門領域を意識した実習が必要となってきています。虐待専門の相談機関，自立援助ホーム，情緒障害児短期治療施設，施設併設の学童クラブなど地域に展開する児童養護施設などでの実習は，社会福祉士実習のアドバンスコースとしてますます求められていくと予想されます。また，里親支援も，社会的養護の一翼を担っており，ますますその意義は高くなっています。CSW課程では，里親家庭に入らせていただいたり，里親支援活動を一緒にさせていただくなど，里親支援を考える人材育成としては画期的

あとがき

な実習を展開してきました。卒業生から，里親支援をフィールドとする人材が育ってきているのはとてもうれしいことです。

さらに，障害児領域においても，この10年で大きく変わってきました。障害児通園施設の役割は，障害の種別にこだわることなく，一人ひとりの発達に即した細やかな個別対応が必要であり，通園部門と相談部門，母子通園部門などが利用できるセンター機能を有した通園施設のありかたが求められるようになってきています。CSW課程においても，障害児通園施設での実習はもちろんのこと，地域に根ざし，利用児者に寄り添う支援を行ってきた民間の障害児・者及びその保護者への支援機関への実習も行ってきました。そこでは，将来NPOを立ち上げることも視野においた実習が行われています。

また，病弱の子どもたち，難病を抱える子どもたち，低出生時体重児への対応とその保護者の方々への支援も，子ども家庭ソーシャルワーカーの使命を帯びた領域です。この領域においても，CSW課程では，小児病棟，新生児専門病院，特別支援学校などの実習を展開してきました。医療に関する知識もしっかりと備え，発達に即した支援を立案できるソーシャルワーカーの養成にもさらに力を入れていかなければならないと考えられます。

さらに司法福祉領域では，弁護士事務所での実習も長い年月をかけて蓄積してきました。子どもの権利擁護，司法福祉領域からとらえなおした子ども家庭福祉などを目的として，日頃なかなか接することのできない弁護士の傍らについての実習は，今後の子ども家庭ソーシャルワーカーの養成の大きな目玉となるのではないでしょうか。また，更生保護施設での実習も伝統的に行ってきましたが，おりしも，更生保護施設が今年度から社会福祉士実習としても登録できるようになり，CSW課程の実習はその魁となっており，そこで培われた蓄積は，今後社会福祉士実習にも生かされるでしょう。特に，入所している子どもたちの抱える課題は重く，司法福祉領域での活動を目指す実習生にとっても，子どもたちのつらさに接したり，傾聴したりすることで，共感的な疲労が蓄積する実習となる可能性が大いにあります。20日間の実習で疲弊することも十分想定されることであり，その意味で，CSW課程で毎年，実習中と実習後に実践している共感疲労・共感満足・バーンアウト自己チェックの活用は，子ども領域の実習において必須ではないかと考えています。

以上，子ども家庭領域の人材育成の「いのち」は，実習そのものであり，さ

らに，その実習を実りあるものにするために，確かな見識と遺漏なく蓄積された知識，そして，演習等で培われた援助技術がその大前提となります。本書には，そのような「子ども家庭ソーシャルワーカー」養成に必要なエッセンスが余すことなく盛り込まれています。

　本書を作成するにあたって，子ども家庭ソーシャルワーカー養成のためのテキストであると共に，この領域の方向性を指し示す研究書としても位置づけることを心がけました。また，卒業生の実習体験や，学生の実習報告書そのものをのせたのは，実習教育の具体的な成果を形あるものとして共有することの大事さと共に，このような実習報告書が，この領域の人材育成の道しるべになると考えたからです。紙面の都合で，ほんの一部しか載せることができませんでしたが，これらの報告書の背後には，膨大な卒業生の実習報告書があります。学生の皆さん（卒業生）の実習報告書を載せるにあたっては，執筆者すべてに了解を取り，かつ，実名を載せることも了解を得ました。また，実習先は匿名となっているものの，実習内容は，実習先の施設・機関との共同作業であるという意味もあり，この点に関しても，掲載したすべての実習施設・機関から掲載の了解を得ました。その際，報告書を再度見ていただき，細部にわたって，細やかな助言を仰ぎました。

　このように，本書は，研究書，実践書の枠組みを大きく超えて，今後の専門的な「子ども家庭ソーシャルワーカー」のあり方を問う論文，教材，実践報告書に満ち溢れています。多くの方々の努力の結晶であり，児童ソーシャルワーク課程設置10周年を記念しての企画が，このような本に結実したことに感無量の思いがこみ上げてきます。これまで関わっていただきました多くの関係の皆さんに心から感謝申し上げたいと思います。

　最後になりましたが，お忙しい中，思いあふれる序章を書いていただきました日本社会事業大学学長大橋謙策先生に心から感謝申し上げます。また，本書の企画の段階から編集，校正，連絡調整等細部にわたって一緒にしていただいた児童ソーシャルワー課程委員会の先生方に心から感謝いたします。さらに，児童ソーシャルワーク課程のカリキュラムや実習を一緒に構築してきた学内外の先生方，実習先施設・機関の先生方，教務課の職員の方々，児童ソーシャルワーク課程の学生，卒業生の皆さんに心から感謝いたします。

　本書は，ミネルヴァ書房のスタッフの方々の多大なるご苦労に支えられて，

あとがき

　こうやって出版までたどり着くことができました。特に，企画段階から関わっていただいたミネルヴァ書房の音田潔さん，その後仕事を引き継いで完成まで多大なるご苦労をおかけした柿山真紀さんに心から感謝申し上げます。ありがとうございました。

　本書が，子ども家庭領域の専門家養成の礎となることを心から願っています。

　平成21年12月10日

執筆者を代表して
児童ソーシャルワーク課程主任
藤　岡　孝　志

資　料

〈資料1〉児童ソーシャルワーク課程開講科目

連番	本学開講科目	授業形態	開講年次	開講期		必修単位数	選択単位数	限定	備考
1	児童の健全育成	講義	2	前		2			
2	発達心理学Ⅰ	講義	2		後	2			
3	子どもの臨床教育心理学	講義	2		後	2			
4	乳幼児精神保健	講義	3	前		2			
5	社会福祉と権利擁護	講義	3	前		2			
6	養護原理	講義	2	前		2			
7	問題を抱える子どもへの支援Ⅰ（児童虐待・トラウマ）	講義	2		後	2			
8	問題を抱える子どもへの支援Ⅱ（障害児）	演習	2	前		1			
9	問題を抱える子どもへの支援Ⅲ（非行・不登校）	講義	3	前		2			
10	相談援助演習Ⅰ	演習	2			2			
11	問題を抱える家族への支援	講義	4		後	2			
12	問題を抱える子どもと家族への支援事例	演習	2		後	1			
13	家族ケースワーク・家族療法	講義	3		後	2			
14	子どものケースマネジメント	講義	3	前		2			
15	スクールソーシャルワーク	講義	2		後	2			
16	子ども・家庭ソーシャルワーク実習Ⅰ	実習	4	前	後		2	※	1科目2単位必修
17	スクールソーシャルワーク実習	実習	4	前	後		2		
18	子ども・家庭ソーシャルワーク実習Ⅱ	実習	4	前	後	2		※	
19	子ども・家庭ソーシャルワーク実習指導Ⅰ	演習	4	前	後		1	※	1科目1単位必修
20	スクールソーシャルワーク実習指導	演習	4	前	後		1		
21	子ども・家庭ソーシャルワーク実習指導Ⅱ	演習	4	前	後	1		※	
	開講科目単位数計					31	6		
	必要単位数計					31	3		

注1：限定欄に※印の付いている科目は，児童ソーシャルワーク課程の登録者のみが履修できる科目である。
注2：子ども・家庭ソーシャルワーク実習には，以下の実習施設・機関系がある。
　　子育て支援系，子ども虐待対応施設・機関系，スクールソーシャルワーク（SSW）・教育臨床系，発達障害系，司法福祉系，自立支援・地域支援系，子ども医療系，その他。SSW課程を合わせて取得する学生は，スクールソーシャルワーク系の実習施設・機関での実習となる。子ども・家庭ソーシャルワーク実習20日間のうち，10日間がスクールソーシャルワーク実習となる。

〈資料2〉CSW 実習先の分類

　子育て支援系，子ども虐待対応施設・機関系，スクールソーシャルワーク・教育臨床系，発達障害系，自立支援・地域支援系，司法福祉系実習，子ども医療系に分けて整理している。

(実習先)　　　　　　　　　　　　　　　　　　　(領域)
子育て支援系
　A市〇〇△△センター（障害児支援）　　　　　子育て支援・障害児
　B区〇町子ども家庭支援センター　　　　　　　子育て支援
　C市子ども家庭支援センター　　　　　　　　　子育て支援
　D区子ども家庭支援センター　　　　　　　　　子育て支援
　E区〇〇子ども家庭支援センター　　　　　　　子育て支援・虐待
　D市子ども家庭支援センター　　　　　　　　　子育て支援
　E市子ども家庭支援センター　　　　　　　　　子育て支援
　F学園地域交流センター　　　　　　　　　　　子育て支援
　G市児童センター　　　　　　　　　　　　　　子育て支援
　Hコミュニティセンター（児童館）　　　　　　子育て支援
　I学園児童館　　　　　　　　　　　　　　　　子育て支援

子ども虐待対応施設・機関系
　J〇〇学園（情緒障害児短期治療施設）　　　　被虐待児・親支援
　K〇〇の家（児童養護施設）　　　　　　　　　子ども虐待・ファミリーソー
　　　　　　　　　　　　　　　　　　　　　　　シャルワーク
　L〇〇寮（情緒障害児短期治療施設）　　　　　子ども虐待
　M虐待防止関係センター　　　　　　　　　　　子ども虐待
　Nプロジェクト　　　　　　　　　　　　　　　里親支援
　O里親家庭　　　　　　　　　　　　　　　　　里親支援
　P母子生活支援施設　　　　　　　　　　　　　子育て支援・DV

スクールソーシャルワーク（SSW）・教育臨床系
（CSW課程実習20日間のうち，10日間はSSW課程の実習を含む）
　Q市立第〇中学校（適応指導教室）　　　　　　不登校，SSW
　Rの会（フリースペース）　　　　　　　　　　不登校，SSW
　S教育支援財団（〇〇の△）　　　　　　　　　不登校，SSW
　T市立P小学校（AD/HD児や学習障害児支援）　　発達障害，SSW
　U〇〇区総合教育センター　　　　　　　　　　不登校，SSW
　V〇〇市教育委員会　　　　　　　　　　　　　不登校・発達障害，SSW

W市少年センター	不登校・非行，SSW
X市教育委員会	SSW
Z市教育委員会	SSW
a区教育委員会	不登校，いじめ，SSW
b特別支援学校	不登校，発達障害，SSW

発達障害系
c－○○　地域での子育て支援団体	発達障害・不登校
d・くらぶ（AD/HD児や学習障害児支援）	発達障害
e学園（知的障害児通園施設）	発達障害
f学園（知的障害児通園施設）	発達障害

自立支援・地域支援系
g○○の家（自立援助ホーム）	自立支援
h自立援助ホーム・○○荘	自立支援

司法福祉系
i法律事務所（弁護士事務所）	非行・権利擁護
j○○苑（更生保護施設）	非行（更生保護）
k会A寮・B寮（更生保護施設）	非行（更生保護）

子ども医療系
l病院心理福祉室	未熟児・虐待
m病院小児科	早期療育

〈資料3〉実習履歴報告書

実習履歴の整理（CSW課程実習に向けて）

学籍番号＿＿＿＿＿＿＿＿＿＿＿＿

名　　前＿＿＿＿＿＿＿＿＿＿＿＿

1年生
「社会福祉援助技術現場実習指導Ⅰ」（新カリキュラムでは，社会福祉援助技術総論・後期）で印象に残っている講師の名前，言葉
（学んだこと）

福祉関係のボランティア・アルバイト（主たる場所）
（学んだこと）

2年生　実習指導
社会福祉援助技術現場実習で見学実習に訪問したところ（具体的に。すべて記入）
（社会福祉援助技術現場実習Ⅰ）（新カリでは，相談援助実習指導Ⅰ）
（学んだこと）

福祉関係のボランティア・アルバイト（主たる場所）
（学んだこと）

3年生　現場実習
社会福祉援助技術現場実習で配属された実習施設名称
（社会福祉援助技術現場実習Ⅱ）（新カリでは，相談援助実習）
（学んだこと，残った課題）

福祉関係のボランティア・アルバイト（主たる場所）
（学んだこと）

4年生　実習
　子ども・家庭ソーシャルワーク実習での実習先・実習時期（予定）

　スクールソーシャルワーク実習の実習時期（予定）（該当者のみ）

　保育士課程実習先（保育士課程を取っている人のみ）・実習時期（予定）

福祉関係のボランティア・アルバイト（主たる場所）（学んでいること）

卒業論文の予定題目・テーマ（指導教員＿＿＿＿＿＿＿＿＿＿先生）

CSW実習をするにあたって，不安なこと，不明なこと。

1部コピーして提出（データの保存に関して，厳正に管理します），1部自分で保存。
提出日時：○○年4月，「子ども・家庭ソーシャルワーク実習指導」第一回目授業にて。

〈資料4〉CSW 実習振り返りシート

CSW 実習で考えたこと，感じたこと

実習施設・機関名（具体的に）＿＿＿＿＿＿＿＿＿　名まえ＿＿＿＿＿＿＿

1．実習を通して，初めてわかったこと（体験，知識，システム，ネットワークなど）

2．実習を通して感じた，自分自身の援助者（支援者）としての特徴
　　よい面

　　改善したい点

3．実習を通して教えられた（気づいた），実習施設・機関の職員の専門性（学べるところ，気になったところ，など）

4．CSW 実習で学んだ（確認した），児童ソーシャルワーク（あるいは，社会福祉）の視点

資　　料

〈資料5〉CSW実習報告書（書式）

レポートの題名
（本文よりは，大きな文字サイズにすること。たとえば，縦2倍）

① 実習先（固有名詞については，N，Bなど名前とまったく関係のないイニシャルにすること。某○○とはしないこと。たとえば，N市立B中学校相談学級，など）

② 学籍番号・名前

③ 実習内容・実習日
（どのような実習をさせてもらったか，具体的に。どこでどのような実習をしたのか詳しく書いてください。そして，週2回10週，20日間集中などの形態を記載した後，実習日を具体的に月日を入れてください。5月1日，3日，5日……など。）

④ 関わりのなかで感じたこと
（子ども，家族，職員，地域の関係機関の職員との関わり）

⑤ 実習全体を通して感じたこと，考えたこと

⑥ 児童ソーシャルワークの視点からの実習のまとめ

・以上の内容を，A4用紙に3枚から4枚（字数4000字程度）にまとめる。
・プリントアウトは，A4の用紙を使用すること（題名，①～⑥の項目を明記，必ず，項目には，①実習先，②学籍番号・名前，③実習内容・実習日，④関わりのなかで感じたこと，⑤実習全体を通して感じたこと，⑥児童ソーシャルワークの視点からの実習のまとめ，考えたこと，などのように○数字と項目名を最初に付すこと）。

〈資料6〉CSW課程修了生の過去5年間の就職状況

年　度			2004～2008年度	
種別等			人　数	構成比
CSW課程修了生			199	
Ⅰ．就職者数			191	96.0%
内訳	1．公務員		76	38.2%
		国家公務員	0	0.0%
		地方公務員	76	38.2%
	2．福祉関係団体		15	7.5%
	3．医療機関		3	1.5%
	4．社会福祉施設		70	35.2%
		高齢者関係	2	1.0%
		障害者関係	20	10.1%
		児童関係	48	24.1%
		その他	0	0.0%
	5．福祉関連企業		11	5.5%
		高齢者関係	2	1.0%
		障害者関係	0	0.0%
		児童関係	6	3.0%
		その他	3	1.5%
	6．教育研究機関		0	0.0%
		高校福祉科教員	0	0.0%
		その他	0	0.0%
	7．一般企業		9	4.5%
	8．進学		7	3.5%
Ⅱ．その他			8	4.0%

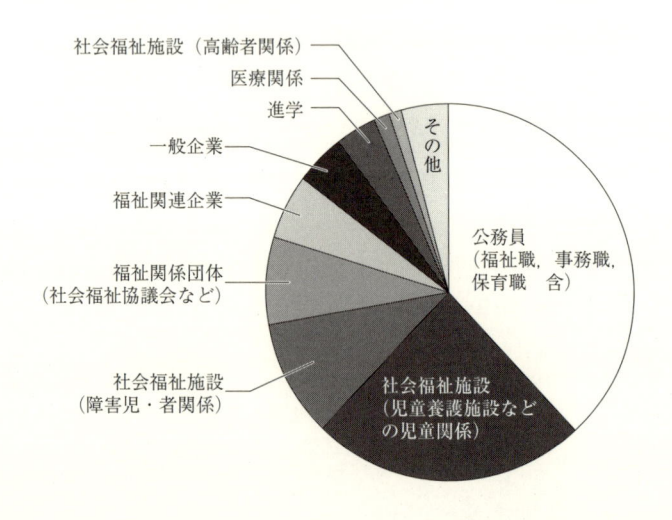

索 引
（＊は人名）

ア 行

アイコンタクト　256
ICD-10　163
愛着　133
　　——の器　129
　　——の絆　134
　　——のサイクル　131
アウトリーチサービス　15
アスペルガー症候群　41
アセスメント　46
　　——する力　210
＊アッカーマン（Ackerman, N. W.）　233
アドバンス・コース　65
＊石井十次　109
＊石井哲夫　48
＊石井亮一　109
いじめ　100, 161
一時預かり事業　61
一時保育　103
一時保護　101
1.57 ショック　102
＊井上薫　189
＊井上直美　189
　医務室制度　192
　医療少年院　32, 166
インクルージョン（inclusion）　140
インスタントシニア体験　256
インテグレーション（Integration）　143
インフォーマルケア　3
インフォーマルな社会資源　73
＊ヴァン・デア・コーク（van der Kolk, B. A.）　128
WISC　165
ヴィクティム・インパクト・パネル
　　（Victim Inpact Panel：VIP）　201
＊ウィニコット（Winnicottt, D. W.）　255
WAIS　165
ウェルビーイング　64
エイズに関する教育　173
＊エインスワース（Ainsworth, M. D.）　134
エゴグラム　251
エコシステム　181
エコマップ　181
　　——影像　246
エコロジカル・モデル　51
＊衣斐哲臣　188
円環的因果律　180
円環を探す　180
援助者支援　136, 265
エンゼルプラン　102
延長保育　103
＊大島恭二　63
＊岡田隆介　189
＊岡村達也　260
　親子の再統合　33

カ 行

絵画法　254
介護福祉士　39
外傷性記憶　128
介入戦略　180
介入的ソーシャルワーク　36
解離　134
核家族　112
学習障害　41, 165
学童保育　40
家事事件　191
＊柏女霊峰　62
家族ケースワーク　177
家族と協働できる関係　182
家族のニーズ　46

家族療法　177
語りの場　128
学校教育法　98
学校コミュニティ　171
学校組織　172
学校と福祉の連携　274
学校保健　169
家庭環境　195
家庭機能の改善・回復　119
家庭裁判所　191
　　──調査官　30, 191
　　──調査官制度　192
　　──調査官養成課程　192
　　──の保護処分　30
家庭支援専門相談員　119
家庭的保育事業　103
家庭内暴力　113, 202
家庭引きとり　228
家庭福祉員　61
家庭訪問　226
感化院　96
感化法　96
感情の明確化　259
緘黙　112
帰結　129
岸和田事件　208
傷つきやすさ　133
吃音　253
＊キム・バーグ（Kim Berg, I）　188
逆送　30
虐待対応施設・機関系実習　23
虐待対応ソーシャルワーカー　24, 65
虐待防止ネットワーク　15
教育所　96
90°法　256
教育相談室　25
教育的措置　198
共感（Compassion）　137
共感的理解（empathic understanding）　258
共感疲労（Compassion Fatigue）　137
共感満足（Compassion Satisfaction）

　137
矯正院　96
矯正教育　198
きょうだい　177
協働関係　52
緊急一時保護　11
ぐ犯少年　193
グループカウンセリング　92
グループワーク　251
車椅子体験　256
ケアマネジメント　88
ケアワーク　17
敬意　252
警察による補導　198
刑事責任年齢　29
刑事法　29
形成　3
ケース・シミュレーション　241
ケースマネジメント　207
ケースワーク　17
言語障害　41
検察官送致　194
厳罰化　30
権利ノート　288
コインロッカーへの子捨て　112
行為障害　167
公園等の清掃美化活動　200
攻撃性　130
工場法　96
更生保護　30
　　──施設　24
交通被害を考える教室　202
肯定的な意味づけ　186
肯定的な変化　186
公的保育契約　59
校内暴力　100
広汎性発達障害（PDD）　164
コーディネーター　62
国際生活機能分類（ICF）　2
孤児　97
孤児院　109
個人的達成感　267

子育てNPO　108
子育て支援　59
　　――系実習　23
　　――事業　61
＊児玉勇二　36
子ども・学校・家庭省　64
子ども・子育て応援プラン　106
子ども医療系実習　23
子ども家庭支援センター　5
子ども家庭ソーシャルワーク　93
　　――実習　22, 265
子どものケアの個別化　118
子どもの権利条約　29
子どもの権利擁護　118
子どもの貧困　1
子ども領域のスペシャリスト　64
＊コフート（Kohut, H.）　233
個別対応職員　119
コミュニケーション　237
　　――力　237
子守学校　96
コンサータ　164
コンフリクト　51

　　　　　　サ　行

裁判所職員総合研修所　192
里親　79, 80
　　――委託　79
　　――家族　89
　　――家庭　79
　　――サロン　92
　　――支援ソーシャルワーク　79
　　――制度　79, 98
サマランカ声明　140
CSW課程学習計画表　28
GHQ占領下　109
シェアリング　251
ジェネリック・ソーシャルワーカー　64
ジェノグラム　178
支援計画　88
視覚障害　41

試験観察　193
自己一致（congruent）　258
志向性　127
自己肯定感　203
思春期心性　168
システム　180
システムの不調　180
次世代育成支援計画　5
施設形態の小規模化　118
施設養護　110
自尊感情　199
肢体不自由　41
実親　82
実親との調整　91
しつけ　101
実習手引き　70
実習による共感疲労　266
実習による共感満足　266
実習ノート　70
実習報告会　265
実習目的・計画書　265
実習履歴報告書　28, 265
児童委員　98
児童家庭支援センター　65, 210
児童館　25
児童虐待相談件数　207
児童虐待の深刻化　64
児童虐待の早期発見　101
児童虐待防止法　32
児童健全育成　2
児童自立支援施設　31
児童相談所　31
児童ソーシャルワーク課程プログラム　17
児童の保育　67
児童福祉機関先議の原則　30
児童福祉司　32
児童福祉施設　10
　　――最低基準　63
　　――の種類　12
児童福祉法　9
児童福祉優先主義　29

児童養護施設　10, 114
自閉症　41
司法ソーシャルワーカー　24
司法福祉系実習　23
＊ジャーメイン（Germain, C. B.）　51
社会化　4
社会事業法　97
社会的な子育て　95
社会的養護　117
社会的養護パラダイム転換　122
社会福祉　1
社会福祉士　63
社会福祉主事　39
＊ジャネ（Janet, P.）　128
集団養護　86
修復的愛着療法　130
修復的司法　201
修復的対話　241
収容保護パラダイム　111
守秘義務　172
ジョイニング　182
障害児通園施設　25
障害児への支援　40
生涯発達　43
少子化対策　95
＊庄司順一　94
情緒障害児短期治療施設　24
情緒的消耗感　267
衝動性　130
小児病院　40
少年院　30, 166, 199
　──送致　32
少年鑑別所　36, 165, 193
少年救護法　97
少年刑務所　36
少年事件　191
少年審判　193
　──所　96
少年法　29
ショートステイ　11
処遇困難児　113
触法少年　29, 31

助産施設　65
自立援助ホーム　36
自立支援　103, 118
自立支援・地域支援系実習　23
自立支援計画書　220
新エンゼルプラン　103
人口政策確立要綱　97
真実告知　229
身体的虐待　101
シンナー濫用　113
心理職員　119
心理的虐待　101
心理テスト　196
スクールカウンセラー　100, 169
スクールソーシャルワーカー　23, 170
　──活用事業　49
　──養成プログラム　54
スクールソーシャルワーク系実習　23
棄児養育米給与方　96
ストレングス　188
スペシフィック・ソーシャルワーク　72
生活環境　41
生活史　195
生活体験　41, 42
生活内容　41, 42
生活歴　195
精神医学　159
精神障害　163
精神保健福祉士　39
性的虐待　101
性非行　203
＊芹沢俊介　233
セルフヘルプグループ　92
全国児童養護施設協議会　116
戦災孤児　109
全体性　180
選択　130
専門職大学院　35
専門的技術的裁量性　63
早期の家庭復帰支援　119
相談学級　271
ソーシャルアクション　36

《執筆者紹介》（所属，執筆担当章，＊＊は監修者，＊は編者）

大橋　謙策（日本社会事業大学学長，序章）

高橋　利一（至誠学舎立川理事長，法政大学名誉教授，第1章）

＊＊藤岡　孝志（日本社会事業大学教授，第2・第10・第17章3節・第18・第20章）

＊若穂井　透（日本社会事業大学教授，第3章）

＊中島　健一（日本社会事業大学教授，第4章）

＊山下　英三郎（日本社会事業大学教授，第5・第17章1節）

＊金子　恵美（日本社会事業大学准教授，第6章）

＊宮島　清（日本社会事業大学准教授，第7章）

北場　勉（日本社会事業大学教授，第8章）

加賀美　尤祥（山梨立正光生園理事長，山梨県立大学特任教授，第9章）

倉田　新（東京都市大学人間科学部児童学科准教授，第11章）

中西　三春（医療経済研究機構主任研究員，第12章）

長沼　葉月（首都大学東京都市教養学部准教授，第13章）

春田　嘉彦（大阪家庭裁判所堺支部次席家庭裁判所調査官〔執筆時，東京家庭裁判所総括主任家庭裁判所調査官〕，第14章）

兼井　京子（東洋大学ライフデザイン学部専任講師，日本社会事業大学非常勤講師，第15章）

菅原　哲男（児童養護施設光の子どもの家スーパーバイザー，第16章）

我謝　美左子（日本社会事業大学通信教育科専任教員，第17章2節）

加藤　佳津雄（立川市立第八中学校相談学級担任主任教諭，第19章1節）

戸澤　衣通子（新座市教育相談センター教育相談室教育相談員，第19章2節1項）

栗原　拓也（長崎純心大学人文学部現代福祉学科助教，第19章2節2項）

浅井　万梨子（東洋大学大学院福祉社会デザイン研究科社会福祉学専攻博士前期課程，第19章2節3項）

見守るまなざし　256
民間認可保育所　99
無条件の肯定的関心（unconditional positive regard）　258
無知のアプローチ　185
無認可保育所　99
＊メイン（Main, M.）　134
メゾレベル　51
面接の位置関係　256
面接法　255
モニタリング　47, 62
物語性記憶　128

ヤ・ラ・ワ 行

薬物予防　173
薬物乱用　167
薬物療法　163
薬理学　160
＊山縣文治　94
ユーモア　187
＊湯沢雍彦　94
ユニバーサルデザイン　145
養育里親　81
養育支援訪問事業　61

養親　80
　——への支援　91
養護教諭　169
養子縁組　79
　——里親　81
幼稚園　96
要保護児童　2
要保護性　195
予測性　127
ライフコース　64
リーガルソーシャルワーク　35
リジリエンス（resilience）　135
リスクマネジメント　62
リソースの再編　186
リソース発掘　183
リタリン　164
利用支援責務　59
臨床心理士　170
レスパイトサービス　92
ロールプレイ　241
＊ロジャーズ（Rogers, C. R.）　258
私は誰でしょう　238
割れ窓理論（Broken Windows Theory）　201
保健センター　173

＊パウエル（Powell, J.） 64
　パターンを探す 180
　パターンを見立てる 180
　発見者の通告 101
　発達支援 43
　発達障害 164
　発達障害系実習 23
　バリアフリー 144
＊バンク‐ミケルセン（Bank-Mikkelsen, N. E.） 144
　晩婚化対策 95
　犯罪少年 29, 30
　反射（reflection） 258
　ハンセン病資料館 259
　ピア・カウンセリング 6
　PTSD 133
＊東豊 189
　引きこもり 102
　被虐待経験 202
　非行 167
　非行少年 29, 193
　――の類型 196
　非行の低年齢化 113
　ひとり親家庭 59
　180°法 256
　開かれた（open-end）質問 239
　敏感性 131
　貧困の世代間連鎖 64
　ファミリーソーシャルワーカー 119
　ファミリーソーシャルワーク 4, 218
＊フィグリー（Figley, C. R.） 137
　福祉事務所 82
　福祉と司法の連携 35
　物質関連障害 167
　不適応逸脱行動 113
　不登校 100, 162
　――の定義 162
　ブラインドウォーク体験 256
　プランニング 62
　フリースクール 100
　フリースペース 100, 275
　ブリッジケア 13

＊フロイト（Freud, G.） 132
　浮浪児 97, 109
　弁護士付添人 35
　保育 103
　保育士 9
　保育所 69, 96
　保育所待機児童 59
　保育費用の支払義務 59
　放課後児童クラブ 60
　放課後児童健全育成事業 103
　暴走行為 113
　法務教官 35
　法律事務所実習 29, 35
＊ボウルビィ（Bowlby, J.） 4, 127
　ポートフォリオ 28
　保健所 173
　保護観察 166, 193
　　　――官 35
　　　――所 36, 199
　保護司 166
　保護者 171
　　　――支援 67, 174
　保護処分 193
　　　――優先主義 29
　母子生活支援施設 14, 17
　母子手帳制度 98
　母子保護法 97
＊ホフマン（Hoffman, L.） 233
＊ポルトマン（Portmann, A.） 3
＊ホワイト（White, M） 188
　本人のニーズ 46

マ 行

＊マーラー（Mahler, M. S.） 233
　マクロレベル 51
　満足感 131
　万引き 113
　　　――被害を考える教室 201
　身柄確保の権限 32
　ミクロレベル 51
　ミッション性 63

368

ソーシャルサポートネットワーク　181
措置制度　109

タ　行

代弁性　63
対面法　256
対話　52
＊高橋重宏　138
立入調査　101
脱人格化　267
＊田辺敦子　9
ダブルバインド　256
多問題家族　17
担任　170
地域化　118
地域子育て支援機能　105
地域子育て支援拠点事業　61
地域ネットワーク　73
チック　253
チック症状　112
知的障害　41
知能検査　165
注意欠陥・多動性障害（ADHD）
　　41, 164
聴覚障害　41
調査権限　32
直線的な因果律　180
付添人　32
＊津崎哲郎　37
集いの広場　92
提供体制確保責務　59
DSM-Ⅳ　163
DV（ドメスティック・バイオレンス）
　　113
ディスクレパンシー　165
ディスコミュニケーション　256
低年齢児　103
適応指導教室　25
統合感　134
登校刺激　162
動作法　253

特別支援学校　40
特別支援教室　25, 40
特別なニーズ教育　140
特別養子縁組　80
閉じられた（closed-end）質問　238
隣る人　230
＊留岡幸助　109
トラウマ　132
トワイライトステイ　11

ナ　行

内部障害　41
ナショナルミニマム　109
ナルコレプシー　164
＊成瀬悟策　253
ニーズキャッチ　62
ニーズへのアクセス　62
＊ニイリエ（Nirje, B.）　144
乳児院　10
乳児家庭全戸訪問事業　61
乳幼児健康支援一時預かり事業　103
人間コピー　240
人間尊重　51
認知症高齢者　177
認定子ども園　69, 214
ネグレクト（育児放棄）　101
ネットワーキング　62
ネットワーク　171
　　──づくり　210
年齢別出生率　99
ノーマライズ　184
ノーマライゼーション（Normalization）
　　143
ノンバーバルなコミュニケーション
　　243

ハ　行

パートナーシップ　52
＊バーン（Berne, E. L.）　251
バーンアウト　137

367

《編者紹介》
日本社会事業大学児童ソーシャルワーク課程

　1998年，日本社会事業大学において独自に設置された課程で，「子ども家庭領域」における専門性の高いソーシャルワーカーの育成をめざしている。カリキュラム検討・実施，課程の専門実習である「子ども家庭ソーシャルワーク実習」の企画・実施，実習先開拓，報告書作成等の業務全般は，児童ソーシャルワーク課程委員会（藤岡孝志，山下英三郎，若穂井透，中島健一，金子恵美，宮島清）を中心に統括・運営・実施がなされている。

これからの子ども家庭ソーシャルワーカー
――スペシャリスト養成の実践――

2010年3月31日　初版第1刷発行　　〈検印省略〉

定価はカバーに表示しています

監修者　藤　岡　孝　志
編　者　日本社会事業大学児童ソーシャルワーク課程
発行者　杉　田　啓　三
印刷者　林　　初　彦

発行所　株式会社　ミネルヴァ書房
607-8494　京都市山科区日ノ岡堤谷町1
電話 (075) 581-5191／振替 01020-0-8076

©藤岡孝志ほか，2010　　太洋社・新生製本

ISBN978-4-623-05595-1
Printed in Japan

「ノーマリゼーションの父」N・E・バンク-ミケルセン
[増補改訂版]
花村春樹訳・著
四六判／256頁／本体2000円

子どものリスクとレジリエンス
マーク・W・フレイザー編著　門永朋子他訳
A5判／592頁／本体8000円

よくわかる子ども家庭福祉［第7版］
山縣文治編
B5判／224頁／本体2400円

〈シリーズ 少子化社会の子ども家庭福祉〉
①新・子どもの世界と福祉
竹中哲夫・垣内国光・増山均編著
A5判／304頁／本体2800円

②新・子どもの福祉と施設養護
朝倉恵一・峰島厚編著
A5判／272頁／本体2800円

③子どもの福祉と養護内容
朝倉恵一・峰島厚編著
A5判／224頁／本体2400円

――― ミネルヴァ書房 ―――
http://www.minervashobo.co.jp/